教育部人文社会科学研究规划基金项目

语言学论丛

当代俄罗斯
人类中心论范式
语言学理论研究

Антропоцентрическая
парадигма современной
российской лингвистики

赵爱国 著

北京大学出版社
PEKING UNIVERSITY PRESS

图书在版编目(CIP)数据

当代俄罗斯人类中心论范式语言学理论研究 / 赵爱国著. —北京：北京大学出版社，2015.3
（语言学论丛）
ISBN 978-7-301-25519-3

Ⅰ. ①当… Ⅱ. ①赵… Ⅲ. ①人文主义学派–语言学说–研究–俄罗斯–现代 Ⅳ. ①H0-06

中国版本图书馆 CIP 数据核字 (2015) 第 032169 号

书　　名	当代俄罗斯人类中心论范式语言学理论研究
著作责任者	赵爱国 著
责任编辑	李 哲
标准书号	ISBN 978-7-301-25519-3
出版发行	北京大学出版社
地　　址	北京市海淀区成府路 205 号　100871
网　　址	http://www.pup.cn　新浪官方微博：@北京大学出版社
电子信箱	pup_russian@163.com
电　　话	邮购部 62752015　发行部 62750672　编辑部 62759634
印刷者	北京大学印刷厂
经销者	新华书店
	720 毫米 × 1020 毫米　16 开本　20.5 印张　310 千字
	2015 年 3 月第 1 版　2015 年 3 月第 1 次印刷
定　　价	59.00 元

未经许可，不得以任何方式复制或抄袭本书之部分或全部内容。
版权所有，侵权必究
举报电话：010-62752024　电子信箱：fd@pup.pku.edu.cn
图书如有印装质量问题，请与出版部联系，电话：010-62756370

前　言

　　本著作系教育部人文社会科学研究规划基金项目"俄罗斯人类中心主义范式语言学理论研究"的结项成果。

　　学界公认,20世纪70—80年代以来的俄罗斯语言学研究已进入所谓的"人类中心主义"或"人类中心论"范式。究竟何为"人类中心论"?当代语言学研究中的"人类中心论"与历史上不同时期曾经出现过的"人类中心论"有何原则上的区别?它与世界语言学发展史上经历过的历史比较范式、结构—系统范式和社会范式等有哪些本质的不同?它的学术指向、学理构成、理论样式等有哪些显著的特点?它对当代世界语言学尤其是中国语言学的研究又有怎样的认识论意义和方法论价值?正是这一系列的疑问激发起我的好奇和兴趣,并把我带入到对该范式语言学理论的深入思考和系统研究之中。

　　好奇和兴趣是最好的老师。本人在近30年的学术生涯中,自始至终都以饱满的热情密切关注着当代俄罗斯语言学研究的发展变化情况。特别是近几年来,在顺利完成国家社科基金项目"20世纪俄罗斯语言学遗产:理论、方法及流派"之后,又乘势而上,成功申报教育部人文社科基金。因此,严格意义上讲,本著作并非立竿见影的辛劳之作,而是集数十年细心观察和积累之所得,对此可以佐证的是:它有近一半的内容曾以学术论文的形式发表于不同年代的外语类核心期刊上。

　　本著作研究的内容主要有两大方面:一是学理的追本溯源,二是分阈的梳理评介。

　　在学理的追本溯源方面,本书主要探寻当代人类中心论范式语言学理论源远流长的根脉,即对俄罗斯千余年文化传统以及近250年来的语言学传统中的人文主义理论、学说和思想进行系统的梳理和思辨,以明晰出该范式语言学理论的学理演化、传承及发展情况。如,本著作的第2、3、4章就分别从哲学、宗教学、文化学、思想史等视角较为系统地追溯了自古罗斯至19世纪以前的俄罗斯人文主义传统及其主要学说,第5章着重对18世纪中、后叶至20世纪80年代前这200多年间语言学研究中的人文主义传统进行较为全面的考证和分析。本人自以为这是本著作的特点之一,因为迄今为止尚未见到学界有对该范式进行相同或相似的追溯和求源性研究的。浩瀚生成于微小,大洋源自于细流。从这个意义上讲,没有人文主义思想的点滴积累,就不可能有当今语言学研究的人类中心论范式。因此,对于本著作而言,不探究该范式在学理上的文脉传承,也就谈不上学术上的创新。

在分阈的梳理评介方面,本书主要以范式理论为统领,分别从"视语言为人类自身之'镜子'的人类中心论""视语言为人类文化之'符号'的人类中心论""视语言为人类交际之'工具'的人类中心论""视语言为人类获取知识之'手段'的人类中心论"和"视语言为人类意识存在之'形式'的人类中心论"等五大视阈,对近30年来俄罗斯语言学研究中以"说话的人"或"人的因素"为学理内核的十余种有影响的语言学理论学说进行了较为系统的审视和评介。它们分别是:语言世界图景理论、语言逻辑分析理论、词汇背景理论、文化符号学理论、功能语法理论、言语交际理论、言语礼节理论、认知语义学说、世界的语言观念化学说、隐喻学说、观念理论、言语活动论、语言意识理论、语言个性理论、先例理论、定型理论等。宏观以五大视阈总揽全局,微观以十余种理论和学说具体评介,这不失为本著作的第二大特点。需要说明的是,该五大视阈的划分并非臆断,而是在对当代人类中心论范式领属下的所有语言学理论学说的基本学理进行深入分析后"提炼"或"抽象"出来的,它们不仅体现着该范式在现阶段的五种不同哲学维度,更昭示着当代俄罗斯语言学发展的主流方向,并为我们展现出语言学研究由"语言客体"转向"语言主体"后的科学内涵;至于说对理论和学说的评介,也并非没有侧重,而是依循"以介为先导""以评为主旨"的原则,力求做到介绍时"原汁原味",评论时"客观可信",其最终目的是要挖掘出当代语言学研究中的"俄罗斯特色",以便为我国学界提供前沿的语言学理论和方法,促进我国语言学研究与世界一流水平的对接。

至于研究方法,本书主要遵循"整合性"和"意义"两大原则。这是由人类中心论范式本身所具有的两大特点所决定的:它不同于以往对某一学科、某一流派或某一学者的理论学说的单独考量,而是多学科、多流派、多学者的理论学说的交叉性整合研究;它以语言的意义为中心,所关注的语言学理论并不是其在历时层面中的演化和发展过程,而是其在共时层面上的学术价值和方法论意义。

纵观当代俄罗斯人类中心论范式的语言学理论和学说,不难发现始终有一条主线贯穿其中,这就是辩证唯物主义的对立统一观。这是俄罗斯语言学区别于其他国家尤其是西方语言学最为显著的特点所在。如:从学理渊源看,它不仅蕴含着多神教与基督教相关思想的对立统一,也蕴含着宗教哲学中禁欲主义与约瑟夫主义的对立统一，同时还蕴含着社会思潮中欧洲主义与斯拉夫主义的对立统一；从学理构成看，结构主义与系统主义、理性主义与体验主义、功能主义与认知主义构成对立统一；从研究方法看，共时与历时、动态与静态、整体与局部构成对立统一；从研究内容看，语言与意识（思维）、意义与形式、内部与外部、观念与概念、人说的语言与语言中的人等，也无不构成对立的统一。因此，本质上讲，自罗蒙诺索夫以来的俄罗斯语言观，是沿着辩证唯物主义这条主线发展和壮大起来的；相对于历史比较范式、结构—系统范式、社会范式而言，人类中心论范式只不过是对辩证唯物主义这一思想法则做出的一种当代诠释。它的出现，标志着俄罗斯语言学已经进入自洪堡特以来的"第二次人文化"热潮阶段。

最后需要说明的是，考虑到受众的广泛性及其兴趣的不同，本著作在每一章中都附有必要的"注释"和所引用的"参考文献"，且在参考文献中都给出了作者、著作或论文名称、出版社、年代、页码（期刊或文集中的论文）等完整信息。此外，每章节中在第一次出现的人名、著作名、术语名等的后面，都用括弧标注出俄语原文，以求学术的规范和严谨性。

由衷地感谢课题组成员姜宏教授、周民权教授、薛静芬副教授的无私协助和支持，还要特别感谢北京大学出版社领导的大力帮助以及责任编辑所付出的辛勤劳动。著作中若有不妥、不当甚至谬误之处，敬请学界同仁批评指正。

赵爱国
2014 年 9 月于姑苏

目 录

第1章 总论：当代俄罗斯语言学研究中的人类中心论范式 …………… 1
  第1节 人类中心论范式及其哲学意义 ……………………………… 1
  第2节 人类中心论范式的学理构成及理论样式 …………………… 4
  第3节 人类中心论范式所展现的哲学维度 ………………………… 5
  第4节 我们的基本观点 ……………………………………………… 7
  参考文献 ………………………………………………………………… 8

第2章 18世纪前的俄罗斯人文主义传统 ………………………………… 10
  第1节 古罗斯文化中的人文主义思想 ……………………………… 10
  第2节 中世纪俄罗斯哲学中的人文主义思想 ……………………… 13
  参考文献 ………………………………………………………………… 20

第3章 18世纪的俄罗斯人文主义学说 …………………………………… 21
  第1节 欧洲主义的学说思想 ………………………………………… 21
  第2节 启蒙时代的人文主义学说思想 ……………………………… 25
  参考文献 ………………………………………………………………… 33

第4章 19世纪的俄罗斯人文主义学说 …………………………………… 34
  第1节 斯拉夫主义的形成背景 ……………………………………… 34
  第2节 斯拉夫主义的发展阶段 ……………………………………… 38
  第3节 斯拉夫主义的主要学说思想 ………………………………… 41
  第4节 斯拉夫主义的学理特点 ……………………………………… 59
  参考文献 ………………………………………………………………… 61

第5章 俄罗斯语言学研究中的人文主义传统 …………………………… 63
  第1节 18世纪中、后叶俄罗斯语言学中的人文主义传统 ………… 63
  第2节 19世纪俄罗斯语言学中的人文主义传统 …………………… 68

第 3 节　20 世纪初至 80 年代前对人文主义学说思想的
　　　　继承与发展 ··· 85
参考文献 ··· 106

第 6 章　视语言为人类自身之"镜子"的人类中心论 ············ 109
第 1 节　语言世界图景理论 ··· 109
第 2 节　语言逻辑分析理论 ··· 119
参考文献 ··· 130

第 7 章　视语言为人类文化之"符号"的人类中心论 ············ 132
第 1 节　词汇背景理论 ··· 132
第 2 节　文化符号学理论 ·· 142
参考文献 ··· 161

第 8 章　视语言为人类交际之"工具"的人类中心论 ············ 162
第 1 节　功能语法理论 ··· 162
第 2 节　言语交际理论 ··· 187
第 3 节　言语礼节理论 ··· 205
参考文献 ··· 214

第 9 章　视语言为人类获取知识之"手段"的人类中心论 ······ 218
第 1 节　库布里亚科娃的认知语义学说 ························· 219
第 2 节　布雷金娜的"世界的语言观念化"学说 ············· 223
第 3 节　阿鲁玖诺娃的隐喻学说 ································ 227
第 4 节　观念理论 ·· 235
参考文献 ··· 261

第 10 章　视语言为人类意识存在之"形式"的人类中心论 ···· 264
第 1 节　言语活动论 ··· 264
第 2 节　语言意识理论 ·· 273
第 3 节　语言个性理论 ·· 285
第 4 节　先例理论 ·· 292
第 5 节　定型理论 ·· 304
参考文献 ··· 317

第1章
总论：当代俄罗斯语言学研究中的人类中心论范式

"人类中心论"（антропоцентризм）也称"人类中心主义"，是以人类为世界中心的一种哲学思潮或理论。当代俄罗斯语言学研究中的"人类中心论范式"（антропоцентрическая парадигма），是继"历史比较范式"（сравнительно-историческая парадигма）、"结构—系统范式"（системно-структурная парадигма）、"社会范式"（социальная парадигма）之后形成的一种崭新科学样式。[①] 它孕育于20世纪60—70年代，起兴于20世纪80—90年代，是世界语言学理论思想宝库中重要的思想财富。[②]

第1节 人类中心论范式及其哲学意义

所谓范式，就是建立在一定哲学基础之上的某历史阶段和某学界提出的科学研究及新的知识聚合关系的方法论。人类中心论范式的兴起，从学理看主要是针对索绪尔提出的语言学的任务是"就语言为语言而研究语言"（язык сам по себе и для себя）的结构主义范式而言的，其最为显著的特征是将语言学的研究对象由语言客体（объект）转向语言主体（субъект），即"说话的人"（человек говорящий），具体又体现为"语言个性"（языковая личность）、"交际中的人"（человек в коммуникации）、"语言意识"（языковое сознание）、"语言中人的因素"（человеческие факторы в языке）等。

俄罗斯语言学研究中人类中心论范式的学理源流，可以追溯到世界上第一位真正意义上的普通语言学家、德国著名学者洪堡特

---

① 目前俄罗斯语言学界对科学范式的界说并无定论。常见的有卡拉乌洛夫（Ю. Н. Караулов）的四分法——历史范式、心理范式、结构—系统范式、社会范式；别列津（Ф. М. Березин）的三分法——新语法学派范式、结构范式、认知范式；马斯洛娃（В. А. Маслова）的三分法——历史比较范式、结构—系统范式、人类中心论范式等。（见赵爱国2011:106-110）我们认为，社会范式只是人类中心论范式的雏形，两者无论在构成要素上还是在科学原理上都有一定区别，故本文将其区分之。

② 人类中心论范式的兴起，并不意味着原有其他范式的消亡。也就是说，语言学（包括其他个人文学科）研究中的范式不会发生相互替代，而只是相互叠加在一起，并在学理上互有区别的前提下共存。但新的范式的出现却无不表明着学界对语言学研究对象、内容、方法等的主流认识发生了实质性的转变。

(В. Гумбольдт,1767—1835)的"语言心灵论"学说。在他看来,语言既是"处在外部现象世界与人的内部世界之间的一个世界",又是"奠定人之本性及发展人之精神力量和形成世界观的工具"。(Гумбольдт 1984: 304,51)法国著名语言学家班维尼斯特(Э. Бенвенист,1902—1976)对俄罗斯人类中心论范式语言学理论体系的形成也做出过重要贡献。他在1974年出版的《普通语言学》著作中,专门辟出"语言中的人"(Человек в языке)一章节,着重讨论了语言与人、语言与人的思维以及语言与人的交际等关系。他认为,世界上只存在说语言的人和与他人交际的人,因此,语言就是人的本身定义。(Бенвенист 1974:298)俄罗斯著名语言学家斯捷潘诺夫(Ю. С. Степанов)在分析班维尼斯特的上述思想时指出:"语言是按照人的尺度建立的,这个尺度就记录在语言的自身组织中,语言就应该根据该尺度来进行研究。因此,语言学的主流将永远是一门人说的语言和语言中的人的科学。"(Степанов 2002:15)

如上可见,俄罗斯语言学研究中的人类中心论范式的基本学理在于:语言本身就具有人类中心主义的本质。语言作为人之本源中的基本构素,人的意识形成以及思维和交际能力的获得与人自身一样,都无法离开语言而独立存在;人既然是语言的主体,就理应成为语言研究的主体。(赵爱国 2011:107)正如阿鲁玖诺娃(Н. А. Арутюнова)所说:"人把自己的自然面貌、自己的内心状态、自己的情感、自己的智力、自己对实物世界和非实物世界的态度、对自然界的态度以及对集体和他人的态度等,都记录在了语言中。"(Арутюнова1999:385)由此可以说,人类中心论范式语言观的价值取向,是将人和人的因素提升到语言学研究的首要地位[①],而语言又无不是人的主要标志和最重要的构素。这就在学理上将人与语言最大限度地融合在一起,既视人为"语言中的人"(человек в языке),又视语言为"人说的语言"(язык в человеке)。

当代俄罗斯语言学研究中的人类中心论范式,除上述研究对象、研究视阈与结构—系统范式有根本不同外,还呈现出三个鲜明特点:一是研究方法由"描写"(описание)转变为"阐释"(объяснение)。结构—系统范式热衷于对语言形式的描写,关注的核心问题是作为语言基础的形式机理问题,即所谓的"形式中心主义"(формоцентризм);而人类中心论范式则注重对语言内容的阐释,关注的核心问题是语言的使用问题,即所谓的"语义中心主义"(семантикоцентризм)。需要指出的是,尽管在过去的语言学范式中(如历史比较范式和社会范式等)也在"描写"的基础上使用"阐释"的方法,但真正将"阐释"作为首要方法的是人类中心论范

[①] 语言学研究中重视人和人的因素,并不是现代才有的,社会范式就广泛涉及社会和社会中的人的因素,但真正将人和人的因素置于语言学研究首要地位的,当属人类中心论范式。

式。二是研究对象变"内部语言学"(внутренняя лингвистика)为"超语言学"(металингвистика)。也就是说,人类中心论范式语言学已经跳出语言本身的范围,把研究范围拓展到与语言的理解和使用有关的所有其他学科领域,如积极与文化学、认知学、社会学、人类学、民族学、心理学以及生物学、神经科学等进行交叉,从而具有了巴赫金(М. М. Бахтин,1895—1975)所说的"超语言学"的性质。① 三是研究单位从主要以"词语"(слово)为主转变为以"语篇"(текст)为主。前者关注事物、实体、名称,因此崇尚的是"词语中心主义"(словоцентризм),而后者则强调言语活动和交际,因此推崇"语篇中心主义"(текстоцентризм)。这是因为:语言的基本功能是交际,用于交际的基本单位并不是词语,而是语篇。正如有学者指出的那样,"所有语言现实只有在语篇中才能获得真正含义"。(Попова 2002:73)以上三大特点充分说明了这样一个道理:倚重于语义研究、超语言学研究和语篇研究的人类中心论范式,是不可能脱离开说话的人、交际的人以及人的意识等语言外要素的。

以上无疑是人类中心论范式与以往其他范式最本质的区别所在。以我们之见,该范式在学理上蕴含着重大的理论价值,它在时空上实现了对传统语言学范式的两种"超越":一是对静态和孤立地描写语言的超越。人类中心论语言观中的"人"与"语言",已经不是传统语言学的概念,而是围绕"说话的人""语言个性"这一主题展开的语言动态研究;二是对传统理性主义的超越。它改语言客体论为语言主体论,在学理上摒弃了结构主义和生成主义,大兴功能主义和认知主义之道,使人类有可能在认识"语言是什么"(结构主义)、"语言为什么会这样"(生成主义)的基础上,进一步探究"语言到底能发挥多大的社会潜能和作用"(功能主义)、"人的知识和语言能力究竟是如何形成的"(认知主义)等全新的命题。也就是说,人类中心论范式所倡导的语言主体论,已经完全超越了西方语言学传统的哲学内核"逻各斯"(логос)的标界,它标志着语言学研究已由结构描写(что-лингвистика)和过程描写(как-лингвистика),进入到功能分析(почему-лингвистика)和认知阐释(вот почему-лингвистика)的崭新阶段。

因此可以说,对当代俄罗斯人类中心论范式语言学理论进行研究,具有很高的理论意义和应用价值。当西方主要国家的众多语言学家们依然热衷于生成语法、格语法、构式语法时,基于本国优秀语言学传统的

---

① 国内英语和汉语学界将巴赫金的语言学理论定名的"元语言学"。而巴赫金对"металингвистический метод"中"металингвистика"的解释,并不是"元语言"的含义,而是"超出本身界限的语言学"(лингвистика, которая сама выходит за свои пределы)的意思。王铭玉教授在《语言符号学》一书中,也同样使用了"超语言学"的术语。(见王铭玉 2004:163—165)

俄罗斯学者们已经跳出了语言客体而向语言主体进军,从而在世界语言学研究格局中开辟出令人耳目一新的另一个战场——主体战场。因此,对该战场的理论成果进行系统的梳理和总结,不仅能够极大地丰富现有西方语言学的理论体系,还对我国的汉语研究有重要的借鉴意义,且对构建以人为本的和谐社会不无认识论的理论价值。

第2节　人类中心论范式的学理构成及理论样式

当代俄罗斯人类中心论范式语言学理论体系的形成,主要得益于20世纪中叶学界兴起的对"语言的社会学"(социология языка)研究热潮的推动。也就是说,俄罗斯语言学界对语言的社会功能或社会性的独特思考和阐释,成为了人类中心论范式的直接孵化器。进入80年代后,人类中心论逐渐成为俄罗斯语言学研究的主流范式,并形成了世界当代语言学发展进程中的一个重要方向或流派——"人类中心主义语言学"(атнтропоцентрическая лингвистика)。从学理构成看,集结在该范式下的是一批新兴的交叉性学科,其中最具代表性的有功能语法学、认知语言学、民族心理语言学、语言文化学、交际语言学等。此外,一批传统学科,如语义学、词汇学、修辞学、词典学、言语素养学等,也在不同程度上表现出对言语主体——"说话的人""交际中的人""语言个性"等核心主题的关注,彼得堡功能语法学派、莫斯科功能社会语言学派、功能交际语法学派、塔尔图—莫斯科符号学派、莫斯科认知语言学派、莫斯科语义学派、莫斯科心理语言学派、逻辑分析学派、文化语义学派等,正是在此大背景下应运而生或得到长足发展的。

短短20余年间,俄罗斯人类中心论范式语言学研究已经取得举世瞩目的成就,先后形成了数十种学说,其中对学界影响较大的理论样式有:言语活动论(Леонтьев 1969,1974,2003)、功能语法理论(Бондарко 1984,1987)、文化符号学理论(Лотман 1990,1992)、功能交际句法理论(Всеволодова 1988,2000)、交际句法理论(Золотова 1982)、言语礼节理论(Акишина,Формановская 1986)、文化背景理论(Верещагин,Костомаров 1973,1976,1983,1990,2005)、语言个性理论(Караулов 1987)、语言世界图景理论(Апресян 1995;Маслова 2001;Шмелёв 2005)、先例和定型理论(Караулов 1986;Сорокин 1993;Красных,Гудков 1997,1998)、语言认知理论(Кубрякова 1997,2004;Маслова 2004)、语言整合性描写理论(Апресян 1995)、词汇语义动态模式理论(Падучева 2004)、语言逻辑分析理论(Арутюнова 1987—2010)等。这些理论和学说大都具有前沿性、原创性的特点,它们构成了当代俄罗斯语

言学研究中的一道靓丽风景,也成为学界各领域的学术"高地"。

　　学术"高地"的出现,已催生出一批有影响的"力作"相继问世,如由俄罗斯科学院语言学研究所集体撰写的《语言中人的因素作用》(Роль человеческого фактора в языке)系列专著——《语言中人的因素作用:语言与思维》(Роль человеческого фактора в языке: Язык и мышление) (1988)、《语言中人的因素作用:语言与世界图景》(Челов. еческий факт. ор в языке: Язык и картина мира)(1988)、《语言中人的因素:语言的表现力机制》(Роль человеческого фактора в языке: Языковые механизмы экспрессивности)(1988)、《语言中人的因素作用:语言和言语的生成》(Роль человеческого фактора в языке: Язык и порождение речи)(1991)、《语言中人的因素:交际、模态、指示》(Человеческий фактор в языке: Коммуникация, модальность, дейксис)(1992)等,以及什梅廖夫(Д. Н. Шмелев)主编的《语言与个性》(Язык и личность)(1989),阿普列相(Ю. Д. Апресян)的《语言整合性描写与体系性词典学》(Интегральное описание языка и системная лексикография)(1995),布雷金娜(Т. В. Булыгина)等合著的《世界的语言观念化》(Языковая концептуализация мира)(1997),阿鲁玖诺娃的《语言与人的世界》(Язык и мир человека)(1998),帕杜切娃(Е. В. Падучева)的《词汇语义的动态模式》(Динамические модели в семантике лексики)(2004)等。

　　然而,国内学界对人类中心论范式语言学理论的重要性认识还存有不少差距,虽有一些著作出版,但大多只是对某一领域或某一学科的孤立性研究,缺乏系统性和综合性,如:语言文化学(吴国华 2000;彭文钊 2002;赵爱国 2006)、心理语言学(许高渝 2008)、功能语言学(王铭玉 2007)、语用学(孙淑芳 2001)、功能语法学(吴贻翼 2004;李勤 2005,2006;姜宏 2008)等方向的研究成果等,其中有些尚属介绍和引进性质,而把人类中心论范式作为一个理论体系的整体性研究还较为鲜见。近20多年来发表的大量相关论文,其论题也大多比较分散和零碎,难以形成有影响的理论成果。

第3节　人类中心论范式所展现的哲学维度

　　从目前俄罗斯人类中心论范式所涉及的内容和范围看,其学理形态已彰显出多维的视角和立体的格局。现有资料表明,该范式下的语言学理论研究已经展现为以下五种不同的哲学维度,即:

　　　1) 把语言视作人类自身之"镜子"的人类中心论;
　　　2) 把语言视作人类文化之"符号"的人类中心论;

3) 把语言视作人类交际之"工具"的人类中心论；
4) 把语言视作人类获取知识之"手段"的人类中心论；
5) 把语言视作人类意识存在之"形式"的人类中心论。

上述每一个维度都由相应的若干理论或学说予以支撑，它们既相对独立又彼此关联，组成规模宏大的"人类中心域"，并显示出强劲的发展潜力和学术张力。如，作为人类自身"镜子"的人类中心论，就由语言世界图景理论、语言逻辑分析理论等构成；而作为人类意识存在"形式"的人类中心论，则分别由言语活动论，语言意识理论，语言个性理论，先例和定型理论等予以展现。据此，我们认为，紧紧围绕"镜子""符号""工具""手段"和"形式"等五个哲学维度，深入探究它们之间的逻辑关联及学理的共性和特性，并在此基础上对该范式所形成的完整学理形态及其发展方向做出客观的评价和预测，就构成了对该范式下不同语言学理论进行审视的具体视域。

以我们之见，对上述哲学维度进行审视，还应遵循以下原则：一是"整合性"原则。它不同于以往的对俄罗斯某一个学（流）派的语言学理论和学说的单独考量，而是集多个学（流）派为一体的整合性研究；二是"范式引领"原则。它不是对20世纪末期以来俄罗斯语言学发展状况的断代史考察，而是以范式理论为引领、紧紧围绕"说话的人"这一核心主题的多学科、多维度研究；三是"意义"原则。它关注的焦点并不是俄罗斯语言学理论在特定阶段的发展和演化过程，也不是语言的形式层面，而是以语义为中心、语篇为单位的功能和认知阐释，以深刻揭示人类中心论范式所蕴含的学术价值和方法论意义。

显然，要达成上述原则，需要有切实可行的路径和方法予以支撑。就路径而言，我们认为，首先要从俄罗斯数百年积淀起来的优秀人文传统入手，解决人类中心论范式的学理传承与其他范式的区别和联系问题；其次，要在世界语言学范式转进的大背景下，考察俄罗斯语言学在该范式转进中所呈现的基本特点；再次，要宏观考察人类中心论范式在语言学各学科研究领域的发展状况，以便准确把握该范式对语言学研究渗透的广度和深度；最后，还要从微观上对该范式下的不同理论和学说的学理构成和特性等做出合理阐释。而从方法看，范式的研究无疑具有共时性，因此，对其研究的着眼点和切入点应该被定格在俄罗斯语言学发展进程中某特定时期（20世纪70—80年代以来的）、某特定理论范式（人类中心论的）的共时角度。但在评介某具体理论和学说时，尤其是在分析其成因和学理渊源过程时，也不排除历时的方法。具体的方法可以是归纳法和考证法，即共时层面的归纳分析和历时层面的考察验证；紧紧围绕人类中心论范式语言学理论的基本学理，在对该范式相关理论和学说的内涵进行描写和分析的同时,也对与之相关的理论和学说做必要的印证。

第 4 节　我们的基本观点

开展对俄罗斯人类中心论范式语言学理论的系统研究,其蕴含的重大学术价值和实践意义是建立在我们对以下问题的理论思维基础之上的,它们是:

1) 俄罗斯语言学研究中人类中心论范式的兴起,从形式上看是对 20 世纪上半叶占统治地位的"结构—系统"范式的超越,但本质上却蕴含着人类对语言本质的认识以及人类知识获得的方式和手段等发生了重大转折,即内容上由"词语中心主义"转为"语篇中心主义"、重心上由"形式中心主义"转为"语义中心主义"。因此,如果可以说 20 世纪初哲学研究的语言学转向主要转向了"语言客体"的话,那么 80 年代后俄罗斯语言哲学又实现了另一次转向——由语言客体转向了语言主体。

2) 从学理构成看,人类中心论范式语言学研究并不是对兴起于 20 世纪 50 年代的社会范式的反叛,而是其有机的延续、深化和发展。社会范式是由社会语言学、人类语言学、民族语言学、心理语言学、功能语言学等学派或流派共同搭建起来的科学样式,其关注的核心问题是语言接触中的各种变异以及语言的社会功能等,而人类中心论范式则在此基础上深入到人的思维、人的心智、人的情感以及伦理等层面,进一步探索语言个性的形成机理及人的知识的获得机理等一系列重大命题。

3) 俄罗斯语言学研究中人类中心论范式的学理形成,除了上述受到社会范式的推动外,很重要的一点是基于对言语交际尤其是跨文化言语交际的一项简单假设:人的思想无法直接从一个人的头脑传输至另一个人的头脑,而只能使用专门的符号尤其是语言符号来实现;人在言语交际中所使用的知识是在母语文化的框架内形成的。(赵爱国 2011:31—35)这一假设客观上使得语言学研究离不开对操该语言的人的研究,更离不开对"言语活动"具体语境的依赖。从这个意义上讲,人类中心论范式的语言学研究,是继"作为个体的语言"(язык как язык индивида)、"作为语系成员的语言"(язык как член семьи языков)、"作为结构的语言"(язык как структура)、"作为系统的语言"(язык как система)、"作为类型和个性的语言"(язык как тип и характер)、"作为计算机的语言"(язык как компьютер)和"作为思维空间或精神家园的语言"(язык как пространство мысли или как дом духа)等之后(Степанов 2005:26),所形成的一种崭新范型——"作为文化产品的语言"(язык как продукт

культуры)和"作为言语活动一个方面的语言"（язык как аспект речевой деятельности)。① 当代俄罗斯语言学研究中的新兴交叉学科，如语言文化学、民族心理语言学、认知语言学、交际语言学等，其研究重心正是集中在上述视域。

4) 从语言学理论的学理演化看，当代俄罗斯语言学研究中人类中心论范式的形成，是在其特有民族文化土壤和人文主义传统基础上发展起来的，对此，我们从古罗斯多神教传统、中世纪的"宁静主义"（исихаизм)、"禁欲主义"（нестяжательство）到 18 世纪的"欧洲主义"（европеизм)、19 世纪的"斯拉夫主义"（славянофильство)，从波捷布尼亚（А. А. Потебня, 1835—1891）的"言语思维活动论"到列昂季耶夫（А. А. Леонтьев, 1936—2004）的"言语活动论"，从谢尔巴（Л. В. Щерба, 1880—1944）的"积极语法"到邦达尔科（А. В. Бондарко）的"功能语法理论"，从维诺格拉多夫（В. В. Виноградов, 1894/95—1969）的"词的学说"到帕杜切娃的"词汇语义动态模式理论"等一系列学说思想中，都无不清晰地看到了该范式语言学理论的历史传承轨迹。

5) 如果说洪堡特的"语言心灵论"和波捷布尼亚的"言语思维活动论"是人类语言史上掀起的"第一次人文化"高潮的话，那么 20 世纪 80 年代以来的当代俄罗斯人类中心论范式就是自洪堡特以来的"第二次人文化"热潮，因为当代的人类中心论视域，语言研究不再是第一次人文化时期所理解的那样仅局限于反映人的心智或精神的领域，而是拓展到人的全部精神内涵和人类所有经验的层面。

总之，语言学研究中的人类中心论范式对我们来说是一个崭新的论题，它不仅昭示着当代语言学的任务、方法和目标有了创新，同时也宣告着人文主义开始主导语言学研究时代的到来。

参考文献

[1] Апресян Ю. Д. Интегральное описание языка и системная лексикография[M]. М.,ЯРК,1995.

[2] Арутюнова Н. А. Логический анализ языка. Избранное 1988—1995[M]. М.,Индрик,2003.

[3] Арутюнова Н. А. Метафора в языке чувств[A]. //Язык и мир человека[C]. М. Языки русской культуры,1999.

[4] Бенвенист Э. Общая лингвистика[M]. М.,Прогресс,1974.

---

① 参见俄罗斯心理语言学的奠基人列昂季耶夫的观点。他认为，言语活动是活动的一个方面，而语言又是言语活动的一个方面。（Леонтьев 2003:25—28）

[5] Бодуэн де Куртенэ И. А. Избранные труды по общему языкознанию[M]. М., Изд-во АН СССР,1963.

[6] Бондарко А. В. Принципы функциональной грамматики и вопросы аспектологии [M]. М.,Эдиториал УРСС,2001.

[7] Булыкина Т. В., Шмелёв А. Д. Языковая концептуализация мира[M]. М., Языки русской культуры,1997.

[8] Всеволодова М. В. Теория функционально-коммуникативного синтаксиса[M]. М.,Изд-во Московского университета,2000.

[9] Гумбольдт В. Фон. Избранные труды по языкознанию[M]. М.,Прогресс,1984.

[10] Золотова Г. А. Коммуникативные аспекты русского синтаксиса.[M]. М.,Наука, 1982.

[11] ИЯРАН. Человеческий фактор в языке. Язык и мышление[M]. М.,Наука,1988.

[12] ИЯРАН. Человеческий фактор в языке. Язык и картина мира[M]. М.,Наука,1988.

[13] ИЯРАН. Человеческий фактор в языке. Языковые механизмы экспрессивности[M]. М.,Наука,1988.

[14] ИЯРАН. Человеческий фактор в языке. Язык и порождение речи[M]. М.,Наука, 1991.

[15] ИЯРАН. Человеческий фактор в языке. Коммуникация,модальность,дейксис[M]. М.,Наука,1992.

[16] Кубрякова Е. С. Язык и знание:На пути получения знаний о языке. Части речи с когнитивной точки зрения. Роль языка в познании мира[M]. М.,Языки славянской культуры,2004.

[17] Леонтьев А. А. Слово в речевой деятельности:Некоторые проблемы общей теор-ии речевой деятельности[M]. М.,УРСС,Издание второе,2003.

[18] Падучева Е. В. Динамические модели в семантике лексики[M]. М.,Языки славянской культуры,2004.

[19] Попова Е. А. Человек как основополагающая величина современного языкознания [J].//Филологические науки,2002,№3,с. 69—77.

[20] Степанов Ю. С. В трехмерном пространстве языка:Семиотические проблемы лингвистики,философии,искусства[M]. М.,Наука,1985.

[21] Степанов Ю. С. Эмиль Бенвенист и лингвистика на пути преобразования[A]. // Бенвенист Э. Общая лингвистика[M]. М.,УРСС,2002,с. 5—16.

[22] 吴贻翼等:现代俄语语篇语法学[M],北京:商务印书馆,2003年。

[23] 赵国爱:人类中心论视野的语言与世界的关系[J],外语学刊,2011年第5期。

[24] 赵爱国:对语言文化学基本学理的若干哲学思考[J],解放军外国语学院学报, 2011第1期。

第 2 章
18 世纪前的俄罗斯人文主义传统

"人文主义"(гуманизм)一词源自拉丁语 humanus,意为"人性",在中国传统文化中意为"仁"。最早使用"人文主义"这一术语的是古罗马政治家、演说家西塞罗(A. M. Цицерон,前 106—前 43),他认为通向真理之路并不是经院式的"对神的认识"(studia divinitatis),而是"对人的认识"(studia humanitatis)。(Гивишвили 2009:23)人文主义作为一种哲学思潮,成型于中世纪的欧洲文艺复兴时期。该思潮视人为最高价值,强调作为个性的人的尊严以及人对自由、幸福、发展、展现自身能力的权利等。但西方的人文主义思想却远非文艺复兴后才有的,它源远流长,可以追溯到古希腊哲学家普罗塔格拉(A. Протагор,约前 480—前 410)提出的"人是万物的尺度"的相关学说中。

不难看出,哲学中的人文主义与语言学中的人类中心论不仅在学理上具有互通性,且在概念内涵上也几乎具有等同性。因此,当我们对当代俄罗斯人类中心论范式语言学理论的学理文脉进行梳理时,势必要"追根溯源",把目光首先投向俄罗斯传统文化中人文主义的源流和形成机制上,因为从本质上讲,语言学作为民族世界观或方法论最重要的组成部分,是与民族文化传统不可分的,也与民族的思想遗产密不可分。研究表明,自古罗斯至今的一千余年历史长河中,人文主义始终是贯穿俄罗斯哲学和社会科学研究的一条主线。

第 1 节 古罗斯文化中的人文主义思想[①]

按照俄罗斯 18 世纪时期著名历史学家塔季谢夫(B. H. Татищев,1686—1750)的观点[②],罗斯文化经历了三个重要的发展阶段:一是文字

[①] 学界通常把 9—13 世纪的罗斯称为古罗斯,14—17 世纪则是俄罗斯的中世纪;而在西欧,14—17 世纪正是中世纪结束后的"文艺复兴"时期。

[②] 塔季谢夫是俄罗斯历史上第一位对"世界智慧教育"的发展阶段进行分期的学者。

的发明,二是接受基督教,三是印刷术的应用。(Татищев 1979:70－78)但实际上,早在这三个阶段之前,古罗斯文化(确切说是古斯拉夫文化)中就孕育着朴素的人文主义思想。

1.1 多神教时期的人文主义思想

我们知道,在古罗斯人信仰的多神教中,与动植物拜物教(如崇拜橡树、熊、野猪等)并存的有所谓的"人变兽"(оборотничество)的说法,俄罗斯童话故事中美丽的未婚妻就常常变成天鹅、鸭子、青蛙等形象,从而昭示着人与世界"同一"的思想。除动植物拜物教外,古罗斯人还相信人与神灵可以分离,继而开始对死者尤其是本族祖先的亡灵(Род)进行祭拜,认为亡灵是家宅、家庭的保护神。这样一来,由崇拜动植物本身,转向相信动植物身上有神灵的存在,从而使拜物教发展成为多神教,即信仰多种神魔,如雷神(Перун)、太阳神(Хорс,Дажбог)、风神(Стрибог)、财神(Волос)、万物生长女神(Мокошь)、家宅女神(Рожаницы),以及家神(Домовой)、水怪(Водяной)、林妖(Леший)等。应该说,多神教作为包括罗斯人在内的古斯拉夫人的世界观,集中反映着该民族对人与世界关系的认识,其中人与世界"同一"的思想、动植物具有神灵的思想以及诸神"人格化"的形象等,无不是朴素的人类中心论的生动体现。我们认为,多神教在古斯拉夫民族中延续了数千年,至公元前一世纪达到鼎盛,因此是我们寻找俄罗斯语言学研究中人文主义传统的"根系"所在。正如俄罗斯研究斯拉夫多神教专家雷巴科夫(Б. А. Рабаков)所说,对多神教进行研究,并不仅仅是为了深入到原始时代,而是通向理解该民族文化的必由之路。(Рыбоков 1980:458)

1.2 接受基督教后的人文主义思想体现

公元988年罗斯接受基督教后,其人文主义思想就集中体现在对东正教的理解和诠释中。我们知道,拜占庭的东正教与罗马的天主教的根本区别在于:一是前者的祈祷仪式可用民族语言,而后者则规定只能用拉丁语、犹太语和希腊语三种语言;二是在神权问题上,前者规定隶属于皇权,而后者则强调凌驾于皇权之上;三是在教义上,前者只承认圣父为圣灵,而后者则将圣父、圣子同时奉为圣灵。(Замалеев 2012:3－4)语言使用和教义上的分歧,使得东正教自公元4世纪起就坚持奉行精神存在主义的宗旨,其晶核是所谓的"宁静主义"(исихазм)。作为东正教精神实践的宁静主义,注重的是人由整体论向本体论超验的转换,认为人类精神过程的最终目的是将人的全部能量与上帝的能量完全化合。而这一精神实践经过几个世纪的传承和升华,逐渐演变成为东正教的精神传统。这样一来，人与上帝的化合的思想便成为东正教义中人性或人文性的最集中体现，同时也成为与多神教价值体系共有的契合点。

古罗斯时期的人文主义思想还集中反映在基辅罗斯有文字后神学家们对宗教著作注释以及所撰写的众多"纪事"(слово)、"训诫"(поучение)、"寓言"(притча)中，其中大多涉及现实中的人和人的苦难、孤独、情感以及上帝对人的恩赐等思想。如，基辅罗斯时期第一位都主教伊拉里翁·基辅斯基(Иларион Киевский)就撰写了著名的《法典与恩赐记》(Слово о Законе и Благодати)。该纪事除了从爱国主义立场对古罗斯大公们的活动和基辅罗斯所起的国际作用进行评价外，主要论述了11世纪古罗斯的神学哲学观，其中无不渗透着宗教人文主义的思想，因而对古罗斯的宗教哲学颇有影响。其主要观点有：上帝祝福时，先用各种记载和法典证明亚伯拉罕无罪，后用自己的儿子(即福音书和洗礼)拯救普天大众；法典在先，恩赐在后；先有阴暗，后才有真理；先知之法典服从于恩赐和真理，而真理和恩赐服从于来世和永恒；法典和恩赐的楷模分别是奴隶安卡尔和自由人萨拉。(Замалеев 2012：15)这里的"先知之法典"指的是犹太教，而"恩赐"和"真理"则为基督教。基督教废除了先知之法典，就使得整个人类处在真理和自由之中。再如，在至今保存完好的古罗斯时期基里尔·图罗夫斯基(Кирилл Туровский，1130—1182)主教撰写的《蒙难者记》(《Слово о расслабленном》)中，就详细记述了一位患病达38年之久的病者的故事，并对该病者的情况做了如下福音诠释：有一次，该病者躺在浴棚旁，当天使搅动帮他治病的浴水时，他却无法进入浴棚。上帝看到此情景后，便问该病者："你是不是想治好病啊？"病者回答说："是的，主啊，但没有人放我进去。"上帝便说："你站起来吧，拿上你的被褥进去吧。"话音刚落，这位病者便痊愈了。(见 Замалеев 2012：17，原文引自"约翰福音书 5：6—9)不难看出，该文本的整篇诠释是由基里尔·图罗夫斯基围绕一个关键句——"我没有人"(Не имею человека)建构起来的。人尤其是作为蒙难者的人，在古罗斯文化中占据着相当重要的地位。在基里尔·图罗夫斯基的笔下，福音中的蒙难者并不是普通的病者或受难者，而是被遗弃的人或不受上帝庇护的人的符号和象征。他所能希冀的所有人，要么早已升天，要么因犯戒而注定灭亡。在他看来，没有人在等候着他。于是，他的这些话语感动了上帝。为了帮助他，上帝化身为人的形象："你怎么能说没有人呢！我是为了你而成为人的……为了你，我放弃了山地王国的帝王权杖……为了你，我向民众显容，因为我不希望把按照我的模样创造出来的人遗弃在灰烬中，而是希望拯救他，把他带入真正的智慧。"(Кирилл Туровский 1997：195)在基里尔·图罗夫斯基看来，东正教的祈祷就是让上帝"化身为人"

（вочеловечение），祈祷的目的是还人在亘古以来就被赋予的在人世间的主导地位。他把福音蒙难者提升到人类思想的高度，把上帝化身为人视作民众从先辈（亚当和夏娃）最初的罪孽中解脱出来的事实。这种解脱既是对神也是对人的理解，而对神的理解则要建立在理解人类知识、经验的基础之上。上述思想还比较鲜明地体现在他的另一部纪事《反逾越节记》（Слово на антипасху）中。上帝对神甫福马说："请相信吧，就像大牧首和预言者打听到我显形的秘密后让你相信一样，这就是我……请相信我，福马，我就是雅各见到的那个人。当我在美索不达尼亚与他斗争时，正是他用精神让我领悟，当时我就答应要在他的部族中化身为人……"（Кирилл Туровский 1990：146）在基里尔·图罗夫斯基看来，上帝的化身有各种不同的面容，而化身为人只是其中的一种，其目的是对人进行再一次创造。正如圣经中所讲述的那样，偷吃了禁果但认识到自己罪过的亚当最终还是成为了懂得善与恶的人类一员。

如上可见，无论是伊拉里翁·基辅斯基笔下的"人的自由"，还是基里尔·图罗夫斯基所描述的"我没有人"以及"上帝化身为人"，都是围绕"人"这个核心即人类中心论思想展开的，这一思想成为古罗斯时期宗教人文主义思想的基石之一。很显然的是，它的形成又与拜占庭文化传统的影响不无直接的关系。我们知道，建立于以理性化的自然主义为特点的古希腊罗马文化基础之上，又兼容并蓄以非理性化的神秘主义为特征的古代犹太、波斯和亚美尼亚等民族的文化因素"的拜占庭文化，一方面"只信奉可感知的有血有肉的圣像，另一方面则倾向于信奉上帝的超验形象"（见刘莹 2014：38），其内核就是人——有血有肉的和超验的人的形象。俄罗斯谚语中的"上帝在天上，沙皇在人间"（Бог на небе，Царь на земле）的说法，就是上述思想的真实反映。

第 2 节　中世纪俄罗斯哲学中的人文主义思想

俄罗斯的中世纪指 14—17 世纪，它显然比西方结束得要晚。

基辅罗斯瓦解（1242 年）后，随着蒙古鞑靼人金帐汗国的建立，罗斯教会出现了分裂：部分神职人员受到金帐汗国的册封而为汗国效力，而另一部分神职人员则依然坚守拜占庭传统。公元 1380 年库利科沃会战后，莫斯科公国在罗斯的中心地位得以巩固，罗斯教会中拜占庭的学说思想也随之大行其道，传统的宁静主义思想由此获得新的生命，并与莫斯科罗斯的"禁欲主义"（нестяжательство）思潮一起，形成了这一时期俄罗斯宗教哲学的基本特点。

2.1 拜占庭和莫斯科罗斯时期的宁静主义思想

传统的拜占庭宁静主义,其特点主要有二:一是将个性因素加入到对上帝的认识的实践之中;二是以耶稣的名义祷告。这是独立于希腊教父学所固有的"纯否定"(чистая апофатика)所迈出的重要一步。宁静主义者意识到,否定的神学较之肯定的神学更接近于上帝,但也存在不足,因为它"与生命体(其中包括人本身)相隔绝"。(Мейендорф 1997:279)

这一时期,拜占庭教会的两位神学家——格里戈里·帕拉玛(Григорий Палама ,1296—1359)和格里戈里·西纳伊特(Григорий Синаит ,13 世纪 60 年代—14 世纪 40 年代)的宁静主义思想对罗斯宗教哲学的影响较大。

格里戈里·帕拉玛依据上帝是灵与肉统一体的认识,对神学否定做出了新的解释。他认为,由于灵魂把自身最强有力的能力——智慧注入了肉体,因此它是被肉体用作工具使用的。智慧的容器是心,因为意由心生。智慧在融入"肉体家园"(телесный дом)后,就为灵魂的三个组成部分——感觉、激情和推理建立起"应有的规则"(должный закон):感觉确定感知外在事物的控制度,激情将灵魂提升至最优状态——即爱情,推理给灵魂提供"清醒剂"(трезвение),并据此将一切有碍追随上帝的思想从灵魂中清除出去。由此,灵魂才有可能"触摸到上帝之光,获得超自然的神的显现,当然,此时上帝的实体是看不见的,但在上帝显现(与人的视力相当)中却能看见"。(Григорий Палама 1995:62)显然,格里戈里·帕拉玛的上述解释将神学推进到了否定界限的灵魂深处。在他看来,尽管上帝依然是不可知的,但具有智慧的灵魂却能帮助人认识上帝行为——太阳放出的光芒,而智慧本身就应该视作人生的光芒。可见,他把人的智慧和灵魂的作用比作具有上帝般超自然的力量,无疑是对自然、人、上帝三者之间关系的最好诠释,其中人的智慧起着认识自然、了解上帝的关键作用。

格里戈里·西纳伊特也对灵魂的激情做出了自己的解释。他认为,激情源自实体以及世人的愿望和意向。"激情的意愿展示着激情的实体……实体本身生成简单的意愿……世上有各种各样的激情:肉体的和灵魂的;淫欲的、刺激的和思维的;智慧的和推理的等。这些激情彼此间的组合各不相同,但它们相互作用,并由此发生着变化。"(Григорий Синаит 1993:191-193)他提出,世上共有八种内省事物:一是上帝——看不见的和不显现的,无冕的和非生就的,是一切存在之因以及三位一体的统一和化为现实的神;二是智者的礼仪和祈祷;三是获得可见实体的概念；四是治家言说的宽厚；五是普遍的复生；六是骇人的基督二次降世①；七是永恒的痛苦；八是天国。前四个是过去的和已经做过的，后四个是将来的和尚未显现的。(Григорий Синаит 1993：213)由此可见，既属于过去，又属于将来，且都是看不见的那些"内省的事物"，就构成了格里戈里·西纳伊特对宁静主义的内涵诠释。在他看来，上帝是不能永驻在现在的，在现实世界中取而代之的是上帝所创造的实体。因此，真正的神学与真实地认识这些实体是同一回事，都是在情感上展现聪慧的上帝。在这里，我们似乎清晰地看到了格里戈里·西纳伊特格外强调的对现实认识的重要性，以及客观存在对人的意识所起的决定性作用。因此，他的神学思想与格里戈里·帕拉玛的神学思想有较大的区别：前者强调在否定之后把一切都留存在"现在"框架内，而后者则把灵魂视作知晓不知事物的东西，注重的是在智慧深处使灵魂生根。无论是强调"现在"的重要性，还是注重"灵魂"的作用力，都无不闪烁着人文主义的思想火花。

上述宁静主义思想在莫斯科罗斯时期得到进一步的发展和深化，其代表人物是被后人誉为"伟大苦行者"(великий подвижник)的尼尔·索尔斯基(Нил Сорский，1433—1508)。较之格里戈里·帕拉玛的思想，他更青睐于格里戈里·西纳伊特有关顺从意志、灵魂的自我内省的学说。作为一位宗教感觉论者，他从灵魂与智慧的关系出发，提出了智慧是灵魂的"视觉力"(зрительная сила)的思想，该力量既指向上苍，也指向人世。他认为，智慧不仅能将灵魂提升至神的内省，且本身还负荷着"心里的争斗以及胜利和失败"，即人世间的意愿。这些意愿是由感觉生成的，并经历了由"授意"(прилог)→"组配"(сочетание)→"并合"(сосложение)→"折服"(пленение)→"激情"(страсть)等若干发展阶段。授意即简单的意愿或所发生事物的形象，是刚刚被心灵接受的和出现在智慧里的东西，也就是带给人智慧的某思想；组配即与显现的授意进行富有激情的或冷静的对话，换言之，是对带给智慧的某思想进行思考；并合即灵魂对显现的意愿或形象的接受；折服即强制地或不由自主地使心灵服从，或与显现的意愿继续进行组配；激情即长期积蓄在灵魂中的，犹如习惯转变为性情一样。(Нил Сорский 2007：33—38)如上可见，依照尼尔·索尔斯基的观点，激情的生成完全受制于对外在实体的内省。激情起端于授意，如果一个人不能被授意所驯服，他就不会有任何罪恶；但如果授意因某种原因开始操控智慧，那么就会有危险，因为从对智慧的兴趣中可以爆发出激情的深层活动。总之，尼尔·索尔斯基在解释激情的生成机制中将个人的经验置于头等重要的地位。他一方面提出圣书

---

① "基督二次降世"的说法，喻"永远不可能发生的事"。

对认识上帝具有决定性的作用,另一方又强调可以按照个人的经验来认识神。"在我要做某事前,首先会去研究圣书。如果找不到与所做事情的想象相一致的东西,我就会放弃做这件事。如果能找到,就用上帝的恩赐大胆地去做。"(Нил Сорский 2007:146)在这里,尼尔·索尔斯基提出的用个人的标准来对待圣书的观点,正是其推崇的人文主义宗教哲学思想的核心所在。强调人及人的内省,这不仅预示着莫斯科罗斯的宁静主义的特点和趋向,更为别具一格的俄罗斯哲学的发端提供了土壤。

2.2 莫斯科罗斯时期的禁欲主义思想

15—17世纪,莫斯科罗斯社会中还盛行一种称为"禁欲主义"(нестяжательство)的思潮。该思潮源自东正教会的"禁欲派"(нестяжатели)的学说思想,是由伏尔加河中下游的僧侣们发起的一场无私说教运动所引发的。该思潮是在与东正教会中的"约瑟夫派"(иосифляне)①的辩论和斗争中逐渐发展起来的,其核心思想是:人的生命不取决于人的外在世界,而在于内在的人自身;真正符合人的本性的生命,是人的精神生命;人的内在的精神生命,要求人获得不受外在世界(包括人世间的各种幸福、物质享受、土地、财产等)支配的生命自由。为此,人就要设法完全摆脱外在世界的束缚,以使外在世界不妨碍人之内在禀赋的自我完善等。由此可见,东正教义中有关禁欲的说教正是源自于该思想。

在莫斯科罗斯的东正教界,坚定推行禁欲主义思想的代表人物是马克西姆·格列克(Максим Грек,1470—1556)、阿尔捷米·特罗依茨基(Артемий Троицкий,? —1571)。

马克西姆·格列克出生于希腊,青年时代曾生活在意大利,与意大利的著名人文主义者马努齐奥(А. С. Мануций,1450—1515)、波利齐亚诺(А. Полициано,1454—1494)等有过交往,并深受他们的人文主义思想影响。1505年剃度为僧,1518年受全罗斯国君瓦西里三世之邀来到莫斯科,目的是帮助"校对"俄文祈祷书。他的禁欲主义人文观主要体现在下列几个方面:一是严格区分了"教会内在哲学和神赐哲学"与"外在辩证科学"的关系,认为前者是"甜言蜜语"(сладкие слова),而后者是"逆言苦语"(горькие слова)。"甜言蜜语"是神意阐释者和圣徒们向上帝念诵的经文,而"逆言苦语"则是古希腊人在自己著述里留下的值得敬仰和伟大的东西,即外在科学。外在科学是美好的,为人之生命所需要的,

---

① 所谓"约瑟夫派",即以沃洛克拉姆斯克男修道院院长约瑟夫·沃洛茨基的名字命名的宗教—政治运动,流行于15—16世纪,与当时的禁欲派思想相对立。该派别坚持宗教教义的稳固性、教会的利益不受侵犯以及教会凌驾于国家之上等主张。

但也"藏匿着渎神行为和卑鄙龌龊之事",因为它们在"真理和神赐"眼里是智慧的温床。在马克西姆·格列克看来,人的智慧的主要缺陷就在于易被"嫉妒、痛苦和愤怒"所击溃,原因是智慧本身具有局限性,而这一点上帝早就预见到了。为此,上帝把神界和圣界的所有美德都投入到人的智慧之中,它们就是仁慈、慈悲、温顺、真实和爱,但并没有一下子全部都给了智慧,其目的一是为了使智慧"不飘飘然起来",二是为了使智慧不失去得到其他美德的强烈愿望。(Максим Грек 2007:39)二是充分意识到建立在对自然现象研究基础上的外在科学的重要性。马克西姆·格列克在给费多尔·卡尔波夫(Ф. И. Карпов,？—1540)①的信函中曾写道:我反对占星术的建议并不意味着反对你去学习可以为人增添光彩的语文科学……难道我曾何时何地禁止过你去学习医学和哲学知识了吗？甚至对天体的观察及其天体运动的认识等,我都没有劝阻过,因为这对确定一年四季的某一时间具有意义。(Максим Грек 2007:204)如上两点可见,一定意义上讲作为都主教的马克西姆·格列克是一位实证主义者,因为相对于神学而言,他更加崇尚外在科学,并用实用主义的态度来对待该科学。这是他从智慧所具有的双重功能——既诉诸于世界,又指向对神(上帝)的观察中得出的有益认识。在他看来,对人的生命一切有益和有害的东西,都是由智慧的第一种功能所引发的,因此重要的是要给智慧筑起一道预防激情因素的围墙,以使其只保留与神赐不相矛盾的正面意义。只有在这种条件下,才可以走向消除辩证科学(即逻辑思维)的神赐哲学。需要特别指出的是,马克西姆·格列克提出的上述禁欲主义人文观,为尔后的直至"斯拉夫派"(славянофилы)形成之前的俄罗斯宗教哲学的发展提供了典范。

　　阿尔捷米·特罗依茨基的禁欲主义观点主要体现在他对精神、肉体、激情等关系的诠释中。他认为,如果把激情看作人性的肉体因素的话,那么"言语表达"就属于内心的东西。但是,人性的实质并不只包含上述两个部分,还有最重要的第三个部分——精神因素,该因素占据着人性的最高层级。精神因素与"超自然"即上帝相关联。就肉体存在而言,人与其他的动物并无区别,如同内心只渴望"吃喝",而唯有精神才渴望走向"悲伤家园"和关注永恒一样。然而,上述三个部分的密切关联性并不总会有好的结果,因此保持它们之间和平相处至关重要。为此,"缜密的智慧"(стройный ум)可以助其和谐相处,因为该智慧不受一切谬误的束缚,并可以从圣书中获得。智慧的区别性特征是能够区分善与恶,并能依据对善的认识行事。恶是不会进入"缜密的智慧"界说之中的,因为上帝既没有施恶,也没有造恶,恶只属于"虚无缥缈的智慧"。

---

① 费多尔·卡尔波夫是中世纪时期莫斯科罗斯的著名外交家和政论学家,他与当时的都主教马克西姆·格列克有信函来往。

(Артемий Тройцкий 1878:1233)无疑,阿尔捷米·特罗依茨基在这里提出的有关智慧的学说,其核心是"精神高于一切"的人文主义思想,而这种精神完完全全又是属于东正教的,这就足以说明俄罗斯的宗教(东正教)哲学较之西方传统哲学而言,更加注重人的因素,而俄罗斯语言学对人文性的崇尚,显然与其宗教哲学的思想有密切的关联性。

2.3 "正教复兴哲学"流派的理性主义思想

除上之外,在中世纪俄罗斯哲学中,还不得不提到与"正教复兴哲学"(философия православного возрождения)流派有关的"人的智慧""人的灵魂""人的意志"等理性主义思想。① 该流派的代表人物有基里洛·特兰克维利翁—斯塔弗罗维茨基(Кирилло Транквиллион-Ставровецкий,？—1646)、卡西安纳·萨科维奇(Касиан Сакович,1578—1647)等。

基里尔·特兰克维利翁—斯塔弗罗维茨基的复兴哲学思想,主要体现在他所提出的"四形式世界"理论(теория четырехформенного мира)中。他认为,存在着四种不同形式的世界——上帝的世界、上帝创造的世界、人的世界和鬼神的世界。(Кирилло Транквіліон-Ставровецький 1988:212—237)其中最具争议、也最有学术价值的是他关于对人的世界的界说。他强调,人就其身体属性而言如同上帝创造的世界(由火、空气、水和土等四成分构成)的所有物质的组合:人的肉体源自土,血源自水,呼吸源自空气,取暖源自火。人的生长能力与树木相似,人的起性和淫欲与不会说话的动物相似,人的指甲和头发与所有无生命的东西相似(因为人剪指甲和剃发并不感觉到疼痛),人的智慧、自由意志以及区分善与恶的能力与理性的和言语表达的实质相似。由此,人被称作小世界。但尽管人的构成成分小,却拥有上帝奇异的卓越智慧。人实际上就是天和地:从肚脐到头是天,下面的部分是地。在上帝所居住的高不可攀的天上,浮现在眼前的是理性的力量——天使;在人的天上,即在头脑中或白色的、无血的大脑中是智慧——灵魂的首要力量……人还拥有理性灵魂的其他力量:意志、记忆、善、思想、智力、计谋、理想、判断、快乐、爱情等。智慧靠这些力量行事,如同国王靠奴仆行事一样。除这些力量外,人还有听觉、视觉、嗅觉和味觉。如同眼睛能看见世界上的一切美景一样,灵魂中的智慧就是一个多视觉的窗口,它能看见一切看得见的和看不见的东西,可以看见天上和地上的所有美景……(Кирилло

---

① 众所周知,俄罗斯并没有真正经历西方的文艺复兴时期(14—17世纪),而该时期正是西方人文主义或人类中心主义思想兴起和成型阶段。原因是多方面的,其中主要与俄罗斯文化完全依附于正教传统和拜占庭遗产有关。但没有经历文艺复兴,并不代表不受到该强大思潮的影响,其中影响较深的是东正教界,由此便生成了这一时期俄罗斯哲学的一个新兴流派——"正教复兴哲学"。

Транквіліон-Ставровецький 1988：237)不难看出，基里尔·特兰克维利翁—斯塔弗罗维茨基关于人的世界的思想显现出理性主义的特征。由此，他使训诫式的神学具有了更为抽象和世俗化的性质，也就是说，他把宁静主义神秘伦中的"智慧行事"变成了现实的、活生生的人的"智慧世界"，而现实的人又具有探索真、善、美的能力。

卡西安纳·萨科维奇曾任基辅同盟学校（Киевская братская школа）的校长和教授①，是乌克兰同盟运动的著名活动家，生前写有《亚里士多德的论题》，又名《人的本性问题》（Аристотелевские проблемы, или Вопросы о природе человека）、《灵魂论》（Трактат про душу）等著述。他认为，哲学的起点是对人的自我认识，因为"最大的智谋、最高的哲学和最重要的神学就在于认知自我"。（Сокович Касіян 1988：445)他认同亚里士多德提出的"灵魂是自然肉体的形式"的观点，但认为灵魂有"植物的、知觉的和理性的"三种形式。植物的灵魂具有生养、成长、繁殖的特性；知觉的灵魂包含着外部体验和内部体验两种形式：视觉、听觉和触觉属于外部体验，而一般感觉、幻想和记忆等则属于内部体验。由此，他认为知觉的灵魂与植物的灵魂相同，都不是由上帝创造的，而是由物质原因生成的；理性的灵魂不是由水、火、空气、天和血等形成的，也不是由阳光中的原子和尘土形成的。尽管上述这些物质对人来说是必需的，但它们都是纯物质的东西，不仅变化无常，且相互交织在一起，因此不可能成为人的肉体的形式或灵魂，因为人的灵魂究其本质而言是不会受到任何损害的，也不会发生任何变化。（Сокович Касіян 1988：450—457)那么，究竟什么是理性的灵魂呢？卡西安纳·萨科维奇在详细分析了柏拉图和亚里士多德的相关观点后认为，理性的灵魂的作用就在于对人的生命全过程和人的意识进行掌控，这就如同上帝一样：无论是无处不在的上帝，还是永远留驻在人的肉体内的理性的灵魂，它们只是在人的大脑中和心灵里的存在方式不同而已。由此，他得出这样的结论：尽管理性的灵魂具有神的形象性和相似性，但它依然是人的自然属性，并按照人的意愿行事。对此结论，他引入"自由意志"（свободная воля）的概念加以论证：(1)假如某人拥有自由意志，他就可以随心所欲地行事。但人是不可能随心所欲行事的，可见人并没有自由意志。(2)受他人支配的人不可能是自由的。而人受上帝的支配，因此人不拥有自由的意志。(3)拥有自由意志的人，可以想做什么就做什么或不想做什么就不做什么，但这一切都不取决于他想还是不想，而是取决于上帝。(4)做不了自己意愿主宰的人，就不拥有自由意志，而人并不是自己意愿的主宰。（Сокович

---

① "同盟学校"是15—18世纪白俄罗斯、乌克兰、立陶宛、捷克东正教会下属的民族宗教和启蒙性的社会组织。

Касіян 1988:471—476)如上可见,卡西安纳·萨科维奇的人文主义思想具有朴素唯物主义的性质。他所坚守的自由意志的原则,构成了其神学观的基本内容。在他的学说中,人的概念已经远远超出了传统福音书箴言所界说的范围,而成为了需要认真和细心研究的现实对象。他首先把人视作有理性的生物,该生物仅仅在起源上与上帝有关联,但却是按照自然界的规律和自己的意愿表达行事的。我们知道,东正教的教义并不否定自由意志的原则,但却将其限定在体现道德义务的唯一形式上,而卡西安纳·萨科维奇则将意志的自由视作人的现实生命活动的普遍基础,这就在一定程度上促进了自由思维个性和批判性思维个性这一启蒙运动范例的确立,同时也标志着俄罗斯哲学开始摆脱宗教的影响而走向世俗化。

参考文献

[1] Артемий Троицкий. Послания[A].//Русская историческая библиотека. Т. 4.[С]. СПб., Археографическая комиссия, 1878.

[2] Гивишвили Г. В. Философия гуманизма[M]. М., Поколение, 2009.

[3] Григорий Палама. Триады в защиту священно-безмолвствующих[M]. М., Канон, 1995.

[4] Григорий Синаит. Главы о заповедях и догматах[A].// Добродолюбие[С]. Свято-Троицкая Сергиева лавра, 1993.

[5] Замалеев А. Ф. История русской философии[M]. СПб., СПбГУ, 2012.

[6] Кирилл Туровский. Слово на антипасху[A].// Хрестоматия по истории русского языка[С]. М., Просвещение, 1990.

[7] Кирилл Туровский. Слова о расслабленном[A].//Библиотека литературы древней Руси[С]. Т. 4. СПб., Наука, 1997.

[8] Кирилло Транквіліон-Ставровецький. Зерцало Богословія[A]. // Пам ятки братських шкіл на Украні. Кінець ⅩⅥ - почоток ⅩⅦ ст. Тексти і дослідження[С]. Київ, Науковадумка, 1988.

[9] Максим Грек. Слова и поучения[M]. СПб., Тропа Троянова, 2007.

[10] Мейендорф И. Жизнь и труды святителя Григория Паламы. Введение в изучение [M]. СПб., Byzantinorossica, 1997.

[11] Нил Сорский. Наставление о душе и страстях[M]. СПб., Тропа Троянова, 2007.

[12] Рыбаков Б. А. Язычество древних славян[M]. М., Наука, 1980.

[13] Сокович Касіян. Трактат про душу[A].// Пам ятки братських шкіл на Украні. Кінець ⅩⅥ-почоток ⅩⅦ ст. Тексти і дослідження[С]. Київ,《Наукова думка》, 1988.

[14] 刘莹:普京的国家理念与俄罗斯国家转型[M],北京:北京大学出版社,2014年。

第3章
18世纪的俄罗斯人文主义学说

中世纪结束后,俄罗斯走进了崭新的彼得大帝时期,史称"新时代"(новая эпоха)。从社会意识和文化发展的形态看,俄罗斯在这一时期则开始被领入"欧洲主义"(европеизм)的轨道,此后又经过短暂的"启蒙时代"(эпоха просвещения)。[①] 应该说,无论是"欧洲主义"还是启蒙时代的关于"人的学说",都在传承和弘扬人文主义学说思想方面做出了自己的贡献,它们对俄罗斯语言学研究中人文主义传统的最终形成起到了承上启下的重要作用。

第1节 欧洲主义的学说思想

"欧洲主义"也称"西欧派"(западничество),其概念是建立在承认欧洲文明的统一性和整体性基础之上的。从渊源上看,欧洲主义最先源自基督教新教按照纯世俗标准提出的"统一的欧洲"的思想,其首要原则是承认西欧文明发展形式的多样化。

俄罗斯的欧洲主义思潮起端于17世纪末,当时西方的科学和艺术经由波兰、基辅向莫斯科公国渗透。与此同时,俄罗斯当时的王子彼得·阿列克谢耶维奇(即后来的彼得大帝)也于1696年被派往欧洲多个国家旅行考察。他亲自接触了西欧先进的科学和工艺,为其执政后施行极具欧洲主义色彩的改革奠定了思想基础。可以说,整个18世纪的俄罗斯,占主流的哲学思潮即为"欧洲主义",但俄罗斯的欧洲主义又与西方的欧洲主义思潮在性质上又有所不同,具有明显的"启蒙主义的倾向",即用先进的西方科学或文明来变革落后的俄罗斯。正是在这种背景下,彼得大帝才欣然接受了德国著名哲学家莱布尼茨(Г. В. Лейбниц,1646—1716)的建议,于1724年成立了彼得堡科学院。

---

① 俄罗斯的"启蒙运动"较之西欧晚了近一个世纪,前者为18世纪后半叶—19世纪中叶,后者为17—18世纪。

在 18 世纪的俄罗斯哲学和思想界，最为盛行的可谓"沃尔夫主义"（вольфианство），即由德国哲学家克里斯蒂安·沃尔夫（Христиан Вольф，1679—1754）提出的唯理主义哲学思想。① 俄罗斯第一位具有世界影响的自然科学家、现代俄语标准语的奠基人罗蒙诺索夫（М. В. Ломоносов，1711—1765）对克里斯蒂安·沃尔夫有很高的评价，认为他的学说思想甚至高于亚里士多德（Аристотель，前 384—前 322）。归纳起来，沃尔夫的唯理主义哲学思想主要有以下几方面的内容：

其一是所谓的"一切存在之物必有其存在之理由"定律。该定律的重要意义曾由沃尔夫的老师莱布尼茨所证实：事物之所以能够存在，必定有其充足的理由；而存在之物同时又成为另一事物存在的缘由。这时，该存在之物可称为"本质"（wessen）。事物的本质就在于：它用一定的方式使事物获得自己的基本特性，即必要性、永恒性和不变性。如果事物的本质发生某种变化，那就不再是原来的事物，因为"事物除了自身的本质以外，不可能获得保留原事物的另一种本质"。（Вольф 2001：242－244）简言之，在沃尔夫看来，存在是事物的本质，而某事物的本质又是不容改变的，即具有单义性。

其二，对"身外之物"（вещи вне нас）和"身内之物"（вещи в нас）的思想做了严格区分。他认为，当人们看见某"身外之物"（如楼房）时，一方面可以将该事物与人自身区别开来，另一方面又能搞清楚这些事物作为意识（即思想）在我们身内的存在，但意识又并不等同于思维。由此，沃尔夫提出，笛卡尔主义的追随者们所犯的错误就在于：他们把意识看做是能够构成灵魂全部本质的东西，仿佛只要是人们没有意识到的东西就不可能在灵魂中出现一样。在沃尔夫看来，更为正确的观点应该是：灵魂的本质决定着思维，意识在为思维提供物质的同时，也要靠思想来获得我们的"身外之物"——现实世界。由此，他得出结论认为：意识是靠外部的事物来调节的，意识对外部事物而言具有派生性，也就是说，意识离开外部事物是不可能独立存在的。（Вольф 2001：260）

其三，沃尔夫在确定了"身外之物"这一绝对现实的事实后，又遵循"实验至上"原则仔细研究了"身外之物"之间的各种相互关系。该原则规定，对现实世界（自然界）的认识必须要建立在确凿无疑的实验基础之上，否则都将是不可取的。而实验表明，世界上有各种各样的构成物，它们不仅同时存在，且有的先于别的事物而存在，而有的则后于别的事物而存在，从而构成了互为依存的关系。由此，自然界"不会发生突变"，自

---

① 德国唯心主义哲学家克里斯蒂安·沃尔夫被学界公认为欧洲理性主义的杰出代表，他将莱布尼茨的哲学思想系统化和普及化，因此也称"莱布尼茨—沃尔夫哲学"。这一哲学理论在康德之前的德国一直占据着统治地位。1725 年，沃尔夫被选为彼得堡科学院外籍荣誉院士，其学说思想在俄罗斯影响深远。

然界中的"一切都是匀称的,始终保持着相同的力量"。那么,自然界的这种"和谐"究竟来自何方呢？对此,莱布尼茨也曾试图做出解答。沃尔夫认为,这种"和谐"或是自然界自身作用的结果,或是源自于外部,但自然界是不具有独立本质的,这是因为:如果说每一个单独的事物都可以在另一个事物中找到自身理据的话,那么世界上的所有事物就都处在相互依存之中。因此,自然界并不具有独立存在的充足理由。为此,必须还要有另外一种确保自然界能够永存的"本质",这一独立的本质应该是"空前"和"绝后"的,既史无前例,又无后来者；它既有别于现实的世界,又与我们的灵魂(精神)不同。而具有这一"独立本质"的,只能是上帝。(Вольф 2001:270—280)

　　以上便是沃尔夫主义的主要内容。但有一个问题值得深思,那就是:为什么俄罗斯选择的是沃尔夫的唯理主义,而不是像法国等西欧其他国家那样推崇的是笛卡尔(P. Декарт,1596—1650)的理性主义呢？应该说,弄清楚这一问题,对我们深入揭示俄罗斯人文主义的本质特点具有十分重要的意义。显然,这与东正教在接受西方哲学时的语境不无关系。

　　我们知道,"笛卡尔主义"(картезианство)强调科学的目的在于造福人类,使人成为自然界的主人和统治者。笛卡尔提出"我思故我在"的原则,强调不能怀疑以思维为其属性的独立精神实体的存在,并论证了以广延为其属性的独立物质实体的存在。他认为,上述两种实体(精神和物质)都是有限实体。此外,他还企图证明无限实体的存在,即上帝的存在,并把上帝的思想主观化,认为上帝是有限实体的创造者和终极的原因。他提出,信仰的源泉并不是神的启示,而是只有思维能力才能证实的人存在的事实本身。"只因为我存在,才可能有'完人'(совершенное существо)或上帝的思想,进而才能完全明白上帝也存在"。(Фишер Куно 1994:335)由此可见,在笛卡尔的眼里,上帝是受限于思维主体的,这与中世纪的经院哲学并无二致；而作为形而上学哲学观的沃尔夫主义,强调的是"身外之物"与"身内之物"之间的关联和依存关系,强调人与上帝之间以及事物存在之"本质"与上帝存在之"本质"之间的化合,正是在这一点上,与东正教所奉行的精神传统相吻合。因为在东正教传统中,人并不是一个自主的存在物,而是本来就存在于神之中的。这就是沃尔夫主义之所以能在18世纪的俄罗斯盛行的根本缘由所在。当然,沃尔夫主义之所以能在俄罗斯大行其道,还与作为沃尔夫弟子的罗蒙诺索夫院士的学术活动有关[①],他于1746年翻译出版了《沃尔夫实验物理

[①] 作为俄罗斯最伟大的科学家,罗蒙诺索夫曾于1735年留学德国,并师从克里斯蒂安·沃尔夫,因此学界通常把他称作沃尔夫的学生,其许多学说思想也与"沃尔夫主义"一脉相承。

学》(Вольфианская экспериментальная физика)一书。此后,俄罗斯又相继翻译出版了沃尔夫的《逻辑学》(Логика)(1765)、两卷本的《形而上学基础原理简编》(Сокрощение первых оснований метафизики)等著作。这些著作大多被用作大学和神学院的教科书,成为在俄罗斯影响最广的西方哲学经典。值得一提的是,在沃尔夫主义这块沃土上,先后生成出颇具俄罗斯特色的若干哲学流派,如自然哲学、人类学、道德哲学和实践哲学等。

上文已经谈到,这一时期俄罗斯的欧洲主义无不具有鲜明的启蒙主义倾向。在这一方面,不能不提到俄罗斯思想家塔季谢夫(B. H. Татищев,1686—1750)为推行欧洲主义所立下的功绩。他不仅是彼得大帝推行改革的"心腹"(ближайший сподвижник)和"教导队"(учебная дружина)成员,也是俄罗斯最早接受并引介沃尔夫主义的哲学家。他的主要学说思想大致涉及以下几个方面:

一是对科学及科学知识的认识。塔季谢夫认为,科学的主要使命就是"使人认识自己",或懂得"人是由什么构成的"。(Татищев 1979:51—53)为此,他提出科学知识在"质"上具有 5 种不同的层级,即:(1)"所需的知识"(нужные),如语言学、家政学、医学、劝谕学、法学、逻辑学、神学;(2)"有益的知识"(полезные),如语法学、辩论术、数学、地理学、历史学、博物学或物理学;(3)"雅致的知识"(щегольские),如诗学、音乐、舞蹈、骑马术、绘画;(4)"令人好奇的或虚幻的知识"(любопытные или тщетные),如占星术、面相术、手相术、炼金术;(5)"有害的知识"(вредительные),如各种法术、巫术、占卜等迷信活动。(Татищев 1979:89—94)如上可见,塔季谢夫对科学知识的分类具有鲜明的人类中心论性质。在他看来,越是与人、人的状态、人的发展接近的科学,就是越有益于人的智力启蒙的科学,其层级和排列也就越靠前。尤其是他把语言学排在第一层级的首要位置,足以说明该门科学在当时的俄罗斯所占据的地位,这从一个侧面证明,自 18 世纪起,也就是俄罗斯结束中世纪之后,语言学就已经成为俄罗斯学界研究"人学"中最重要的科学之一。

二是对灵魂与肉体关系的认识。在对灵魂的阐释问题上,塔季谢夫更倾向于将人归为肉体的英国哲学家霍布斯(Томас Гоббс,1588—1679)的观点,认为灵魂只是一种空洞的称谓,因为"灵魂没有像感觉肉体那样具有自身的工具或力量,灵魂和肉体总是相互作用。灵魂有智慧和意志,而人最易受到智慧和意志的控制。人的一切幸福都取决于良好的智慧和意志,而一切不幸又生成于缺乏智慧和意志"。(Татищев 1979:53)可以看出,塔季谢夫的上述观点与古希腊哲学流派中的毕达哥拉斯派(пифагорики)、柏拉图派(платоники)、斯多葛派(стоики)的观点有所不同,后者通常认为灵魂和肉体是两种不同的事物。这从一个侧面证明,塔季谢夫的观点是与当时俄罗斯的沃尔夫主义思潮完全一致的,即将人的"本质"与上帝的"本质"视为一体,而塔季谢夫则由此将人的灵魂归入肉体,从而充分显现出人的体验高于一切的思想。

三是对智慧与意志的认识。塔季谢夫认为,人的智慧是借助于4种力量起作用的,这就是想象力、记忆力、猜想力和判断力。智慧与意志处在并列的位置,人的幸福与不幸都取决于人的意志,因此,必须要让人的智慧控制住意志,就像骑马时要驾驭马一样。但是,人仅仅靠智慧还不足以读懂"世界之书"(книги мира),因为智慧本身仅仅只拥有"意义"(смысл),即连动物也能领悟的一般性解释。从这个意义上讲,就连最愚蠢的人在本性上也被赋有智慧。(Татищев 1979:55—58)显然,塔季谢夫对人的智慧与意志关系的界说,是建立在上文"第一点"中所论述的对科学知识的认识基础之上的。

应该说,塔季谢夫对以上三个方面的认识都是崭新的,不仅代表着当时俄罗斯"欧洲主义"流派的主要哲学思想,同时也开启了俄罗斯启蒙运动的序幕。

第2节 启蒙时代的人文主义学说思想

如果说是彼得大帝开启了俄罗斯欧洲主义的大门,从而使俄罗斯开始走向启蒙时代的话,那么叶卡捷琳娜二世(Екатерина Ⅱ Великая,1729—1796)则将俄罗斯的"启蒙时代"推向高潮,正是在她的大力倡导和推动下,俄罗斯才开始建立起大学、图书馆、剧院、博物馆等一大批社会教育和文化设施。

从思想上看,启蒙运动作为一种思想潮流,无论在西方还是在俄罗斯都有各自代表性的哲学流派或学说思想,从而构建起所谓的"启蒙哲学"(просветительская философия)。而俄罗斯的启蒙哲学则是由欧洲主义催生而成的,确切地说是在沃尔夫主义的影响下发展起来的,因此带有明显的唯理主义色彩。该唯理主义以人类中心论思想为核心,将人、人性、人的需求、人的幸福等置于头等重要的地位,因此,对该阶段俄罗斯"启蒙哲学"的审视,无不具有重要的人文主义价值。

上文已经提到,18世纪的俄罗斯在沃尔夫主义的影响下,生成出如自然哲学、人类学、道德哲学和实践哲学等流派。这些流派在关于自然界、人、社会、道德等一系列根本性的哲学问题上都有各自独到的见解,从而建构起俄罗斯启蒙时代所特有的人文主义思想图景。下面,我们仅对与语言学有密切关联的几个流派的人文主义学说加以评介。

2.1 自然哲学研究中的人文主义思想

俄罗斯启蒙时代自然哲学中的学说,比较集中体现在克里斯蒂安·沃尔夫的学生、俄罗斯第一位院士罗蒙诺索夫的相关著述中。尽管罗蒙诺索夫本人并没有直接研究过哲学问题,但他的许多著述却充满着哲学原理,尤其是他从人的理性视角提出的自然哲学的有关思想,对语言学研究有直接或间接的影响。

一是关于自然法则和理性法则等同的思想。作为具有西方学术背景的俄罗斯学者,罗蒙诺索夫首先表现出对文艺复兴后的"新欧洲哲学"(новоевропейская философия)的强烈兴趣。所谓新欧洲哲学,即指"唯理论"(рационализм)和"经验论"(эмпиризм)。他认为,科学研究的基础是唯理公理或基本原理,而这些公理和原理又源自哲学,因此,理性法则与自然法则是不矛盾的。例如,他说:"自然界中所拥有的一切在数学上都是精确的、确定的。尽管我们有时会怀疑它的精确性,但我们的无知却丝毫不会降低它的精确性:即使全世界都怀疑'二乘以二等于四',但'二乘以二'在所有怀疑者那里得到的都是四"。由此他得出这样的结论:"自然界非常简单,凡与之相矛盾者都将被推翻"。(Ломоносов 1986a:34-35)罗蒙诺索夫试图从自然科学的一些原理中得出自然界的所有规律,用以解释事物的多样性。例如,他从克里斯蒂安·沃尔夫的唯理主义原理出发,在《数理化学成分》(Элементы математической химии)一文中区分出三个逻辑学公理:公理1.同一事物不能同时有和没有(矛盾性);公理2.没有充足理据任何事情都不会发生(充足理据性);公理3.同一事物相等同(等同性)。(Ломоносов 1986b:28)后来,他又在另一篇文章《论物体的不易感觉粒子和个别质的成因实验》(Опыт теории о нечувствительных частиц и вообще о причинах частных качеств)中,对上述公理进行了补充:公理1.没有充足理据万不能宁信其有;公理2.物体中有以及发生的一切都受到物本质和属性的制约;公理3.相同的效应成于相同的成因;公理4.物体中的任何运动如果不受到另一个物体的作用都不可能自然发生。(Ломоносов 1986c:39)罗蒙诺索夫正是依据这些由理性认作真理的公理对自然进行科学论证的,并认为在所有这些公理中,"充足理据性"最为重要,而自然科学中的理据又与人的理性相等同,从而成为把哲学研究中的理性法则广泛应用于自然学科研究的典范。从这个意义上讲,罗蒙诺索夫是俄罗斯历史上把人的理性与自然界的规律性(理据性)有机结合起来进行科学研究的第一人,这在认识论上具有十分重要的意义。

二是关于因果关系的思想。罗蒙诺索夫从自然界的统一性、简单性这一基本原理出发,并依据机械论原则,对唯理主义哲学中的因果关系提出了自己独到的见解。他把因果关系视作自然界的普遍特性之一,认为自然界中一切存在必有其存在理由的观点(即莱布尼茨—沃尔夫哲学中的核心思想),实际上提出了要动态地认识自然的重要问题,因为因果可以导致事物的变化。对此,他不仅在自然科学研究中运用因果关系,还在辩论术研究中强调"最终"(或"目的")的成因。例如,他写道:"物体的属性是活力,由此产生物体的作用力。物体的属性就在于作用力和反作用力"。(Ломоносов 1986c:38—39)。在罗蒙诺索夫看来,正是自然界具有的这种因果关系,才能得出另一条原理——运动原理。他认为,运动有3种形式:不易感觉粒子不断地改变位置;或停留在原地旋转;或在不易感觉空间中不停地向不易感觉的时间方向前后晃动。第一种叫"前行运动",第二种叫"旋转运动",第三种叫"晃动运动"。(Ломоносов 2010:269)该3种运动的公设充分证明,罗蒙诺索夫的科学观具有思辨的性质,即属于哲学唯理主义。这一性质决定着他对人文科学(尤其是语言学)的研究也同样具有理性主义的色彩。

三是关于物质属性的学说。从"充足理据"逻辑定律到由因果关系生成的"运动原理",罗蒙诺索夫一步步地走向对"物质"这一自然界基本问题的科学认识。他认为,物质的学说可以揭示自然界的实体方面,犹如运动的学说可以揭示自然界的动态方面一样。那么,究竟什么是物质呢?"物质是物体的构成物和物体本质的决定物"(Ломоносов 1986c:37);"物体中具有两种物质:化合的(即运动和与所有物体生产组合在一起的)物质和流动的(像河流一样,穿越时间)物质"(Ломоносов 2010:268)。在罗蒙诺索夫看来,物质最基本的属性是离散性,用他的话说,就是"物质在长度上具有不可渗入性,可分解为不易感觉的粒子",而不易感觉的粒子又可分解为"微粒子"。(Ломоносов 1986a:31—32)

从罗蒙诺索夫的以上自然哲学思想中,我们清晰地看到了这样的图景:自然界的规律与人的理性保持着高度一致性,只要有"充足的理据",就可以科学地认识世界;世界存在于因果关系之中,世界的动态性或运动原理源自物体与物体之间的相互作用力,而作用力又可改变物体的性质;世界是由物质构成的,而物质具有离散性,可分解为粒子,粒子又可分解为微粒子……如此等等。仅此三个方面,难道仅仅只能看作是对自然科学的科学概括,而不是对语言学的基本特性和规律的高度凝练吗?!理性、动态性和结构性(或系统性),无疑也是俄罗斯语言学研究中最为重要的特点,也是凝聚人文主义精神的三个重要方面。仅从这点上讲,罗蒙诺索夫就不愧为俄罗斯科学研究的第一人,也不愧为整合自然科学观念与哲学观念的典范。他的研究方法,奠定了俄罗斯200多年来语言学研究的坚实基础。

2.2 关于"人学"的思想

启蒙时代俄罗斯的人文主义学说思想,最为夺目的当属欧洲主义语境下的有关"人的学说"(учение о человеке)。上文已经提到,启蒙运动的核心内容是有关人、人性、人的幸福等学说和思潮,它们构成了现代"人学"(человековедение)的基本框架。而启蒙时代的俄罗斯"人学"[①],则主要是在"认识论"和"存在主义伦理学"两个方向上发展的。

2.2.1 在"认识论"方向上的思想

该方向上的代表人物是莫斯科大学教授阿尼奇科夫(Д. С. Аничков,1733—1788),他提出的有关人的灵魂与肉体关系的学说[②],在学界有较大影响。其主要思想和观点有:

一是提出认识事物的全部力量和能力都起源于灵魂、也都取决于灵魂的思想。他认为,人的灵魂就等同于人的认知活动,因此灵魂与肉体的关系就可以进行认识论的阐释。(Аничков 2010a:85)当然,他的这种阐释依然是建立在沃尔夫主义基础上的,即把灵魂与肉体的关系视作一种有内在联系的"因果关系"。阿尼奇科夫认为,人的精神生活具有自主性,但这种自主又是与肉体联系在一起的,否则就不可能有认知。他是这样来解释保持灵魂自主性前提下的灵魂与肉体的联系的:"人的灵魂和肉体在判断自己的行为过程中不相互依赖的观点是完全错误的,因为精神活动和身体活动概念之间的联系,就如同生产成因和成因的产品之间的联系一样"。(Аничков 2010b:181-182)在这里,不难看出他的这一思想与罗蒙诺索夫提出的"因果关系"说几乎完全一致。

二是把灵魂和肉体的认知活动区分为"内在"和"外在"两个世界的关系。对此,阿尼奇科夫似乎更加强调认知活动中"外在世界"的影响作用,因为他认为成因在"外在行动"中更容易区别,而"精神行动"(душевные действия)则很少具有认知的特性,如"愤怒"的成因就很难知晓,也很难严格确定究竟是"情爱"还是"喜爱"更使人着迷。(Аничков 1952:115)因此,他认为在解释历史事件时就不能够简单地确定其主要成因。

三是提出灵魂的决定因素是"反射"的思想。尽管阿尼奇科夫认为人的"内在世界"(即精神生活)难以确定,但有一点却使其坚信不疑,那

---

① 俄罗斯启蒙时代尚未出现"人学"(человековедение)这一术语,该术语是当代的产物。但第一位在语言研究中关注人的问题的,当属 20 世纪俄罗斯最伟大的语言学家维诺格拉多夫(В. В. Виноградов,1894/95—1969),他在 1946 年发表了《19 世纪中叶前俄语中 личность 一词史考》(Из истории слова личность в русском языке до середины XIX в.)一文。

② 此处的"灵魂"(душа)并非宗教的概念,而是泛指"精神"。由于它常与"肉体"(тело)连用,故约定俗成为"灵魂"。

就是人的认知活动总是由人所固有的"激情"(страсть)所决定的。但在阿尼奇科夫看来,嫉妒、恐惧、奢望、虚荣心、贪欲等"激情"还无法涵盖人的灵魂的全部内涵,因此他提出,人的精神生活的主要体现形式和决定因素是"反射"(рефлексия),即不仅是有面对自己的能力,而且还有认识外在世界和愿望域的能力。用他的话说,灵魂不是别的,而是一种"起点"(начало)——是人用来思维、认识真理和向善的起点;灵魂就是指"人本身"(самое существо)。(Аничков 2010a:89)阿尼奇科夫用"反射"的概念来解释灵魂,显然是把灵魂视作一种"意义空间",这样一来,灵魂就不仅能够理解外在的实体,还能够理解"非实体的即精神的人",尤其是认识自我。他说:"人的灵魂是没有肉体的或非实体的人,它与肉体的本质完全不同……灵魂是由内在行动所赋予的存在,这种存在是简单的,不能再进行切分的,因为它只有人自身的信息"。(Аничков 2010a:90)但他同时又认为,人的"反射"能力又与"自由意志""理智"等灵魂的其他构成部分不可分。自由意志是人与生俱来的,追求最大化或无限化是自由意志的基本特征。理智的任务就是要"确定自由意志的限度和界限",阿尼奇科夫把这个过程称作"抽象意念"(отвлеченное помышление)。"抽象意念是一种精神力量,它生成着无实体物的概念,对所理解实体的性质进行详细的组合和区分,寻找着这些性质的成因……"。(Аничков 2010a:92)

　　四是提出灵魂与肉体的关系是"不断的耦合"的思想。阿尼奇科夫认为,灵魂与肉体虽彼此独立,但却互为必需,两者的联合是认知的需要,因为认知只有在肉体器官的参与下才能实现;同样,肉体动作也只有借助于"灵魂的力量"才能进行。他说:"我们的灵魂赋予我们的肉体以力量,不是通过实体的表露,而是通过与肉体的联合方式实现的。因为当灵魂与肉体耦合在一起时,尽管其自身也能够履行自己的行动,但耦合后却不能履行没有肉体的行动;肉体从灵魂中获取力量,为的是成为精神行动的工具。这样,灵魂就用肉眼看,用耳朵听,用舌头说,用大脑、知觉和心灵来帮助理解和记忆。或反过来说,眼睛看,耳朵听,大脑理解,不是按照自然的叠加或自身的力量来进行的,而是靠与揉合在一起的灵魂的力量来实现的"。(Аничков 1952:140—141)以上可见,阿尼奇科夫眼中的灵魂与肉体是不可分的偶合体,我中有你,你中有我,形成一体。正如他自己说的那样,"缺乏肉体的灵魂就不会有实体的概念,而缺乏灵魂的肉体也就不会有感觉,灵魂与肉体最牢固的联合和不断的耦合就在于此"。(Аничков 1952:142)需要说明的是,阿尼奇科夫提出的上述观点,并不表明灵魂与肉体之间的关系是"相互强制"的关系,因为在他看来,灵魂在特性上不可能等同于肉体,而肉体也不能直接作用于灵魂。为此,阿尼奇科夫提出 3 种方案来审视灵魂与肉体相互的关系,即笛卡尔方案、莱布尼茨方案和亚里士多德方案。他不赞成采用莱布尼茨的"先定融合系统"(система предустановленного согласия)方案和笛卡尔的"唯理主义阐释"(рационалистические истолкования)的方案,而倾向于采用亚里士多德的"肉体嵌入系统"(система физического втечения)方案,因为他认为前两种方案把自由意志排除在外,也贬低了感觉认知的意义,而亚里士多德的方案则具有明显优势,原因是:(1)用人的肉体的形式来命名灵魂;(2)不排除人的自由意志,因为外在作用不仅仅是由构建身体器官的力量或上帝直接存在的力量生成的,而是由一个人的灵魂的力量生成的;(3)对灵魂生成机制的解释浅显易懂。(Аничков 2010b:183)

如上所说,阿尼奇科夫的"人学"观一方面对"认知是怎样发生的"问题做出了解释,认为其源泉是感觉体验和理智;另一方面论证了灵魂对肉体的独立性。当灵魂与肉体融合在一起时,依然保持着自己的自主性。应该说,他提出的"人学"观具有鲜明的启蒙主义色彩,即带有哲学人类学的性质,这与先前宗教性质的相关学说有很大区别。因此,它代表着 18 世纪俄罗斯"新时代哲学"的基本方向,是俄罗斯人文主义传统中不可或缺的重要遗产。

2.2.2 在"存在主义伦理学"方向上的思想

该方向上的代表人物为俄罗斯启蒙时代大名鼎鼎的思想家拉季谢夫(А. Н. Радищев,1749—1802)。[1] 他的"人学"观视域与阿尼奇科夫研究的"灵魂与肉体"有所不同,主要集中在对"人"以及"生与死"的哲学阐释方面,因此具有那个时代鲜明的存在主义伦理学性质。他的主要"人学"思想,比较集中地反映在其于 1792 年写成的《论人、人的死亡和永生》(О человеке, о его смертности и бессмертии)巨篇哲学论文中。这是反映 18 世纪俄罗斯欧洲主义时代人文主义思想的经典哲学文章,其主要观点大致包括以下几个方面:

一是"人是智力的生物"的思想。在拉季谢夫的哲学思维中,人首先是拥有智力的生物。他认为,人的智力可分为经验和理智两种,智力使人具有认知力,知觉、记忆、认识、思想、判断等都属于认知力。例如,我们会通过记忆想起知觉的更替,有关体验知觉的信息就叫认识。再如,由事物间各种关系生成的我们的概念的更替,就叫做思想。知觉与理智有别,就如认识与思想有别一样。此外,拉季谢夫还认为人对世界的认

---

[1] 作为俄罗斯 18 世纪末期最著名的思想家之一的拉季谢夫,其最有名的著作是 1790 年在自己的印刷厂出版的《从彼得堡到莫斯科游记》(Путешествие из Петербурга в Москву),他因该书而被当局判以死刑,后改判流放至西伯利亚。他在那里写就了本文所要评价的经典之作《论人、人的死亡和永生》。

知和人的经验都具有双重性。认知双重性是:(1)靠认知力来认识事物产生的变化;(2)认识事物与认知力之间和事物规律之间的联系。前者成为经验,后者成为判断。而经验也常常是双重性的:(1)知觉经验,即用感觉来认识事物;(2)理性经验,即理性地认识事物之间的联系,如有关我们理智变化的信息就是理性经验。(Радищев 1949:299)。其次,人是在行动上自由的生物,人的意向和爱好都要服从于理性;人的自由行为,总是与妻子不可分割地联系在一起的;人在从恋家的生活而走向社会的生活时,要迫使自己遵法和听命于当局,因为这样能够获得奖赏或惩罚。(Радищев 1949:305)

二是"精神与世界一体"的思想。谈到人,必然会涉及世界与人的思维之间的关系问题。在拉季谢夫的存在主义伦理学中,世界是统一的和一体的,因此人就与其他生物一起构成一体。用他的话说,物质(世界)或实体是与人的精神紧密联系在一起的,因为"我们看不出一个构成部分与另一个构成部分之间的区别,而看到的总是它们的总和"。(Радищев 1949:314—315)他认为,人所接触到的囊括所有存在物(精神和物质)的概念,都是"存在"(бытие)。所有物体都是由最基本的成分或自然元素(土、水、空气和火)构成的。我们不知道这些成分的自然状态,我们所看见的总是它们相互偶合在一起。(Радищев 1949:330)由此,他得出结论认为,正是这些复杂构成物的统一,才为我们提供了"思维力",而一切复合体又都可以在思维力中找到自己的"起点"。(Радищев 1949:355)总之,在拉季谢夫看来,物质与精神不可分,人的思维力和生命特性不仅是由物质造成的,物质的特性也同样是人的思维力本质造成的,事物的特性即思维力特性,思维力也就是物质的特性。(Радищев 1949:330)

三是关于"死而复原"的思想。拉季谢夫的哲学文章,更多地对死亡的概念进行了思考。关于死亡是否预示着"彻底毁灭"(полное уничтожение)还是"破灭"(разрушение),他更加倾向于后者,即死而可以复原。他说,"什么是死呢?死不是别的,而是人的状态的自然更替。这种更替不仅与人有关,所有动物、植物和其他生物也是如此。世界上一切有生命的和无生命的东西都会死亡。死亡的征兆是破灭"。什么是"破灭"呢?在拉季谢夫看来,破灭不是消失,也不是不存在,而是有生命的东西进入到"诞生前的状态"。(Радищев 1949:345)不难看出,拉季谢夫眼中的生与死,具有"相似性"。他相信,可以从一个人开始生命的状态中得出其死亡的状态,因为存在主义意义上的生前和死后状态是完全相同的。但生前和死后存在又有其特性。他认为,假如我们承认诞生前存在的可能,那么就得承认这不是真正的生命,而只是"半毁灭状态"的存在。而无论是"诞生前的存在",还是死后或希冀永生的状态,都属于"可能存在域"。按照克里斯蒂安·沃尔夫提出的唯理主义哲学理论,"可能存在"中并没有因果关系,也不包含矛盾。可能性范畴意味着逻辑上的不矛盾性,因此死亡和永生就应该视作没有矛盾的概念。就此,拉季谢夫得出结论认为,人在被孕育之前就已经存在,或者确切地说存在着孕育未来人的精液,但并没有生命……这只是"半毁灭状态"。(Радищев 1949:273—313)拉季谢夫在区分生命和"半毁灭状态"时,指出了两种存在形式:主动的和被动的或积极的和消极的存在。生命具有动态特征,因此是主动地或积极的;而生前死后只属于可能存在,因此是被动的或消极的。(Радищев 1949:283)

讲到生命,就不可能绕开灵魂和肉体问题。拉季谢夫认为,生命之所以具有动态特征,是因为它可以在"力范畴"(категория силы)内加以解释。他说,任何力量,无论是人身上的,还是世界上的,都要靠器官来起作用,否则我们就不可能有任何理解力,而肉体就是我们"灵魂的器官"。(Радищев 1949:278—279)他认为,灵魂的生命特性就是知觉和思考。神经是人的知觉器官,大脑是人的思考工具。(Радищев 1949:279)由此,他把灵魂与肉体的关系视作"自然界的一般规律",这一规律也同样体现在思维取决于"肉体成因"(физические причины)方面。该肉体成因又有两种形式:一种是在时间上起作用,这在一些人身上是比较显现的;另一种是隐形的,即社会的,只对整个民族和社会起作用。(Радищев 1949:303)

那么,拉季谢夫又是怎样对灵魂的概念做出界说的呢?他认为,所谓灵魂,就是"我们自己能够意识到的唯一的、独一无二的、与其他本质不一样的东西"。"自我等同性"(тождественность самой себе)是灵魂的界定指标和特征。灵魂就是力,力就是本身。在拉季谢夫看来,所谓灵魂是力,首先指的是"智力",因为智力具有创造概念的强大能力……灵魂是真正的君主。(Радищев 1949:367)但作为"力"的灵魂并不属于器官或工具,因为"死后的存在"有三种可能性:(1)灵魂转附到另一个肉体上;(2)灵魂转到低级生物上;(3)灵魂转到更高级的状态中。拉季谢夫显然倾向于第三种转换,因为他认为人"死后的状态理应得到善报"。(Радищев 1949:384)此外,他还认为灵魂有"存在形式",即可用单数第一人称代词"我"来表示。而生前死后的"我"是不等同的,因为没有器官的灵魂不会是原来的那个灵魂。因此,如今的"我"、真正的"我"和与别人不同的"我"等,这些都不是原本的"我"。(Радищев 1949:279)

总之,拉季谢夫眼中的"生与死"并没有本质上的区别,这从日常意识和经验的角度看是非常自然的,这不仅因为他把生命理解为死的成因,还因为自然界中发生的一切都是渐进的,生与死作为两个极点(存在与非存在),中间会有许多不易觉察的转换或变化。用他的话说,"生与死"即"存在与非存在"之间有中介"。他正是基本这样的判断,才得出"灵魂永生"的公设:"整个自然界都证明着人是永生的"。(Радищев 1949:360)

如上所说可以看出,启蒙时代的俄罗斯人文主义学说在俄罗斯思想发展史上具有十分重要的意义:启蒙时代作为俄罗斯由欧洲主义最终走向具有民族特色的斯拉夫主义的过渡阶段,其学说思想无不起着由欧化向民族化(或本土化)转变的承上启下的作用。

参考文献

[1] Аничков Д. С. Рассуждение из натуральной богословии о начале и пришествии натурального богопочитания[A]. //Избр. произв. рус. мысл. втор. пол. XVIII века. В 2 т. Т. 1.[C]. М., Госполитиздат, 1952.

[2] Аничков Д. С. Слово о невежественности души человеческой и из оной происходящего ее бессмертия[A]. // Общественная мысль России XVIII века. В 2 т. Т. 1 [C]. М., РОССПЭН, 2010a.

[3] Аничков Д. С. Слово о разных способах, теснейший союз души с телом изъясняющих [A]. // Общественная мысль России XVIII века. В 2 т. Т. 1 [C]. М., РОССПЭН, 2010b.

[4] Вольф Х. Разумные мысли о Боге, мире и душе человека, а также о всех вещах вообще[A]. //Христиан Вольф и философия в России[C]. СПб., Изд-во Рус. Христиан. гуманит. ин-та, 2001.

[5] Ломоносов М. В. Заметки по физике и корпускулярной философии[A]. //Избр. произв. В 2 т. Т.1[C]. М., Наука, 1986a.

[6] Ломоносов М. В. Элементы математической химии[A]. //Избр. произв. В 2 т. Т.1[C]. М., Наука, 1986b.

[7] Ломоносов М. В. Опыт теории о нечувствительных частиц и вообще о причинах частных качеств[A]. //Избр. произв. В 2 т. Т.1[C]. М., Наука, 1986c.

[8] Ломоносов М. В. Размышление о причинах теплоты и холода[A]. //Общественная мысль России XVIII века. В 2 т. Т. 2 [C]. М., РОССПЭН, 2010.

[9] Радищев А. Н. О человеке, о его смертности и бессмертии[A]. // Избр. филос. соч. [C]. М., Гослитиздат, 1949.

[10] Татищев В. Н. Разговор двух приятелей о пользе науки и училищах[A]. // Избранные произведения[C]. Л., Наука, 1979.

[11] Фишер Куно. История новой философии. Декарт: Его жизнь, сочинение и учение[М]. СПб., Мифрил, 1994.

第 4 章
19 世纪的俄罗斯人文主义学说

19 世纪被誉为俄罗斯"经典哲学"（классическая философия）繁荣的世纪，其主要标志是：俄罗斯从这个时期起才开始拥有真正属于自己的"哲学"，该哲学的核心内容即"斯拉夫主义"（славянофильство）。[①] 正如俄罗斯著名哲学家施佩特（Г. Г. Шпет，1879—1937）所说，"斯拉夫主义的问题是唯一独创的俄罗斯哲学问题"。（Шпет 1989:53）因此，可以肯定地说，从 18 世纪的欧洲主义到 19 世纪的斯拉夫主义，俄罗斯完成了由"拿来主义"向实现民族自觉的重大转变。正是这一转变，决定着俄罗斯语言学研究中的许多特点，彰显出其他国家语言学理论中少有的人文性和民族特性。

第 1 节 斯拉夫主义的形成背景

斯拉夫主义作为 19 世纪 30—70 年代俄罗斯哲学和社会思想的一种思潮，从一开始就是在与 18 世纪俄罗斯占主导地位的欧洲主义或西欧派的对立中形成的，其核心思想是俄罗斯相对于欧洲的"独特性"（самобытность）。但任何新的思潮或理论的出现都不可能是"空穴来潮"，而有其深刻的历史背景，包括思想、文化、社会的根源和成因等。因此，弄清楚斯拉夫主义形成的历史背景，对我们全面理解该思潮的本质、意义以及对俄罗斯语言学的影响等，都具有重要的价值。

1.1 思想根源

斯拉夫主义的思想渊源，学界通常认为起端于中世纪俄罗斯禁欲派与约瑟夫派之间的那场著名的"争辩"。我们知道，15—16 世纪时，以约瑟夫派的代表人物约瑟夫·瓦罗茨基（Иосиф Волоцкий，1440—1515）为

[①] 关于俄罗斯哲学的历史究竟从何时开始的问题，学界有较大争议。但比较公认的看法是发端于 19 世纪的"斯拉夫主义"，因为只有"斯拉夫主义"才是真正具有俄罗斯民族意识的哲学。

一方,与禁欲派的代表人物马克西姆·格列克、阿尔捷米·特罗依茨基等为另一方展开了一场针锋相对的论战,论战的核心是有关东正教会与"异教"(ересь)的关系以及教会的道德问题。约瑟夫派主张君主专制和坚守东正教传统的神学思想,与异教作坚决斗争;而禁欲派则主张秉承拜占庭的宁静主义传统,提倡远离世俗而坚守人的精神自由。由于前者的主张受到当时莫斯科大公伊凡三世(Иван Ⅲ Васильевич,1462—1505)的青睐,因而占据了上风,从而标志着俄罗斯教会开始脱离拜占庭教会而建立自己独立的莫斯科罗斯教会。后来,"约瑟夫派"学说思想由其追随者菲洛费依·普斯科夫斯基(Филофей Псковский,约1465—1542)所继承和发展,他提出了著名的"莫斯科——第三罗马"(Москва——Третий Рим)的重要学说,从而为19世纪斯拉夫主义的最终形成奠定了理论基础。

菲洛费依·普斯科夫斯基所处的时代正是欧洲乃至世界大动荡的时代。我们知道,在中世纪几百年的时间内,先后有数个君主制更替:巴比伦、波斯、希腊和罗马。而东罗马帝国(拜占庭帝国)于1453年由于土耳其军队的占领而宣告瓦解,于是,"世界末日"论开始笼罩整个世界尤其是基督教世界。但事实是,没有了拜占庭,世界依然存在,人类并没有由此发生根本的变化。在这种背景下,人们开始对基督教的真实性产生了怀疑。在西方,这种怀疑演变成了一场声势浩大的"文艺复兴"(Ренессанс)——自由思想和世俗化的运动。而那时的莫斯科罗斯却丝毫没有为此所动,力图以坚守东正教的正统性来向世界证明上帝学说的真理性。"莫斯科——第三罗马"的理论学说正是在这一背景下应运而生的。根据这一学说,整个罗马的历史在对基督教的认识中可一分为三:"旧约"(ветхий)时期为"第一罗马";君斯坦丁堡时期为"第二罗马";由此应该还有一个"第二罗马"的继承者——"第三罗马"。先前曾提出罗斯古公国"诺夫哥罗德"(Новгород)为"第三罗马",但该公国于1478年瓦解后,"第二罗马"遗产的唯一继承者就只有莫斯科了。这就是菲洛费依·普斯科夫斯基提出的'莫斯科——第三罗马'理论的主要思想。他在给伊凡三世的信函中如是说:由于旧罗马的教会不信异教(这里指"新约全书",笔者注)而崩溃了,君斯坦丁堡的第二罗马教会的大门也被阿加尔人的后代用斧头劈开了。而在你所统治的第三新罗马的国度里,神圣的大教堂圣徒教会在世界信仰东正教的每一个角落却闪耀着比太阳还要亮的光芒。我虔诚的君主,要让你的臣民知道:基督教信仰中的所有东正教王国都已经归并入你所统治的国度,你是普天下基督教徒唯一的君主……"。(Послания старца Филофея 1984:437)

以上不难看出,19世纪俄罗斯的斯拉夫主义思潮,其思想源泉主要源自约瑟夫派的正统基督教思想,后又发展成为较为完整的"第三罗马"理论。上述思想和理论又与 16 世纪出现的"神圣罗斯"(Святая Русь)的称谓在内涵上完全一致①,强调的都是俄罗斯相对于西方世界(包括西方基督教世界)的独特性和纯正性。应该特别强调的是,菲洛费依·普斯科夫斯基的"第三罗马"学说,其核心并不是"世界末日"的思想,而是俄罗斯应该"走什么路"的问题,因此,一经提出便受到东正教界的追捧和执政君主的赏识。尽管 18 世纪彼得大帝时期盛行"欧洲主义",宗教界和思想界也试图用"俄罗斯欧洲"(Российская Европия)的概念来取而代之。但扎根于东正教传统和民族文化根系的这一理论思想,却始终没有因此而沉寂下去,而是作为俄罗斯意识中占主导的成分顽强地延续了下来,并作为一种"民族精神"始终在政治、外交、意识形态和社会生活的各个方面起着支柱性作用,最终发展成为具有民族自觉性质的斯拉夫主义学说。

1.2 社会成因

斯拉夫主义的生成,除思想背景外,还有其重要的社会背景,这就是俄罗斯文化传统中的"村社"或"公社"(община)组织形式以及由此生成的精神遗产。作为组织形式,村社本是与广袤的俄罗斯平原的地理生存环境密切相关、并在经济上能够自给自足的一个共同体,它从 13 世纪一直延续到 20 世纪 20 年代末,几乎贯穿了整个俄罗斯史。在俄罗斯人的传统观念里,村社既是他们的社会和联盟,也是他们的"米尔"(мир)②,"米尔"就是世界,也是和平。久而久之,原始而古老的村社组织逐渐演变为全体俄罗斯人观念认同和心理依附的一种民族文化符号,成为俄罗斯精神和民族性格的代名词,它集中体现着俄罗斯人"独立自主""和谐共处"等基本思想。而这种组织形式及思想在西方是根本不存在的,因此俄罗斯具有不同于西方的"独特性"。

需要特别指出的是,村社的组织和思想之所以能够成为俄罗斯人世界观的重要组成部分,一个很重要的原因是它与东正教的核心概念"聚和性"(соборность)具有高度的一致性。"聚和"(собор)即教堂,也是"协商"和"共处",其实质是由"精神自由""有机性"和"神的爱"构成的"多样性的统一"。(徐凤林 2006:19—23)村社的"独立自主"和教会的"聚和性"相互契合,就成为了俄罗斯人最终走向民族自觉的两大精神土壤。

---

① "神圣罗斯"的称谓首次出现在何时,学界有不同的看法,通常认为出现在俄罗斯的中世纪时代,开始时多使用于民间口头创作,后逐渐成为一种民族思想,其内涵与"第三罗马"的理论基本一致。

② "米尔"作为农村公社最早出现在 11 世纪诺夫哥罗德公国的《雅罗斯拉夫尔法典》中。

1.3 政治背景

应该说,斯拉夫主义作为一种哲学思潮,之所以在 19 世纪而不是别的世纪出现,也有其深刻的政治背景。从本质上讲,斯拉夫主义是在俄罗斯民族"精神复兴"(духовное возрождение)的背景下诞生的,而精神复兴的直接动因则是俄军于 1812—1814 年打败入侵的拿破仑军队和欧洲远征军。当时,整个俄罗斯都弥漫着"西方衰落"的政治气氛,认为这是传统的"专制制"(самодержавие)战胜西方"立宪制"(конституционализм)的结果。俄罗斯著名诗人丘特切夫(Ф. И. Тютчев,1803—1873)曾于 1848 年写下《俄罗斯与革命》(Россия и революция)的文章,唱响了西方衰败的挽歌:"西方在消失,一切都在燃烧中崩塌和灭亡:查理大帝的欧洲,1815 年和约的欧洲,罗马贵族和所有的西方王国,天主教和新教,早已丧失的信仰和毫无理性的理智,从此后不可想象的秩序和不可能有的自由,以及在所有这些废墟上建立起来的欧洲文明,都被欧洲亲手毁掉了"。(Тютчев 1993:284)

西方世界的这种瓦解,无疑极大地激发起俄罗斯的使命感。俄罗斯社会中重新燃起对本国制度、本国历史、本国文学以及本国语言的兴趣,斯拉夫主义由此成为一种时尚。例如,正是在这样氛围下,沙皇专制制度得到进一步强化。如,当时的沙皇尼古拉一世(Николай Ⅰ,1825—1855)就授意其教育大臣发表了"东正教、专制制度、民族性"三位一体的"正统民族论"(теория официальной народности),宣称东正教是社会幸福和家庭和睦的保障,专制制度是国家的基石,而民族性就是对东正教的"虔诚"和对沙皇的"温顺"。史学界把尼古拉一世统治的 30 年称为俄罗斯专制制度的"顶峰"时期;也正是在此背景下,俄罗斯史学家、文学家卡拉姆津(Н. М. Карамзин,1766—1826)编撰出版了 12 卷本《俄罗斯国家史》(История государства Российского)(1818—1828),该巨作被斯拉夫派誉为俄罗斯民族"过去时代的复活"。(见 Замелева 2012:145)。再如,俄罗斯著名作家陀思妥耶夫斯基(Ф. М. Достоевский,1821—1881)用多篇小说呐喊出对"人性的拷问",提出了"神性与人性"有机统一的基督教人文观;又如,俄罗斯语言学家达里(В. И. Даль,1787—1867)用 35 年时间编撰出版了 4 卷本俄语词典——《鲜活的大罗斯语详解词典》(Толковый словарь живого великорусского языка),成为语言学领域最先推行斯拉夫主义思想的典范。如此等等,不一而足。

另外,尼古拉一世的独裁、专横的黑暗统治,也引起社会的急剧动荡和社会各阶层的极大不满。尤其是 1825 年的"十二月党人"(декабристы)起义受到当局残酷镇压后,俄罗斯社会精英们开始重新思考国家的命运,是实行沙皇的专制制度还是西方的立宪制,成为"斯拉夫派"(словянофилы)和"西欧派"(западники)纷争的焦点。

正是上述思想、社会、政治三股力量的合流,才为斯拉夫主义的形成提供了坚实的思想基础、社会基础和政治基础。思想根源主要是东正教的。东正教作为基督教中最为原始、最少规范的一种形式,其传统精神向来与经院式的繁琐理论相背离:它不注重推理演绎和逻辑论证,注重的是具有道德自由的思辨,因此,被斯拉夫人认为是正统的基督教;社会成因主要是民族传统,俄罗斯人独特的生存环境"村社"组织赋予其独立自主的意识,"米尔"成为俄罗斯人独立的世界,一个与西方不同的世界;政治背景如催化剂,提振起俄罗斯精神,使俄罗斯人似乎进一步认识到数百年来施行的专制制度的优越性所在。在斯拉夫派看来,其优越性并不在制度本身,而是能够产生"聚和性"作用的"道德力量"(нравственная сила),也就是所谓的"精神专制"(идеальное самодержавие)。时至今日,多数俄罗斯人依然对伊凡雷帝(Иван Грозный)、彼得大帝(Петр Ⅰ)、叶卡捷琳娜二世(Екатерина Ⅱ)等"强势"沙皇充满无限的敬意,更对俄罗斯总统普京(В. В. Путин)的铁腕治国方略拍手称好,而这一切都源自斯拉夫主义哲学思潮中所包含的对专制制度的民族认同感。

第 2 节 斯拉夫主义的发展阶段

"斯拉夫主义"这一术语并不是斯拉夫主义者发明或最先使用的,而是欧洲主义者从史学家、文学家卡拉姆津那里借用来的。早在 19 世纪初,卡拉姆津与希什科夫(А. С. Шишков,1754—1841)之间曾就俄语史问题展开一场争论①,前者称后者奉行的是斯拉夫主义,即主张在俄语标准语中保留已有的斯拉夫词语,并用借入斯拉夫语的方法来充实俄语词汇。30 年代末至 40 年代初,包括著名思想家赫尔岑(А. И. Герцен,1812—1870)、著名文学批评家别林斯基(В. Г. Белинский,1811—1848)等在内的欧洲主义者又重新使用这一术语来称谓斯拉夫派。

斯拉夫主义者或斯拉夫派更喜欢用"莫斯科人"(москвичи)、"莫斯科流派"(московское направление)、"莫斯科派"(московская партия)或"东方派"(восточники)来称谓自己②,以示其学说观点与主要为彼得堡的欧洲主义者或西欧派的不同。更为称奇的是,该派人士还在着装和打扮上有意强调"俄罗斯民族传统",通常都留长胡须、穿民族服装等。

---

① 希什科夫是军人出身,曾任海军上将、俄罗斯科学院院长、国民教育部长等职,是著名文学家和国务活动家。
② 此处的"东方派"既不是从事东方学研究的学者,也不是出身于东方的学者,而是相对于"西欧派"而言的,即主张俄罗斯有别于西方而具有"独特性"的学者的称谓。

1840—1860年代，斯拉夫主义者主要在自己的"莫斯科人"（Москвитянин）、"俄罗斯谈"（Русская беседа）等杂志上，以及"语声"（Молва）、"帆"（Парус）等报刊上发表文章，并曾出版《西伯利亚文集》（Сибирский сборник）（1844）、《莫斯科文集》（Московский сборник）（1846、1847、1852）等著述。

从俄罗斯哲学和社会思想的发展史看，斯拉夫主义思潮主要流行于19世纪中叶，即30年代至70年代。在短短40余年时间内，它大致经历了4个不同的发展阶段：

2.1 斯拉夫派的形成阶段(1839—1848)

斯拉夫主义的形成宣言，学界公认为是霍米亚科夫（А. С. Хомяков，1804—1860）于1839年写的一篇文章《论旧与新》（О старом и новом）①，以及同年基列耶夫斯基（И. В. Киреевский，1806—1856）对该文章的响应《答А. С. 霍米亚科夫》（В ответ А. С. Хомякову）。作者在该两篇文章中，集中阐述了斯拉夫主义的基本原理，尤其强调了俄罗斯的独特性思想，标志着斯拉夫主义的正式形成。这一时期，以基列耶夫斯基、霍米亚科夫为代表的斯拉夫派与赫尔岑、别林斯基为代表的西欧派就宗教和哲学等问题展开了激烈的争论，后者引用"黑格尔学说"（гегелианство）予以论证，前者则用"谢林学说"（шеллингианство）予以反驳，最终形成相互对立的思想阵营。② 1840年，斯拉夫派出版《莫斯科观察者》（Московский наблюдатель）杂志，翌年更名为《莫斯科人》。1846年和1847年，相继出版了两本《莫斯科文集》。这不仅标志着斯拉夫派有了自己固定的思想阵地，同时也标志着该派与西欧派的争论由原先的沙龙式的学术争辩发展成为势不两立的尖锐论战。

2.2 斯拉夫派主导思想的确立阶段(1848—1855)

这一阶段被史学界称为"黑暗的七年"，原因是主张斯拉夫主义的代表人物大多受到不同程度的打压和迫害。如，基列耶夫斯基1832年因在自己创办的《欧洲人》（Европеец）杂志上发表《19世纪》（Девятнадцатый век）的文章而被当局视为"预谋为俄罗斯立宪"，1840年起便被停止莫斯科大学哲学教研室的教职工作。1852年，他在恢复出版的《莫斯科文集》上发表《论欧洲文化的性质及其与俄罗斯文化的关系》（О характере просвещения

---

① 该文章是霍米亚科夫在1838—1839年期间为基列耶夫斯基在莫斯科自己的家里举办的文艺沙龙所写，并没有准备发表。

② 由此，学界通常认为，在斯拉夫主义学说思想体系中，一定程度上还包含着德国哲学家谢林（Ф. В. Шеллинг，1775—1854）提出的有关思想。

Европы и о его отношении к просвещению Росси)一文①,引起当局不满,杂志随被查封。此外,当时斯拉夫主义代表人物之一的"小阿克萨科夫"(И. С. Аксаков,1823—1886)于1849年被当局以莫须有罪名而被铺入狱②,另一位学者萨马林(Ю. Ф. Самарин,1819—1876)也因发表《里加来信》(Письма из Риги)系列文章而遭到逮捕。但"黑暗的七年"并不代表斯拉夫主义的学说没有得到发展。恰恰相反,正是在这个阶段,斯拉夫主义完成了其主导思想——民族文化的独特性、民族的非国家性等学说的创建活动,其标志主要有二:一是上文提到的基列耶夫斯基于1852年发表的那篇文章,它为确立俄罗斯文化相对于欧洲文化的独特性奠定了基础;二是小阿克萨科夫的同胞哥哥、同为当时斯拉夫派代表人物之一的"大阿克萨科夫"(К. С. Аксаков,1817—1860)于1855年提出了"俄罗斯民族的非国家性"(негосударственность русского народа)政治主张,其主要观点是:真正的公民制度只有在国家不干涉人民事务、人民也不干涉国家事务的条件下才有可能实现。为此,就必须恢复古代的公民制度,让人民完全享受精神和道德的生活,而非政治的生活等(有关该思想的具体内容,见下文3.1.2)。

2.3 斯拉夫派取得实绩的阶段(1855—1861)

该阶段以1855年2月19日尼古拉一世去世至1861年2月19日尼古拉二世宣布废除农奴制为时限,斯拉夫派积极参与推动国家实施各种改革的活动,并取得显著成效。如,大阿克萨科夫本人于1855年上书给加冕不就的沙皇亚历山大二世(Александр Ⅱ,1855—1881),提交了《俄罗斯内部状况》(О внутреннем состоянии России)的报告,提出了废除农奴制、要求精神自由和言论自由、取消新闻检查等政治主张;1856年,斯拉夫派获准出版《俄罗斯谈》杂志;是年,亚历山大二世表示要施行"自上而下"的改革;1858年,斯拉夫派建立"斯拉夫慈善委员会"(Славянский благотворительный комитет);1861年,亚历山大二世签署废除农奴制"法令",结束了长达6个世纪的封建农奴制度。③

2.4 斯拉夫派的瓦解阶段(1861—1875)

1856—1860年间,在早期斯拉夫派代表人物中,有三位领袖人物先

---

① 俄语词汇 просвещение 一词有"教育""教化""启蒙"的意义,但此处译成"文化",是因为当时社会大众还不熟悉"культура"一词,所以很多学者就沿用 просвещение 一词来代表"文化"。

② 此处用"小阿克萨科夫"的称谓,是相对于"大阿克萨科夫"而言的。由于他们是同胞兄弟,因此将他们的姓翻译成中文时都是"阿克萨科夫",读者无法区别他们的长幼以及相关学说思想究竟属于哪位阿克萨科夫,故用"小"和"大"区别之。

③ 关于俄罗斯的农奴制究竟始于哪个时期,学界仍有争议,但通常认为,它始于11世纪的基辅罗斯时期。

后去世,他们是基列耶夫斯基(1856)、霍米亚科夫(1860)、大阿克萨科夫(1860),这标志着该派别有组织的活动已经名存实亡。当时,第一代斯拉夫派人员中,只有萨马林一人依然还活跃在政坛上,他于 1862—1864 年积极组织和参与了俄罗斯的"地方自治运动"(земское движение)。1874 年,即萨马林去世当年,亚历山大二世宣布对旧的司法体制和军事制度进行改革,从而基本完成了被史学界称为"自上而下革命"的改革运动。这不仅标志着俄罗斯在建立公民社会和法治国家方面向前迈出了一大步,同时也标志着斯拉夫派提出的政治和社会改良主张基本得以实现。① 此外,1861 年农奴制改革后,俄罗斯国内的形势也发生了重大变化,这就要求斯拉夫派对社会出现的新问题提出新的主张和纲领,但事实上,失去了三位领袖人物的斯拉夫派已经不可能提出统一的新的思想和行动纲领。如,19 世纪 70 年代中期,"斯拉夫主义小组"就在东正教在社会复兴中的作用以及波兰等问题上产生了严重分歧。② 前一个分歧的焦点是:俄罗斯和西欧的启蒙运动的区别何在,俄罗斯和西欧的启蒙原理是不是处在同一发展水平上,俄罗斯是要向西方学习还是要从正教罗斯的日常生活中寻找启蒙原理等。上述分歧促使斯拉夫派走向瓦解,作为一场社会运动的斯拉夫派的活动就此宣告结束。但作为哲学和社会思潮的斯拉夫主义学说并没有就此终止,其主要思想随着社会的发展而相继与各种自由主义思潮合流,一直延续至今。

第 3 节　斯拉夫主义的主要学说思想

上文已经提到,斯拉夫主义的学说思想是在与欧洲主义或西欧派的斗争中逐渐形成的。开始的时候主要是在学术沙龙进行口头辩论,后来发展成为在报章杂志上的论战。两派争论的焦点主要集中在"走什么道路"的问题上:西欧派强调俄罗斯应该融入西欧,而斯拉夫派则认为西欧的道路"不适合俄罗斯"。那么,斯拉夫主义到底有哪些主要的学说思想或主张呢?这些思想或主张对俄罗斯的过去和今天来说究竟意味着什么呢?这就是我们下面需要审视的具体内容。

3.1　早期斯拉夫派的学说思想

早期斯拉夫派的领袖人物,学界公认有基列耶夫斯基、大阿克萨科夫、霍米亚科夫、萨马林四位。尽管他们的职业及兴趣、爱好等不尽相同,但却"志同道合",为奠定斯拉夫主义学说的基本原理做出了各自的贡献。

---

① 显然,斯拉夫派的改良主张带有自由派的性质。
② 此处的"波兰问题"指 1863—1864 年的"波兰起义"(Польское восстание)。

3.1.1 基列耶夫斯基的学说思想

基列耶夫斯基早年推崇欧洲主义,为此曾亲自创办了《欧洲人》杂志。由于该杂志被禁刊,基列耶夫斯基本人也被剥夺了莫斯科大学讲授哲学的工作,迫使其"沉默"达十余年之久。期间,他的思想逐渐由西欧派向斯拉夫派转变,并在霍米亚科夫和奥普塔修道院长老们的影响下成为斯拉夫派的著名思想家之一。其学说思想主要反映在 1852 年发表的《论欧洲文化的性质及其与俄罗斯文化的关系》和 1856 年发表的《论哲学新原理的必要性和可能性》(О необходимости и возможности новых начал для философии)两篇文章中,具体又体现为以下两个方面:

一是提出"文化区别"论。基列耶夫斯基通过对俄罗斯和西欧文化传统进行比较后,认为两者之间存在着巨大的文化差异,而造成该差异的根源有二:所走的道路不同和所传承的世界古典文明的文脉不同。他说,俄罗斯和西方从一开始就选择了不同的道路,"渗透到西欧各民族头脑中的基督教是通过罗马教会的一家学说实现的,而在俄罗斯基督教则是在东正教的多座烛台上点燃的"。(Киреевский 1979a:288)因此,基督教在进入俄罗斯时,并没有遇到像在西方大地上那样的巨大障碍。西方神学与东正教学说之间又存在着诸多不同:前者具有理性抽象性,后者保持着精神的内部完整性;前者的智慧力量是分裂的,后者渴望智慧力量的有机总和;前者通过逻辑概念的组合通向真理,后者通过自我意识的内在提升而追求心灵的完整性和智慧的聚合。(Киреевский 1979a:288-289)在基列耶夫斯基看来,正是这些不同才造成了两种文明的精神和文化一系列差异。此外,基列耶夫斯基还认为,尽管俄罗斯文化的"根系"是在东正教的土壤上形成的,但它并不像西方文化那样展现得如此明显,因此还应该从"希腊教父"所赋予的"基督教哲学"中去寻找"源头"(коренные начала)。他指出,在基督教哲学中,"我们不仅丝毫看不出对亚里士多德的偏向,相反只看见对柏拉图的明显偏爱",这就决定了基督教哲学在思维方式上与西方经院哲学有本质的区别:东方教父更关注"思维人的内心状况的正确性"①,而西方神学家更看重"概念的外在联系",它们是两种完全不同的思辨,不可调和;东方神父成功地将希腊哲学变为基督教文明的工具,而西方神学则把亚里士多德视作不可动摇的权威。(Киреевский 1979a:274)为此,基列耶夫斯基提出,俄罗斯哲人的首要任务就是要让这一"精神哲学"复兴,否则就谈不上科学的"自主原则",谈不上根植于"自然根系"的艺术,也谈不上有别于西方的社会生活。(Киреевский 1979a:292-293)

---

① 在"斯拉夫派"与"西欧派"的争论中,俄罗斯学者通常把俄罗斯称为"东方",这是相对于"西方"的概念。此处的"东方教父"即指东正教哲学—神学家。

二是提出"哲学新原理"学说。基列耶夫斯基哲学新原理的理论前提是建立在对西方哲学批判基础上的。他指出,以亚里士多德的学说思想为灵魂的西方经院哲学,认为可以依靠独立自我运动的理性力量而达成真理;而以柏拉图的学说思想为内核的东方教父学,则认为只有寻求理性的内在完整性才能达成完整的真理,因为精神的各个方面是一个有机统一体;西方思想家习惯于抽象的逻辑思维,在他们看来,人类的全部知识都有赖于思维对象的形式发展,全部意义也都被思想的表达形式所吞没。而实际上,理性是一种内在的力量,它是超越逻辑联系的形式对象进行思维运动的,因此它总是伴随着思维,又超越于思想表达。(Киреевский 1979b:307)据此,基列耶夫斯基认为,无论是亚里士多德、黑格尔(Г. В. Гегель,1770—1831)还是谢林(Ф. В. Шеллинг,1775—1854),都不适合用来建立一种新哲学的要求。这是因为:亚里士多德的思想体系割裂了理性自我意识的完整性,将人的内在信念的根转移到道德和美学意义之外,转移到推理理性的抽象意识层面;黑格尔的哲学与前者的思想完全相同,但走的却是另一条路:他进一步发展了人的自我意识的自我发展体系,使逻辑定律达到了彻底的完满度;谢林的学说尽管看上去最适合用来建构俄罗斯哲学的自主体系,但也不完全符合哲学要求,因为他的哲学"既不是基督教的,也不是哲学的":它与基督教的不同是其基本原理,与哲学的不同是其认知方式。(Киреевский 1979b:304,331)鉴于此,基列耶夫斯基将"信仰原则"(принцип веры)作为其哲学新原理的基础。他依据福音书对信仰的界说,赋予信仰以新的内涵,认为它不仅仅是知识,同时还是与生活有关的、能够给其他思想和概念赋以特殊色彩和特殊方式的信念,人的举止、愿望和情感等都要靠信仰来决定。他说,信仰的主要力量不在于精心地选择对生活最有利的东西,而在于超出一般逻辑过程的信念之中……东正教会对理性与信仰关系的理解与罗马教会和新教的信奉有本质的不同,它表现在:在东正教中,神的启示和人的思维是不相混淆的,无论是科学还是教会学说都不会逾越神与人之间的界限……神的启示界限的不可侵犯性,旨在保障东正教信仰的纯洁性和坚定性,从而不仅使信仰学说免遭自然理性的曲解,又可防止教会权威对理性的干预。(Киреевский 1979b:316—317)以上可见,基列耶夫斯基所希冀的哲学,既不是从前的经院式神学所起的附庸的作用,也不是新教的教义问答式的逻辑支柱,而是处在科学与宗教之间的一种"中间"哲学。因为在他看来,哲学既不是一门科学,也不是信仰,哲学是所有科学的一般总结和基础,是所有科学和信仰之间的思想向导。(Киреевский 1979b:321)具体说,其哲学新原理主要包括以下几个方面:依据民族文化传统创造和发展新思想;与东方基督教传统相联

系;精神完整性原则;理性从属于信仰等。(见徐凤林 2006:8—13)

基列耶夫斯基提出的上述学说思想,成为后来俄罗斯许多思想家、哲学家关注的焦点,其中包括提出"万物统一"哲学(философия всеединства)的索洛维约夫(В. С. Соловьев,1853—1900)和提出"自由精神"哲学(философия свободного духа)的别尔嘉耶夫(Н. А. Бердяев,1874—1948)等,其影响之广由此可见一斑。

3.1.2 大阿克萨科夫的学说思想

大阿克萨科夫与 19 世纪俄罗斯文学批评家、西欧派的代表人物之一别林斯基同出一门,关系非常密切。[①] 1837—1938 年间他曾积极参与由别林斯基担任编辑的《莫斯科观察者》杂志的各项活动。但自 1839 年起,其政治主张开始与别林斯基产生严重分歧。他提出的"俄罗斯民族的非国家性"政治思想,比较集中地体现在其于 1855 年上书给沙皇亚历山大二世的报告——《俄罗斯内部状况》以及 1956 年刊登在《俄罗斯谈》第 1 期上的《论俄罗斯观点》(О русском воззрении)等文章中。

《俄罗斯内部状况》一文被学界视为斯拉夫派的政治宣言,它大致包含以下些许思想和主张:(1)俄罗斯民族的历史和特性证明了其民族的非国家性,即不寻求参与执政,不希望用条件来制约执政当局,没有任何政治元素,甚至也不拥有革命的萌芽和立宪的制度;(2)俄罗斯民族早在准备接受基督教之前,就形成了村社生活,从而使它远离国家的执政,而将社会生活留给了自己,并授权国家把享受社会生活的机会赋予民众;(3)俄罗斯民族不想执政,只想过人的生活。不寻求政治自由,只寻求道德自由、精神自由和社会生活;(4)没有人民干预的国家政权只能是君主制;(5)把国家政权和政治权力归于君主制政府,把完全的道德自由、生活自由和精神自由归于民众;(6)俄罗斯公民制度遭到破坏不是源自民众,而是源自政府;(7)应该解除政府对俄罗斯施加的道德和生活压迫;(8)俄罗斯需要言论自由,应该解除对言论和文字的压迫;(9)应该恢复古代时期的政府与民众、国家与民众之间的联盟关系。(Аксаков 1861:72—91)上文所说的"公民制度遭到破坏源自政府"的话语,指的是彼得大帝(Пётр Первый,1672—1725)执政以来的俄罗斯状况。在大阿克萨科夫看来,俄罗斯传统的君主制是维系国家和民众之间平衡的保障,而这种平衡已经被彼得大帝所破坏[②],因为在其执政后,政府与人民开始分裂,国家干涉民众的事务,因此已经由人民的公仆变为要求绝对服从的偶

---

① 大阿克萨科夫与别林斯基是莫斯科大学校友,都毕业于该校语文学部,后来又都成为"同学小组"(кружок товарищей)成员。

② 彼得大帝上台后施行各项改革,推行的是欧洲主义模式,因此,在大阿克萨科夫看来,这就破坏了俄罗斯特有的君主制传统。

像,这也是宗教分裂、农奴阶层和贿赂等"内部溃疡"便随之在俄罗斯出现的原因所在。

《论俄罗斯观点》一文中所反映的思想与上述有相似之处,所不同的是,前者强调的是君主制对俄罗斯的适用性,后者则是从俄罗斯文学角度来阐释全人类与民族之间的关系问题。主要观点有:(1)"俄罗斯观点"与全人类的观点并不相悖,民族的就是全人类的,文学作品即是如此;(2)那种认为俄罗斯民族没有为人类做出过任何贡献、因此也不应该有"俄罗斯观点"的说法和想法是完全错误的;(3)俄罗斯民族有充分的权力成为全人类的,而不需要得到西欧的允许;(4)俄罗斯民族对西欧持批判立场,只接受人类共有的财富而摒弃西欧的民族性;(5)欧洲主义尽管有全人类的意义,但却具有很强的民族性;(6)斯拉夫派捍卫的是全人类的东西,而西欧派捍卫的是极端的民族性。(Аксаков 1856a:84-86)不难看出,《论俄罗斯观点》一文是一篇捍卫斯拉夫主义的檄文,旨在澄清或批驳当时社会上流行的对斯拉夫派的一些不正确认识,并从民族性和全人类性的辩证角度阐发了作者本人对斯拉夫主义和欧洲主义的基本看法。

值得一提的是,大阿克萨科夫还在《俄罗斯谈》杂志的第2期上发表了《再谈俄罗斯观点》(Еще несколько слов о русском воззрении)的文章,对第一篇文章中提出的观点进行了重申和补充。他说,一个聪敏的人也会受到他人的影响。对这个聪明人而言,这个"他人"就是绝对正确的导师或老师。这样的人总是看着自己的导师,重复着导师的思想甚至话语,说这些思想和话语有多么的睿智等,但这种人是靠他人智慧生活的,对事物并没有独立的看法,也没有自己的观点……殊不知,导师有新思想,也正是因为导师是独立的结果……那种认为"观点不应该是自己的、而应该是全人类的"说法是虚伪的,因为"全人类的"本身是不存在的。要懂得全人类的东西,首先要有自己的观点和思想。一个没有自己观点的人而靠别人思想活着的人,是什么也不会懂得的。(Аксаков 1856b:139-147)大阿克萨科夫在该文中对西欧派的"崇洋媚外"思想和行为进行了批判,不仅揭露了其思想的虚伪性,更强调了俄罗斯走独立道路的必要性。

3.1.3 霍米亚科夫的学说思想

彼得堡科学院院士、著名历史学家别斯图热夫—留明(К. Н. Бестужев-Рюмин,1829—1897)曾称霍米亚科夫为"有大智慧的人",认为在俄罗斯思想界可以与其齐名的只有罗蒙诺索夫和普希金。(见 Замалеева 2012:154)的确,作为哲学家、文学家和史学家的霍米亚科夫,他对斯拉夫主义学说的形成曾做出过决定性的贡献。他于1839年撰写的文章《论旧与新》是斯拉夫派兴起的奠基之作,而生前没有完成的巨作《世界史札记》(Записки о всемирной истории)则是斯拉夫派历史哲学观的集中体现,成为后人学习和仿效的经典。

《论旧与新》一文反映的是霍米亚科夫对"旧"的基辅罗斯(Киевская русь)和"新"的莫斯科罗斯(Московская русь)两个不同国家形态的基本看法,深刻折射出他对保持俄罗斯民族传统和反对西欧化的坚定政治主张。归纳起来,其观点主要包括有以下四个方面:一是对基辅罗斯的社会和政治状况予以大力褒奖,认为在那个时期的古罗斯国度里,"村里有读书声"(грамотность в селах,),"城里秩序井然"(порядок в городах,),"法庭上有真实"(в судах правда),"生活上富足"(довольство в жизни),道德、智力和物质等方面都有长足的进步。二是对莫斯科罗斯"罗曼诺夫王朝"(Династия Романовых)以来的社会和政治状况进行了尖锐批评,认为"新"不如"旧",在俄罗斯已经不存在善、高尚和值得敬佩的东西,处处呈现出"没文化"(безграмотность)、"不真实"(неправдосудие)、"敲诈勒索"(разбой)、"叛乱"(крамолы)、"人身攻击"(личности)、"压迫"(угнетение)、"贫困"(бедность)、"混乱"(неустройство)、"愚昧"(непросвещение)、"道德败坏"(разврат)等乱象。三是认为彼得大帝的改革以及此后历代沙皇所施行的政策割裂了俄罗斯民族的历史,使俄罗斯丧失了原本的基础,从而改变了俄罗斯的发展道路。由此他提出一个民族不能脱离自己的历史,一个社会也不能根本改造本国的法律的主张。四是尽管彼得大帝开创了新时代,使俄罗斯融入西方,但这并不是民众的意愿,西方的道路对俄罗斯来说是行不通的,西方正处在灾难的前夜。(Хомяков 2004:112—129)

《世界史札记》被收录在 1900—1904 年出版的霍米亚科夫 8 卷本《作品全集》(Полное собрание сочинений)中,并占据其中的 5—7 卷的篇幅。贯穿该著作的核心思想是斯拉夫主义意识,因此它不仅被认为是作者本人哲学思想的中心内容,更是斯拉夫派历史哲学观的重要组成部分。该著作中有关斯拉夫主义的思想主要体现在以下几个方面:一是提出信仰以及自由与必然、精神与物质两种原则的对抗为历史推动力的思想。二是宗教史是国家乃至地区史的最重要的方面,认为欧洲史和亚洲史就离不开对基督教和佛教的认识,因为信仰决定着文化的程度、性质和来源。此外,历史同时又是一个有机整体,财富和传统的沿袭与民族生活密不可分。三是把世界民族区分为两种相互对立的宗教类型:伊朗型(иранский тип)和库希特型(кушитский тип)。它们的区别并不是礼仪和诸神的不同,而在于不同的精神原则:前者起源于农耕传统,是一种承认上帝为创世主并具有精神自由、责任和道德的部族世界观。它包括古波斯拜火教、旧约学说和东正教等；后者代表的是征服者民族的生活样式，是一种承认泛神论基础上的神的部族世界观。它包括印度教中的湿婆教和佛教，以及亚里士多德学说、天主教和新教等。前者崇尚精神自由，提倡通过口头言语、文字、祷告以及对肉体的蔑视等来传承文化；后者主要通过建筑术、象征文字、念经诅咒和崇尚肉体来传承文化。四是对基督教和理性主义的本质进行了阐释，认为基督教是伊朗型宗教精髓的最高表现形式，它充满着自由创造之上帝的思想，使人感到精神的亲近。上帝化身为耶稣，它宣扬博爱而蔑视财富和权势，把一切幸福留给信徒；而罗马则歪曲了基督教的精神，变基督教为一种契约性宗教。于是，信仰变成了法律，教会也变为了一种世俗和社会现象，精神的自由被披着法律外衣的理性主义所摧毁。五是对俄罗斯的基督教以及由此生成的俄罗斯精神做了深入分析，认为俄罗斯正统地继承了基督教的精神实质，完好地保留了圣徒教会的核心思想——"聚和性"（соборность）；俄罗斯精神不仅建造起广袤无垠的俄罗斯精神家园，确立了"米尔"村社这一共同生活的最好形式，把家庭视作整个社会大厦最稳固和最纯洁的基础，还培养出民众的道德力量、对神圣真理的信仰、坚强的耐力和绝对的克制力。六是阐发了世界文明样式具有多样性的观点，认为以黑格尔为代表的德国历史哲学推行的是一种"单原质民族"理论（теория одностихийных народов），该理论提出每一个古代民族都是由一个原质构成的，都属于人类大家庭，只有包括德意志民族在内的"优秀民族"（избрааные народы）才能够推动和引领世界其他民族的发展。但事实上，人类文明绝不只有德意志一种样式，世界其他民族的贡献也很多、很大，如斯基泰人的军事术、埃及人的建筑术、腓尼基人的航海术、中国人的建国策等。因此，仅仅用德意志的文明与俄罗斯的文明状况进行比较是有失公正的，俄罗斯也为提升世界文明做出了自己的贡献。（Хомяков 1900—1904）

霍米亚科夫正是从上述诸方面来阐释他本人的斯拉夫主义思想、并由此得出俄罗斯和西欧都具有独特性的结论的。应该说，《世界史札记》的面世对俄罗斯斯拉夫主义的复兴具有重大的文化价值，也推动了当时俄罗斯刚刚兴起的其他人文学科——考古学、民族学、语言学、宗教学和哲学史的发展。该著作的着眼点是用浪漫主义的原理来解决斯拉夫各民族的历史文化的独特性问题。但霍米亚科夫的浪漫主义与德国的浪漫主义既有相同之处，也有相异之处：相同的是它们都是在评价历史，把理想归结于历史渊源；不同的是霍米亚科夫探究历史的立场有别，它更加注重具体，少有理想化原理的论证和审美的因素，强调的是世界史与民族史的相互关系以及俄罗斯民族发展的独特性。霍米亚科夫的历史哲学思想正是建立在对上述关系的深入思考基础上的,因此具有重大的现实意义,其历史哲学观由此也成为俄罗斯重要的思想遗产。

3.1.4 萨马林的学说思想

萨马林在19世纪30—40年代曾追随黑格尔的学说,但40年代中期起与霍米亚科夫和基列耶夫斯基结识后开始转向斯拉夫主义。与其他几位斯拉夫主义先驱所不同的是,他不仅提出了具有鲜明斯拉夫主义色彩的哲学思想和政治改革的主张,而且还作为政府官员亲自参与了俄罗斯于1861年实行的废除农奴制改革,这在一定意义上使斯拉夫派的理论思想得以付诸实践。萨马林的哲学思想以及有关拥护俄罗斯君主制以及解放农奴的政治主张,比较集中地体现在他给霍米亚科夫《作品全集》第2卷所写的"前言"和《里加来信》等文章中。

关于人的个性的思想。萨马林在该"前言"中对霍米亚科夫提出的信仰即真理的思想予以很高评价,并就人类学问题发表了自己独特的见解。他认为,人类学先于认识论和形而上学,因此应该成为认识和思想学说中的本体论。他坚持把人类学中作为认识手段的"个性"(личность)与将个性变为评价标准的个性概念区别开来①,并坚决反对只有一种个性——个人主义的观点,认为它"苍白无力"和"悲哀地认可人类个性的非独立性"。(Самарин 1877:38)在他看来,"个性是永恒真理的射线可以穿越的透明介质,它可以温暖和照亮人类";而个人主义之上还有更高级的村社制,"村社制度是建立在弃绝个人私利意识这一高级行为基础上的",因此,"克服个人主义只有在弃绝个人私利的行为中才能实现"。但村社制度并不是没有个性,而在于"自觉地弃绝个性的无限权力"。(Самарин 1877:64)也就是说,个性的展示并不在于封闭的个性自身,而在于服从于更高的因素——宗教因素。他认为,个性与上帝的联系是个性存在的基本事实,因为每一个人来到人世时,灵魂中都带有上帝所赋予的光亮,因此,只有承认上帝与个性的这种联系,才能懂得为什么在人的自我评价中总会出现对生命的"意义"(смысл)和"理性"(разум)的扭曲。如果否定"天意"(промысел)这个前提,决定人生命的所谓神话就会取而代之。(Самарин 1877:507)总之,在萨马林看来,只有人的灵魂与生命的源泉进行直接交流,人的意识才能够成为不灭;也只有承认人的灵魂是由上帝照亮的,才能够保持灵魂的完整性,否则将陷入个人主义。由此不难看出,萨马林有关人的个性的思想,是与人的灵魂完整性密不可分的——所谓个性,即灵魂完整性。而该灵魂完整性思想,正是基列耶夫斯基提出的"哲学新原理"的立论基础——理性的内在完整性思想。有所不同的是,前者与人

---

① 从现代术语学看,这种区分就相当于将"人格主义"(персонализм)与"个人主义"(индивидуализм)相对立。

类学的个性概念结合了起来,而后者则与东西方哲学的实质联系在一起。不同的侧面,印证着萨马林对基列耶夫斯基学说的继承与发展。

关于政治改革的主张。萨马林在《里加来信》中①,不仅阐述了对沙皇专制制度下地方自治政策的看法,更为重要的是第一次鲜明地阐述了俄罗斯帝国向民族国家转变的政治纲领,那就是:拥护沙皇君主制,反对西方的立宪制;沙皇的利益与民众的福祉不可分割,更不允许受到侵害;整个俄罗斯都要无条件地服从于俄罗斯民族第一人、东正教会第一子;俄罗斯不做西方的附庸等。(见 Самарин 1911:258;1889:41—42)他的这些政治主张成为了早期斯拉夫派政治纲领中的核心内容,同时也成为后来在波兰问题上与西欧派争论的焦点。

以上不难看出,早期斯拉夫派代表人物关注的核心问题是东西方之间的关系,这就决定了其学说思想离不开对东西方最根本的差异——宗教和历史两大领域的聚焦。斯拉夫派奠基人正是在该两大领域内,分别从哲学、宗教学、史学、政治学、文学、民族学等不同视角对斯拉夫主义的要旨进行了精辟论述。这不仅是俄罗斯历史上第一次具有民族自觉性质的有益尝试,同时也使俄罗斯思想体系第一次贴上了民族标签。可以毫不夸张地说,斯拉夫主义对俄罗斯国家、社会、民族及其意识形态的意义是无法估量的。虽然俄罗斯的历史源远流长,但俄罗斯人的自主形象和自觉意识,直到基列耶夫斯基、大阿克萨科夫、霍米亚科夫和萨马林等先辈们勇敢地提出"什么是俄罗斯""俄罗斯的本质何在""俄罗斯的使命是什么""俄罗斯在世界上占有何种地位"等问题的那一刻起,才真正开始形成。

3.2 斯拉夫派学说思想的继承与发展

早期斯拉夫派的代表人物至19世纪60—70年代就相继去世,但他们提出的学说思想却没有因此"寿终正寝",而是作为俄罗斯的优秀思想遗产被后人继承和发展,从而形成了19世纪俄罗斯人文主义的完整理论体系。

3.2.1 小阿克萨科夫对大阿克萨科夫学说思想的发展

小阿克萨科夫作为大阿克萨科夫的胞弟,他几乎与胞兄一起出道,其斯拉夫主义的学说思想不仅与后者一脉相承,并在有些方面有所发展,被学界公认为斯拉夫主义后期的领袖之一。小阿克萨科夫曾于1858年担任斯拉夫派的主要杂志《俄罗斯谈》的编辑,并于1859年和1861年起开始担任周报《帆》和《白天》(День)的编辑。上述杂志和报纸被禁刊后,又于1867—1868年间负责出版《莫斯科》日报。他对胞兄提出的有关思想和主张的发展主要体现在以下几个方面:

---

① 里加为拉脱维亚首都,当时萨马林在"波罗的海沿岸各省"任职两年,故才有"里加来信"之说。

一是将民族性树立为斯拉夫派的旗帜。1859年,他在谈到《帆》的出版纲领时,曾直言宣称:"我们的旗帜是俄罗斯民族性。民族性既是独立、精神自由、生活和发展自由的象征,也是迄今那些为维护个性权利、但没有将权利上升到民族个性意识的人受到压制的权利象征。俄罗斯民族性是新原则、生活的充分表达和社会真理的保障。"(Аксаков 2008:45)"我们的旗帜是俄罗斯民族性"的这一思想,不仅是小阿克萨科夫全部学说思想的高度浓缩,更成为俄罗斯民族世界观中带有标记的丰碑之一。

二是提出俄罗斯的使命是拯救整个斯拉夫的思想。例如,他将《白天》定位为共同斯拉夫的报纸,并邀请多位俄罗斯和斯拉夫的政论作家为其撰稿。他本人还曾在该报首期上发文声称:"要把斯拉夫各民族从物质和精神的压抑中解放出来,并在强大的俄罗斯雄鹰翅膀下赐予它们独立精神或政治生命的才能,这就是俄罗斯的历史使命、道德权利和责任。"(Аксаков 2008:50)特别是在1875—1878年的"东部危机"期间①,小阿克萨科夫为维护斯拉夫人的利益竭尽全力。他反对俄罗斯外交使团在与土耳其的谈判中屈服于西方列强的压力,并在1878年2月19日签订的《俄土和约》中将君士坦丁堡及其海峡划归土耳其所有的做法。如在1878年6月22日召开的"莫斯科斯拉夫委员会"(Московский Славянский комитет)会议上,作为该委员会主席的小阿克萨科夫就发表了长篇演讲,强烈表达了他作为一名坚定斯拉夫主义者的政治主张。他说:今天我们是不是准备断送百万民众、众多国家、保加利亚人的自由、塞尔维亚人的独立,毁掉俄罗斯的荣誉、名声和良知呢?……用任何话语都无法有尊严地来痛斥这一叛变行为,痛斥这一对历史传统以及俄罗斯使命和责任的背弃……小阿克萨科夫在演讲最后还给沙皇亚历山大二世进言道:如果我们在看到相关报道时都会热血沸腾,对历史负有责任的俄罗斯沙皇该有何种感受呢?难道不是他本人说我们与土耳其的战争是"圣战"吗?……俄罗斯不希望战争,但更不希望耻辱的和平……忠君者的天职促使我们不能保持沉默,那些目无法纪和满口谎言已经形成了沙皇与民众之间、沙皇思想与民众想法之间的障碍。(Аксаков 2008:56-60)小阿克萨科夫用这种反政府的言论来结束自己的演讲并非偶然,因为他清楚,社会对和约的不满情绪是直接指向沙皇的。他的演讲引起强烈反响,被多家东欧报刊转载并迅速传遍整个欧洲,他本人也遭到莫斯科省长的严厉警告,并被撤销了莫斯科斯拉夫委员会主席的职务。

三是提出东正教会精神统治下的"民众"(земля)、"国家"(государство)、

---

① 1875—1878年发生的所谓"东部危机",是指起端于1875年波斯尼亚的塞尔维亚人反对土耳其压迫的起义,翌年爆发的保加利亚起义,以及随后又相继发生的塞(尔维亚)—土(耳其)战争(1875—1878)和俄(罗斯)—土(耳其)战争(1877—1878)。

"社会"(общество)三位一体的原则。他认为,民众不能随意地听命于沙皇(国家的化身),而应该有自己的权利,尤其是表达个人意见的权利。他坚定地践行斯拉夫派所奉行的"把说话权交给民众,把政权交给沙皇!"(Силу мнения—народу,силу власти—царю!)这一基本准则。但由于当时的政府也时常利用所谓的民意来从事实质为反民意的勾当,因此,小阿克萨科夫又在斯拉夫主义有关"民众"和"国家"的学说中添加了第三种成分——"社会"。在他看来,所谓社会,就是"用民族的全部精神力量创造、能够培养民族自觉并进行自觉智力活动的人群",或"民族发展的第二阶段、第二要素,是具有自觉意识的民族","是民族自觉的活动,随着它的不断增长和发展,使民众接近最终目标——自觉"。(Аксаков 1891:36,42)。而俄罗斯缺乏的正是社会的力量,"我国的内部生活和社会生活不足,坚信程度不足,独立性不足,社会力量不足!"于是,他呼吁俄罗斯社会要清醒过来,认为俄罗斯要做的就是"唤起和创造社会力量"。(Аксаков 1891:30—31)不难看出,小阿克萨科夫眼中的社会,既指具有民族自觉意识的社会精英,它与所谓的"知识分子"(интеллигенция)的概念有本质不同的①,又指民族自觉的社会活动。他认为,彼得大帝所施行的改革使贵族阶层与民众发生了背离,教会也蜕变为国家官僚机构的一部分。而"文化程度高的阶层"与民众和民族信仰的背离,必然会导致反民族的"知识分子"这一中间阶层的出现,其结果是"文化程度高的人群"与民众相分离,俄罗斯国家也由此发生变化——由地方自治蜕变为与君主专制格格不入的官僚和独裁国家。为此,"必须摒弃彼得大帝式的独裁及其合法的产物——奴役制、西欧政治的自由主义……俄罗斯历史的彼得堡时期应该结束了"。(Аксаков 1891:36—48)"民众""国家"加上具有"民族自觉的社会精英"(社会),这就是小阿克萨科夫的社会政治学说的基本内容。他曾多次疾呼"该回家了!"(Пора домой!)他所说的这个"家",指的是"原有的罗斯"(исконная Русь)。应该说,恢复原有罗斯的传统,不仅是小阿克萨科夫本人意愿,也是整个斯拉夫派为之奋斗的最终目标。

3.2.2 达尼列夫斯基对霍米亚科夫学说思想的发展

达尼列夫斯基(Н. Я. Данилевский,1822—1855)是 19 世纪俄罗斯著名的社会学家、文化学家和政论家,泛斯拉夫主义的代表人物之一。他在 1868 年出版的《俄罗斯与欧洲》(Россия и Европа)一书中提出"历史文化类型理论"(теория культурно-исторических типов)②,修正并发展了霍米亚科夫的人类历史文明的相关思想。

达尼列夫斯基与早期斯拉夫派领袖之一的霍米亚科夫的思想有很

---

① 有趣的是,在小阿克萨科夫几乎所有的文章中,凡是说到"知识分子"或"文化程度高的人群"的词语都带有引号,这恐怕是在当时俄罗斯标榜为知识分子的人群中有许多是西欧派的缘故。

② 该书对当时俄罗斯知识界和思想界影响颇大,被誉为斯拉夫派最出色的著作之一。

大不同。后者把俄罗斯民族视作人类文化的真正载体,认为它负有全世界历史的使命;而前者则否定历史有所谓全人类的使命,认为俄罗斯和斯拉夫人仅仅是一种特殊的历史文化类型,尽管该类型具有最广泛和最完善的性质。他提出的"历史文化类型理论"主要由以下观点构成:

一是西方不了解俄罗斯,也无权决定人类的进步。他说,西方知晓从梵语到北美印第安部落的易洛魁人、从星系复杂的运动规律到细小组织构造的一切,唯独不了解俄罗斯;西方只想看到俄罗斯扮演一种角色——欧洲文明在东方的拥有者和推广者。(Данилевский 1991:50,63)在达尼列夫斯基看来,西方所赋予的俄罗斯的这种角色是一种谬论,因为西方自身已经处在衰败的境遇中,不再有能力来决定人类进步的路线。

二是不同时代有不同的文明类型。他依据达尔文的进化论学说,认为地球上的一切生物,无论是植物还是动物,也无论是个体还是整个部族,其生命都是"有定数的",人类文明也不例外,如埃及和拜占庭文明的起源和消亡就是如此,时下又兴起了西方文明——日耳曼—罗曼文明。(Данилевский 1991:74)据此,达尼列夫斯基得出结论认为,根本就不存在所谓单一的、对世界所有民族来说统一的文明,构成人类历史活动的"场"(поле)源自于不同的方向,因此,不同时代生成着不同的文明:(1)埃及文明;(2)中华文明;(3)古闪族文明;(4)印度文明;(5)伊朗文明;(6)犹太文明;(7)希腊文明;(8)罗马文明;(9)阿拉伯文明;(10)日耳曼—罗曼文明(欧洲文明)等。以上所有的文明都属于某一语系,从而构成自主的民族语支。(Данилевский 1991:113)他认为,以上每一种文明都会体现出反映该文明本质的相关民族思想。例如,日耳曼—罗曼文明是靠自然科学的发展实现的,希腊文明的主要成果是艺术,罗马文明的标志是法律和国家政治组织,而犹太文明则主要由统一的上帝这一宗教思想的发展来体现等。(Данилевский 1991:128)Н. Я. 达尼列夫斯基将这些反映民族性质的文明称为"历史文化类型"。

三是对历史文化类型的转换机制和规律进行分析。他认为,任何一种历史文化类型都不具有"无止境进步"(бесконечный прогресс)的特权,因为每一个民族都会走向消亡;人类文明不断劳动的成果,会促使文明类型发生及时更替,以获得超自然的基督教的恩赐,并远远超越像中国和印度那样的完全与世隔绝的文明,这就是对西方的进步和东方的停滞最简单和最自然的解释。(Данилевский 1991:88)但达尼列夫斯基同时也认为,中国和印度这两种与世隔绝的历史文化类型,在生活的有些方面又是那些较为成功的竞争者所不具备的,由此促进了人类精神体现形式的多样性,人类进步的含义也正在于此。历史文化类型的有益活动,或让衰老文明消亡的上帝惩罚性活动,或作为民族史料用作其他目标的活动,这三种角色都可能降临到民族命运上。(Данилевский 1991:90)在达尼列夫斯基看来,人类所有的文明都要服从于5种基本规律:(1)部族或族群交际语言的同一性或近似性;(2)政治的独立性;(3)一种历史文化类型的文明之源难以移栽给另一种历史文化类型的民族;(4)在保留民族成分条件下,应该展现其在联邦政治体制范围内的一定的独立性;(5)持续增长的不确定性及繁荣期和结果期的相对短暂性。(Данилевский 1991:91—92)据此,他认为包括西方文明在内的人类一切文明或迟或早都会消亡,而不可能像霍米亚科夫等学者提出的那样会解决任何全人类的使命。

四是对斯拉夫历史文化类型的形成理据和特点做出界说。确定世界文明的类型会发生更替和消亡,并不意味着达尼列夫斯基否认不同文明(尤其是基督教文明)之间存在着某种传承性。恰恰相反,他认为新的文明在替代旧的文明过程中,会保留旧文明中有益的部分或将来具有历史意义的部分。他坚信,能够替代西方文明的只有斯拉夫历史文化类型,主要依据是:(1)斯拉夫人属于雅利安族群①,该族群中的5个民族已经创造出"完整程度不等和完全独立的文明";(2)多数斯拉夫人(不少于三分之二)在政治上形成了独立的整体——大罗斯国,这足以彰显斯拉夫文明。(Данилевский 1991:124)他认为,整个历史类比法都证明,斯拉夫人与早先的其他雅利安人一样,不仅可以而且也应该创造出独立自主的文明。斯拉夫人与希腊化时代人、古罗马人、欧洲人属于同一时期,它作为包括俄罗斯、捷克、塞尔维亚、保加利亚在内的一种历史文化类型,应该具有法国、英国、德国、西班牙相对于欧洲以及雅典、斯巴达、忒拜相对于希腊相同的意义。如果斯拉夫人没有如此崇高的意义,就不会有千年的民族积淀、多个世纪以来的民族国家的生活和斗争以及用如此多的牺牲换来的政治上的强大,而只会如肥皂沫一般,空洞无实,毫无目标,犹如霜打的幼芽,这是因为一种历史文化类型的民族文明是不能移栽给另一种历史文化类型的。如果斯拉夫人由于内外因素而不能创造出独立自主的文明,即不能跻身于发达的历史文化类型之林的话,那么他们就将一无是处,就会土崩瓦解……。(Данилевский 1991:125)在达尼列夫斯基看来,斯拉夫历史文化类型与世界其他文明类型一样,将体现出完全与俄罗斯民族性格相吻合的民族思想,即"将接受文化活动的宗教方面"。但斯拉夫历史文化类型并不像犹太文明那样呈现为"一元性",俄罗斯民族除了恪守东正教思想外,还在已取得巨大成就的"科学"(наука)这一竞技场上大放异彩……而科学知识具有传承性,一个民族

---

① 雅利安人(арийцы)属于印欧语言共同体。在19世纪的种族史文献中,该族群(主要是日耳曼人)被世界第一位提出种族概念的法国社会学家戈比诺(Ж. А. Гобино,1816—1882)称为"高贵的种族"(высшая раса)。他将人类种族区分为"高贵"和"低下"两类,认为只有"高贵的种族"才能够创造出文明。

在一个世纪中所创造的,可以成为其他几个世纪和其他民族的遗产……,每一个独立自主的劳动人民都会从遗产中选择更适合本民族习惯和才干的东西,并用本民族所特有的思维方法和方式将其改造。(Данилевский 1991:131)达尼列夫斯基由此得出结论认为,俄罗斯与欧洲所走的道路早就不同,但俄罗斯在政治和艺术方面却丝毫不逊色于欧洲,以它为代表的斯拉夫历史文化类型具有"四元性",即雅利安类型文明所著称的四大"原质"的组合。①

总之,达尼列夫斯基的历史文化类型学说与早期斯拉夫派的相关思想已经有很大不同:如果说后者强调的是俄罗斯相对于欧洲的独特性、并不看重其在人类发展中的意义的话,那么前者则强调了斯拉夫人并不是注定要更新整个世界、也不需要担负为人类寻找解决历史使命的思想,斯拉夫人只是与其他文明并行的一种历史文化类型,他们的过去和现在丝毫不比欧洲人差,完全有资格和权利与欧洲人平起平坐。从俄罗斯的独特性或与欧洲的不同,到斯拉夫人的独立自主性或与欧洲人相同,这就是达尼列夫斯基的历史文化类型理论的要旨所在。该理论的出现,标志着经典斯拉夫主义已经走向衰败,开始转向"大俄罗斯主义"(великоруссизм)或"亲俄主义"(русофильство)的新轨道。

3.2.3 列昂季耶夫对斯拉夫主义学说思想的发展

达尼列夫斯基的历史文化类型学说为斯拉夫主义的转向提供了理论支撑,但该学说坚守的依然是"斯拉夫统一"观,因此还无法成为唤起俄罗斯民族主义的一面旗帜,这一任务后来由俄罗斯著名思想家、哲学家列昂季耶夫(К. Н. Леонтьев,1830—1890)来完成,他用"俄罗斯拜占庭主义"(русский византизм)这一全新的宗教政治理论来替代斯拉夫主义的学说。

列昂季耶夫的拜占庭主义学说,是在与"泛斯拉夫主义"(всеславизм)的对立中生成的。在他看来,泛斯拉夫主义仅仅是一种模糊不清、自发和松散的概念,而拜占庭主义则与之相反,看起来像一座宏伟大厦,它是由宗教的、国家的和道德哲学的若干思想融合而成的。他在《拜占庭主义与斯拉夫人》(Византизм и славянство)一文中写道:我们知道拜占庭主义在国家中代表着君主专制,在宗教中表示与西方教会、犹太教和分裂教派有别的东正教。② 我们知道,在道德界拜占庭理想并没有像被日耳曼封建制度载入史册的人类至高无上的概念那样崇高;我们知道,拜占庭道德理想倾向于对人间的一切都无不失望,包括幸福、我

---

① 此处的"原质"(стихия)指希腊哲学中构成万物的"火、水、气、土"四大元素,达尼列夫斯基认为俄罗斯人就是具有这四大元素的"高贵民族"。

② "分裂教派"(раскол)指17世纪中叶从俄罗斯东正教会分裂出来的派别,它们不承认当时推行的宗教改革,主张保留旧礼仪,因此也称"旧礼仪派"(старообрядчество)。

们自身纯洁的稳定性、我们对道德完善的能力(这里指天职)等；我们知道，拜占庭主义(概括说是基督教)拒绝一切人民过幸福生活的期望，它是对全人类一律平等、人世间完全自由、人类完美无缺和人人满意等思想最有力的反叛。(Леонтьев 1991：171—172)列昂季耶夫认为，可以成为俄罗斯国家支柱和力量的只能是拜占庭主义，因为该主义不仅将俄罗斯国家组织了起来，还与俄罗斯的牧首制以及古老和粗糙的斯拉夫原料结合在一起创造出了俄罗斯的辉煌。因此，想改变拜占庭主义的任何意念，就是扼杀俄罗斯。(Леонтьев 1991：198)

列昂季耶夫认为，人类社会的发展无一例外地都要经历三个阶段：(1)初始简约阶段；(2)繁荣复合阶段；(3)再度调和简化(毁灭)阶段。这是一个"三位一体过程"(триединый процесс)，它不仅为有机世界所固有，也为时空中存在的一切所固有，甚至为天体及其演化史和人性所固有，并在艺术、绘画、音乐、建筑风格中，以及哲学体系、宗教历史、部族生活、国家机构和整个文化世界中彰显出来。(Леонтьев 1991：253)列昂季耶夫的反西方思想正是建立在该"三位一体"学说之上的。根据他的计算，国家的历史通常不会超过1000—1200年(尽管中国是例外，但他按国家形态将其分解为若干个千年史)，欧洲的历史最为典型。比如，欧洲的国家体制发端于9—10世纪，15—18世纪处在"繁荣复合"阶段，然后"复合开始退色"，社会再次出现"调和"，标志是：宗教对立减弱，所有区域和国家越发趋同，等级制度开始消失，多样的观点、教育、性格等变得失色。西方已无可挽回地接近"调和简化"阶段，正在丧失自己的历史文化意义。(Леонтьев 1991：277)列昂季耶夫正是从上述"欧洲不会长久"的结论中看到了俄罗斯的未来和希望：俄罗斯不应该屈服于欧洲，而应该坚持自己的独立性；少考虑"幸福"而多想想"力量"，只要有"力量"就会有"幸福"和其他的一切。他始终坚持认为，俄罗斯更多地属于东方，而不是欧洲。

以上不难看出，列昂季耶夫的斯拉夫主义学说与经典斯拉夫派的思想已经有本质的区别：其一，他在宗教哲学上坚持俄罗斯的纯正"血脉"——拜占庭传统，且认为俄罗斯拜占庭主义也有别于其他斯拉夫国家的拜占庭主义；其二，他在国家学说上并不赞成过分强调斯拉夫人的共同意义和作用，而是主张俄罗斯人与斯拉夫人的不同，突出其在斯拉夫世界中的特殊地位。

3.2.4 索洛维约夫对斯拉夫主义学说思想的发展

如果说列昂季耶夫的"俄罗斯拜占庭主义"实现了斯拉夫主义的转向的话，那么该转向后的顶点则是由索洛维约夫(В. С. Соловьёв，1853—1900)来完成的。作为俄罗斯历史上最重要的哲学家之一，索洛维约夫开创了俄罗斯哲学史上的"第一个哲学体系"——"万物统一"哲学(всеединство)，其内容几乎包括了一般哲学的所有领域，如认识论、形而上学、人学、自然哲学、历史哲学、伦理学、美学等。这一理论体系不仅为20世纪初俄罗斯宗教哲学的复兴提供了思想源泉,也对整个20世纪俄罗斯自然科学和人文社会科学的发展产生了重大影响。

有关索洛维约夫对斯拉夫主义学说思想的发展,比较集中地体现在其对历史哲学的相关著述中。主要思想包括:

一是提出"世界三种力量"的思想。他在1877年发表的《三种力量》(Три силы)一文中将人类文化分为三种类型——穆斯林的东方、西方文明和斯拉夫世界。他认为,第一类文化的特点是对宗教统一原理的绝对服从,否认形式的多样性和任何个性的自由;第二类与第一类相反,不仅发展异常迅速,还具有自由力量和各种成分的独立性和自我肯定性。如果说穆斯林的东方是完全毁灭人类、只肯定"不信人的上帝"(бесчеловечный Бог)的话,那么西方文明追求的首先是对"不信神的人"(безбожный человек)的绝对肯定。(Соловьев 1990a:47—53)但在索洛维约夫看来,人类历史的发展不应由上述否定的结果而终结,还应该有新的历史力量登上舞台:该力量不仅能够用"高级调和机理"来激活和升华原先的两种成分,还能为其提供一般性质的必要内容,从而使其摆脱绝对的自我肯定和相互否定。这就是"第三种历史力量"(третья историческая сила)——斯拉夫人和俄罗斯人。他认为,只有斯拉夫人尤其是俄罗斯处在不受这两种低级潜在力的控制之中,因此才可能成为第三种力量的历史向导。(Соловьев 1990a:56—58)

二是提出"自由神智学"理论。他认为,宗教信仰是自由创造性探索的结果,而不是盲目仿效传统或权威的结果。盲目信仰并不是人类的优点,而更多的是狗和动物之本性。为此,他提倡用一种新的"自由神智学"(свободная теософия)来替代传统神学,其基础是一切存在之源泉的万物统一本体论。在他看来,神学的本原是"自在物"(Сущее)和"统一物"(Единое),即某"绝对物"(безусловное),在哲学中等同于"乌有"(ничто)的概念。"乌有"不是随便什么事物,也不是某确定物,而是高于一切和摆脱一切的事物。"摆脱一切存在的事物"(肯定的乌有)不是"剥脱一切存在"(否定的乌有)……神之本原就是摆脱一切存在,从而是一切存在的肯定力量…… 神之本原即万物。(Соловьев 1989a:47)那么,"乌有自在物"如何变成万物,统一物又如何变为多样物呢?索洛维约夫提出可以在"本原"中分出第二极——"存在极"(полюс Бытия)或"逻各斯"(Логос)。自在物与逻各斯相互关联,如同人的"个性"(личность)与"思想"(мысль)相互关联一样。(Соловьев 1989a:67)这样一来,自在物与存在,统一物与逻各斯,个性与思想,相互间不相等同,但又不能单独予以认识:没有思想的自在物是乌有,而没有自在物的思想只是纯抽象概念。在本原中区分出两极——自在物与存在、统一物与多样物之后，索洛维约夫又推测出第三极——"多样物中的统一物"（Единое во Многом）和"存在中的自在物"（Сущее в Бытии），他将该极称为"精神"（Дух）。这样，索洛维约夫提出的"自由神智学"中的本原就由三成分构成：自在物、存在、精神。该三成分对应于基督教的"三位一体"（Троица）——圣父、圣子、圣灵。咋看起来，"自由神智学"似乎与斯拉夫主义学说的联系不甚紧密，但实际上却蕴含着索洛维约夫对基督教这一根本问题的深入思考，因此具有深刻的认识论价值。该理论突出强调的"存在"的思想，从而为20世纪"存在主义"（экзистенциализм）哲学的兴起起到了引领作用。

三是提出"智慧"说。"智慧"（София）一词是索洛维约夫"万物统一"哲学中的一个核心概念。他把"智慧"视作一种最完美的、精神化了的人类形象和永恒的美丽女神，认为它不仅是世界历史发展的目的所在，也同样是基督的世俗本质，基督就是逻各斯和智慧：作为逻各斯，基督是"三位一体"中的第二体"圣子"，从而拥有全部的神之本质；作为智慧，基督又是人类之子，从而拥有全部的人之本质。逻各斯和智慧的统一，就构成了神人合一的本原。（Соловьев 1990b：577）上述"智慧"并不是一般意义上的智慧，而是最高级的"神的智慧"，强调的是逻各斯即理性主义的作用，从而体现出强烈的西方人文主义思想。索洛维约夫的"智慧"说，后来被20世纪初的俄罗斯哲学家布尔加科夫（С. Н. Булгаков，1871—1944）和弗洛连斯基（П. А. Флоренский，1882—1937）所继承和发展。

四是提出"人类统一整体"说。1888年，在泛斯拉夫主义的代表人物达尼列夫斯基出版《俄罗斯与欧洲》（1868）20年之后，索洛维约夫在《欧洲学报》（Вестник Европы）杂志上发表《俄罗斯与欧洲》的同名文章，对达尼列夫斯基的"历史文化类型"说进行了批判。他认为，达尼列夫斯基学说的本质，是以历史文化类型的多样性来取代人类的统一性，以历史文化类型的孤立发展来取代世界历史发展的普遍性。在索洛维约夫看来，人类是一个活的整体，人类对它的种族或民族关系不是类对种的关系，而是整体对部分的关系，是实在的活的有机体对自身器官或肢体的关系。这种有机整体的观念就是基督教观念，是神的启示，其本质是全人类的观念和超民族的观念。（索洛维约夫 2002：158）索洛维约夫对达尼列夫斯基学说的批判，并不是要否定文化的多样性和民族精神的存在，而是坚持普世真理的存在，即高于民族个性的人类共性的意义，以防止用"民族利己主义"（национальный эгоизм）来替代人类的共同理性和良知。为此他提出，世界各国人民都应该走向统一，俄罗斯人的使命和俄罗斯精神的深层含义即在于此。俄罗斯以其自身的地理位置、历史命运以及民族的宗教性质而言,理应为全人类的统一作出自己最重要的贡献,而要达成此目标,首先要克服民族利己主义。(Соловьев 1989b:229)

不难看出,索洛维约夫在上述一系列问题上都发展和完善了斯拉夫主义的基本学说,甚至在一些关键问题上有重大的修正,如:

1)从15世纪的"第三罗马"学说以及16世纪的"神圣罗斯"思想发展而来的"第三种力量"说,是19世纪后期俄罗斯思想家对俄罗斯在世界格局中的基本定位。相对于前两种学说所宣扬的"救世主义""正教精神"等思想,它更加强调俄罗斯所具有的"高级调和机理"的作用,因此既是对传统斯拉夫主义的继承,又是对西欧派相关学说的吸收,具有鲜明的理性主义色彩。

2)"自由神智学"理论就其本质而言是科学、哲学、神学完整知识的统一,其宗旨是要建立一种既包括世界的理想模式、又包括人的行为准则的完整世界观。这是对传统斯拉夫主义神学观宣扬盲目信仰的一种反叛,从而把信仰提高到理性意识的新高度。

3)建立在"万物统一"哲学基础上的神学本原既是自在物、又是"逻各斯"的思想具有重大理论意义。按照他的这一思想,神学中既包含万物,也包含纯精神的东西——人的理性,这就赋予了基督教永恒内容以新的理性形式,变传统斯拉夫主义对理性主义的否定为肯定。

4)所提出的神之本原由三极构成的思想与经典斯拉夫主义有很大不同。俄罗斯东正教教义中通常只承认"圣父"一体的存在,这是它与罗马天主教主张"三位一体"学说的根本区别所在。但索洛维约夫并不是一味地强调东正教与天主教的区别,甚至也不赞成带有多神教特征的东正教信仰,而是积极吸收包括天主教在内的西方基督教的合理部分,不仅为"三位一体"学说寻找到宗教哲学的理据,更从神学角度强调了人类(存在)和理性(精神)在宗教学说中的重要意义,这无疑又是对传统斯拉夫主义学说思想的一大发展。

5)"人类整体"说较之传统斯拉夫主义强调的民族主义思想,无疑是认识论上的一次飞跃。在民族利益与全人类利益这对关系中,究竟孰先孰后、孰轻孰重,究竟共性决定个性、还是以个性而抹杀共性,这不仅是历史哲学问题,同样也是俄罗斯民族选择什么样的历史道路问题。显然,他所主张的俄罗斯民族的历史道路,既不是纯粹自己的,也不是简单模仿西方的;既不是纯粹斯拉夫派的,也不是纯粹西方派的,而是一条"人类大同"之路。从这个意义上讲,索洛维约夫与斯拉夫主义者之间最大的不同,就是对斯拉夫派和西欧派学说思想同时实现了继承和超越。

总之,索洛维约夫是斯拉夫主义和欧洲主义集大成者:他赞成并继承了早期斯拉夫主义者的基本学说思想,但又反对80年代后出现的极端民族主义和民族利己主义,成为斯拉夫主义的尖锐批评者;他承认俄罗斯世界不可或缺的重要力量,主张俄罗斯应该为人类作出自己独特的更大贡献,但又十分看重建立在基督教基础上的西方文明的普世价值;他既重视俄罗斯传统哲学中所特有的存在物、统一物的观念,又接受西方哲学中存在和逻各斯的基本观念;他强调活的民族个性,又十分看重超个体的人类精神共性,如此等等。他的视野及思想将斯拉夫主义与欧洲主义的"合理部分"合二为一,既保留了民族的思想精华,又接纳了西方文明的合理性和优越性,这无疑为20世纪的俄罗斯点亮了前行的道路,成为俄罗斯精神和文化遗产中不可多得的瑰宝之一。

第4节 斯拉夫主义的学理特点

正确地评价斯拉夫主义,首先不能用西方政治分析中所惯用的意识形态"二分法",即不能用左与右、保守与激进、反动与进步、资产阶级民族主义与国际社会主义等。这是因为:斯拉夫主义学说不是"舶来品",而是由俄罗斯独特的历史经验生成的。斯拉夫主义学说与西方政治理论、社会或哲学思潮之间最大的区别就在于:它不仅在俄罗斯思想界和平民意识中得到广泛的认同,更为重要的是使俄罗斯以一种崭新的视角来重新审视本国、本民族的过去和未来,从而对彼得大帝以来的国家体制、各种政治学说和社会思潮等做出新的批判性评价。

斯拉夫主义在学理上有自己鲜明的特点:从该学说生成的背景看,它是在与欧洲主义的争论中发展起来的,因此具有与欧洲主义的"抗衡性";而从该学说的学理构成看,它已形成自身比较完整的思想体系,但该体系在一定程度上又显现出相互排斥的"矛盾性"。

4.1 与欧洲主义的抗衡性

我们知道,18世纪俄罗斯盛行的是欧洲主义,而19世纪起俄罗斯的民族意识开始觉醒,在政治思想和社会学说界形成了自己的斯拉夫派。应该说,斯拉夫派与西欧派并不是在所有问题上都针锋相对或不可调和,他们也有不少共同之处。比如,他们都有强烈社会责任感和民族良知,都热爱俄罗斯国家和人民,都反对农奴制和君主独裁专制,都崇尚科学进步,等等。正如欧洲主义的代表人物、俄罗斯著名思想家赫尔岑在安葬斯拉夫派领袖之一的大阿克萨科夫时所致的悼词中所说:我们有同样的爱,只是方式不同……我们就像"雅努斯"(Янус)或"双头鹰"(двуглавый орёл)[①],朝着

---

① "雅努斯"为罗马神话中的门神,有两副面孔:一副朝着过去,另一副朝着未来。此处喻指斯拉夫派和欧洲派只是同一个神的"两副不同面孔"。

不同的方向,但跳动的心脏却是一个。(赫尔岑 1993:190)可见,斯拉夫派与西欧派只是由于理论的出发点不同、看待民族历史的视角不同等,因而在如何看待基督教和东正教、如何评价村社制度以及俄罗斯走什么道路等一系列问题上产生了严重分歧。这种分歧使得斯拉夫主义从诞生的第一天起就具有了与欧洲主义相抗衡的性质。具体体现为:

1) 以传统村社制度的优越性来抗衡西方的道德观念。俄罗斯传统的制度是公社土地所有制,而西方是土地私有制,两种不同的制度生成出不同的道德观念和理性:前者重聚和精神和平均主义的道德,推崇的是社会整体利益高于个人利益的价值观;而后者重物质、理性和个人主义,认为村社制度僵化、保守,是俄罗斯与西欧并肩前行的绊脚石。

2) 以东正教信仰的优越性来抗衡西方的经院哲学。斯拉夫主义认为俄罗斯的东正教是优秀的历史遗产,它忠实地继承了基督教的教义,以真诚的感情和直觉来倾注对基督教的虔诚,信奉东正教的人追求的是精神的完整性和灵魂的崇高性。因此,俄罗斯在道德、精神和文化方面优于西方,俄罗斯民族负有恢复基督教正教的历史使命。而欧洲主义则坚持理性主义的历史观和文化观,认为文化和历史是人类的一种自觉创造,是人类理性主义的必然结果。

3) 以君主制的优越性来抗衡西方的立宪制。斯拉夫主义高度评价俄罗斯君主制的历史功绩,认为俄罗斯国家具有"民族性",国家在历史发展中起着主导作用,是历史创造者和社会进步的最高成就。而欧洲主义则否定农奴制和沙皇制度的合理性,高度评价彼得一世所施行的各项改革,坚决主张走西方的资本主义道路。

4) 以"救世主义"来抗衡西方道路模式。从"第三罗马"理论到"第三世界力量",斯拉夫主义学说中自始至终都充满着"救世主义"的"弥赛亚"(миссия)情节,认为只有俄罗斯国家才是普天之下的王国,只有莫斯科罗斯的臣民才是上帝的选民,也只有斯拉夫人中的俄罗斯人才是世界最优秀的民族,才能充当斯拉夫人的历史使命。而欧洲主义则认为,只有欧洲文明才代表着人类进步的正确方向,只有科学和个性解放才能拯救人类。

5) 以"唯实论"来对抗衡西方的"唯理论"。从本质上讲,斯拉夫主义的宗教思想和哲学理论具有"生命体验性",即强调世界主要是靠生命体验来认识的。这种认识不是对客体的外部认识,而是从精神角度对处在活的完整性之中的客体实在性的认识;不在于外在的客观给定,而在于人的内心的直观体验。而欧洲主义则秉承康德、黑格尔的先验哲学原则,强调精神高于一切,认为人的思想和意志在认识世界乃至生命过程中起着巨大的作用。

6) 以"精神共性"来抗衡西方的"个性至上"。斯拉夫主义提倡超验的精神共性原则,它是活的个人精神与超个性的统一性之间的内在和谐,个性存在于包容一切的活的精神完整之中。而欧洲主义则强化个性观念,倡导人道主义以及个性的自由和解放,认为人性的人格至高无上。

4.2 学理构成的矛盾性

尽管斯拉夫主义学说有比较完整的思想体系,但就其学理构成本身而言,不同代表人物的学说思想也显现出不完全一致、甚至相互排斥的矛盾性。主要体现在以下几个方面:

1) 一方面拥护俄罗斯君主制,并高度评价该制度的历史功绩;另一方面又对沙皇的独裁专制持否定态度,尤其对压制民众自我行动和自治的国家官僚制度表现出强烈不满。

2) 一方面谴责各种形式的社会乌托邦,坚定捍卫社会的精神基础——正义;另一方面又赞成社会道德的根本改变,不容忍社会犯法行为。在斯拉夫主义学说中,道德完善始终是与旨在保障和巩固社会正义的社会完善概念联系在一起的,因此社会正义的意义远远高于政治问题。

3) 一方面强调绝对忠实于东正教信仰,并将东正教视为俄罗斯历史的精神核心;另一方面又赞成宗教自由,主张教会不受国家官僚主义的影响,少一些"政治宗教"。

4) 一方面作为"俄罗斯观点"或"俄罗斯方向"而成为俄罗斯历史上第一个真正的国家学说,强调俄罗斯民众在国家制度中的权威性;另一方面又宣扬泛斯拉夫主义和民族利己主义,甚至标榜为"世界主义者"(космополит)。

需要指出的是,尽管斯拉夫主义的学理本身还存在这样或那样的矛盾性,但它毕竟代表了俄罗斯实现民族自觉的第一个完整理论体系,因此它对俄罗斯社会发展、民族意识的形成以及思想演化等产生影响的是其主流学说,即对俄罗斯优秀的历史遗产——村社制度、东正教和救世主精神等的基本认识方面。

参考文献

[1] Аксаков И. С. Сочинения И. С. Аксакова. Т. II: Славянофильство и западничество. 1860—1886. Статьи из《Дня》,《Москвы》,《Москвича》и《Руси》[C]. 2-е изд. СПб.,Типография А. С. Суворина,1891.

[2] Аксаков И. С. Наше знамя—русская народность[M] М.,Институт русской цивилизации,2008.

[3] Аксаков К. С. О русском воззрении[J].//《Русская беседа》,1856а,кн. 1,Смесь,с. 84—86.

［4］Аксаков К. С. Еще несколько слов о русском воззрении［J］.//《Русская беседа》，1856b，кн. 2. Смесь，с. 139－147.

［5］Аксаков К. С. О внутреннем состоянии России）［A］.// Полное собрание сочинений［C］. Т. 1. М. ，тип. П. Бахметева，1861，с. 72－91.

［6］Данилевский Н. Я. Россия и Европа. Взгляд на культурные и политические отношения славянского мира к германо-романскому［M］. М. ，Мысль，1991.

［7］Замалеев А. Ф. История русской философии［M］. СПб. ，СПбГУ，2012.

［8］Киреевский И. В. О характере просвещения Европы и о его отношении к просвещению России［A］.//Киреевский И. В. Критика и поэтика［C］. М. ，Искусство，1979a.

［9］Киреевский И. В. О необходимости и возможности новых начал для философии ［A］.//Киреевский И. В. Критика и поэтика［C］. М. ，Искусство，1979b.

［10］Леонтьев К. Н. Византизм и славянство［A］.//Россия глазами русского: Чаадаев，Леонтьев Соловьёв［C］. СПб. ，Наука，1991.

［11］Послания старца Филофея［A］.//Памятники литературы Древней Руси. Конец ⅩⅤ—первая половина ⅩⅥ века［C］. М. ，Худ. лит. ，1984.

［12］Самарин Ю. Ф. Сочинения Ю. Ф. Самарина. (т. 1－10)［C］. М. ，Типография А. И. Мамонтова，1877.

［13］Самарин Ю. Ф. Письма из Риги и история Риги(т. 7)［C］.// Сочинения(т. 1－10)［C］. М. ，Типография А. И. Мамонтова，1889.

［14］Самарин Ю. Ф. Сочинения Ю. Ф. Самарина. Т. XII: Письма 1840－1853［C］. М. . Товарищество типографии А. И. Мамонтова，1911.

［15］Соловьв В. С. Чтения о Богочеловечестве［A］.//Соч. В 2 т. Т. 2［C］. М. ，Правда，1989a.

［16］Соловьев В. С. Русская идея［A］// Соч. В 2т. Т. 2［C］. М. ，Правда，1989b.

［17］Соловьев В. С. Три силы［A］. // Избранное［C］. М. ，Советская Россия，1990a.

［18］Соловьев В. С. Идея человечества у Августа Канта［A］.//Соч. Изд. 2－е. В 2 т. Т. 2［C］. М. ，Мысль，1990b.

［19］Тютчев Ф. И. Россия и революция［A］.//Тютчев Ф. И. Русская звезда: Стихи, статьи，письма［C］. М. ，Русская книга，1993.

［20］Хомяков А. С. Записки о всемирной истории［A］.//Полное собрание сочинений (Т. 1－8)［C］. М. ，Типография П. Бахметьева，1900－1904.

［21］Хомяков А. С. О старом и новом［A］ //Русская идея : сб. произв. рус. мыслителей［C］. М. ，Айрис Пресс，2004，с. 112－129.

［22］Шпет Г. Г. Очерки развития русской философии［A］.//Сочинения［C］. М. ，Правда，1989.

［23］赫尔岑：往事与随想（中）［C］，项星耀译，北京：人民文学出版社，1993年。

［24］索洛维约夫：俄罗斯与欧洲［C］，徐凤林译，石家庄：河北教育出版社，2002年。

［25］徐凤林：俄罗斯宗教哲学［M］，北京：北京大学出版社，2006年。

第 5 章
俄罗斯语言学研究中的人文主义传统

俄罗斯对语言学的研究有着悠久的历史,起始于公元 10 世纪基辅罗斯的建立和基督教的传入时期,因此,语言学传统几乎可以追溯到有文字记载以来的俄罗斯民族史和国家史之初。但真正具有科学性质的语言学研究则发端于 18 世纪中叶,其标志是俄罗斯第一位世界级科学家罗蒙诺索夫于 1757 年出版的《俄语语法》(Российская грамматика)。[①]该著作的问世,同时也标志着语言学在俄罗斯已成为一门独立的学科。因此,本章对俄罗斯语言学研究中人文主义传统的审视,也主要从 18 世纪中叶开始,并迄 20 世纪后叶人类中心论范式兴起为止,以简要梳理俄罗斯语言学研究中人文精神和人学思想的发展文脉,从而为全面展示其人类中心论范式语言学理论样式和学理内涵奠定基础。

第 1 节 18 世纪中、后叶俄罗斯
语言学中的人文主义传统

18 世纪中、后叶是俄语标准语建立规范并得到迅速发展的时期。从历史背景看,18 世纪又是俄罗斯欧洲主义盛行的时期,因此,西方的唯理主义和人文主义思想(如沃尔夫主义)在俄罗斯大行其道,它们与俄罗斯传统的人文精神和具有那个时代特色的"人学"思想结合在一起,构成了 18 世纪后半叶俄罗斯启蒙时代的主旋律。上述欧洲主义和沃尔夫主义思想在该时期的语言学(尤其是语法学)研究中都有比较鲜明的反映。

[①] 罗蒙诺索夫的《Российская грамматика》一书,以往国内学界大多将其翻译为《俄罗斯语法》,实际上,定名为《俄语语法》更为科学和贴切,据理有二:一是"语法"属语言学术语,而不属社会学术语,因此在"语法"这一术语前冠以某国家名显然不符合语言学规范,我们不能说这是"中国语法",那是"法国语法"等;二是罗蒙诺索夫所处的时代,"俄语"这一术语并不是用现当代通行的 русский язык 来表示的,而用的是 российский язык,因此,所谓 российская грамматика 就理应翻译为"俄语语法"。

1.1 罗蒙诺索夫《俄语语法》中的人文主义思想

在上文第2章中,我们已经就罗蒙诺索夫在自然科学研究中所反映的人文主义思想进行了审视。罗蒙诺索夫曾把自然科学研究的基本特性归纳为"三性"——理性、动态性和结构性(或系统性)。应该说,这不仅是他对自然科学研究基本规律的认识,同时也是其从事包括俄语语法学在内的人文科学研究的基本视角。他所撰写的《俄语语法》就是如此,无不体现出理性、动态性和结构性(系统性)等人文主义精神。该语法有以下特点:

一是坚持唯理主义语言观,将自然科学研究中的理性方法运用到对俄语的研究之中。罗蒙诺索夫在《俄语语法》的"第一篇""第一章""第一节"中就鲜明地提出语言哲学最基本的问题——语言与思维的关系及相互作用问题。他写道:人优于其他动物最珍贵的才能是"理性"(разум),而赋予人与其他人交流思想的最基础的单位是"句子"(речь)。① 句子的作用很大,它使得人类社会的知识源远流长到现在。如果每个人把通过感觉获得的概念都秘藏在自己的头脑里,那么人类的知识就会十分有限……如果每个人不能向他人解释自己见解的话,那么我们就不仅会失去靠各种不同思想的联合而成就的共同事业,甚至我们还不如生活在森林和荒漠中的野兽。(Ломоносов 1952:394)以上表述充分表明,罗蒙诺索夫的语言观是唯理主义的,那就是:语言是存在于社会中的,语言的基本功能是交际和认知功能,因为人是通过对外部世界的感觉获得概念,并把该概念传递给他人的。再如,他在论述语法形式和词类范畴时,还对人的思维的逻辑发展与语言的关系进行了阐释。他说:所有事物起初都是由少开始的,然后逐渐补充增多。人们的词汇也像人们熟知的概念一样,开始都是有限的,用词来表达也是极其简单的,但随着概念的增多,就用派生和合成的方式增加新词:派生使词的结构扩大……合成将两个或者更多的词联合在一起。(Ломоносов 1952:409—410)

二是坚持唯物主义方法,将该方法运用于对实词的界说。② 他在该著作的第4章第39—41节写道:我们在实词中可以发现两种存在——一种是明显感觉到的事物,另一种是该事物的不同行为;静词是事物的词汇写照,动词是现实行为的写照;用来对属于事物或变化状态进行表义的前置词是分别由静词和动词提供的……连接词对概念进行连接。(Ломоносов 1952:405—406)该段话语也表明,前置词和连接词在词类中也具有反映现实的功能。

---

① 在18世纪的俄语语法研究中,"句子"这一术语常用 речь 表示,而在更早的13—17世纪,则还用 слово 来表示。如在斯莫特里斯基(М. Г. Смотрицкий, 1578—1633)于1619年编撰的《斯洛文语法》(Граматики словенския)中就用 слово 一词,而在罗蒙诺索夫的《俄语语法》书中则用 речь 一词。

② 罗蒙诺索夫的《俄语语法》把实词分为8类:静词、代词、动词、形动词、副词、前置词、连接词、感叹词等,并把实词分为"主要实词"(静词和动词)和"辅助实词"(其他6类)。这与现代俄语的词类划分不同。

三是坚持对语言现象进行动态的系统描写。首先,与其他语法所不同的是,《俄语语法》中所使用的语料大多是鲜活的言语,其中除了书面语以外,还使用了大量的口语和民间语言,从而保证了该语法与社会现实之间的有机联系。① 再如,他对词类的句法语义阐释就关注到"语境"(контекст)的作用,他说:概念集以及将概念快速和扼要传递的方法使人难以觉察,就如压缩了自己的话语和删除了一个词组的枯燥重复一样。该方法就是实词中代词、副词和感叹词的方法,它们聚集着若干不同的意义:代词代替静词,副词描写状态,感叹词是人简短的精神活动。(Ломоносов 1952:406)在罗蒙诺索夫看来,词类的紧缩是通过代词、副词和感叹词的使用来实现的。最后,他对句子的解释依然具有动态性:事物应该首先有自己的存在,然后才有行为,句子 Земля тучнеет 就是如此;实词或词的合并生成句子,句子通过解释各种概念来表达意思。(Ломоносов 1952:418)这表明,罗蒙诺索夫把句子看做是一种"判断"(рассуждение),这与现代语言学对句子本质特征的界说几乎完全一致。

以上不难看出,罗蒙诺索夫的《俄语语法》具有里程碑的性质:它以唯理主义语言观为哲学基础,采用唯物主义的方法,对俄语语法进行了系统而全面的研究。此外,该语法的里程碑意义还集中体现在所选语料的鲜活方面。19世纪末至20世纪初俄罗斯著名语言学家布里奇(С. К. Булич,1859—1921)在其出版的《13—19世纪俄罗斯语言学史纲》(Очерк истории языкознания в России XIII—XIX вв.)中曾这样评价《俄语语法》:作为俄罗斯历史上第一部俄语标准语的完整语法,罗蒙诺索夫在语料的选择和对语料的系统化加工方面显现出他的才华。(Булич 2010:213)有资料证明,罗蒙诺索夫从18世纪40年代末起就着手为《俄语语法》收集相关语料,并于1851年开始语料的整理和撰写工作,从而保证了该语法在学理上的完整性和先进性。从学理上看,该语法是对当时盛行的形而上学语言观的一次超越,并从语言的属性、语言的结构、语言的功能、语言的意义等视角对语言学的一系列基本问题进行了科学的描写和阐释。该语法中有几个关键词尤为夺目,如理性、交际、思想、概念、精神活动、行为、判断等,这些术语无不与说话的人、社会的人、理性的人有关,因此无不充满着人文主义的思想光辉,这也为以后的俄语研究树立起不朽的典范。正如20世纪俄罗斯最杰出的语言学家维诺格拉多夫(В. В. Виноградов,1894/95—1969)所说,直到19世纪20—30年以及沃斯托科夫(А. Х. Востоков,1781—1864)的《俄语语法(Русская грамматика)》和格列奇(Н. И. Греч,1787—1867)的"语法指南"出现的

---

① 在罗蒙诺索夫之前的语法学研究中,标准语仅限于书面语的范畴内,而《俄语语法》的研究对象则将标准语扩展到所有体裁,包括所有口语体裁的文学作品。

俄语句法研究的整个时期①,都应该被称作"罗蒙诺索夫时期"(ломоносовский период),这一时期的所有句法学著作都是以罗蒙诺索夫语法及其修辞学为基础的。(Виноградов 2005:77)

1.2 拉季谢夫的语言哲学思想

我们在上文第2章第2节中已经对拉季谢夫的"人学"思想做过评述,即该学者在长篇哲学论文《论人、人的死亡和永生》中所体现的存在主义伦理观。② 其实,作为俄罗斯唯物主义的鼻祖和18世纪俄罗斯的著名哲学家,他有关语言学的许多观点在学界也颇有影响,这就是他在《论人、人的死亡和永生》一文中所论述的与"人学"有关的语言哲学思想。主要内容包括:

一是关于物质与精神关系的思想。物质与精神的关系是哲学本体论中的核心问题。拉季谢夫在文章中用大量篇幅论证了物质的基本特性,并就物质与精神的关系做出了唯物主义的回答。他认为,世界的物质性具有"空间性"(непроницательность)、"延伸性"(протяженность)、"形象性"(образ)、"可分解性"(разделимость)、"固定性"(твердость)和"消极性"(бездействие)等6大基本特性,而精神实质则具有"思想性"(мысль)、"知觉性"(чувственность)、"生命力"(жизнь)等特性。但精神的这些特性是通过物质(尤其是看得见的行为或现象)的特性获得的。(Радищев 1941:74)那么,物质性会不会有自己的生命力、知觉性和思想性或精神实质是否也有空间性、形象性、可分解性、固定性和消极性呢?对此,拉季谢夫给予了否定,认为物质与精神是"完全对立的两种存在"。他说,物质性应该是知觉和理性的对象的那个生物。如果说那个生物现在还不具有物质性的话,那么它则是由细小的生物生成的,而不是自然本身的结果。(Радищев 1941:74-75)他提出,人是从两种途径来认知事物的:一是通过使事物发生转变的认知力;二是通过对事物与认知力规律和事物规律之间的联系的认识。前者是经验,后者是判断。而经验又具有双重性:(1)由概念的力量所产生的知觉认识事物,称为知觉性,而由此发生的转变就是知觉经验;(2)认识事物之间的相互关系,称为理性,而理性转变的信息就是理性经验。所经历的知觉信息叫"认识"(представление),由事物之间相互关系生成的概念的转变称为"思想"。知觉与理性的差异与认识与思想的差异一样……然而,人的各种认知力虽无区别,但它却是统一的和不可分的。(Радищев 1941:61)

---

① 这里所说的格列奇的"语法指南"只是一种笼统的说法,实际上是该学者出版的几部语法学著作的统称,包括《俄语实践语法》(Практическая русская грамматика)(1827)、《初级俄语语法》(Начальная русская грамматика)(1828)、《俄语讲座》(Чтения о русском языке)(1840)等。

② 该哲学论文篇幅很大,在1941年出版的三卷本的《作品全集》第2卷中占据了100多页。

以上可见，拉季谢夫是秉承唯物主义哲学观对物质与精神这一核心哲学命题做出界说的。在他看来，物质的世界无疑是第一性的，而人的精神是在第一性的基础上形成的，因此具有第二性的性质；但物质与精神又不可分，它们构成了一个整体（详见第 3 章 2.2.2 中的有关论述）。应该说，这不仅是拉季谢夫所有哲学思想的基点，也是其对语言与思维问题做出唯物主义界说的出发点。

二是关于语言与思维关系的思想。关于语言与思维的关系问题，我们在罗蒙诺索夫的《俄语语法》中已经有所领略，但对该问题进行深入的阐释，显然作为职业哲学家的拉季谢夫更为在行。他在论述有关人的智力问题时说：思想只是由人的声音表达的事物的符号。我们可以从语言中获得一个有关灵魂的无实体性最强有力的证据，语言是我们思想最好的和唯一的"组织者"(устроитель)，没有语言，我们与动物就没有任何区别。难道把声音和话语视为同一的人，会说语言是肉体的吗？灵魂与肉体的区别就如声音与话语的区别一样。声音是话语的标志，话语激发思想；声音是敲击听觉器官的鼓膜的空气运动，而话语是鲜活的，不触及我们的肉体；话语通向灵魂，而声音则在听觉中消亡……只有说出的或写出的话语才能激发起思想的波浪。（Радищев 1941:119—121）不难看出，拉季谢夫关于语言与思维的思想与 18 世纪德国哲学家赫尔德（И. Г. Гердер, 1744—1803）提出的"语言是人类之本源"的论断十分相近①，他在《论人、人的死亡和永生》的哲学论文中曾多次提到赫尔德的有关论述。

三是关于语言的特性和功能的思想。他指出，对我们来说没有什么比我们所说的语言更为平常和简单了，但事实上我们的语言最令人惊讶和奇特。快乐、忧伤和痛苦都可以用声音表达，但声音模仿只会导致发明音乐，而不会导致发明语言……如果说声音（即空气的运动）和任意的声音可以描绘眼睛所见到的、舌头品尝到的、鼻子所嗅到的、耳朵所听到的、身体所触摸到的话；如果说声音不仅可以表达我们的一切知觉、情感和思想，还可以激发思想和展示一切知觉的思维能力的话，那么事物的其他方面看起来就完全是荒诞的和不可实现的了，这是因为：人们更为专注的是语言的功用。（Радищев 1941:131）他还说：是谁把人召唤出丛林群体而居，是谁建立起人与人之间的联系，是谁在对人进行着管理，是法律吗？又是谁教会人摒弃恶习，是美德之功吗？不是，是语言，是话语。没有语言，人的知觉和思维能力永远是不起作用和半死不活的，就像种子和谷物一样……但是，一旦万能的语言赋予了舌头，一旦人说出完整的话语或将事物的形象变为声音，声音就服务于思想，或将思想变

---

① 德国哲学家赫尔德曾于 1770 写就《论语言的起源》(О происхождении языка) 一书，提出"语言是人的本质所在，人之所以为人，就因为人有语言"的著名论断。由此，该书获得普鲁士科学院奖。

为"黑嘴的(鸟类的)咿呀声"(черноносное лепетание),仿佛是黑暗降落在浓密的黑色中,双眸看见了光亮……语言只描绘名称,而不描绘事物,因为人的理性不知晓事物,但却知晓语言描绘过的事物特征。人类科学就是描绘事物的特征,就是话语的描述……你的知识,你的学识是你的语言结出的果实。(Радищев 1941:132—133)

总之,在哲学家拉季谢夫眼里,语言不仅可以表达思想,还可以激发出新的思想。也就是说,语言不仅具有交际功能(建立起人与人的联系)和组织功能(对人进行管理),而且还具有指导功能(教人摒弃恶习)和认知功能(语言是思想的组织者,知识是语言结出的果实)。这些思想即便在今天看来也具有十分重要的现实意义:它在学理上不仅与俄罗斯语言学传统相契合,且与当代俄罗斯语言学范式——人类中心论范式的内核相一致,因此具有极高的语言学价值。

第2节 19世纪俄罗斯语言学中的人文主义传统

进入19世纪后,世界语言学进入了一个崭新的时代:在人类历史上第一次开启了"历史比较范式"的进程。而对于俄罗斯来说,上文已经提到,19世纪不仅是其"经典哲学"繁荣的世纪(俄罗斯正是从这个时期起才开始拥有真正属于自己的哲学体系的),也是俄罗斯经历了欧洲主义后开始转向斯拉夫主义的世纪。所有这一切,都无不预示并决定着19世纪俄罗斯语言学的发展轨迹和学理指向。从俄罗斯语言学研究的总体态势看,19世纪是斯拉夫主义与欧洲主义对抗和并存,或者说体验主义与理性主义相互争斗和交织的世纪,在发展走向上呈现为两面朝向的"雅努斯"(Янус)。而从俄罗斯语言学所展示的人文主义学理形态看,则主要呈现为形式主义和心理主义两个不同的方向。

2.1 形式主义方向的人文主义思想

在语言学领域,形式主义是与功能主义相对立的语言哲学范畴。19世纪初期,俄罗斯语言学家开始将植根于西方语法学理论的俄语语法研究转向俄罗斯本土,以构建起具有本民族特色的俄语语法体系。在这场所谓"世界主义"(如形式—逻辑语法)与"民族主义"(如历史语法等)的尖锐冲突中,最受学界追捧的语言学样式是形式主义,即俄语语言的形式研究,这是受世界语言学兴起的"历史比较范式"这一大趋势的影响所致。理论上讲,该语言学研究范式还不能称作形式主义语言学[①],而只是语言学研究中

[①] 学界通常把20世纪美国语言学家乔姆斯基(А. Н. Хомский)的"转换生成语法"视为"形式主义语言学"的标志,以与西方功能主义语言学相对立。

显现的一个主要方向或流派。在我们看来，19世纪俄罗斯语言学研究中的形式主义方向，按其学理指向分，可以分为三大流派：崇尚欧洲主义的普遍唯理语法流派、崇尚斯拉夫主义的逻辑语法流派及历史比较流派。

2.1.1 普遍唯理语法流派的人文主义思想

"唯理主义"(рационализм)也称"唯理论"，是欧洲的人文主义传统，其思想根源可以追溯到古希腊哲学家们对语言的逻辑分析方法，即经院哲学，并在欧洲文艺复兴时期得以发扬光大和最终形成。总体上看，基于语言逻辑分析的普遍唯理语法有以下几个特点：(1)审视认识论问题；(2)揭示语言的普遍特性；(3)制定对语言分析的统一原则；(4)采用共时的方法；(5)主要研究句法(句子)和语义；(6)偏重语言范畴的内容研究；(7)依照语法与逻辑的普遍关系来界说语法范畴；(8)假设有逻辑模式推导出来的句子隐形成分。(Арутюнова 2002：273)可以看出，普遍唯理语法流派崇尚的是欧洲主义传统，该传统的学理内核是"逻各斯"(логос)，即强调语言的普遍规律、理性和绝对精神。

19世纪初期，俄罗斯语言学研究中占主导地位的是普遍唯理语法，即采用欧洲普遍逻辑语法传统对俄语语法进行研究，相继有一批语法著作问世，如尼科利斯基(А. С. Никольский，1755—1834)的《俄语语文基础》(Основания российской словесности)(1809)，奥尔纳托夫斯基(И. Орнатовский，1790—1850)的《普遍俄语语法规则新教程》(Новейшее начертание правил российской грамматики)(1812)，季姆科夫斯基(И. Ф. Тимковский，1773—1853)的《哲学认知俄语经验之法》(Опытный способ к философическому познанию российского языка)(1811)；雅科布(Л. Г. Якоб，1759—1827)的《普通语法教程》(Начертание всеобщей грамматики для гимназий Российской империи)(1812年)等。其中最具影响的代表人物则是里日斯基(И. С. Рижский，1755—1811)，格列奇(И. Н. Греч，1787—1867)，别林斯基(В. Г. Белинский，1811—1848)，别列夫列斯基(П. М. Перевлесский，1815—1866)等。我们在本节中将着重对他们的普遍唯理语法思想进行审视和评述。

1) 里日斯基。作为哈尔科夫大学的第一任校长，里日斯基在中学时代起就受到欧洲主义尤其是沃尔夫主义的熏陶。作为19世纪俄罗斯普遍唯理语法的代表人物之一，他的学说思想主要体现在逻辑学、修辞术两个领域。如，在1806年出版的《语文学科导论》(Введение в круг словесности)一书中[①]，他就从唯理主义角度阐发了对"人说的话语"(человеческое слово)这一主题的基本认识。他在书中写道：人说的话语

[①] 当时的语文学科用 словесность 一词，包括语文学、修辞学、文艺学等内容。

是一个自然的过程,语言是人的智力的产物。话语的这一自然过程与我们的思维过程完全吻合。因此,语言起初是由人们最熟知的和最能触动人情感的事物名称组成的,如事物的特性、行为等。现有事物的概念是根据人的认识生成的,并首先受到一般概念或抽象概念属性的制约。语言的这些"最先要素"(первенцы)就构成了我们的基本话语或话语的根。(见 Булич 2010:527—528)关于句法问题,里日斯基的观点同样带有鲜明的普遍唯理主义性质。他认为,句子的句法构造取决于人在自然状态中获得的认识过程。人的智力只能理解最容易懂得的那些概念之间的联系,因此,人的认识是由为数不多的一些思想构成的,语言也同样是由不多的表达形式组成的。(见 Булич 2010:529)关于语言的发展过程,他认为主要是受到民族"内部状况"(即"家庭状况")的影响,当然还会在一定程度上受到民间相互交际的影响,新的表达和新的概念的出现就是交际的结果,不同方言的产生也是如此。(见 Булич 2010:530—531)关于理论语法问题,里日斯基认为它是"能够囊括所有语言规律和人的话语所有时期的规律"的语法,因为话语是人的思维的符号,思维的特性就应该在话语中表达。因此,一切本质上和永远属于思维的东西,实际上也必定会存在于我们的话语中。(见 Булич 2010:534)里日斯基正是依据上述对理论语法的认识给词类进行界说的。他认为,静词可以对一切事物称名,包括现实存在的事物,也包括抽象的事物;副词描写补充的概念,它与各种状语发生联系;前置词表示处在一个概念前并受制于另一个概念的状态,因此是两个关联概念之间的纽带;连接词是表示人的思维的各种联系。(见 Булич 2010:535)总之,里日斯基的语言观强调的是人说的话语,其人文主义思想集中体现在对语言、话语及语法的唯理主义阐释中。

2) 格列奇。作为普遍唯理语法的代表之一,格列奇先后出版了《俄语实践语法》(Практическая русская грамматика)(1827a)、《俄语详解语法》(Пространная русская грамматика)(1827b)、《俄语语法基本规则》(Начальные правила русской грамматики)(1828)等著作。这些著作主要是依据德语和法语语法来研究当时的俄语标准语的。他本人承认,研究的目的是要"创建一种新的、普世的、西欧语言型的俄语语法"。(Греч 1830:256)首先,他把语言理解为一种体系,并将语言研究分为互为补充的两个方面:(1)语言的哲学方面,即把语言作为一个整体或一个相互联系的体系来研究,以确立"思想表达"(изображение мыслей)和"说话声音"(звуки голоса)之间的关系;(2)语言的历史方面,即研究语言的起源及其形成、发展过程。每一个方面又可以从两种视角来研究语法:(1)揭示所有语言的普遍规律;(2)揭示每一种语言的个别规律。前者为"普遍语法",后者为置于"普遍语法的不变规则"领属之下的"个别语法"。

(Греч 1827a:53—54)在解释语言现象时,格列奇的出发点是逻辑范畴。如,他对词类的界定就是完全以逻辑语义为标准的,认为名词是表示事物或生物的词类,人所思维的事物或生物有如下几类:(1)可感觉的物体,如动物名词、非动物名词等;(2)意识中的事物(内部感知理解的或者在人脑海中表象的物体);(3)抽象物体(以物体形式表现出来的事物特征或动作)。此外,格列奇对句子的界定同样是在逻辑范畴内进行的。他认为,词所表示的判断就是句子。对事物的判断,就是脑子里给予该事物或消除该事物的某些特质,因此,句子应该包括:(1)事物的概念;(2)关于事物从属的概念;(3)事物中从属概念的存在或者失缺。(Греч 1827b:26)尽管今天看来格列契的语法理论存有不少缺陷,但它仍然是19世纪初期俄罗斯普遍唯理语法研究的重要成果之一。尤其是他提出的"语言的哲学方面"由"思想表达"和"说话声音"两部分构成的思想,较之现代语言学鼻祖索绪尔(Ф. Соссюр,1857—1913)学说中的"所指"和"能指"理论早了近100年;而"语言的哲学方面"和"语言的历史方面"又构成了索绪尔语言学哲学中的"共时"与"历时"的对立。

3)别林斯基。别林斯基是19世纪上半叶俄罗斯著名思想家,西欧派的代表人物之一。他在语言学方面的相关思想,集中体现在1837年出版的《俄语初级语法基础》(Основания русской грамматики для первоначального обучения)一书中,该书曾被称为俄罗斯语言科学中"最优秀的书籍"。(Аксаков 1875:5)别林斯基的普遍唯理语法思想主要反映在其对俄语语法的基本认识方面,即从语言与思维的关系出发来考察语言单位,尤其是"词"。他在该著作的第1部分第1章中就从唯理主义原理出发阐发了对语法基本概念的认识:(1)人是通过词或语言获得思维能力和表达思想能力的;(2)思维能力即理性,因为思维是行为或"理性的行为"(акт разума),而该行为的结果就是判断。表达思维判断的能力,或通过不同声音的变化和声音的组合把判断传递给他人的能力称作词;(3)思想属于词就如灵魂属于肉体,而词属于思想就如肉体属于灵魂,即词是覆盖物、衣服、形式、思想的表达,而思想是含义、理性和词义;(4)思维科学称作逻辑学,而词的科学或语言的科学就是语法学;(5)语法学是人的话语的科学,或者说是对人的话语的系统描述,原因是:词与思想紧密关联,语法学就与逻辑学紧密关联,或语法学就应该建立在逻辑学基础之上;(6)人们不是用一种语言来说话的,因为每一个民族都有自己独特的语言。尽管世界上所有的语言都有自己的特点,但都建立在同一种规律之上,与此同时,每一种语言又会有自己的规律;(7)语法可分为普遍语法和个别语法;(8)普遍语法是人的话语的科学,它描述世界所有语言的规律;(9)个别语法对某一种语言的特性和特点做出解释;

(10) 俄语语法是关于俄语词或俄语的规律和特性的科学,它依据俄语的基本规律、总的使用情况或通行习惯来教授用俄语说、读和写;(11) 语言是由无数单个的词构成的。当我们发出某词的音时,就在我们的头脑里把该词与某事物的概念连接起来;(12) 语法可分为两个重要部分:分析语法和综合语法。分析语法研究的是作为表示单个概念的单个词,综合语法则研究表达判断的词的总和;(13) 单个的词表达概念,有确定意义的词的总和表达判断。(Белинский 1953:3—15) 不难看出,别林斯基对语法学做出的上述"论断",大多是受西方普遍唯理语法学派的影响而得出的,而其中的理性行为、思维能力、人的话语、词表达概念、句子表达判断等一系列表述,又无不渗透着深刻的人文主义思想。

4) 别列夫列斯基。别列夫列斯基曾出版过多部俄语语法著作,如《复合句和诗体实践句法学》(Практический синтаксис сложного предложения и стихосложение)(1842)、《俄语句法学教程》(Начертание русского синтаксиса)(1847)[①]、《旧斯拉夫语文献考》(Памятники старославянского языка)(1854)以及《俄语实践语法》(Практическая русская грамматика)(1854—1855)等,但其中最能代表其学术思想的是《俄语句法学教程》一书。该教程是采用逻辑语义方法对俄语句法现象进行分析的,并且在很大程度上受到德国和荷兰哲学家贝克尔(Б. Беккер,1634—1698)的逻辑学思想的影响。该教程所反映的主要思想有:(1)句法学的任务就是解释句子语法形式的意义和运用;(2)"普遍语法"和"母语精神"(дух родного языка)是确定俄语句法学的基本原则。如,他把句子称为"判断"(суждение),把圆周句称为"三段论"(силлогизм),把词的语法形式称作句子中的"概念关系"(отношение понятий)和句子组合的"思维关系"(отношение мыслей)等;(3)句子是用词表达的判断,构成判断的"质料"(материя)在句中又被称为词。表示判断的事物概念的词在句中被称为主语,表示属于某一事物特征的概念的词被称为谓语;(4)句子由4种语法成分构成,分别是主词、谓词、限定词、补语词,它们与逻辑学中的两个成分"主项"和"谓项"形成对立;(5)解释说明和替代另一个句子成分的句子称为副句;(6)副句在语法上取决于主句并像一个成分一样依附于主句;(7)副句和主句在逻辑上都是一种"简单的判断",而非复杂判断。(Перевлеский 1847:3—193)。此外,别列夫列斯基还在俄罗斯语法学史上第一个把补语词分为"原有补语"(собственные дополнительные)和"状语"(обстоятельство)两种形式。他的上述句法学思想尤其是对复合句的分类,不仅成为现代俄语句法学的基础,也成为那个时代为数不多的"从意义到

---

① 《俄语句法学教程》是由《复合句和诗体实践句法学》在1847年再版时改名而来的。

形式"研究俄语句法的样板之一。他走的是一条与传统语义学"从形式到意义"相反的路。这种以意义为出发点来探讨其语法形式的句法学研究方法,至今仍具有重要意义,因为正如本书第 1 章所说的那样,人类中心范式语言学理论所奉行的正是"意义中心主义"。

2.1.2 逻辑语法流派的人文主义思想

理论上讲,逻辑语法流派与普遍唯理语法流派同属语言学研究中的形式主义方向,学理构成较为相似,但学理渊源和学术指向却不尽相同。逻辑语法流派主要形成于斯拉夫主义学说,但又借用了西方逻辑学的基本原理,比较侧重语言的历史性、系统性和自主性,更强调斯拉夫语言尤其是俄语的独特性,反对把语法范畴等同于逻辑范畴。因此,该流派的人文主义思想重点体现在"人说的语言"(язык в человеке)这一方面,重视通过俄语语言对俄罗斯人的思维规律和特点做出解释。这一流派的代表人物有布斯拉耶夫(Ф. И. Буслаев,1818—1897)、大阿克萨科夫(К. С. Аксаков,1817—1860)等。

1) 布斯拉耶夫。布斯拉耶夫先后于 1844、1858 年出版了《本国语言教学论》(О преподавании отечественного языка)、《俄语历史语法初探》(Опыт исторической гарммматики русского языка)两部著作①,从形式逻辑的视角并采用历史比较的方法对俄语语法进行了较为系统的研究,从而成为 19 世纪中叶俄罗斯逻辑语法流派的杰出代表之一。他的逻辑语法的特点之一是重视对本国语言史的研究,因此,"历史主义"(историзм)是贯穿其语法理论的一条主线。正如维纳格拉多夫所说,理解和评价布斯拉耶夫的句法观,离开历史这一背景是困难的。(Виноградов 2005:111)布斯拉耶夫并不满足于"理论语法"所取得的成就②,认为理论语法对语言现象的阐释和总结具有片面性,因为它只把语言视为一种逻辑,而忽视了完整和多面的民族生活。(Буслаев 1844:3—8)他推崇罗蒙诺索夫以来的俄罗斯语言学传统,尝试结合逻辑学对俄语语法进行历史比较研究,其主要思想包括以下有几个方面:(1)语法学不能只仅局限于"规则"(правила),还要研究语言的"规律"(закон)。他认为,理论语法只规定了书面语和口头语的使用规则,而并没有研究语言的规律;历史语法则将俄语研究与教会斯拉夫语研究紧密结合在一起,它不只局限于俄语书面语,还有口头语。历史语法详细分析语言的词法形式,目的是为了在理论上抽象出概念上令人信服的语法规律(Буслаев 1959:565—576);(2)提出历史句法的基本任务和步骤。他认为,历史语法的句法部

---

① 后一部著作在 1863 年再版时改名为《俄语历史语法》(Историческая грамматика русского языка),成为俄罗斯历史上第一部研究俄语历史语法的专著。

② 此处的"理论语法"也称"哲学语法"(философская грамматика),主要指格列奇等人的普遍唯理语法。

分首先要从界定语法形式与思维规律的关系入手,即要划定逻辑与语法的界限,这一点普遍唯理语法或理论语法的划界并不准确;然后要对句子成分及词类意义的一般概念做出界定,以便使其归入句法范畴;最后要审视词组,因为它不仅是句法研究中句子的组成部分,也是动词态、体和时等语法形式的组成部分(Буслаев 1959:579—580);(3)在语言与思维关系问题上划分出语言发展的两个阶段——古代阶段和近代阶段。他认为,前者是语言史中最有意义、最有益于学术和实践的阶段。在那个阶段,思想的表达完全服从于生动的展现和口头语的特性,思想与词法形式紧密结合在一起,所以词的句法使用是建立在词法形式基础上的;后者则与前者相反,交际中人物间的最初生动展现及关系的表达是由一般抽象概念的意义给予的(Буслаев 1850:45,1959:266);(4)反对将句法范畴视作逻辑范畴的直接反映。尽管他尝试用逻辑学方法来研究语言的"规律",但反对极端主义的逻辑语法。他认为,语言与思维之间不仅具有平行性和相互作用性,还具有矛盾性,这是由语言本身的特性决定的:语言形成于远古时期,与整个人类的智力活动紧密相关,但不依赖于某个人或某些人的个体思维;语言除逻辑特性之外,还有"创造性的想象力"(творческая фантазия),非动物事物的生命正是由创造性的想象力赋予的。因此,语言作为凭借清晰语音表达思想的独特系统有独立于逻辑的自身规律,并依照自身的规律来表达思想,这会与逻辑规律产生矛盾;句法研究的任务,一方面是要揭示语言中、语法中和词组形式中的普遍逻辑规律,另一方面还要揭示语言本身所固有的、常常与逻辑规律相矛盾的表达方法的内在独特性——"语言的内部规律"(Буслаев 1959:263—267);(5)提出判断是逻辑运作基本的综合行为的思想。他认为,词语表达的判断是句子,所有的判断力都包含在谓语中,没有谓语就不可能有判断,这便是为什么俄语中存在只有谓语组成的句子、而没有主语组成的句子的原因所在。因此,句子中的两个主要成分——主语和谓语中,最主要的并不是主语,而是谓语(Буслаев 1959:271)。总之,布斯拉耶夫的逻辑语法蕴含着丰富的人文主义思想。一方面,他从斯拉夫主义的立场出发,反对采用西方的普遍唯理主义来研究俄语语法;另一方面,他又推崇罗蒙诺索夫以来形成的语言学传统,将理性主义的逻辑学方法运用于对俄语历史语法的研究。因此可以认为,该逻辑语法是既借鉴了西方理性主义、又散发着俄罗斯斯拉夫主义思想的产物。他对语言与思维、句法单位与思维逻辑的关系的理解就是理性主义的,而对语言还具有"创造性的想象力"以及"内部规律"的界说又是斯拉夫主义的。

2)大阿克萨科夫。大阿克萨科夫不仅是早期斯拉夫主义的创立者之一,同时还是一位在俄罗斯学界享有较高声望的语文学家。他在语言学方面的著述主要有《语法发凡》(О грамматике вообще)(1839)、《俄罗斯文学和俄语史中的罗蒙诺索夫》(Ломоносов в истории русской литературы и русского языка)(1846)、《俄语语法初探》(Опыт русской грамматики)(1860)等。① 这些著述不仅使他成为俄语逻辑语法的积极倡导者,同时也成为语言学界捍卫斯拉夫主义学说的主将之一。大阿克萨科夫的逻辑语法思想主要包括以下内容:(1)对俄语特性有独到的认识。他认为,相对于教会斯拉夫语以及其他斯拉夫语而言,俄语是一门独立的语言。该语言的特性是时空上的自由性和存在性。自由性是由俄罗斯民族的深刻本质所决定的,因为没有俄罗斯民族精神的自由,就不会有语言与思维的永恒运动。发展以自由为条件,而没有发展又谈不上自由,俄语就是这样一个发展中的整体:它的每一个字母都不是停止的,每一个发音都有生命并变化着;存在性是一个带有自身符号的、意识和理智可以等同于自然存在的特殊世界。语言世界与自然界一样,是在时空中获得生命和发展的。时空是存在的必备形式,语言通过时空发挥功用和得到发展,并按照所表达的性质、行为或关系来配置词类。语言的这些特性在逻辑上源自民族语言生存的具体历史环境(Аксаков 1875a:6-13);(2)注重语言和词的形式的功能和作用。他认为,语言与思维的关系以及实现民族语言存在和解释语言"精神"的方法,主要是靠词的形式这一基本特征来表示的。但词的形式又不是自给自足的和独自存在的。语言中,由词根表示的词的意义只有通过其形式才能进入到语言范畴系统之中。如果说语言是一种无意识地赋予民族的理性形式的话,那么词就是人自己创造的(Аксаков 1875b:327)。与人的本性相联系的词,在物质上具有与人发展中的精神相似的客观性。词充满着精神,思想由精神照亮。词赋予思想具体的存在、表达和形式,词是思想的躯体(Аксаков 1875a:4)。语言是思想本身得以完整体现的形式,思想永远存在于语言中(Аксаков 1875b:296)。思维作为知识中的事物表达,不可能脱离开相应的语言而独自存在。语言是理性的必备属性,词是认知理性的"喉舌"(голос),语言与思维彼此不可分割,因为语言或思维都要靠对方来表达(Аксаков 1880:1);(3)对动词的民族文化特点做出阐释。他在俄语研究中特别注重对动词的形式和意义进行阐释,认为只有通过动词才能够发现俄语的民族独特性。他提出,俄语动词系统与其他语言的动词不同。俄语动词最突出的是行为特质和程度,这是构成俄语动词系统的完整性和统一性的根源所在。动词区分出表达行为的三种方式或三种体:一次性方式、不确定方式和多次性方式。同一个动词的所有体的形式并不是时间形

---

① 这些著述分别被收录在 1875、1880 年出版的大阿克萨科夫《作品全集》中。

式,而是行为特质的形式。时间的概念是由行为特质衍生出来的。因此,俄语动词的特点是具有独特的心理色彩(Аксаков 1875c:417)。他还说,俄语动词表达行为本身及其实质,俄语关注的是行为的内部方面或特质,而时间则是由该特质引发的。特质回答 как 的问题,是内在的问题,关注的是行为本身的实质;而时间回答 когда 的问题,是表层的,关注的是行为的外在体现(Аксаков 1875c:414,416)。以上可以看出,大阿克萨科夫的俄语语法观,首先强调的是俄语与其他语言的不同,这是斯拉夫主义固有的观点;其次,他格外注重语言形式对思维或思想的作用,认为形式是思维或思想的具体存在或载体。他的这一思想不仅是对布斯拉耶夫形式逻辑语法的一种反叛,更代表着俄罗斯形式主义语法流派的发展现状;其三,他把动词不仅视作俄语语法的核心,且看做是最能体现民族思维和行为特性的一种词类。上述三点都无不充满着人文主义的思想,从而成为俄语语法研究中奉行人类中心论原则的重要范例。

2.1.3 历史比较流派的人文主义思想

19 世纪是历史比较主义语言学盛行的世纪,俄罗斯也不例外。在该流派中,俄罗斯有数十位知名语言学家从事不同方向的科学研究,领域涉及斯拉夫语族之间的对比研究、斯拉夫语与俄语的对比研究、俄语与西欧语言的对比研究等,不仅给世人留下了十分丰富的思想遗产,且在理论建构和研究方法等方面走在世界各国的前列。在这一时期出现的众多语言学家和语法学家中,沃斯托克夫(А. Х. Востоков,1781—1864)、斯列兹涅夫斯基(И. И. Срезневский,1812—1880)、福尔图纳托夫(Ф. Ф. Фортунатов,1848—1914)、博杜恩·德·库尔德内(И. А. Бодуэн де Куртенэ,1845—1929)等学者的学说思想最为著名。他们的理论学说不仅受到学界的高度评价,且在继承和弘扬俄罗斯文化传统和人文精神方面均有重要建树,从而为 20 世纪俄罗斯语言学的发展走向奠定了基础。下面,我们将着重对上述学者语言学理论中的人文主义思想做简要评述。

1) 沃斯托克夫。沃斯托克夫被学界公认为俄罗斯语言学研究中历史比较流派的奠基人之一。他于 1831 年和 1863 年相继出版了俄语语法史上具有里程碑意义的两部著作——《俄语语法》(Русская грамматика)和《教会斯拉夫语语法》(Грамматика церковнославянского языка),从而奠定了其在俄罗斯历史比较语言学界的崇高地位。尤其是第一部《俄语语法》,堪称是罗蒙诺索夫《俄语语法》以来最具俄罗斯特色的语法经典。它不仅继承了由罗蒙诺索夫开创的语法研究传统,且为发展俄语语法的独立体系作出了巨大贡献。此外,他还用历史比较的方法开创了斯拉夫语历史语法的研究先河。在这里,我们无意过多地论述该语法的具体内容及方法,仅就最能体现其人文主义思想的若干学说片断加以归纳和评述。(1) 继承罗蒙诺索夫传统,坚持以研究俄语的语言事实和发现俄语的特点为主旨。我们知道,罗蒙诺索夫的《俄语语法》是以唯理主义语言观为哲学基础,并采用唯物主义的方法对俄语语法进行动态和系统的研究的。而沃斯托克夫所处的时代,正值普遍唯理语法和形式逻辑语法盛行时期,但他却坚持斯拉夫主义立场,坚定地用唯物主义的方法来研究鲜活的俄语语言。正如维诺格拉多夫所做的评价那样,沃斯托克夫的《俄语语法》"无论在语法的结构上,还是在鲜活的民族言语现象利用的广度和深度上,以及在解决个别问题上,都是罗蒙诺索夫语法学说的继续和发展"(Виноградов 1958:165);(2)摒弃普遍唯理主义和形式逻辑的分析方法,探索适合俄语特点的语法学理论体系。普遍唯理语法和形式逻辑语法强调的是语法中的普遍唯理基础和逻辑关系,而沃斯托克夫则认为,句法学的任务是确立言语中词的组合规则。① 用来表达思想的词的组合称作"言语"(речь)。对词的选择产生言语,它包括"高雅语"(书面语)、"平民语"(俗语)和基于上述两者之间的"日常语"(口语)。(见 Виноградов 2005:85)这样,沃斯托克夫就将俄语标准语分为三种变体,这与罗蒙诺索夫提出的"高雅""中立""低俗"三种语体已经有本质的区别。也就是说,沃斯托克夫把罗蒙诺索夫的相关学说思想直接运用到俄语语法的研究之中,并试图在句法研究中区分该三种不同的言语;(3)在具体句子成分的界说上,普遍唯理语法和形式逻辑语法采用的是"三成分"法——主语、谓语和系词②,而沃斯托克夫在分析了俄语简单句的结构后则得出结论认为,典型的俄语简单句结构具有双成分性——主语和谓语,主语是所讲的事物,谓语是动词及其所说的有关事物,而系词(辅助动词)есть属于谓语范畴。(见 Виноградов 2005:86—88)应该说,沃斯托克夫对句子成分的划分具有重大的现实意义:它突出强调了俄语句法的特殊性,而不是按照西方形式逻辑理论提出的"共性"方法生硬地套用在对俄语句子的分析中;(4)开创斯拉夫语历史比较研究的新方法。沃斯托克夫从 1820 年开始就矢志用历史比较的方法编写一部《斯拉夫语语法》(Славянская грамматика),并于当年发表了《论斯拉夫语:斯拉夫语语法导论》(Рассуждение о славянском языке, служащее введением к грамматике сего языка)专题论文。该论文被视作斯拉夫学研究领域的一次重大转折,并在语言学领域第一次确定了历史比较的方法。(见 Колесов 2003:169—172)此后,他又相继发表了多篇有影响的历史比较

---

① 在沃斯托克夫的《俄语语法》中,"句法"这一术语是用俄语"словосочетание"一词来表示的,意为"词的组合",有时他还用"соединение слов"来表示。

② 形式逻辑语法历来把任何判断都归结为下列一种限定公式:собака бежит = собака есть бегущая,спит = есть спящий,所以句子由主语、谓语和系词三成分构成。

方面的学术论文,直到 1861 年才完成并出版了《教会斯拉夫语语法》一书。有学者认为,采用历史比较的方法对斯拉夫语进行研究,是沃斯托克夫坚持在"人学"(наука о человеке)领域探索本国道路的必然结果,从而在语言学史上可以与葆朴、拉斯克、格里姆等西方历史比较方法的奠基人齐名。(Колесов 2003:162—163)也就是说,沃斯托克夫开创的斯拉夫语研究的历史比较方法,其宗旨是揭示斯拉夫语不同于西欧语言的个性,因为作为"人学"中最重要组成部分的语法学,离开了个性,也就无所谓共性。这正是沃斯托克夫《俄语语法》和《教会斯拉夫语语法》两部著作中所要强调并贯穿始终的人文主义精髓所在。

2) 斯列兹涅夫斯基。斯列兹涅夫斯基是俄罗斯著名的斯拉夫语文学家、民族学家、古文字学家,曾任彼得堡大学历史语文系主任和彼得堡科学院院士等职。他曾受教于历史比较语言学的奠基人之一葆朴(Ф. Бопп,1791—1867),在斯拉夫语言(尤其是小罗斯语和大罗斯语)的历史比较方面有很深的造诣。[①] 斯列兹涅夫斯基在语言学方面的主要著作有《思维与札记》(Мысли и заметки)(1831)、《俄语史的思考》(Мысли об истории русского языка)(1849)、《古俄语字典语料》(Материалы для словаря древнерусского языка)(1893—1903)等,其中《俄语史的思考》一书最为著名,它集中反映着该学者对俄语史诸方面的人文主义考量,主要思想有:(1)语言与民族密不可分。他在该著作的第一章节中就鲜明地指出,一个民族只有在母语中才能更加完整和正确地展现自己,民族与语言缺一不可,否则将难以想象。民族与语言在意义上有时可以视作同一种称谓,就如俄罗斯人与其他斯拉夫民族是靠"语言"这一词语联系在一起的一样。因此,俄语研究应该在俄罗斯科学中占有一席之地;(2)语言反映民族的智力和活动。他说,一个民族的活动是由其智力掌控的,而民族的智力和活动又反映在该民族的语言中。活动是运动,一系列的运动就是一系列的变化,而发生在民族智力和活动中的变化也同样在语言中反映出来。因此,民族的变化也会引起语言的变化,而语言史的任务就是要解答这一问题;(3)语言史与民族史紧密关联。他在深入研究了乌克兰和其他民族的方言后指出,地方方言是一个民族的语言变体,同一支脉的不同语言是用词语表达情感和概念的同一种方法的变体。因此,语言的多样性可以按照不同的民族进行审视,即依据部族对语言进行分类和根据语言的特性对部族进行分类,从而区分和确定出不同语言的相似性和近似性特征;所有语言就其结构而论都可分为成两大类:不严谨和严谨的。前者的物质不隶属于形式,而后者的物质和形式

---

① 小罗斯语和大罗斯语是现代乌克兰语和俄语的历史称谓。

融合在一起(Срезневский 1849：Ⅰ)①；(4)语言史与民间文学作品的发展紧密相关。他提出,语言的命运与文学的命运从来都是息息相关的。民间文学作品是民族生活的必要组成部分,那些保留在人们记忆里的、没有文字记载的民间传说与语言和民族不可分离。因此,民间文学作品的发展如果离开对该民族语言史的考察从来都是片面的,它只能提供时间上的先后顺序,而不能提供全部意义。罗斯时期基督教文字、书面文学和民间文学作品内容的丰富性和表现力,是与当时语言具有的丰富性和表现力相一致的(Срезневский 1849：Ⅶ)。以上足以看出,斯列兹涅夫斯基眼里的俄语史,是与俄罗斯民族、俄罗斯民族史、俄罗斯民族的智力活动以及俄罗斯民间文学发展史等不可分割的,这不仅是斯拉夫主义所秉承的一贯思想,也是俄罗斯语言学研究传统中历史主义原则的集中体现,它在本质上与17—18世纪意大利著名哲学家维柯(Дж. Вико,1668—1744)的有关历史主义思想一脉相承,并对俄罗斯"哈尔科夫语言学派"(Харьковская лингвистическая школа)理论学说的形成产生过重大影响。

3) 福尔图纳托夫。作为"莫斯科语言学派"(Московская лингвистическая школа)的创始人,福尔图纳托夫在历史比较语言学、普通语言学以及俄语语音学、词汇学、句法学、形态学、词源学等领域都有自己独特的见解和思想,对俄罗斯语言学"走在西欧语言学的前面"做出过杰出贡献。有关福尔图纳托夫语言学理论学说中的人文主义思想,可以归纳为以下几个方面：(1)语言的社会属性思想。他认为,语言是一种社会现象,语言的历史同社会的历史是有机联系在一起的,因此,只有通过历史比较的方法才能对共同印欧语进行足有成效的研究。据此,他把语言的发展分为外部历史和内部历史,认为前者是由语言与社会及操该语言的民族所决定的。社会的分化必然伴随着语言分化为方言的过程,而语言分化、消亡时,方言又会发展成为独立的语言。正是由于原始社会地域间缺乏联系,才促使方言发展成为独立的语言；而随着社会的发展以及文字和标准语的出现,又促使地方方言联合成统一体；(2)语言的系统性思想。他把语言看做是一个整体,认为语言与思维有着密切的联系,它不仅是文化的组成部分,也是表达说者思想和感知的工具(见赵爱国 2012：160-162)。这一重要思想客观上为当时学界完整而全面地认识语言学的性质、任务、对象和范围等指明了方向,因此具有十分重大的现实意义；(3)言语句的思想。在语言与思维的关系问题上,福尔图纳托夫认为语言有赖于思维,思维也有赖于语言。言语是思维的表现,是体现为声音和词的表现,从而形成言语句或心理句。言语句是判断的表现

---

① 此处的"物质"是根据原文 материя 一词定名的,究其内涵而言,物质即"内容"的意思。

形式,因为人们在现实思维过程中是无法区分判断和言语句的。但从语法角度分析的句子与从心理角度分析的判断并不吻合。"因为在心理判断中可以发现两个成分:心理判断的第一部分和用思想打开的第二部分。第一部分为心理主语,第二部分为心理谓语"。(Фортунатов 1957:451)由此不难看出,福尔图纳托夫对句子的研究,注重的是人的心理判断,突出的是人的心理因素;(4)形式功能的思想。尽管福尔图纳托夫对俄语语法的研究大多集中在词形和词的语法类别以及词组形式、句法形式等方面,但他的语法形式观却是以语言与思维的关系为出发点的。例如,他将词分为完整词、部分完整词和非简单词等,以及提出要研究词的现实意义和形式意义的思想,就无不隐含着对人的思维因素的考量。这就决定了他的语法形式观带有一定的形式功能的性质。再例如,他还从建立在语法聚合体基础上的形式功能思想出发,不仅区分了语言结构中的现实范畴和形式范畴,还将构形范畴和构词范畴视作有助于实现语言交际功能的语法结构的微系统,从而在根本上使自己的形式语法观具有了历史功能主义新型语言观的性质。[1] (见郅友昌 2009:130)从这个意义上讲,福尔图纳托夫的形式功能思想,不仅是对其导师布斯拉耶夫的形式逻辑思想的发展,也是对斯拉夫主义一贯秉承的历史主义原则的发展。

4)博杜恩·德·库尔德内。博杜恩·德·库尔德内是 19 世纪末至 20 世纪初俄罗斯最伟大的语言学家之一。作为"喀山语言学派"(Казанская лингвистическая школа)的创始人,他在语言学的许多领域都曾取得过领先于世界水平的重要成果,如语言与言语的学说、语言研究的静态与动态思想、语言符号系统观以及音位学理论等,因此被誉为现代语言学的先驱和结构主义语言学的奠基人。但就语言学方法而言,博杜恩·德·库尔德内的语言观依然完全没有摆脱历史比较主义的性质,且他本人也有许多著述涉及历史比较研究[2],因此将其放在历史比较语言学流派方向加以审视是合适的。总体看,他的语言学理论中所体现的人文主义思想主要包括以下几个方面:(1)实现了语言学研究的转向,即由历史主义转向鲜活的言语——人的言语活动。他认为,语言的本质在于言语活动和言语功用之中,因此语言学的首要原则就是要研究鲜活的人类语言,只有这样,语言学才能够证明语言的生命及其发展规律。他说,研究现存的能够观察到的鲜活语言,特别有利于对语言生命的诸方面做出解释,这比研究已不存在的、只能通过书面文献了解的语言更

---

[1] "历史功能主义"之所以称为"新型语言观",是针对 19 世纪后半叶"青年语法学派"(младограмматизм)提出的"历史主义"原则而言的。

[2] 博杜恩·德·库尔德内的硕士论文《论十四世纪之前的古波兰语》(О древнепольском языке до XIV столетия)(1870)和博士论文《列济亚口音语音学初探》(Опыт фонетики резьянских говоров)(1875)都是研究斯拉夫语的,带有明显的历史比较主义性质。

有裨益……只有对鲜活语言有全面了解的语言学家,才能够使自己对已经消亡的语言特点做出推断。因此,研究鲜活的语言应该先于研究已经消亡的语言。(Бодуэн де Куртенэ 1963:137,349)他的这一思想与19世纪下半叶兴起的"青年语法学派"(младограмматизм)的观点非常接近,标志着俄语和斯拉夫语的研究开始由历史主义转向社会现实中的语言。所不同的是,青年语法学派转向鲜活的语言主要是为了确定语言的过去成分及痕迹,而博杜恩·德·库尔德内的目的是为了更加科学地认识语言发展的规律和语言与方言之间的相互作用规律;(2)摒弃起始于古希腊罗马时期语言学研究所固有的"词语中心主义"(словоцентризм),开创"语句中心主义"(фразацентризм)研究先河。他提出"语感"(языковое чутье)的概念,并在这一概念基础上构建起语句中心主义理论。他认为,现实中不只是词语才发出声音,词语只是事实上发出声音的寻常部分,而"语句"(высказывание)才是语言学分析的基本单位。而该语言学单位又可以一分为二:从语音学角度切分为"语音句"(фонетическая фраза)、语音词、音节和音位,从形态学角度可切分为"复杂句法单位"(сложные синтаксические единицы)、简单句法单位和词素等。(见 Алпатов 1999:121—122)尽管博杜恩·德·库尔德内的语句中心主义思想并不是以意义为中心的,离"人类中心论"的要求尚有一定距离,但却在客观上强调了对语言内容层面(思想性)的展示和研究,同时也开创了语言学史上的语句中心主义范式,因此具有十分重要的方法论意义。同时,他的这一思想以及语言学实践也为20世纪50年代后语篇/篇章语言学的兴起奠定了基础;(3)强调语言的社会属性和交际性。作为俄罗斯历史上第一位关注语言的社会区分问题的语言学家,博杜恩·德·库尔德内在自己的研究中特别强调语言的社会属性和交际性。他认为,只有人类社会才可能有语言,因此语言学的原理不仅包括个体心理学,还包括社会学。(见 Щерба 1974:385)他在研究方言尤其是俚语的变化时这样来揭示语言变化的社会成因:当下语言学理论的必要条件是人与人之间交际的连续性。同时代生活的人会彼此影响。任何新的一代,不管是已经成年的还是正在成长的,必定会以个别代表的面貌与老一代的代表发生不间断的联系,从而形成所谓的"当代人"。如果相互间的联系断线,社会的历史以及语言的历史也就会中断。(Бодуэн де Куртенэ 1963:224)此外,他在强调语言变化的社会成因时,还提出人对语言有意识的干预这一重要因素。他说,语言既不是封闭的机体,也不是不可侵犯的神像,语言是工具和活动。因此,人不仅有权利以其社会责任来改善这一工具,以使其符合使用之目的,甚至可以用更好的工具来替代之。语言与人不可分,人应该更加全面地掌控语言,以使其越来越依赖于人的有意识干预。(见 Алпатов 1999:

127)以上可见,个体心理、社会、交际、人的意识等人文因素无疑是博杜恩·德·库尔德内语言观的核心内容;(4)提出音位即心理单位的观点。音位学理论是博杜恩·德·库尔德内对世界语言学发展做出的主要贡献之一,是他奠定了音位研究的形态化和语义化学说,而奠定该学说的理论基础就是把音位理解为能反映某思想实质的心理单位。他认为,音位是最小的心理学单位,虽然不同人的语音表征可能不相等同,但它是客观存在的;音位属于语音世界的表象,它是由同一声音所获得的表象融合在心灵里所产生的,是语言声音的心理等值物。(Бодуэн де Куртенэ 1963:271—272)尽管博杜恩·德·库尔德内把音位归属个体心理学的种种界说具有一定的片面性(如很难对该单位进行客观描写等),但却鲜明地反映出其语言学理论所秉承的是以人或人的心理为中心的原则。

2.2 心理主义方向的人文主义思想

如果说 19 世纪俄罗斯形式主义方向上的各流派学说中已经浸透着人文主义思想的话,那么心理主义方向上则更加突出语言中的人和人的思维活动的作用,充分展现出追求理性、崇尚精神的人类中心论思想。这一时期,心理主义方向的代表人物是哈尔科夫语言学派的奠基人波捷布尼亚(А. А. Потебня,1835—1891)及其学生和追随者奥夫夏尼克—库利科夫斯基(Д. Н. Овсянико-Куликовский,1853—1920)。下面,我们将着重对该两位学者语言学理论和学说中的人文主义思想做简要评述和分析。

1) 波捷布尼亚。波捷布尼亚在俄罗斯语言学史上占有十分特殊和显赫的地位:他不同于此前的所有前辈,不仅开创了俄罗斯语言学史上心理主义范式,而且在语言的起源与发展、历史语法、语义学、诗歌学、民族学等一系列领域都不乏有创造性的成就,特别是关于语言与思维之关系的思想,对 20 世纪俄罗斯语言学各学科(尤其是普通语言学、语义学、词汇学、心理语言学等)的发展都起到了十分重要的引领作用。作为语言学思想家,他从人类语言和思维的普遍演化视阈来审视俄语及其历史,因此较之其众多的学术前辈,其理论视角更具人文性和理性。波捷布尼亚的主要著作有《思维与语言》(Мысль и язык)(1862)和《俄语语法札记》(Из записок по русской грамматике)(1874—1899)等①,它们都无不充满着人文主义的思想光辉。主要观点有:(1)语言是历史现象和言语思维活动。他在对语言与思维、语言与民族、语言学与心理学、感知与统觉、情感语言与思维语言、认识与判断和概念等一系列关系进行详细

---

① 国内学界习惯把波捷布尼亚的著名著作《Мысль и язык》翻译成《思想与语言》,其实,定名为《思维与语言》更为贴切,理据有三:一是 мысль 一词本身就有思想过程即思维的意思;二是从该著作的主要内容看,讲的也是思维与语言的关系问题;三是在俄语文献中,мысль 与 мышление 经常互用,意义相同,这在 19 世纪以前的文献中尤是如此。

阐述后,提出语言可以形成思想、语言是产生思想的机制的重要观点。他认为,语言不是表达现成思想而是创造思想的手段,语言不是对已形成的世界观的反映,而是正在形成这种世界观的活动(见 Алпатов 1999:86);(2)语言是民族的直接创造物。他认为,民族语言史研究在揭示人类言语形成和演化的普遍规律中具有重要作用,因为民族是人类群体的组织范畴,而语言从来就具有民族形式,因此是民族的直接创造物(见 Виноградов 2005:143);(3)言语活动是思维与语言之间的作用所致。他提出,言语活动是语言、说话人的知识以及说话人想要表达思想之间的相互作用,而语言学的根本任务就是揭示思维与言语之间的这种作用;(4)语法范畴与逻辑范畴不相等同。他认为,该两个范畴不等同的原因有二:一是语法范畴和语法形式要比逻辑范畴大得多;二是语言与语言之间存有差异,因此只有在语言历史以及言语行为的心理分辨中才能找到对其做出解释的途径。(Потебня 1927:142—169)据此,他特别强调语法范畴的重要性,认为语法范畴能给思维范畴的发展提供条件,而句子的构造就可以视作是观念范畴的相互作用(见 Ушаков 2003:359);(5)"词的内部形式"思想。他把洪堡特的"语言的内部形式"的思想具体运用到对词语的研究中,比较系统地提出了关于"词的内部形式"的学说。在他看来,词的内部形式展示着说话人的思想,词所反映的并不是其内容的全部思想,而仅仅是其思想的一种特征;词的内部形式就是该词最近的词源意义,它是从词的形态结构中推断出来的;词的内部形式表明,人是这样来表述自己思想的;用它可以解释为什么同一种语言中可以有许多词表达同一个事物的意义,而一个词又完全可以根据语言的要求来表达不同事物的意义(Потебня 1913:136—142);(6)词的"近义"和"远义"思想。他在多卷本的《俄语语法札记》中运用心理学的方法对词的"近义"(ближайшее значение)和"远义"(дальнейшее значение)进行了详细阐述。"近义"即词的词汇意义和语法意义,它构成词语发音时的现实思想内容;"远义"既与科学和百科知识相关,也与操不同语言的个体的各种联想有关(见 Алпатов 1999:89)。从当代语义学看,波捷布尼亚所说的"近义"就是词的基本意义或概念意义,而"远义"是建立在世界知识基础上的引申意义,即由联想生成的各种伴随意义。总之,波捷布尼亚关于语言与思维关系的思想是深邃的。他试图从人类语言和思维共同进化的角度对语言现象做出阐释,奉行的正是语义中心主义。从其学说的哲学基础看,与德国哲学家康德(И. Кант,1724—1804)、谢林(Ф. В. Шеллинг,1775—1854)、黑格尔(Г. Ф. Гегель,1770—1831)以及理论语言学家洪堡特(В. Гумбольдт,1767—1835)等的相关思想和观点有紧密关联性。正如维诺格拉多夫评价的那样:对于曾受到德国康德、谢林、黑格尔、洪堡特的唯心主义强力影响的波捷布尼亚来说,语言与其说是表达现有真理的手段,不如说是揭示原先未知真理的手段(洪堡特语),波捷布尼亚完全接受了这一观点。(Виноградов 2005:142-143)由此可以得出这样的结论:波捷布尼亚的语言观有两大支点:一是把语言视作思维和认知世界的基本方法,即语言是一种能够形成思想的创造性活动;二是民族是语言的主要创造者和改革者。我们从洪堡特提出的"语言世界观"(языковое мировидение)理论中,比较清晰地看到了波捷布尼亚的语言观的根系及旨意所在。也正是基于以上两大支点,波捷布尼亚才有可能对俄语史做出不同于其前辈的全新解释,才有可能赋予研究鲜活的言语和民间口头创作以特殊的意义。

2)奥夫夏尼克—库利科夫斯基。作为波捷布尼亚的学生,奥夫夏尼克—库利科夫斯基在语言学方面的主要著作有《语言科学概论》(Очерки науки о языке)(1896)、《俄语句法》(Синтаксис русского языка)(1902)等。但他的语言学思想却不是按照其导师的方向发展的,而是走向了另一面——唯意志论的心理学方向,即强调语言(语法)与逻辑之间的紧密关联性。尽管如此,从人文主义角度看,奥夫夏尼克—库利科夫斯基的语言学思想依然在下列两个方面具有重要价值。(1)词是言语思维单位的思想。他认为,实体、固有属性、效果、状态等逻辑概念是在相应的语法范畴下逐渐发展起来的,"语法句"(грамматическое предложение)的分析和综合过程演变为逻辑句时也是如此。语法句为逻辑句提供生命。逻辑生成于语法思维的深处,并长时间与其紧密结合在一起,只有在一定的高度上才或多或少地脱离开语法范畴的束缚,开始建立在语言之上。因此,语言与逻辑之间存在着某种模态。①(Овсянико-Куликовский 1912:ⅩⅣ—ⅩⅤ)在他看来,单个词的属性也是一样。词作为独立的"言语思维单位"(единица 《речи-мысли》),与其称名功能的扩展有关。词在句子中总是被归属为某种具体的意义,但当它脱离开句子后,就具有了动态性以及表达和概括知识的能力,从而使自身成为一种价值,变成可兑换的和流行的言语思维硬币;词一旦挣脱开述谓和表达情感的重负,就会将语法形式划归潜意识域,这是储蓄和释放能量的过程,从而走向逻辑思维的创建。(Овсянико-Куликовский 1912:ⅩⅩⅩ)(2)语法形式是逻辑结果的思想。他提出,语法形式是一种特殊的思维做工,它是在离意识界限不远的无意识域中自动进行的,是用语法范畴对词汇内容进行的统觉;语法形式的概念相当于"词类",因为每一种词类都可以界说为一种特殊形式,即特殊的思维做工。(Овсянико-Куликовский 1912:

---

① 实际上,这一思想与喀山语言学派的观点相一致。尽管该学派认为必须将语言的语法研究与科学研究加以区别,但从来没有把语法事实的心理学研究与逻辑学研究对立起来(见 Богородицкий 1935:203-204)。

7,32)总之,在奥夫夏尼克—库利科夫斯基的语言学思想中特别强调逻辑思维的作用,无论是俄语的词还是语法,他都将其视作与人的逻辑思维过程紧密相关,前者是逻辑思维的单位,后者是逻辑思维的结果。这些思想突显的是语言中人的因素。

第3节 20世纪初至80年代前 对人文主义学说思想的继承与发展

20世纪初至80年代前是俄罗斯语言学发展进程中最重要、最辉煌的时期,因此,审视这一时期俄罗斯语言学中的人文主义学说思想,不仅有助于把握俄罗斯语言学在发展人文性、文化性方面的诸多特点,更有利于认清孕育人类中心论范式语言学理论不可或缺的诸多现当代元素。

研究表明,当代俄罗斯语言学人类中心论范式的形成,除了得益于深厚的文化传统和思想遗产的积淀外,20世纪俄罗斯社会的发展、意识形态的变迁以及语言学众多新型交叉学科的兴起等,也为其提供了厚实的社会基础、思想基础和展现平台。尤其是20世纪中期兴起的"社会范式",成为其直接催化剂。

为此,我们拟从这一时期俄罗斯语言学的发展阶段、研究方法和范式的转进以及代表人物的理论学说等三个方面,来简要梳理和揭示其人文主义学说思想的演化脉络、学理构成和内涵特点。

3.1 从发展阶段看人文主义学说思想的演化脉络

总体看,20世纪俄罗斯语言学研究大致经历了传承与转型、探索与思考、借鉴与求新等三个不同的发展阶段。(见赵爱国 2012:19—31)应该说,每一个阶段所展现的人文主义学说思想的方式、重点以及领域等都有所不同。

3.1.1 传承与转型阶段掀起的"语言建设"高潮

时间大致为20世纪最初的20—30年代。所谓传承,是指"彼得堡语言学派"(Петербургская школа в языкознании)在喀山语言学派奠基人博杜恩·德·库尔德内的直接参与下宣告成立,并取得重要理论成果。[①] 另外,原喀山语言学派和莫斯科语言学派的学者们继往开来,不断求索而取得新的学术成果;所谓转型,是指语言学的发展之路受到一系列新的社会历史因素的影响:一是"十月革命"后新的社会主义制度的建立,上层建筑领域发生了革命性转变;二是前苏联作为一个多民族的国

[①] 彼得堡语言学派在不同时期又称为"列宁格勒语言学派"(Ленинградская лингвистическая школа),自20世纪初创立,至今已有百余年历史。

家,各民族的地位发生了根本性变化,并确立了新的社会、政治和文化发展之路;三是俄语的社会文化作用空前提高,成为各民族间交际的首要工具。面对新的现实,苏联语言学研究向何处去便成为了学界关注和争论的焦点。显然,顺应形势要求,制定新的发展战略是语言学研究的必由之路。大量资料显示,这一时期苏联语言学发展的方向正是受到上述因素的影响开始转向"语文学"(русистика)主战场的。几乎所有的语言学家都积极参与了所谓的"语言建设"(языковое строительство),从而在全国范围内掀起了一场"文化革命"(культурная революция)。语言学家们在俄语书写法、俄语语音学、俄语词汇学、俄语标准语规范、俄语史、俄语书面语、俄语口语、俄语语法、俄语方言、斯拉夫语言等领域出版和发表了数以万计的学术著述,不仅为作为独立学科的现代俄语科学样式的形成做出了不可磨灭的贡献,更为苏维埃政权的巩固、苏联各民族的团结以及社会主义事业的顺利发展奠定了基础。在这一阶段的语言学研究中,18 世纪后半叶以来积淀下来的人文主义学说思想不仅得到了有效继承,且在许多新的领域又有不少建树(详见本章 3.3)。

3.1.2 探索与争鸣阶段的"语言的社会性"

时间大致为 20 世纪 20 年代末期至 50 年代初。① 这是俄罗斯语言学术史上"传统学说"与马尔(Н. Я. Марр, 1864/65—1934)为代表的"语言新学说"(новое учение о языке)两种流派争鸣、对抗并最终以后者压倒前者的不寻常时期。上文已经提到,面对 20—30 年代开展的语言建设热潮,学界在用什么方式或用何种方法论作为语言学研究基础的问题上发生了根本性分歧,从而形成了上述的"继承"与"变革"两种性质不同的语言学流派。"继承"派主要以喀山、莫斯科和彼得堡"三大学派"的语言学家为代表,他们坚持继承学派的科学传统,在方法上坚持历史比较主义原则,并力求用新的马克思主义方法论来解决语言学面临的课题和任务。研究表明,这一时期的俄罗斯语言学研究正发生着由历史比较主义向结构—系统主义或结构—功能主义的转变,并在继承本国语言学优良传统的许多问题上有新的建树,如波利万诺夫(Е. Д. Поливанов, 1891—1938)的共时—历时观、谢尔巴(Л. В. Щерба, 1880—1944)的语言层面观、维诺库尔(Г. О. Винокур, 1896—1947)的系统共时观、雅科夫列夫(Н. Ф. Яковлев, 1892—1974)的系统音位学理论等,都是在这一时期提出来的。而以马尔为代表的"变革"派标榜自己的学说为"语言学中的马

---

① 从表面形式看,以马尔为代表的"革新"派从 20 世纪 20 年代起就活跃在前苏联的语言学领域,并把持着当时语言学研究机构的领导地位。但从实际看,马尔主义真正统治语言学界的时间是 20 年代末起至 40 年代末。正如阿尔帕托夫所说:虽然马尔的学说在 20 年代名声很大,但仅仅是与其他语言学家共存而已。但自 20 年代末马尔宣布自己的学说为语言学中的马克思主义后,才建立起垄断地位。(Алпатов 1999:228—229)因此,我们把"探索与争论"时期确定为 20 世纪的 20 年代末至 50 年代初。

克思主义"（марксизм в языкознании）。其学理的出发点是：西方的印欧语言学研究从民族和语言的种族不平等理论出发，致使有关构拟"源语"（праязык）的种种企图陷入了"绝境"，因此历史比较主义是唯心主义的产物，是资产阶级的语言学说，必须与之进行不妥协的斗争。但不管是"继承派"还是"革新派"，它们在坚持语言的社会属性这一点上却是相同的，都认为语言学研究要与时俱进，结合社会实际进行新的探索或变革。因此，从人文主义角度看，两派的理论学说都具有很高的人文主义价值。

3.1.3 借鉴与求新阶段的"结构—系统主义"和"功能主义"

这一阶段延续时间最长，从 50 年代中一直持续到 80 年代人类中心论范式的兴起。20 世纪 50 年代中期起，俄罗斯语言学在摆脱了马尔主义的影响后，开始进入"后马尔时期"，该时期的最大特点是：意识形态已经不再成为语言学理论发展或演化的影响因素，语言学作为一门独立学科开始按照自身的规律向前发展。消除了意识形态的影响，也就扫清了向世界敞开学术大门的障碍，当时在世界语言学界具有统治地位的新的范式——结构主义等新的理论和思想必将对俄罗斯传统产生积极影响。于是，"借鉴与求新"就成为了俄罗斯语言学界唯一的也是理性的选择。1955 年，俄罗斯首次翻译出版了"日内瓦语言学派"（Женевская лингвистическая школа）的代表人物之一巴利（Ш. Балли，1865—1947）的《普通语言学与法语问题》（Общая лингвистика и вопросы французского языка）一书，拉开了借鉴国外先进语言学理论及思想的序幕。此后，俄罗斯又先后翻译并出版了"布拉格语言学派"（Пражская лингвистическая школа）代表人物特鲁别茨科依（Н. С. Трубецкой，1890—1938）的《音位学基础》（Основы фонологии）（1960）、"青年语法学派"（Младограмматизм）的代表人物保罗（Г. Пауль，1846—1921）的《语言史诸原理》（Принципы истории языка）（1960）以及重译了索绪尔（Ф. Соссюр，1857—1913）的《普通语言学教程》（Курсы общей лингвистики）（1977）等。应该说，这一时期俄罗斯语言学的研究范围较之"马尔时期"有大幅度的拓展，即在原有"历史比较范式"的基础上，开始向"结构—系统范式"和"社会范式"延伸和转进，其人文主义学说思想主要体现在以下几个方面：

1）结构—系统主义学说思想。语言结构问题是现代结构主义语言学的研究对象，从理论上讲更是语言学的一种研究方法。俄罗斯对语言结构的研究有着深厚的传统。可以毫不夸张地说，正是喀山语言学派和莫斯科语言学派的奠基人博杜恩·德·库尔德内、福尔图纳托夫等提出的"语言系统论"思想，才构成了索绪尔现代结构主义语言学的基本范式。进入 20 世纪 50 年代后，结构主义语言学发生了新的变化。如果说

20世纪20—50年代的结构主义特点主要是关注语言符号的表达层面或更加注重对语言单位之间的关系研究的话,那么50年代后的结构主义则开始转向语言符号的内容层面或更加注重语言动态模式的研究,如语法的转换分析和成素分析、句子聚合体及其模式化语义的建构、语篇结构分析等。俄罗斯学界对语言结构的研究正是具有上述的特点。

一是对"语言"与"言语"问题作出新的理解和阐释。俄罗斯学者对语言学中这对最为重要的关系有自己独到的认识。如莫斯科大学教授斯米尔尼茨基(А. И. Смирницкий,1903—1954)就在1954年出版的《语言存在的客观性》(Объективность существования языка)一书中对索绪尔提出的语言与言语的所谓"公理"提出了质疑,并对它们的关系作出独特的解释。他认为,应该对作为个体意识中反映的"语言知识"(语言)及其在言语中的"真正的客观存在"(言语)之间进行原则的区分。语言作为交际的基本工具只有在其"外在的一面"(внешняя сторона)具有物质的和声音的表达的前提下才能实现;有意义的发音组合并不像索绪尔说的那样是"简单联想",因为在每一个个体的意识里,发音对意义本身的形成具有一定的作用。正是通过这种发音,群体才能够指向构成语言单位意义的过程,并把自己的及无数先辈们的经验传递给个体。因此,在个体意识里形成的意义本质上并不是个体的,而是社会现象。(Смирницкая 2003:203)以上可见,斯米尔尼茨基把言语看做是带有具体语言内容的发音,而语言则是相互关联的语言单位以及语言单位间关系的总和。此外,在共时与历时语言学问题上,语言学家拉林(Б. А. Ларин,1893—1964)、日尔穆斯基(В. М. Жирмунский,1891—1971)等也都有创造性的见解,他们都反对在语言学研究中把共时和历时截然分割的观点,并用自己富有成果的研究来证实历时与共时研究相结合的必要性、科学性和可行性。

二是凸显结构—系统和文化符号视角。我们知道,在1956—1959年以及1960年,前苏联科学院语言学研究所分别开展了结构主义和共时性与历时性问题的大讨论,在学界引起巨大反响。在该领域,俄罗斯学者立足传统,并有选择地吸收、借鉴国外相关理论,分别于50年代、60年代创立了极具俄罗斯特色的结构主义学派——"维诺格拉多夫语言学派"(Виноградовская школа в языкознании)①、"塔尔图—莫斯科符号学派"(Тартуско-Московская семиотическая школа,ТМШ)。前者在俄罗

---

① 国内外学界对"维诺格拉多夫学派"的提法有不同的看法。很多学者将其列入彼得堡语言学派,原因是其奠基人维诺格拉多夫毕业于当时的彼得格勒大学,并师从于谢尔巴。但他于1930年起就赴莫斯科国立师范大学和莫斯科大学任教,并于1950年起任苏联科学院《语言学问题》杂志主编。在1956—1959年间,该杂志发起了关于结构主义语言学方法和地位的大讨论,吸引众多国内外语言学家参加,从而创立起具有鲜明俄罗斯特色的学派。

斯语文学及斯拉夫语文学的几乎所有领域都有重大建树,尤其在语法领域对词的形式与功能进行了系统的科学描写和阐释,从而建立起完整的"词的学说"(учение о слове),对语言的结构—系统研究做出了重大贡献;后者的奠基人洛特曼(Ю. М. Лотман,1922—1993)创立了"文化符号学"(культурная семиотика)理论,在世界符号学界独树一帜。

  三是强调音位学研究的功能特征。1952—1953 年,前苏联语言学界展开了音位学问题大讨论,曾吸引众多学者参与,从而推动了音位学理论和应用研究的进一步发展。其中最有成就的是"莫斯科音位学派"(Московская фонологическая школа)[①]的阿瓦涅索夫(Р. А. Аванесов,1902—1982)、库兹涅佐夫(П. С. Кузнецов,1899—1968)、西多罗夫(В. Н. Сидоров,1903—1968)、列福尔马茨基(А. А. Реформатский,1900—1978),以及"列宁格勒音位学派"(Ленинградская фонологическая школа)的马图谢维奇(М. Н. Матусевич,1895—1979)等。他们在创建音位学的理论体系及应用研究方面取得一系列世界公认的成就,提出了音位的结构特征、区别特征及强弱音位的组合特征等重要的理论思想。

  2) "语言的社会学"学说思想。语言与社会的关系研究历来是俄罗斯语言学关注的核心问题,并自波捷布尼亚的哈尔科夫语言学派、博杜恩·德·库尔德内的喀山语言学派以及福尔图纳托夫的莫斯科语言学派时期起就开始形成优良的传统。可以说,俄罗斯语言学与西方语言学最大的不同,就在于它把语言的社会属性视为最本质的属性之一,十分注重语言与社会、语言与人、语言与意识、语言与历史、语言与文化等之间的各种复杂联系的研究。在"后马尔时期",随着作为独立学科的社会语言学在世界范围内的确立,俄罗斯再一次掀起了"语言的社会学"(социология языка)的研究热潮,内容涉及苏联各民族语言的相互接触、语言在多民族国体中的发展特点、各民族文化之间的融合等。尤其重视不同类型的双语现象研究,包括双语发展的规律性、俄语作为第二母语在跨民族交际中的功能等。因此,在语言与社会关系领域,俄罗斯主要是从"方言学"(диалектология)走向社会语言学研究之路的,这与美国的社会语言学是由"人类语言学"(антрополингвистика)衍生而来的有很大不同。在"语言的社会学"研究方向上,发表和出版了大量学术著述,如:奥日戈夫(С. И. Ожегов,1900—1964)主编的《言语素养问题(Вопросы культуры речи)(1955—1965),维诺格拉多夫的《俄语言语及其研究和言语素养问题》(Русская речь, её изучение и вопросы речевой культуры)(1961),菲林(Ф. П. Филин,1908—1982)的《论语言的社会约定性》(К

[①] 该学派与"莫斯科方言委员会"(Московская диалектологическая комиссия,МДК)并没有实际的关系。后者实际上履行的是学会的功能,是由沙赫马托夫倡导并于 1903 年成立的,至 1931 年停止工作。

проблеме социальной обусловленности языка)(1966),潘诺夫(М. В. Панов,1920—2001)等主编的四卷本《俄语与苏联社会:社会语言学研究》(Русский язык и советское общество: Социолого-лингвистическое исследование)(1968),由捷斯尼茨卡娅(А. В. Десницкая)、日尔穆斯基(В. М. Жирмунский,1891—1971)等主编的文集《社会语言学问题》(Вопросы социальной лингвистики)(1969),别洛杰德(И. К. Белодед,1906—1981)的《俄语——苏联各民族的族际交际语言》(Русский язык——язык межнационального общения народов СССР)(1976),杰舍里耶夫(Ю. Д. Дешериев)等主编的文集《社会语言学的理论问题》(Теоретические проблемы социальной лингвистики)(1981)等。这些著述大多围绕"语言中的人"或"人说的语言"以及"交际中的人""语言中人的因素"等语言与社会的相关主题展开,在国内外学界产生了重大而深远的影响。

3) 功能主义学说思想。语言的功能问题尽管属于语言的结构—系统范式所审视的内容,但就其本质而言却是由语言的社会属性所决定的,因此它历来是俄罗斯语言学研究的主攻方向之一。俄罗斯学界对语言功能的认识经过波捷布尼亚、博杜恩·德·库尔德内、福尔图纳托夫、谢尔巴、特鲁别茨科依、雅各布森(Р. О. Якобсон,1892—1982)、维诺格拉多夫等数代语言学大家及其所领导的学派的阐释、完善和发展,已经作为"基因"深入到语言学的各个领域而生根发芽,并结出丰硕的果实。如,上文提到的俄罗斯学者对俄语语言结构的研究以及音位学的研究等,就具有结构—功能的性质。尤其是 70 年代起,俄罗斯在语言功能领域的研究比前辈们更加深入和广泛,先后形成了多个具有世界影响的学派,如以邦达尔科(А. В. Бондарко)为首的"彼得堡功能语法学派"(Петербургская школа функциональной грамматики)、以佐洛托娃(Г. А. Золотова)为首的"功能语法学派"(Школа функциональной грамматики)、以弗谢沃洛多娃(М. В. Всеволодова)为首的"功能交际语法学派"(Школа функционально-коммуникативной грамматики),以及以泽姆斯卡娅(Е. А. Земская)为代表的"莫斯科功能社会语言学派"(Московская школа функциональной социалингвистики)等。上述学派的共同之处是从语言功能的角度来审视俄语语言及语法的理论和实践问题,而相异之处在于各有侧重(详见第 8 章第 1 节的相关内容)。

以上不难看出,尽管 20 世纪 80 年代前俄罗斯语言学的发展经历了不同的阶段,但"借鉴和求新"却是主旋律,也同样是继承和弘扬人文主义传统的主流样式。"借鉴"的主要是法语国家及布拉格语言学派的相关理论和学说,而"求新"则是在将国外的先进理论与本国的文化传统和思想遗产相结合基础上取得的。值得一提的是,70 年代起俄罗斯着重借鉴法国语言学家班维尼斯特(Э. Бенвенист,1902—1976)的相关理论学说,他的结构—功能主义的语言学思想对催生人类中心范式的语言学研究有相当大的促进作用。

3.2 从方法和范式转进看人文主义学说思想的学理构成

研究方法是语言学发展中的基本要素之一,而科学范式则是研究方法和研究内容的综合表现形式。从 20 世纪初至 80 年代前俄罗斯语言学研究方法和科学范式的转进视角审视其人文主义学说思想,可以比较清晰地看出学理构成方面的变化和发展情况。

3.2.1 研究方法嬗变中的人文主义学理

从研究方法看,20 世纪 80 年代前俄罗斯语言学发生了由"历史比较主义"到"结构—系统主义""功能主义"和"人文主义"等一系列嬗变。

1) 结构—系统主义。我们知道,传统的俄罗斯语言学方法是历史比较主义的,这与整个 19 世纪世界范围内的语言学方法相一致。尽管 20 世纪初喀山语言学派、莫斯科语言学派和彼得堡语言学派的语言学研究已经显现出比较清晰的结构主义色彩,但就其研究方法而言,仍然是从 19 世纪延续下来的历史比较主义。但在新的历史条件下,历史比较主义便开始显现其本身固有的缺陷或危机:它主要用于"对印欧语言源语的历时研究,因此它更多地适用于语音学和形态学"(Звегинцев 1962:87),尤其适用于对亲属语言之间上述领域的对比研究,而对词汇学、句法学、语义学等新兴或交叉学科的研究就显得力不从心,因为它无法有效揭示语言与民族历史、语言与文化以及语言使用和社会现实之间的复杂关系。要解决上述问题,就必须探索新的语言学方法。然而,在马尔主义提出的"四成分法"(четырёхэлементный метод)失败之后①,俄罗斯实际上只剩下一种语言学方法——历史比较主义方法。直到 50 年代后,消除了马尔主义意识形态影响的俄罗斯语言学开始积极吸收国外的先进理论,在研究方法上也逐渐转向由索绪尔开创的结构主义。但是,俄罗斯的结构主义与索绪尔的结构主义有明显的区别:一是它在学理上继承了哈尔科夫语言学派奠基人波捷布尼亚和喀山语言学派的奠基人博杜恩·德·库尔德内的基本学说,把语言既看做历史现象和言语思维活动,又看做社会现象和符号系统;二是俄罗斯的结构主义是结构—系统观,即不仅从语言结构的维度(内部语言学),且从语言系统的维度(系统语言学)来全面审视和描写语言(主要是俄语)。结构—系统主义方法必

---

① 马尔主义认为,人类有声语言源于共同的材料,即由 сал,бер,йон,рош 等"四成分"构成,简称"四成分法"。

然会涉及语言的内部组织和内部形式等与人的思维活动、言语活动相关的一系列问题。这是真正具有俄罗斯特色的结构主义方法。该方法显然是将索绪尔的结构主义语言观与博杜恩·德·库尔德内的语言系统观"合二为一"的结果,因此可以看做是借鉴与继承基础上"创新"的产物。譬如,维诺格拉多夫的"词的学说"就是该"结构—系统观"的杰出代表。

2) 功能主义。该方法是俄罗斯语言学传统特别关注语言与社会、语言与思维活动等关系的产物,也是前苏联开展大规模"语言建设"的产物,它与辩证唯物主义和历史唯物主义方法论在学理上保持着完全的一致性。对此,俄罗斯于20—30年代兴起的学科——"语言的社会学",以及后来形成的多个功能语法学派等就是最好佐证。从学理上看,俄罗斯的功能主义带有明显的布拉格语言学派的性质,即强调共时与历时的结合,强调共时层面的对比分析,强调语言与言语的辩证统一,强调语言的社会属性等。例如,谢尔巴提出的"积极语法"(активная грамматика)的思想,就是功能主义在语法学研究中的深刻写照。甚至可以这样说,从本质上看,俄罗斯的"结构—系统方法"的本身就隐含着功能主义。这也是这一时期俄罗斯语言学的显著特色之一。

3) 人文主义。20世纪70—80年代起俄罗斯语言学兴起的主流方法。它是由功能主义发展而来的,其核心是关注"说话的人""语言中人的因素"和"语言个性"等,即由传统的历史比较主义和结构主义所关注的语言的客体转向语言的主体,从而构成了语言学研究中的人类中心论范式(详情见第1章的有关内容)。

3.2.2 研究范式转进中的人文主义学理

从上述研究方法可以看出,20世纪俄罗斯语言学实际上经历了迄今为止世界语言学所经历的所有科学范式,即历史比较范式、结构—系统范式、社会范式和人类中心论范式等。由此可以充分证明,俄罗斯的语言学研究与世界语言学基本保持着同步发展的态势。

1) 由历史比较范式向共时范式的转进(对应于"传承与转型阶段")。范式的转进并非空洞的概念,除了研究方法的变化外,还有学术视野的转向和研究内容的更新等。如上所说,19世纪末至20世纪初,俄罗斯语言学研究已经开始由"历史比较方法"(波捷布尼亚)向"历时—共时方法"(博杜恩·德·库尔德内)再向"共时方法"(福尔图纳托夫)的转进。这种转进不仅显示着俄罗斯深厚的学术传统,更孕育着世界范围内新的语言学范式——结构主义的诞生。见下列表:20世纪初期俄罗斯历史比较范式与共时范式关注的核心问题比照

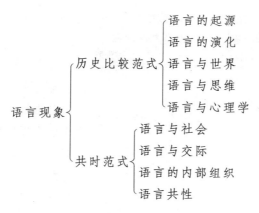

对上述列表补充说明两点：一是从19世纪下半叶起，在俄罗斯语言学领域分别形成了两大流派，即以布斯拉耶夫为代表的"逻辑学流派"（логическое направление）和波捷布尼亚为代表的"心理学流派"（психологическое направление）。逻辑学流派得到历史比较语言学方法的心理学流派的有效补充，从而使其学术视野得到明显的拓展，即由传统逻辑语法关注的语言与世界、语言与思维、语言的内部组织、语言符号体系和语言共性等内容，延伸到语言的演化、语言的起源、语言与社会、语言与历史、语言与心理学等领域。而在19、20世纪之交，随着喀山语言学派和莫斯科语言学派的兴起，尽管博杜恩·德·库尔德内和福尔图纳托夫等学者提出了许多新的学术思想和观点，但并没有完全改变俄罗斯语言学研究的基本范式，即在当时世界语言学界占主导地位的历史比较范式。他们只是创造性地修正了德国青年语法学派提出的历史比较的基本原理，摒弃用考古学的方法来考察鲜活的民族语言以及个体语言思维等问题。这种修正集中地体现在：一方面吸收普遍唯理语法和逻辑语法的合理成分，另一方面又把学术视野投向新的更加广阔的领域。简言之，他们所关注的核心问题已经转向语言与社会、语言与交际、语言符号系统、语言的内部组织及语言共性等，而这些问题又正是20世纪世界语言学发展中所要解决的中心任务。二是在上表的共时范式中已经孕育着社会范式的主要内容——语言与社会的关系问题。这也是为什么俄罗斯学界坚持认为是俄罗斯而不是美国最先奠定了社会语言学基本学理的依据所在。

如上不难看出，由历史比较范式向共时范式的转进，其科学视野和研究内容都是围绕"人学"这一核心展开的，关注社会、关注交际、关注语言共性等，成为新范式"人学"的集中体现。

2）由共时范式向历史比较范式的倒转（对应于"探索与争鸣阶段"）。在马尔主义统治时期，在俄罗斯已经萌芽并初显端倪的共时范式则受到空前的打压，被宣布为"禁止"研究的范围之列，使语言学研究范式发生

倒转,退回到先前的历史比较范式。见下列表:马尔主义统治时期俄罗斯语言学研究中"允许"和"禁止"的范围比照

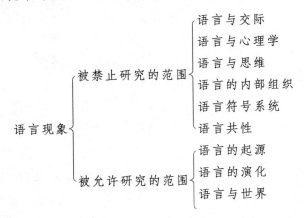

列表说明,"被允许"研究的只是局限在历史比较范式的范围内,且比历史比较范式先前的内容狭窄许多(语言与思维、语言与心理学等列入了"被禁止"范围),而"共时范式"的内容则全部归入"被禁止"之列。这也是为什么俄罗斯的结构主义研究比西方国家迟了近30年时间的主要缘由所在。当然,"被禁止"并不等于"销声匿迹",事实上,喀山、莫斯科和彼得堡"三大学派"中的多位语言学家仍坚守学派传统,在共时范式的研究方面又有新的建树(详见3.1.2的有关内容)。另外,从上述列表中还可以看出,尽管在"被允许"研究的范围内只有语言的起源、语言的演化、语言与世界的关系等方面的内容,但"马尔主义"依然是建立在"语言的社会性"这一基本学理之上的,因此它仍然具有强烈的人文主义的性质。

3)由历史比较范式向结构—系统和社会范式的转进(对应于"借鉴与求新阶段")。俄罗斯语言学在"后马尔主义"时期打破意识形态的禁锢后,"借鉴与求新"成为了主旋律。植根于优秀的学术传统,引进西方先进的理论学说,使俄罗斯语言学研究呈现出前所未有的繁荣景象。在学理上,呈现出向结构—系统范式和社会范式迅速转进的积极态势。见下列表:结构—系统范式和社会范式的研究范围比照

对上述列表要做一点重要说明：单从结构—系统范式的研究内容看，似乎少有人文性的内涵，但结构—系统范式本身就蕴含着深刻的人文主义和功能主义（详见本章 3.2.1 的有关内容）。至于社会范式的研究范围，仅从字面意义就能看出其十足的人文性了。

3.3 从代表人物的相关理论看人文主义学说思想的内涵特点

从语言学的发展阶段以及方法、范式转进的角度来审视俄罗斯人文主义学说思想的演化脉络和学理构成，具有宏观的性质。下面将从微观角度对这一时期语言学家们的理论学说进行简要评述，以从中发掘出人文主义思想的具体内涵及特点。

3.3.1 莫斯科语言学派主要成员的人文主义思想内涵

这一时期，莫斯科语言学派的代表人物主要有沙赫马托夫（А. А. Шахматов，1864—1920），佩什科夫斯基（А. М. Пешковский，1878—1933），杜尔诺沃（Н. Н. Дурново，1876—1937），奥勃诺尔斯基（С. П. Обнорский，1888—1962），维诺库尔（Г. О. Винокур，1896—1947）等。

1）沙赫马托夫。在 20 世纪初期的俄罗斯语言学领域，沙赫马托夫的学术思想代表着俄罗斯的最高水平，因此他的名字经常与福尔图纳托夫并列而成为莫斯科语言学派的代名词。作为福尔图纳托夫的学生，沙赫马托夫在一系列领域继承并发展了福尔图纳托夫的语言学理论，特别在俄语史学和俄语句法学领域有重大建树。

在俄语史领域，沙赫马托夫继承俄罗斯语言学的传统，始终把俄语史研究与俄罗斯民族和文化的历史结合起来予以全面考察，出版了多部有影响的著作，并提出了创立现代东斯拉夫语言理论的主张。他认为，东斯拉夫民族和语言的起源与发展史研究不应该仅局限在俄语、乌克兰语和白俄罗斯语等三种语言的史料上，而应该复原普鲁士语和古斯拉夫语的形式，并在印欧源语中揭示其相似性。他注重对各种语言的事实进行对比分析，以揭示亲属语言间所具有的共性成分，探明这些语言在发音、词语变化及语法范畴发展方面的普遍规律。在此基础上，他还对东斯拉夫语的形成过程提出了科学假说，即著名的"南部方言"（южное наречие）和"北部方言"（северное наречие）说。虽然该假说还有不完善之处，但作为俄罗斯语言学史上最早研究东斯拉夫语起源和发展历史的理论假说，依然具有很高的学术价值。有学者在评价沙赫马托夫在俄语史研究方面的成就时认为，他的最大功绩就在于提出了语言现象研究的"综合性方法"（комплексный метод），把语言本身的研究与民族迁徙、民族历史和民族文化等联系起来进行考察，其最终目的是为了详尽和准确地复原共同罗斯源语这一鲜活的语言。（Березин 1979：185－189）

在俄语句法学领域,沙赫马托夫的人文主义思想主要体现在出版于1925—1927年的两卷本《俄语句法》(Синтаксис русского языка)一书中。这是一部具有划时代意义的著作,因为此前俄罗斯还从来没有一部句法学著作对句子的研究达到如此的丰富和细腻,其基本思想对整个20世纪的俄语语法学研究都有重大而深远的影响。该著作的核心观点有:一是句法研究的核心是作为思维单位的句子,语言与思维的联系是通过句子来实现的,语言的所有成分也是由句子生成和发展起来的,句子是揭示词语中思维的唯一方法;二是语言与思维不可分割,语言作为思维的工具,不能也不可能成为思维的对象和范围,因为人是用话语即语言的成分来思考的;三是思维的心理基础是"认识库"(запас представлений),它为我们提供先前的经验,并靠现代人的经历而得到不断丰富。而句子的心理基础正是这些认识在交际这一特殊思维行为上的组合;四是在交际与句子之间起中介作用的是"内部言语"(внутренняя речь)——体现为听觉的及部分视觉的思想符号,它可以使交际中复杂和模糊的形象具体化。(见 Березин 1979:189—192)以上可见,沙赫马托夫的句法学理论是建立在"心理交际学"(психологическая коммуникация)这一核心概念上的。他把与内部言语紧密关联的交际看做是言语思维范畴,以揭示言语思维的复杂生成和连贯形成过程,并由此来证明语言与思维的相互联系。这正是其人文主义句法观的特点所在。

2) 佩什科夫斯基。作为莫斯科语言学派早期的主要成员之一,佩什科夫斯基的思想主要反映在1928年第三次修订版的《俄语句法的科学阐释》(Русский синтаксис в научном освещении)一书中。该著作以波捷布尼亚的语言学理论为基础,在学理上与莫斯科学派的形式主义学说有很大不同,成为系统句法学的典范,从而赢得学界很高的评价。该著作的人文主义思想主要体现在以下几个方面:一是在研究方法上坚持心理主义与形式主义对立统一的原则。他认为,波捷布尼亚的心理语言学理论与莫斯科学派的形式主义语言学理论并不是完全对立的,因为句法阐释的核心并不是句子,而是"词组形式"(форма словосочетания)。这一把词组形式视作句法阐释核心的思想,不仅在形式上填补了句子与词之间的单位空白,又在目标指向上着力对词类进行句法层面的界说,从而体现出具有心理认知特性的形式主义句法观。二是在语法形式问题上反对狭隘的形式主义。他提出,语法学与语言学的其他学科一样,不能仅局限在词的形式上,更不能把形式与意义机械地割裂开来。他推崇波捷布尼亚提出的"形式是意义的功能"的思想,主张对语言形式尤其是词组形式的句法意义进行深入描写和研究,并提出了语法(形式)范畴作为核心语法概念的思想。也就是说,对佩什科夫斯基来说,重要的并不是形式与内容内在的辩证统一,而是形式的语法意义的外在体现。三是关于"句子是思想的表达"的观点。尽管佩什科夫斯基的句法理论的核心概念是"词组形式",但并不是说他反对研究句子,而是对句子有新的界说。在 1914 年出版的第一版著作中,他从逻辑学范畴对句子进行了界定,认为句子是表达思想的词或词的组合,句子是反映"思维范畴"(категория мысли)的语法特征,述谓性是其最主要的范畴等。(见 Клименко 2003:69—95)总之,佩什科夫斯基对句法学的阐释是融心理学传统与形式主义方法论为一体的学说,他的句法学说超越了形式主义语法的界限,走的是一条语言与思维辩证统一的语言学建构之路。

3) 杜尔诺沃。作为福尔图纳托夫和沙赫马托夫的学生,杜尔诺沃的人文主义思想主要体现在俄语史和方言研究两个领域:一是语言史研究坚持共时与历时并举的原则。早在 1927 年他就在其出版的《俄语史导论》(Введение в историю русского языка)一书中就提出,语言的共时描写不仅可以提供对语言系统的认识,语言史同样也体现着系统性。没有共时研究,对语言系统的认识将是不完整的,而语言变化研究看上去似乎只是单独的、零散的现象,但实际上却与系统性紧密关联。因此,语言史并不是一门关于语言单独变化的科学,而是作为系统的语言自身变化的科学,其重要性并不逊于语言的共时研究,因为共时和历时都把语言当做一个系统来运作(Дурново 1969:10)。二是方言学研究坚持语言系统发展与社会历史条件相结合的原则。他在 1931 年发表的《论共同斯拉夫语解体的时间问题》(К вопросу о времени распадения общеславянского языка)的论文中,首先从内部的(语言的)与外部的(社会历史的)因素角度着重分析了共同古斯拉夫标准语在整个斯拉夫世界普及的历史成因,认为语言的统一是由当时文化领域出现的强大联合趋向决定的;另外,他还力求从语言变化内外因素的系统联系角度来研究古代东斯拉夫语手稿,内容涉及语言内部的演化、社会政治和文化进程、方言的分化、地域传统、标准语规范与口语的相互关系等,其成果发表在布拉格语言学派出版的第一卷著作(1929 年)中,以及 1933 年的《10—12 世纪斯拉夫语正字法》(Славянское правописание X—XII вв.)论文中。(见 Опарина 2002:144—162)

4) 奥勃诺尔斯基。奥勃诺尔斯基的研究领域与杜尔诺沃基本一致,但他对俄罗斯语言学的贡献则主要集中在对俄语标准语起源问题上的文献考证和方法论创新方面。在俄语标准语起源问题上,学界历来有两种相互对立的观点:一种认为俄语标准语是原生的,只是在后来才受到教会斯拉夫语的影响;另一种则认为教会斯拉夫语是伴随着教会书籍的流入而成为古罗斯标准语的,只是在后来才受到来自民间鲜活俄语的影响。奥勃诺尔斯基起初赞同其老师沙赫马托夫的观点,即俄语标准语的教会斯拉夫语起源说。但在 30 年代,他运用共时与历时的方法对文献进行详细考证后发现,原先的观点对古罗斯时期标准语中的纯俄语成分的作用估计不足,因而提出了关于古俄语标准语起源于东斯拉夫语基础的学说。该学说被学界公认为前苏联时期语言学研究的标志性成果之一。有学者认为,奥勃诺尔斯基对俄语史研究的最大特点是其深刻的洞察力和独特的描写方式,从而在俄语言语成分的起源问题上获得了共时与历时的统一。(Добродомов 2003:28)应该说,秉承斯拉夫主义传统,坚持语言史研究中的民族特性,这是其人文主义思想的特有内涵。

5) 维诺库尔。维诺库尔属于"十月革命"后成长起来的年轻一代语言学家,其学术成就主要集中在俄语语文学、普通语言学领域。俄语史研究方面的代表作是 1945 年出版的著作《俄语·历史概要》(Русский язык. Исторический очерк),内容涉及俄语标准语的起源、俄语史文献、古俄语体系、有文字初期的俄语标准语、15—17 世纪俄语标准语、全俄罗斯民族语的形成、古典主义时期的俄语标准语、全民族规范的建立以及 19—20 世纪的俄语标准语等,其理论学说为创建作为独立学科的俄语标准语史学奠定了基础;在普通语言学领域,他的人文主义思想比较集中地阐发在 1941 年发表的《论语言史的任务》(О задачах истории языка)一文中。他认为,语言学应该分为"语言的科学"(наука о языке)和"个别语言的科学"(наука об отдельных языках)两类。其中,前者是普通语言学,其研究对象是世界各种不同语言的事实,以确定掌控语言生命的普遍规律,研究的目的是了解所有语言中有什么、不同语言以怎样的不同方式来体现相同的事物等;后者的研究对象是某一种语言或在起源和历史文化方面有相互联系的某一语支,如印欧语言学就是这样的一门语言科学。它要研究和确定的并不是什么是可能的、常有什么、常发生什么等问题,而是现在怎样、过去怎样和发生了什么等问题。(Винокур 1959:214—217)维诺库尔的上述思想具有鲜明的斯拉夫主义特色:语言作为人类文化的产物,对它的研究不可避免地要与该民族的文化结合起来。

3.3.2 彼得堡语言学派主要成员的人文主义思想内涵

彼得堡语言学派形成于 20 世纪初,是世界语言学领域由"历史比较范式"转向"结构—系统范式"最早的学派之一,因此被学界公认为是结构主义语言学的先驱者。该学派早期的学术研究是围绕博杜恩·德·库尔德内的语言学理论展开的,即把语言视作集体思维的过程和语言活动,因此在方法论上具有心理学的性质。20 年代中期起"开始转向社会学方面"。(ЛЭС 2002:373)该学派的代表人物是具有世界影响的语言学家谢尔巴、波利万诺夫、雅库宾斯基(Л. П. Якубинский,1892—1945)等。

1) 谢尔巴。作为 20 世纪初期俄罗斯语言学界最杰出的代表之一,谢尔巴在语言学的一系列领域——语文学、音位学、语法学、词汇学和普通语言学等,都有开创性的重要建树。这些成果集中收录在 1974 年出版、2004 年再版的《语言系统与言语活动》(Языковая система и речевая деятельность)文集中。他的人文主义思想主要体现在以下几个方面:一是语言学研究的主观方法。他在 1909 年发表的《语音学中的主观和客观方法》(Субъективный и объективный метод в фонетике)一文中,着重阐述了语言学的基本任务和方法问题。他提出,主观方法是语音学的唯一方法,因为我们时刻要面对说该语言的个体的意识问题。主观方法的基本要求是要记录说该语言的人的"意识事实"(факты сознания),为此,他认为语言学家要不断地训练拓展自己的"意识场"(поле сознания)的能力,将客观存在的广阔世界转变到自觉的主观存在领域(Щерба 1974:138—139)。二是语言现象"三层面"说。这是谢尔巴对语言系统研究提出的最为著名的学说。1931 年,为纪念博杜恩·德·库尔德内,谢尔巴专门写了一篇题为《论语言现象的三层面和语言学中的实验》(О трояком аспекте языковых явлений и об эксперименте в языкознании)的论文,其主旨是从博杜恩·德·库尔德内的理论学说角度对索绪尔提出的语言与言语对立说做出解释。他提出,语言现象有三层面——"言语活动"(речевая деятельность)、"语言系统"(языковая система)和"语言材料"(языковой материал)。言语活动指受个体的心理生理言语组织制约的、具有社会性质的说话和理解的过程,是一种复杂的、综合的活动;语言系统指词汇和语法,这些词汇和语法是对该语言知识来说应该穷尽的某种理想的描写;语言材料指言语活动的结果,即某社会团体在某时代、某具体环境中所说的和所理解的总和,对语言学家来说就是体现在语篇中的词汇和语法。在谢尔巴看来,语言系统并不是学说抽象物,而是人们在词汇和语法中使用的人脑中的心理数值。这些数值作为"观念"(концепты),只能从语言材料中抽取。(Щерба 1974:24—39)不难看出,上述学说是对博杜恩·德·库尔德内的语言系统观的发展,也奠定了俄罗斯心理语言学的最初范式——"言语活动论"(теория речевой деятельности)的基础。三是语言变化观。谢尔巴从语言"三层面"说出发,对语言变化做出了自己的阐释。他认为,语言的变化在言语活动中才能发现,它受到语言外诸因素即该社会团体生存条件的制约,而言语活动又同时作为语言材料,本身就承载着语言系统的变化(见 Алпатов 1999:236);四是积极语法思想。谢尔巴在 40 年代撰写的《语言学当前的问题》(Очередные проблемы языкознания)一文中,提出了"积极语法"

(активная грамматика)的重要思想。他认为,消极语法是从形式到意义,而积极语法则是审视思想是如何表达的。他认为两种语法都十分重要,都是语法的组成部分,但考虑到人的言语交际需要,就应该同时审视句法范畴和思想内容的表达手段问题,如述谓性、否定、质量限定、逻辑判断等。(Щерба 1947:88)他的这一思想彰显的是语言学研究中的功能主义,比美国和西方提出的积极语法观早了近10年,后来被莫斯科语义学派和彼得堡功能语法学派所继承和发展。总之,强调人的主观性、语言的系统性、语言变化的社会性以及语言的交际性等,正是谢尔巴人文主义的思想内涵所在。

2) 波利万诺夫。作为一位杰出的东方学家,波利万诺夫在语言理论尤其是音位学方面有很高的造诣。他的人文主义思想比较集中地反映在1968年出版的《普通语言学论文集》(Статьи по общему языкознанию)中。首先,他提出了"音位趋同"(конвергенции)和"音位趋异"(дивергенции)理论,认为前者是历史语音变化中最重要的特征,其主要成因是为了"减少劳力的支出",即节省体力;而后者往往只是其附属的伴随特征。(Поливанов 1968:98—99)这一思想对法国语言学家马丁内(А. Мартине,1908—1999)后来提出的"语音变化中的经济原则"产生了一定影响;其次,在历时语言学方面,他发展了博杜恩·德·库尔德内的语言系统观(在他看来,索绪尔的理论与博杜恩·德·库尔德内相比,没有任何新东西),认为语言总体上是思维或集体思维的一部分,语言学的静态研究虽然是正确的,也是必要的,但如果缺乏动态即对语言发展的研究又是不完整的。为此,他通过对日语北方方言演变的具体考察,揭示了语言变化的系统性以及一种变化与另一种变化之间相互制约的规律性等。

3) 雅库宾斯基。作为博杜恩·德·库尔德内的学生,雅库宾斯基对诗歌语言和语言学的许多领域都有比较深入的研究。他的人文主义思想集中体现在以下两个方面:一是对诗歌语言本质的认识。作为"诗歌语言研究学会"(ОПОЯЗ)的主要成员,早在1916年他就在《论诗歌语言的声音》(О звуках стихотворного языка)一文中指出:词的"意义一面"比"音的一面"在实践语言中起着更为重要的作用,因此发音的各种细节与其说可以进入人的意识,不如说它们可以在意义上对词进行区分。但这在诗歌语言中却正好相反。可以断定,诗歌语言中的音进发到意识的"透明一面"(светлое поле),而人们的注意力也正好集中在这一面。由此他得出这样的结论:不存在一般意义上的语言,而只有不同的语言。在诗歌作品中我们不仅有诗歌语言,而且还有复杂的各种言语功能变体的混合体(见 Почепцов 2001:135);二是关于言语活动的思想。他在1923

年发表的《论对话言语》(О диалогической речи)(收入于1986年出版的雅库宾斯基文集)论文中,集中阐释了对言语交际、言语对话等言语活动的独特认识。其主要观点是:交际形式中最重要的是语句;交际本质上是交谈者听觉和视觉的感知(对面部表情、手势、身体动作的感知),而面部表情化和手势化的对白根本就不需要言语的补充;面部表情和手势也常常具有类似于语调的意义(即以一定的方式对词的意义进行区分)等。另外,他还对"对话的自然性"(естественности диалога)和"独白的人为性"(искусственности монолога)作过精辟的论述,让我们初步领略到了巴赫金对话理论的独特魅力。(见 Почепцов 2001:138—139)此外,雅库宾斯基还首次将"人的言语活动"(речевая деятельность человека)作为专门术语来使用,这比谢尔巴使用该术语整整早了7—8年时间。他提出的关于语言外因素、人的言语是语言外因素的功能以及言语的功能多样性等思想,都具有重要的人文主义价值。

3.3.3 喀山语言学派主要成员的人文主义思想内涵

喀山语言学派通常被认为是19世纪末期世界最主要的语言学派之一,而很少将其列入20世纪的语言学研究进程中加以考察。实际上,该学派的继承人博戈罗季茨基(В. Г. Богородицкий,1857—1941)作为"跨世纪"的学者,其语言学思想和方法大多是在20世纪前半期内形成的。他在弘扬人文主义学说思想方面有独到的见解,归纳起来,主要有体现在以下两个方面:一是关于语言本质的相关思想。博戈罗季茨基对语言的起源、语言的属性、语言与思维的关系、语言的变化等一系列基本问题都做过比较系统和深入的研究。关于语言起源问题,他认为最重要的是社会的因素,因为语言只有在社会的土壤中才能生成。语言作为社会环境活动的产物,在其自身的发展中同时又反映着社会的经济、政治及智能的状况;关于语言的属性及其与思维的关系问题,他提出,语言不仅是用来表达思想的,很大程度上也是思维的工具,因为语言成分体现着语言认知活动的成果,同时也表明对思维的发展有影响作用。语言是大脑分类活动成果的显示器,思维和言语的全部活动是按照辩证法的规律对我们的认识进行分类的,思维的发展及其在言语中的表达受到外部现实的制约;关于语言变化问题,他提出了著名的"辈代论"(теория генераций),即突出语言变化中的时空因素,认为人的辈代之间的更替是引起语言变化最重要的文化社会因素。为此,他直接观察并认真研究了儿童语言的形成和演变情况,以揭示人类语言能力的逐渐形成过程。(见 Березин 1979:202—204)不难看出,博戈罗季茨基的语言观,已经不是喀山语言学派固有的心理学传统,而具有明显的民族学或人类学的性质。二是关于语言感知的思想。作为世界上最早的实验语音学实验室

(1884 年)的奠基人,博戈罗季茨基对语音学有系统和深入的研究,提出了具有普通语言学价值的区分说者和听者语言感知的创新思想。他认为,对说者而言,言语是思想功能,因为说者表达思想需要从记忆中储存的词语和短语库中寻找出相应的词汇表达;而对听者来说正好相反,思想是言语的功能,或者确切地说是由所听言语引起的听觉认知的功能。简言之,在言语过程中说者的思想带出了话语,而听者则是在话语的影响下形成思想。(见 Березин 1979:208)从以上论述中可以看出,博戈罗季茨基是从心理学层面来审视说者和听者的思维活动过程的。他把人的思维活动解释为"想象的创造力""精神能量的强力提升",这些观点无一不充满着现代人学的精髓。

3.3.4 维诺格拉多夫语言学派代表人物的人文主义思想内涵

作为俄罗斯 20 世纪最杰出的语言学家,该学派的奠基人维诺格拉多夫的学术思想形成于 20 世纪 20 年代。他先后师从于彼得堡语言学派的谢尔巴和莫斯科语言学派的沙赫马托夫,因此集两大学派的优秀传统于一身,并将其创造性地与时代精神结合起来,在普通语言学、构词学、词汇学、方言学、词典学、成语学、修辞学、俄语史以及文艺学、口头文学等广泛领域开拓创新,从而奠定了他在俄罗斯语言学领域的领袖地位。更为重要的是,维诺格拉多夫被认为是俄罗斯语言学界"第一位依据语言资料来研究人学的问题的学者",因为早在 1946 年,他就发表了一篇题为《19 世纪中叶前俄语中'个性'一词的历史》(Из истории слова *личность* в русском языке до середины XIX в.)的文章,提出"人的概念"是俄罗斯民族意识发展的主要阶段的论断。(见 Арутюнова 1999:327)

维诺格拉多夫的"人学"思想,最为集中地体现在语言学系统论和"词的学说"(учение о слове)两个方面。(1)语言学系统论。在维诺格拉多夫的理论学说中,关注的焦点问题无疑是作为语言核心单位的词。正是从词的形式、意义、功能等要素出发,他对语言及语言学的理解有了更加深入和全面的认识。与索绪尔把语言系统当做孤立、静态的符号体系完全不同的是,维诺格拉多夫更多地关注话语及其所有的复杂要素,包括语言与言语,语言现象的动态性,言语的特点、规律、变体及形式,语言的功能等。据此,他对语言学系统进行了重新分类,提出了语言学系统论。主要观点是:历史语言学科包括方言学、历史语法学、语言史、标准语史(包括词史)、文学作品语言史等;修辞学科,包括言语素养学、言语规范理论、历史功能语体学等;现代俄语标准语学科,包括语音学、词汇学、成语学、语法学、构词学等;文学作品语言学和作家语言学;语文学说史等。由上可以看出,该新系统最大的特点是更加重视语言的实践学科,并在学理上借鉴了沙赫马托夫的历史比较分析方法和语言系统描写的思想,以及谢尔巴的功能主义思想,从而从根本上颠覆了19世纪以来尤其是20世纪初期以来的语言学研究范式——历史比较范式和结构—系统范式,为20世纪后半叶社会范式和人类中心论范式的兴起奠定了一定的理论基础。(2)关于"词的学说"。维诺格拉多夫提出的关于"词的学说"理论和思想,集中反映在1947年出版的《俄语:词的语法学说》(Русский язык: Грамматическое учение о слове)著作中,概括起来主要有如下内容:一是对语言现象的分析与其他现象和语言的其他方面结合起来,如把语法范畴与词汇、词的属性和意义联系起来,把构词规律与词的形态构造和语法范畴联系起来,把句法研究与语言单位的组合和聚合关系联系起来等;二是在"历时性共时层面"研究语言现象;三是既注重语言现象的功能和修辞的分布情况,又关注它们的使用范围;四是只研究从文献中提炼出来的鲜活语料,理论建构和论证也只依据这些语料。(Виноградов 1947:17—626)

总之,维诺格拉多夫创造性地总结并继承了俄罗斯自罗蒙诺索夫以来近300年的语言学理论和思想,采用结构主义与功能语义相结合的方法,以"人学"为主线,深入分析了现代俄语标准语几乎所有的语法范畴和形式,包括系统内部以及系统外部的各种复杂的关系、联系和相互作用等。

3.3.5 其他学者的人文主义思想内涵

除上述学派学者外,还有一些不属于上述学派的著名学者,他们在各自的研究领域中也有重要建树,其人文主义学说思想成为人类中心论范式理论体系中不可或缺的重要来源。尽管这样的学者为数不少,但具有世界影响的是雅各布森(Р. О. Якобсон,1896—1982)、巴赫金(М. М. Бахтин,1895—1975)两位。因此,对这样两位学术大家的人文主义思想不能不做必要的评述。

1)雅各布森。作为莫斯科语言学小组、诗歌语言研究学会、布拉格语言学小组、美国语言学小组等多个具有世界性影响的语言学派的创始人之一,雅各布森无疑是20世纪俄罗斯乃至世界语言学领域的杰出代表之一。他的人文主义思想主要体现在从语言共性角度对语言符号的研究中,具体为:(1)关于隐喻和换喻的思想。雅各布森对隐喻和换喻的语言符号学分析,源自对儿童"失语症"(афазия)的语言机制研究。他认为,以往心理学和神经学对失语症的研究有失全面,原因是没有语言学家的参与。他从索绪尔提出的"组合"和"聚合"对立关系出发,从交际角度重新将其定名为"联合"(комбинация)和"选择"(селекция),认为它们可以用来解释如何使失语症者获得相应的语言能力问题。他发现,语言符号所具有的上述双重性,不仅与失语症所表现的"相似错乱"和"近似错乱"有某种内在的联系,而且还与语言符号的"隐喻"和"换喻"功能紧密关联。"相似错乱"表现为"选择能力的缺失",会导致元语言程序的错乱;而"近似错乱"则表现为"联合能力的缺失",会导致掌握语言单位层级的错乱。雅各布森认为,隐喻和换喻作为二元对立的典型模式,为语言符号施行的"选择"和"联合"过程奠定了必要基础。由此他提出:言语事实可以沿着两种向度发展:一是按照相似性,二是按照近似性,某一个主题按这两种向度都可以转换成另一个主题,而这两种转换分别又是围绕"隐喻轴心"和"换喻轴心"展开的,因为只有在隐喻和换喻中相似性和近似性才能得以最集中的体现。也就是说,言语交际中话语信息是由"平面"和"垂直"运动结合而成的。前者是词的联合,其过程表现为近似性,方式是换喻的;后者是词的聚合,其过程表现为相似性,方式是隐喻的(Якобсон 1990:110—132)。(2)关于语言符号功能的思想。1958年,雅各布森依据语言所具有的各种功能,提出了言语交际的符号学模式。该模式分别由语言功能的六种要素构成:

语境(контекст)

信息(сообщение)

说者(адресант)————————听者(адресат)

接触(контакт)

代码(код)

从该模式中可以看出,语言的"情感功能"与"说者"相关联,以表达其说话的态度;语言的"意动功能"指向"听者";语言的"交流功能"由"接触"来执行。对该功能来说,最重要的并不是传递信息,而是保持交际双方的接触;语言的"元语言功能"与"代码"相关联;语言的"诗学功能"由"信息"来履行。这对语言艺术来说是最主要的功能,它关注更多的是交际的形式,而并不是交际的内容,而日常言语则更多地指向交际内容;语言的"所指或认知功能"则与"语境"相关联,是对交际中所说客体或对象的一种注解。(Якобсон 1975:198)

2) 巴赫金。巴赫金作为俄罗斯著名哲学家、语文学家和文论家,被学界公认为20世纪最杰出的思想家之一。他早期的大部分著述及其思想价值直到60年代之后才被"发现",并迅速掀起世界性的研究热潮,以至"巴赫金学"(бахтитология)成为当代的一门"显学"。巴赫金的人文主义思想博大精深,反映在他对哲学、文学、语言学、诗学、美学等众多学科的理论思维中,概括起来主要有以下三个方面:(1)对话主义思想。巴赫金的"对话思想"既是其美学思想或"审美观"以及符号诗学思想最为集中的体现,也是其分析文学作品所使用的独特的思维原则和方法。他在分析陀思妥耶夫斯基(Ф. М. Достоевский,1821—1881)的小说时,认为作家笔下的主人公和作者的关系体现了"复调"(полифония)小说的特征。在他看来,复调小说与独白小说的区别在于作者与主人公的关系。他用"不相融合的声音和意识""复调"来评价陀思妥耶夫斯基小说的特点,正是使用了他所推崇的"对话模式"。他把复调的实质归结为"对话性"(диалогичность),提出的观点是:从社会文化各种事物关系的宏观角度看,对话性强调的是人与人、人与世界之间相互关照和和谐协调的文化关系;而从文学作品中人物关系的微观角度看,对话性强调的又是主人公与作者之间、主人公与主人公之间相互平等的对话关系。他对对话主义的理解和解释包含着以下具体内涵:对话是一种普遍的文化现象;对话是人的本质,对话是所有言语体裁的基础(Бахтин 1972:7—434)。(2)"超语言学"理论。巴赫金曾在多部著述中对"超语言学"(металингвистика)问题进行过论述①,认为它研究的是活的语言中超出语言学范围的那些方面。该理论在学理上呈现出两大特点:浓厚的"后结构主义"色彩和鲜明的对话性。前者强调,理解话语的含义不仅需要沿着话语之间的关系轴,而且应当放到话语产生的社会语境中才能实现。他认为,索绪尔的结构主义语言学的核心是"抽象的客观主义",它割裂了"语言"(抽象规则的组合)和"言语"(在现实语境中实现语言规则的组合)之间的联系,因此,如果用结构主义的方法来解释现实的交际语境,就会产生"负"效应。他对语言属性的基本看法是:语言是一个不断创造的过程;语言的形成规律不是个体心理的,而是社会的规律;语言的创作与文学和其他任何形式的思想创作不同(Бахтин 1993:108—109);后者强调的思想是:交际(包括人与文本、人与人、人与社会、人与历史、人与文化的交际等)是对话的基本样式,对话的基本单位是语句,语句是由特定语境生成的,对话的基础是词等(Бахтин 1972:336—346,1975:164)。如果把上述思想用一句话来概括,那就是:对话与对话对象相关,对话与社会语境相关,对话由语句来体现。(3)社会符号观。巴赫金的符号学思想在1929年第一次出版的《马克思主义与语言哲学》(Марксизм и философия языка)一书中得以集中阐释。总体上看,他对符号学的认识依然具有上述"对话主义"和"超语言学"的性质,其思想内涵包括语句符号的思想、符号的交际性思想、符号的社会属性思想等。(Бахтин 1993:15—16)其中,语句符号的思想就是以"对话主义"为基础的,而符号的交际性和社会属性的思想,又无不是其"超语言学"的学理本质所在。

综上所述,20世纪80年代前,俄罗斯语言学在继承和弘扬人文主义学说思想方面具有以下几个鲜明的特点:

一是语言观独特。在相当长的一段时期内(前苏联时期),俄罗斯在包括语言学在内的人文学科遵循的是辩证唯物主义和历史唯物主义哲

---

① 巴赫金对"металингвистический метод"中"металингвистика"的解释,并不是国内学界所流行的"元语言"的含义,而是"超出本身界限的语言学"(лингвистика, которая сама выходит за свои пределы)的意思,因此定名为"超语言学"。

学,从而使俄罗斯成为世界语言学界唯一的"马克思主义语言学"的代表。它独树一帜,不仅极大地丰富了世界语言学研究的方法论,更在哲学层面上决定了俄罗斯语言学范式的科学内涵。具体体现在:它更加注重语言的社会价值,更加关注语言与思维、意识的内在同一性,更加重视对语言的系统性描写和阐释,更加倾向于语言的民族文化(精神)维度等。

二是崇尚"人学"精神。俄罗斯语言学研究中崇尚"人学",其所展现的思想根源并不是纯西方的"逻各斯"或"理性本位",而是还带有比较强烈东方思想的"生命本位"色彩。因此,俄罗斯学者在其学术展现的不仅仅是西方的"语言本体论",同样也有东方的"语言载体论"思想。总之,关注语言的主体——说话的人、交际的人、思想的人等,是俄罗斯语言学有别于西方的一大特色。这一特色不仅集中体现在对语言学的基本学理(如对存在与意识、人与世界、语言与思维、语言与交际、语言与文化等关系的认识)中,而且还鲜明反映在语言学各学科研究中的人类中心论视角。

三是大行功能主义。以极大的热情关注语言与社会的关系,从而坚定不移地将语言的"社会性"视作语言的本质属性之一,从而大行功能主义之道同样是俄罗斯的优秀传统之一。"语言的社会学"是俄罗斯的发明,也是其理论语言学中夺目异彩的一个领域。这是一条贯穿整个20世纪俄罗斯语言学研究领域的"红线"。对此,我们从上述众多著名学者的学说思想中看到了这一点。他们关注语言的社会方面,关注语言的内容层面,关注语言现象的动态性,关注揭示语言内部系统的各种联系,以及把语言史研究与社会发展史、民族史结合起来的传统,为后来的继承者树立了光辉榜样。无论是喀山语言学派还是莫斯科语言学派,也无论是维诺格拉多夫学派还是无学派背景的学者等,他们的语言学理论学说中无不渗透着社会性基因,从而把语言的社会功能摆在了世界语言学史上前所未有的重要地位。

参考文献

[1] Аксаков К. С. О грамматике вообще[A].//Полн. собр. соч. В 3 т. Т. 2. Ч. 1. [C]. М., Литературная критика, 1875a.

[2] Аксаков К. С. Ломоносов в истории русской литературы и русского языка [A].//Полн. собр. соч. В 3 т. Т. 2. Ч. 1. [C]. М., Литературная критика, 1875b.

[3] Аксаков К. С. О русских глаголах[A]. // Полн. собр. соч. В 3 т. Т. 2. Ч. 1. [C]. М., Литературная критика, 1875c.

［4］ Аксаков К. С. Опыт русской грамматики［A］//Полн. собр. соч. В 3 т. Т. 3. Ч. 2.［С］. М., Литературная критика, 1880.

［5］ Алпатов В. М. История лингвистических учений［M］. М., Языки русской культуры, 1999.

［6］ Алпатов В. М. Александр Алексеевич Холодович［A］.//Отечественные лингвисты X X века. Часть 3［С］. М., ИНИОН РАН, 2003.

［7］ Арутюнова Н. Д. Язык и мир человека［M］. М., Языки русской культуры, 1999.

［8］ Арутюнова Н. Д. Логическое направление в языкознании［A］.//Лингвистический энциклопедический словарь［Z］. М., Научное издательство 《Большая Российская энциклопедия》, 2002.

［9］ Бахтин М. М. Проблемы поэтики Достоевского［M］. М., Худож. лит-ра, 1972.

［10］ Бахтин М. М. Вопросы литературы и эстетики［M］. М., Худож. лит-ра, 1975.

［11］ Бахтин М. М. (Волошинов В. В.) Марксизм и философия языка［M］. М., Лабиринт, 1993.

［12］ Белинский В. Г. Основания русской грамматики для первоначального обучения［M］. М., АН СССР, 1953.

［13］ Березин Ф. М. История русского языкознания［M］. М., Высшая школа, 1979.

［14］ Богородицкий В. А. Общий курс русской грамматики［M］. М.-Л., Соцэкгиз, 1935.

［15］ Бодуэн де Куртенэ И. А. Избранные труды по общему языкознанию т. 1［M］. М., АН СССР, 1963.

［16］ Булич С. К. Очерк истории языкознания в России XIII—XIX вв.［M］. М., Книжный дом 《ЛИБРОКОМ》, 2010.

［17］ Буслаев Ф. И. О преподавании отечественного языка, ч. 1—2［M］. М., Унив. тип., 1844.

［18］ Буслаев Ф. И. (Рецензия на) Мысли об истории русского языка И. И. Срезневского［J］.// Отечественные записки, 1850, №10.

［19］ Буслаев Ф. И. Историческая грамматика русского языка［M］. М., Учпедгиз, 1959.

［20］ Виноградов В. В. Русский язык: Грамматическое учение о слове［M］. Л., М., Учпедгиз, 1947.

［21］ Виноградов В. В. Из истории изучения русского синтаксиса［M］. М., МГУ, 1958.

［22］ Виноградов В. В. История русских лингвистических учений［M］. М., 《Высшая школа》, 2005.

［23］ Греч Н. И. Практическая русская грамматика［M］. СПБ., Тип Императорского Санкт-петербургского воспитателя Дома, 1827a.

［24］ Греч Н. И. Пространная русская грамматика［M］. Т. 1. СПб., Тип. Издателя, 1827b.

［25］ Греч Н. И.. Записка о моей жизни［M］. М.-Л., Academia, 1830.

［26］ Добродомов И. Г. Сергей Петрович Обнорский［A］.//Отечественные лингвисты X X века (Часть 2)［С］. М., ИНИОН РАН, 2003.

［27］ Дурново Н. Н. Введение в историю русского языка［M］. М., Наука, 2-е изд., 1969.

[28] Звегинцев В. А. Очерки по общему языкознанию[M]. М., МГУ, 1962.

[29] Клименко О. К. Александр Матвеевич Пешковский[A]. //Отечественные лингвисты XX века(Часть 2)[C]. М., ИНИОН РАН, 2003.

[30] Колесов В. В. История русского языкознания[М]. СПБ., Изд-во С.-Петербургского университета, 2003.

[31] Ломоносов М. В. Полн. собр. соч., т.7[С]. М.-Л., АН СССР, 1952.

[32] ЛЭС（Лингвистический энциклопедический словарь）[Z].//Под ред. В. Н. Ярцекой. М.,《Большая Российская энциклопедия》, 2002.

[33] Овсянико-Куликовский Д. Н. Очерки науки о языке[J]. // Русская мысль, XII. 1896, с.1－32.

[34] Овсянико-Куликовский Д. Н. Синтаксис русского языка(Изд. 2)[M]. Спб., издание И. Л. Овсянико-Куликовской, 1912.

[35] Опарина Е. И. Николай Николаевич Дурново[A].//Отечественные лингвисты XX века(Часть 1)[C]. М., ИНИОН РАН, 2002.

[36] Перевлесский П. М. Начертание русского синтаксиса[M]. Москва., Унив. тип., 1847.

[37] Поливанов Е. Д. Статьи по общему языкознанию[С]. М., Наука, 1968.

[38] Потебня А. А. Мысль и язык[М]. Харьков, Тип.《Мирный труд》, 1913.

[39] Потебня А. А. Из записок по русской грамматике, Часть 1. [М]. М., Просвещение, 1927.

[40] Почепцов Г. Г. Русская семиотика[М]. М., Рефл-бук, Ваклер, 2001.

[41] Радищев А. Н. О человеке, о его смертности и бессмертии[A].//Полное собрание сочинений в 3 т. [С]. М.-Л., Изд-ство АН СССР, 1941. Т. 2.

[42] Смирницкая О. А. Александр Иванович Смирницкий[A].//Отечественные лингвисты XX века(Часть 2)[С]. М., ИНИОН РАН, 2003.

[43] Срезневский И. И. Мысли об истории русского языка[М]. СПб., тип. воен-учеб. заведений, 1849.

[44] Ушаков Д. В. Психология XXI века: Учебник для вузов[М]. М., ПЕР СЭ, 2003.

[45] Фортунатов Ф. Ф. Избранные труды, т.2[М]. М., Учпедниз, 1957.

[46] Щерба Л. В. Языковая система и речевая деятельность[С]. Л., Наука, 1974.

[47] Якобсон Р. О. Лингвистика и поэтика[A].//Структурализм: за и против[С]. М., Прогресс, 1975.

[48] Якобсон Р. О. Два аспекта языка и два типа афатических нарушений[A].// Теория метафоры[С]. М., Прогресс, 1990.

[49] 赵爱国:20世纪俄罗斯语言学遗产:理论、方法及流派[M],北京:北京大学出版社,2012年.

[50] 郅友昌:俄罗斯语言学通史[M],上海:上海外语教育出版社,2009年.

第 6 章
视语言为人类自身之"镜子"的人类中心论

在当代俄罗斯"人类中心论范式"语言学理论体系中,视语言为人类自身之"镜子"的哲学维度最引人注目。它是通过语言本身来认识和反映人类自己的相关理论,如语言世界图景理论和语言逻辑分析理论等,其实质是以"人的因素"为核心视角的语言、思维/认知、现实三者关系的互动研究,哲学取向为通过语言来展示客观世界的"主观形象",切入点是"现实的"语言世界,着眼点却是"虚拟的"文化或观念世界。

第 1 节 语言世界图景理论

语言世界图景(языковая картина мира)理论是 20 世纪 80—90 年代以来俄罗斯语言学研究最为"热门"的领域之一,与已有的语言学其他理论相比,它不仅拥有巨大的理论空间和超强的理论阐释力,并有广泛的实践价值,因此被学界普遍看好,并被认为是 21 世纪最有发展前景的理论之一。

1.1 语言世界图景的概念内涵

我们知道,受人类中心论思潮的影响和推动,俄罗斯语言学的研究重心自 20 世纪末期起发生了由语言客体向语言主体的根本性转变。对这一变化最直接的反映,便是语言学术语出现新一轮的更迭,一系列与"人的因素"有关的新概念层出不穷,如:"世界图景"(картина мира)、"世界模式"(модель мира)、"世界形象"(образ мира)、"观念系统"(концептуальная система)、"认知系统"(когнитивная система)、"观念世界图景"(концептуальная картина мира)、"思维/文化世界图景"(мыслительная/культурная картина мира)以及语言世界图景等。其中,备受学界推崇甚至追捧的是后者——语言世界图景。原因有二:首先,其他的术语或概念尽管也与语言学研究中"人的因素"相关,但毕竟不属于语言学领域所"专有",它们更多地被使用在认知、心理等学科;其次,从上述各术语或概念现有的释义看,似乎都包含着这样两个基本要素:一是世界观,如反映思维特点的世界知识、世界意象、世界观等;二是世界图景的活动属性,如人的认识活动、人的精神活力、人的经验等,也就是说,它们都是以展示客观世界的"人类自身形象"或"主观形象""原始整体形象"为哲学取向的,而这样的展示又多与语言的功能或作用有关。因此,从本质上讲,所谓语言世界图景研究,就是对人的世界观和世界图景的活动属性的本真状态研究,也是语言研究中的一种新的方法论。正如雅科夫列娃(Е. С. Яковлева)所言,"人文科学中最严谨的是语言学,它将世界图景思想作为方法论,使我们看到了以前没有发现的东西"。(Яковлева 1995:55)

语言世界图景又称"语言世界模式"(языковая модель мира)、"语言世界观"(языковое мировидение)、"语言对世界的表征"(языковая репрезентация мира)、"语言中间世界"(языковой промежуточный мир)、"世界的语言组织"(языковая организация мира)等。通常认为它源自洪堡特提出的"每一种语言都包含着一种独特的世界观"的理论假设。(洪堡特 2000:70)

有学者认为,世界图景是由人对世界直观认识的需求而产生的,它是综合的、全景式的关于具体现实以及具体人在该现实中的地位的认识。(Хроленко 2004:54)也就是说,世界图景既是现实的,也是理念的:现实世界是客观存在的,人脑中有关世界的形象和知识的总和就构成了世界图景;而观念世界则是人对现实世界的认知过程和思维活动。正如有学者指出的,"世界图景是完整、综合的世界形象……世界图景作为综合的世界形象,产生于人与世界接触的所有过程之中"。(Серебренников 1988:19—20)当代俄罗斯著名语言学家阿普列相(Ю. Д. Апресян)认为,世界图景按其属性可分为"科学世界图景"(научная картина мира)和"天真世界图景"(наивная картина мира)两类(Апресян 1995:45)。前者是科学(主要指自然科学)对世界的认识,后者指人对世界最最朴素的认识,或是人在与现实世界的接触过程中得出的最初始的世界形象,因此称为"天真"。这表明,科学世界图景是在人天真世界图景基础上产生和发展起来的,而在天真世界图景的形成过程中,语言起到了决定性和不可替代的作用,因此,天真世界图景又被笼统地称为语言世界图景。

以上不难看出,所谓语言世界图景并不是什么新的哲学命题,因为语言、思维、现实三者之间的相互关系问题自古以来就是语言学研究的不变主题。所不同的是,该理论在上述三者关系中,更突出语言与人尤其与人的精神活动和实践活动等之间的关系,因此更具抽象性和复杂性。对它的研究不仅涉及人的认知、人的心理、人的心智等虚拟领域,同样也涉及交际、语用等人的言语实践活动。

1.2 语言世界图景理论的哲学基础及学理形态

语言世界图景理论的提出,是建立在一定哲学基础之上的。它是以语言、思维/认知、现实三者关系为对象,以"人的因素"尤其是人的认知或心理为晶核的语言学研究,这与语言哲学研究的基本内容是一致的。

我们知道,自古希腊以来的西方哲学中一直存在着两种不同的认识论:一是经验论,二是唯理论。直到上世纪80年代,美国著名语言学家、当代认知语言学奠基人莱考夫(G. Lakoff)和琼森(M. Johson)在他们合著的《我们赖以生存的隐喻》(*Metaphors We Live By*)一书中,才从认知哲学角度对该两种哲学观进行了重新审视。他们认为,西方哲学中长期占统治地位的两种认识论,从本质上讲是哲学研究中两种相近或相似的流派,即"客观主义理论"(Objectivist View)(Lakoff & Johson 1980:195)。这种客观主义到了17—19世纪形成了完整的理论体系,其代表人物是法国哲学家笛卡儿(Р. Декарт,1596—1650)和德国哲学家康德(И. Кант,1724—1804)。客观主义承认世界的物质性和客观性,认为世界是由相互对立的两部分组成的,一部分是物质的,另一部分是理念的。在此基础上建立了一系列主客体对立的二元论:身/心,感知/概念,形式/内容等。(赵艳芳 2001:29)

不难看出,语言世界图景理论即是在上述客观主义哲学基础上形成并发展起来的。然而,随着20世纪50年代起认知科学的迅速发展,尤其是20世纪80—90年代以来认知学科向语言学的全面渗透,语言世界图景研究的理论层次和内容范围得到了有效提升和极大拓展,已不再局限于语言与现实的对立中思维或精神所起的影响和作用,而是把"人的因素"尤其是人的认知或心理因素作为研究的出发点和归宿点,提出了诸如"认知图景""认知空间""范畴化"(观念化)、"隐喻化""心智结构""意想图式"等一系列新的"非客观主义"的观点。莱考夫等学者将这种非客观主义称为"经验现实主义"(Experiential Realism)或"经验主义"(Experientialism)。(赵艳芳 2001:33)非客观主义是在客观主义哲学基础上发展起来的,它们的最大区别是:前者注重"心生而言立"的认知论,后者则推崇"我思故我在"的先验论。从当代语言世界图景理论研究的主攻方向及其展示的学理形态看,其哲学基础已由形成时期的客观主义逐渐转向了非客观主义,即人类中心范式旗帜下的语言认知功能或认知心理研究。

当代非客观主义哲学告诉我们,语言符号与客观外部世界之间并不构成对应性,即语言不能直接表征现实的世界,因为在语言与现实之间还隔着一道认知中介——人。因此,语言符号与现实世界的关系,并不像以往人们普遍认为的那样具有"镜像性",而只是与人的认知参与下的观念结构相一致。也就是说,语言符号在反映现实世界时,必须通过两道"曲线"才能实现:先由现实世界→人的思维或认知世界,再由人的思维或认知世界→语言世界。而观念又是在人对客观事物进行范畴化和定型化的基础上形成的,具有鲜明的民族性或文化性,这是因为:人类虽然面对着相同的现实世界,也具有相同的范畴化和定型化的能力,但由于体验或认知方式不同,所得出的认知结果即观念系统也就有异,从而构成不同的观念或文化世界图景。

这样,语言世界图景理论所展现给我们的,其实为三种不同的世界图景:

(1) 现实世界图景(реальная картина мира,РКМ)——通过人的主观能动作用所认识的世界,也称"客观世界图景"(объективная картина мира);

(2) 观念世界图景(концептуальная картина мира,ККМ)——在人对世界的认知实践即范畴化和定型化过程中,由人的身体体验和心智(精神)活动所建构起来的观念或概念系统,是人的大脑(意识)中关于世界知识和世界形象的总和,因此也称"文化世界图景"(культурная картина мира)或"认知世界图景"(когнитивная картина мира)[①];

(3) 语言世界图景(языковая картина мира,ЯКМ)——语言通过观念或文化世界图景所折射的现实世界,即"语言棱镜中的世界"(мир в зеркале языка)。

上述三种世界图景及其相互关系,都与"人的因素"尤其与人的认知或心理有关,从而构成了当代语言世界图景理论的基本学理形态。

现实世界图景并不像以往客观主义哲学所定义的那样具有"纯客观性",或是一个"完全独立于人的意识之外"的世界(如果是那样,那么它与人类的自然语言就没有什么关系了)。实际上,脱离开对世界进行范畴化的主体因素,脱离开人的意识作用,现实世界是无法被认识的。这

[①] "文化世界图景"之术语,根据我们掌握的资料,最先是由俄罗斯学者捷尔-米娜索娃(С. Г. Тер-Минасова)提出来的,她在《语言与跨文化交际》(Язык и межкультурная коммуникация)一书中,着重从"跨文化"的独特视角阐述了"语言""思维/文化""现实"三者的相互关系,以及由语言和思维/文化所建构的不同世界图景等问题。而从事该项研究的其他俄罗斯学者则大多采用西方语言学文献中常见的提法——"观念世界图景"。我们认为,上述两种提法就其内涵而言并无实质性差异,因为突出"语言"与"文化"的异同性及对比性,以及俄汉两种语言交际的"跨文化性",采用"文化世界图景"的说法是合适的,但如果强调的是人的认知,则多采用"观念世界图景"的说法更加贴切。

里讲的"主体因素"和"意识作用"显然与人说的语言有关

观念世界图景是在人的心智层面或心智/心理组织层面以"观念"（концепт）的形式反映世界的。观念作为观念世界图景的基本单位，是"记忆、心智词汇、大脑语言和人的心理所反映的所有图景的意义运作单位"，是表征经验和知识含量的"量子"和所有人类活动结果及认识世界过程的"量子"（квант）。（Кубрякова 1996：90）

如果把观念世界图景看做是人的大脑（意识）中对现实世界的"观念化表达"（концептуализация）的话，那么语言世界图景就是对现实世界的"语言化表达"（оязыковление/вербализация）。该后一种表达并不是直接的，而要通过前一种世界图景这个"中介"来完成。也就是说，语言世界图景首先要用语言的手段来反映观念世界图景，即使之语言化，再通过观念世界图景中的单位——观念来表征现实的世界。正如俄罗斯学者什梅廖夫（А. Д. Шмелёв）所指出的，语言世界图景就是"世界的语言观念化"。① （Шмелев 2002：12）

1.3 语言世界图景理论的学理内涵

在当今语言世界图景理论研究中，俄罗斯学者的研究成果颇丰，除上文提到的著名语言学家阿普列相外，还有阿鲁玖诺娃（Н. Д. Арутюнова）、卡拉乌洛夫（Ю. Н. Караулов）、捷利娅（В. Н. Телия）等学界领军人物都对此做有专门论述，研究领域涵盖认知、心理、交际、语用等多个方向。他们的研究成果为揭示语言世界图景理论的学理内涵提供了依据。

1.3.1 "人的周围世界"与世界图景

把语言隐喻为"反映现实的镜子"，颇为形象地概括了语言学研究中一道带有根本性质的哲学命题——语言与现实的关系问题。毫无疑问，语言作为物质世界中最重要的一种符号，能反映现实世界的一切。当代语言学研究中常被引作经典的爱斯基摩语有关"雪"的表述，以及阿拉伯语对"骆驼"和俄语对"暴风雪"和"蘑菇"等所做的详细区分等，就充分印证着民族语言与现实世界不可分割的这种关系。有研究表明，语言世界图景是由语言的下列手段建构起来的：(1)语言的称名手段，包括词位、固定称名单位、成语等；(2)语言的功能手段，包括用于交际的词汇和成语的选择等；(3)语言的形象手段，包括语言单位形象性、隐喻、转义、内部形式等；(4)语言的语音语义手段。（Попова 2007：64）

然而，从洪堡特提出的语言世界观假设的实质看，其所谓的语言世

---

① 有关"世界的语言观念化"问题研究，请见本书第9章第2节的有关内容。

界观显然不仅仅指语言所反映的现实,因为现代科学理论及实验都验证了这样一个不争的事实:语言不能直接表征现实的世界。用当代波兰著名语言学家韦兹比茨卡娅(A. Вежбицкая)的话说,"自然语言是无法描写世界本来面目的"(Вежбицкая 1996:5—6),因为在语言与现实之间还隔着一道认知中介——"人"或"人的思维"。只有人,才会用感官来感知和认识世界,从而建构起世界知识的体系;也只有人,才能借助于语言并通过自己的意识将感知的结果传递给语言群体的其他成员。因此,完全有理由认为,"在现实情景与反映该语言现实的话语之间,有一个中间阶段——为特殊目的而对现实情景进行切分的阶段"。(Шахнарович, Юрьева 1990:21)显然,这个阶段指的就是与语汇即语言世界图景有关的人的思维世界。这就引发出另一则带有根本性质的语言哲学命题——语言与人,确切地说是语言与人的思维的关系问题。应当说,语言与思维的关系远比语言与现实的二元对立关系要复杂得多。大量研究成果表明,语言中词语所反映的并不是现实世界的事物或现象本身,而多半是由语言"强加于人的"有关事物或现象的观念。

由于语言、思维与文化密不可分,并作为统一整体而作用于现实世界,其相互关系可用以下略图表示:

这样,所谓"人的周围世界"(окружающий человека мир),其形式实际上展现为三种不同的世界图景,那就是我们在上文中所审视的现实世界图景(РКМ)、观念世界图景(ККМ)和语言世界图景(ЯКМ)。

这里有一个问题必须做出回答:语言世界图景作为一种理论假设,其研究对象究竟是什么?是语言世界图景本身,还是作为其表征手段的观念世界图景或表征对象的现实世界图景? 其实,只要仔细分析一下有关语言世界图景的经典定义,就不难得出正确答案了。阿普列相说,"每一种自然语言都反映着一定的感知世界和组织世界(使世界范畴化)的方式","语言所表达的意义组成一个统一的概念系统、一种集体哲学,并强加给操该语言的人"(Апресян 1995:45);雅可夫列娃(E. C. Яковлева)则认为,语言世界图景是"记录在语言中的对于该语言集体来说独特的感知现实的图式"(Яковлева 1994:9);帕杜切娃(E. B. Падучева)的定义是:"语言世界图景指的不是说话者个人的认识,而是包含于语言单位及其组合中的类型化的认识"(Падучева 1996:222)。以上三则界说,不仅深刻指出了语言世界图景理论的研究对象,同样也揭示了其研究的性质和特点:它所研究的并不是语言中有什么图景或语言现象中描写了什么,而是该图景或描写的事物和现象是如何被语言个性即"大写的人"所感知和认知的。① 也就是说,语言世界图景是借助于对"大写的人"的研究,通过具体的语言现象来诠释语言个性话语生成与理解中的思维方式,以及观察、感知、划分世界的方式等。其切入点是"现实的"语言世界,但着眼点却是"虚拟的"观念或文化世界。因此,有学者把语言世界图景研究称为"新洪堡特思想"研究(неогумбольдтинство)(Маслова 2001:67)和"语言的世界概念化"研究(Шмелев 2002:12),其实质是当代语言与文化或心智的互动关系研究。

1.3.2 语言世界图景与观念世界图景

以上不难看出,语言世界图景研究,离不开对起表征手段的观念世界图景的阐释。我们在此使用"阐释"而不是传统语言学研究常用的"描写"二字,除了本学科的性质是阐释性的外,主要还是因为现代科学对人的意识规律或大脑中映现的世界形象,尚缺乏精确分析的手段和方法,因而只能在理论假设的基础上作出某种阐释性的推理或分析。为此,曾有学者把观念世界图景研究形象地比喻为"进入意识的虚拟现实"(Красных 1998:8),这是不无道理的。

上文已经提到,"人的周围世界"展现为三种不同的世界图景,但真正属于人的或由人建构起来的却只有两种,那就是语言世界图景和观念世界图景。那么,它们之间又是怎样的关系呢?

概括地说,如果把现实世界图景看做是人的大脑中"世界形象"或"世界知识"体系总和的话,那么语言世界图景和观念世界图景就分别是该现实世界体系的"语言化"(оязыковление/вербализация)和"观念化"(концептуализация)的表达。也就是说,语言世界图景是世界图景在语言中的局部表达,观念世界图景是人的大脑中世界形象的完整呈现,两者之间是一个投射与映现的通讯过程,它们之间的关系在广义上可用"语言"与"心智"(ментальность)的关系予以界定,即"局部"与"整体"的关系。但作为两种不同的世界图景,它们又不无自身的特点:一是观念世界图景中"观念"指思维、认知等精神文化;二是观念世界图景并不是由语言一种成分构成的(尽管是其最重要的成分),参与构建的还有其他思维活动;三是在语言与心智互动的前提下,它们各自还有建构自身世界图景的功能。

需要特别指出的是,语言符号在参与建构相应的观念世界图景时,常常带有某种"不精确性"或"单特征性"。如,*атом*(原子),*свет*(光),*тепло*(热),*точка*(点)等词语在使用之初的意义或概念就与现在有较大

---

① 我们在本书中把语言个性界定为"大写的人",指"交际中的人"或"说话中的人"以及"依附着民族文化的人"等。详见"语言个性理论"的有关章节。

差异,当时所建构的观念世界图景,如今看来无不带有片面性。也正是鉴于此,语言世界图景才分别冠以"天真世界图景"或"日常世界图景"的称谓。

总之,语言世界图景与观念世界图景的关系相当复杂,犹如语言与思维的关系。这一方面要归咎于语言与观念所折射的现实并不相同,另一方面是由于认知主体的精神活动及其对认知客体的身体体验活动等也存在差异。尽管如此,仍不难得出以下两点结论:一是语言世界图景相对于观念世界图景而言具有一定的"滞后性"。这是因为:人们在认知世界的过程中往往无法摆脱某种谬误,观念世界图景常处在不断"更新"或"重画"的变化之中,而语言世界图景却会相对"稳定地"或"长时间地"保留这些谬误的痕迹。如汉语中的"日出""日落"和俄语中的 *Солнце восходит*(太阳升)、*Солнце заходит*(太阳落)等话语,描绘的就是陈旧的"地心说"世界图景,而实际上当代人的观念世界图景早已改成了"日心说"。再如,*отработанные газы*(废气)一词语,从语义学角度看并无不当,但反映的却是一种扭曲的甚至错误的观念,因为"失去原来作用或没有用的气"完全可以再利用。二是观念世界图景较之语言世界图景更具"多样性"。这无疑首先与人的个性有关:操不同语言的人可以有相同或相近的观念世界图景;而操同一种语言的人即使对待同一种事物或现象,也可能会因时代、社会形态甚至年龄、性别、文化程度、社会地位等的不同而得出异样的认识;再者,除人的个性因素外,在观念世界图景中起作用的还有其他因素,如全人类因素、民族因素等。因此,我们说语言世界图景与观念世界图景必须置于一定的文化空间才能进行全面的审视和考察,否则就难以得出令人信服和合乎逻辑的结论。

观念世界图景作为人的大脑中世界形象或世界知识总和的观念化,理论上讲是由无限的观念构成的一个系统。所谓观念,并不是"一维"的,而是人的意识中对同一观念所做的不同诠释的"聚合"。这种不同诠释又被称为"阐释模式"(*модели интерпретации*)或"概念面"(*профили понятия*)。研究表明,构成观念世界图景的系统主要有价值观、民俗观、时空观、宗教观等等。其中价值观最为核心,并可再分为若干子系统,如正义观、审美观、伦理观、荣誉观、劳动观、集体观、实惠观、享乐观、休闲观、财富观、贫穷观等。可以肯定地说,每一种语言中都包含有大量的词语及其组合,如成语、谚语、格言等,会在其内容平面反映出上述观念系统。以俄语中反映的与 *труд*(劳动)、*безделье*(无所事事)、*богатство*(富有)、*бедность*(贫穷)等观念有关的成语性单位为例,有研究表明:在伦理观子系统,具有绝对价值的是 *труд* 和 *бедность*,与之相对立的便是"反价值"(*антиценности*);在实惠观子系统,*богатство* 有绝对价值,*труд* 既可体现为有价值,也可评价为反价值,而 *безделье* 和 *бедность* 则是绝对的反价值;在享乐观子系统,*безделье* 具有绝对价值,*богатство* 兼有价值与反价值,*труд* 和 *бедность* 则通常被评价为反价值。(Голованова 2001:11—16)通过具体语料对这些相互制约的观念聚合作出不同诠释,无不深刻揭示着俄罗斯人观念世界图景的多样性。而如果将上述观念置于双语、双文化的语境中予以对比审视,就能揭示出不同文化空间中相同观念的差异性。

1.3.3 观念世界图景与"思维的语言"

我们知道,观念世界图景是由人的大脑中关于世界形象或世界知识的观念系统构成的。有研究表明,该观念系统不仅是上文所说的具有"多维性"或"聚合性",而且还是"多层级的"——由不同的"观念块"(концептуальные блоки)所构成。正是这些观念块,"决定着我们如何看待世界,如何感知和切分现实世界"。(Красных 1998:116)同样,言语中这些观念块又作为"民族文化定型"(национально-культурные стереотипы)①,决定并制约着该语言群体的语言世界图景的特点。从心理语言学角度看,上述"观念块"实为人之思维赖以运作的"信息块"(информационные массивы)。与科学概念中的"信息"所不同的是,它们具有"内隐性""不易觉察性"等特征。

那么,从语言学角度看,这些"观念块"或"信息块"又是怎样形成的呢?它们是否也与语言一样具有自己的结构或构成形式呢?回答这些问题,对探索观念世界图景之本质及其运作机理有重要意义。

然而不无遗憾的是,当代语言学尚无力对此做出详尽和精确的回答,因为观念作为一种抽象的存在物,并不等同于"符号"或"代码"。既然不是符号,也就不可能存在"观念词汇"或"观念文本"。对此,目前我们只能依据现有的认知水平提出某种假设。当代认知语义学理论告诉我们,语言的意义与人的主观认识(关于世界知识和对世界的认识等)密切相关。俄罗斯著名心理语言学家卡拉乌洛夫(Ю. Н. Караулов)在对俄语"语言个性"(языковая личность)的研究中进一步提出,在语义与人的认识之间,隔着一个中间层级——"体现在主体或主体化词汇中的组织世界知识的层级"。(Караулов 2002:175)他将该层级命名为"思维的语言"(язык мысли)。② 该"思维的语言",即为观念世界图景的"观念阈"(концептуальная область)。

---

① 有关"民族文化定型"问题,我们将在"定型理论"的有关章节中进行分析和评述。
② 此处的"思维的语言"并非语言学中的"语言"的概念,而是指某符号系统。在俄罗斯语言学文献中,язык 专门有此特指意义,如"文化的语言"(языки культур)、"空间的语言"(языки пространств)等,实为"文化符号系统""空间符号系统"。

对"思维的语言"进行研究,很大程度上将取决对该语言的构拟,即理论假设与推理。

应该说,迄今学界对"思维的语言"的界说并无定论,有"内部语言""混合代码""形象代码""普遍事物代码""主观语言""中介语言""中立语言"等多种假设。卡拉乌洛夫认为,思维的语言"是心智活动及其语言化或言语思维活动过程中介于发音、外部言语与特殊大脑语言之间的现象……其实质是心智语言。"（Караулов 2002:184－185）任金（Н. И. Жинкин）在分析言语生成与理解过程中代码转换的相互作用时,也曾提出过通向大脑语言的四个等级的假设:语言→有声语言→内部语言→智力。（Жинкин 1982:18）根据该假说,卡拉乌洛夫又进一步提出思维的语言有"两个维面"的设想,即朝向"有声语言"的一面叫"内部语言",朝向"智力"的一面为"思维的语言"。（Караулов 2002:186）目前比较认同的观点是,思维的语言在形式平面具有"普遍性""无声性""形象性""主观性"等本质属性,而内容平面则依据的不是"意义"（значение）,而是"意思"（смысл）。的确,从形式和内容上看,思维的语言不仅处在言语思维代码转换的"中间"地位,且履行着由语言通向智力的中介功能。但由于思维的语言犹如传播中的"网络语言"一样,看不见、摸不着,且数量巨大（原则上讲与人的周围世界一样无穷尽）,因此对其结构单位的研究只能建立在"普遍化"和"类型化"的基础上,即用"中和"（усреднение）和"内省"（интроспекция）等方法构拟出其基本特征。研究表明,言语思维中内部言语的"思维列"（мыслительный ряд）总是与有声言语的"外部列"（внешний ряд）并行运动的,前者略超前于后者。这种经过"内化"的思维列,包含着思维的语言所有的成分类型。该成分就是观念世界图景中的基本单位——"图片"（картинки）。这些图片作为人对世界知识的形象化或模式化的认识,存在于人的大脑（意识）中。

当代俄罗斯心理语言学和认知语言学的研究成果,为我们初步描绘出构成"思维的语言"成分的这些图片,它们分别是"形象"（образ）、"完形"（гештальты）、"图式"（схема）、"框架"（фреймы）、"运动意象"（двигательное представление）、"命题"（пропозиция）、"公式"（формулы）、"图解"（диаграммы）、"关键词"（ключевые слова）等。如果将这些图片"投射"到语言中——使其实体化或语言化、客体化,便成为言语生成与理解过程中的"文化化的语言符号单位"（окультуренные единицы языковых знаков）。该单位作为语言文化学研究的对象,在内容平面呈现的是所谓的"文化的语言"（языки культуры）系统,而在表达平面则与语言符号固有的单位系统相吻合。这种"文化的语言"系统就其本质而言乃是一种"能力",即人的思维所特有的、通过形象思维、技术思维和逻辑思维等形式进行判断、推理、评价的能力。时下俄罗斯学界集中关注的"文化的语言",有"定型"(стереотипы)(包括语言定型、思维定型、文化定型、心智定型、行为定型等)、"先例现象"(прецедентные феномены)(包括先例文本、先例名、先例情景等)、"象征"(символы)、"礼仪"(ритуалы)、"标尺"(эталоны)等。它们作为观念世界图景的"片断"(фрагменты),既是思维的语言的表现形式,也是思维的语言实体化或语言化的必然结果。

第 2 节　语言逻辑分析理论

语言逻辑分析理论是 20 世纪 80 年代起在"语言逻辑分析学派"(Логический анализ языка, ЛАЯз)基础上形成的。1986 年,前苏联科学院语言学研究所成立了以阿鲁玖诺娃院士为组长的课题组,以用逻辑范畴和语言观念分析的方法来揭示思维与知识的关系。至 2000 年的短短 10 余年间,该学派在语用学及语言观念分析等一系列领域取得举世公认的重大成就,不仅出版了近 20 余套文集,还召开了 10 余次不同主题的国际学术研讨会,从而成为 20 世纪末期俄罗斯语言学研究的新的高地。目前,该学派有数十位成员,除阿鲁玖诺娃本人外,主要还有:博古斯拉夫斯基(О. Ю. Богуславский)、布雷金娜(Т. В. Булыгина)、加克(В. Г. Гак)、格拉西莫娃(И. А. Герасимова)、格里年科(Г. В. Гриненко)、格里戈里耶夫(В. П. Григорьев)、德米特罗芙斯卡娅(М. А. Дмитровская)、扎里兹尼亚克(А. А. Зализняк)、卡察索夫(С. В. Кадзасов)、卡扎科维奇(О. А. Казакевич)、科博泽娃(И. М. Кобозева)、库斯托娃(Г. И. Кустова)、克雷德林(Г. Е. Крейдлин)、列翁季娜(И. Б. Левонтина)、米赫耶夫(М. Ю. Михеев)、尼基季娜(С. Е. Никитина)、帕杜切娃(Е. В. Падучева)、蓬科夫斯基(А. Б. Пеньковский)、普龙基昂(В. А. Плунгян)、拉济耶芙斯卡娅(Т. В. Радзиевская)、拉希利娜(Е. В. Рахилина)、罗吉娜(Р. И. Розина)、梁布采娃(Н. К. Рябцева)、谢列兹涅夫(М. Г. Селезнев)、斯米尔诺娃(Е. Д. Смирнова)、斯捷潘诺夫(Ю. С. Степанов)、托尔斯塔娅(С. М. Толстая)、法捷耶娃(Н. А. Фатеева)、沙图诺夫斯基(И. Б. Шатуновский)、什梅廖夫(А. Д. Шмелёв)等。鉴于该理论创立的时间还比较短暂,并仍处于快速发展的阶段,我们仅就其采用的语言逻辑分析理论的学理内涵、发展阶段、主要内容及取得的主要理论成果等作简要的概述和评介。

2.1　语言逻辑分析理论的学理内涵
我们知道,语言学与逻辑学之间的联系具有初原性,因此,对自然语言进行逻辑分析具有悠久的传统,在欧洲语言学史上可以追溯到公元前 4 世纪时的"斯多噶学派"(Stoics)。在该学派的学说中,"逻辑"(логика)一词就表示"思维的言语表达"(словесное выражение мысли),即"逻各斯"(logos)。可以说,从古希腊哲学到中世纪的西欧经院主义科学(逻辑学和语法学),再从 17—19 世纪上半叶的普遍唯理语法到 20 世纪的逻辑学、哲学、语言学各流派,它们研究语言的典型方法主要是逻辑分析。(Арутюнова 2002:273)

2.1.1 语言逻辑分析流派的历史渊源

逻辑学和语言学在古希腊罗马哲学中就密不可分。例如,对于多数古希腊思想家来说,其基本原则就是依赖语言来揭示理性,依赖理性来认知物理世界。唯实论者提出的静词反映所指事物本质、言语结构反映思维结构就是如此。因此,判断理论是建立在能够表达真理的句子的特性基础之上的。也正因为此,早期的逻各斯的概念具有混合性特征,既指思维和言语,也指判断和句子。静词(希腊语为 omona)既表示词的类别(名词),也表示该类别判断中的作用(主体);动词(希腊语为 rhema)既表示词类,也表示句子成分(谓语)。(Арутюнова 2002:274)

中世纪的经院主义科学继承了古希腊罗马传统。5—14 世纪,经院主义并没有割裂逻辑学与语法学之间的联系,相反,语法的逻辑化在法国哲学家、神学家阿伯拉尔(П. Абеляр,1079—1142)时代得到加强,其标志是:亚里士多德(Аристотель,前 384—322)的遗产得以重新被发掘,其逻辑学汇编全集变得通俗易懂;阿伯拉尔本人也在有关共相自然的争辩中发展了所谓的观念学说。经院主义哲学家们认为,逻辑与语法的亲近关系源于缺乏专门的逻辑学象征符号,因而逻辑原理只能用自然语言(主要是拉丁语)来加以论证。这样一来,逻辑学和语法学的结合也促进了"思辨语法"(спекулятивная грамматика)的形成,如 13—14 世纪著名的"摩迪斯泰学派"(Modistas)就是经院主义科学的典范。

17—19 世纪上半叶,在西方语言学研究中占主导地位的是唯理主义理论,似于"世界上所有的语言只存在一种借助话语来组织意义的必须方式"。(Арутюнова 2002:274)1660 年,法国的"波尔—罗雅尔语法"(грамматика Пор-Рояля)问世。该语法推崇不同语言的"唯理基础",试图从千差万别的语言现象中寻找它们的"普遍原理",从而成为 19 世纪兴起历史比较范式前普遍唯理语法的典范。这一时期,西方著名哲学家洛克(Д. Локк,1632—1704)、狄德罗(Д. Дидро,1713—1784)、莱布尼茨(Г. В. Лейбниц,1646—1716)等都参与到与语言相关的逻辑学问题的研究之中。在上述语法学家和哲学家眼里,语言范畴被解释为相应的逻辑理性程序,即理性的表征能力、判断能力和推理能力。

需要特别指出的是,在 19 世纪的俄罗斯逻辑语法研究中,我们也看到了"不同的声音"。例如,我们在上文"19 世纪俄罗斯语言学研究中的人文主义传统"一节中提到,以布斯拉耶夫为代表的逻辑语法学派就反对将逻辑范畴与语法范畴划等号。他认为,语言与思维之间不仅具有平行性和相互作用性,还具有矛盾性,这是由语言本身的特性决定的,因为语言除逻辑特性之外,还有"创造性的想象力"(творческая фантазия)。(Буслаев 1959:263—267)再如,该流派的代表人物之一大阿克萨科夫对逻辑语法的研究还带有认识论的性质。他将语法切分为三个组成部分:静词——反映静态的事物和存在的认识;动词——反映动态的行为和存在的认识;句法——整体上反映其生命的认识。然而,19 世纪下半叶起随着语言学研究中心理学流派的兴起,学界开始对逻辑学流派的方法进行重新的审视,该流派的杰出代表为德国语言学家施坦塔尔(X. Штейталь,1823—1899)和俄罗斯语言学家波捷布尼亚,正是他们的心理语言学理论使学界由关注整体的、完整的语言单位(句子、圆周句)转向关注最小的语言单位(词素、区分性特征、义素)。

19 世纪末至 20 世纪初,以新实证主义和经验主义为代表的众多逻辑学派开始从事自然语言的逻辑研究。如,分析哲学的代表人物弗雷格(Г. Фреге,1848—1925)、罗素(Б. Рассел,1872—1970)、维特根斯坦(Л. Вингенштейн,1889—1951)、卡尔纳普(Р. Карнап,1891—1970)等,为确定真值知识的界限而采取逻辑分析的方法对科学语言进行研究。他们与古希腊思想家的方法完全相反,试图用不依赖语言作为思维和知识表达的手段这一原理,来揭示句子真正的逻辑结构,进而转向普遍象征性符号——人工逻辑语言的分析。分析哲学研究了一系列逻辑语义问题,其核心概念为"所指意义"(сигнификат)和"所指事物"(денотат)等,从而为语境研究奠定了学理基础。

总之,正如阿鲁玖诺娃所说的那样,语言逻辑分析流派的学术研究大致涵盖以下 8 方面的内容:(1)讨论认识论问题;(2)揭示排除民族特点的语言的普遍特性;(3)研究独立于现实语言形式的语言分析的统一原理(表征所有语言所共有的句子结构、词类系统等);(4)偏重共时分析(相对于历时而言)和描写语法(相对于历史语法和历史比较语法而言);(5)注重句法(句子理论)和语义研究;(6)主要从功能(内容)视角来划分、界定和使语言范畴系统化;(7)按照逻辑的普遍范畴来确定语法范畴:词——概念(观念),词类——词类所履行的逻辑功能,句子——判断,复合句——推理;(8)允许通过逻辑模式推导出来的句子的隐性成素存在。(Арутюнова 2002:273)可以看出,以上内容并没有考虑到交际和语用等因素,依然属于静态性质的对纯科学语言形式的逻辑分析。这种用确定判断是否真值的做法,实际上限制了句子的功能。就此,维特根斯坦等学者在 20 世纪 40 年代末期就发现了这一不足,进而转向对日常语言的逻辑分析。

2.1.2 语言逻辑分析理论的方法取向。

当代俄罗斯语言逻辑分析理论与历史上的逻辑分析学说在方法取向上已经有本质的不同。

我们知道,20 世纪 60—80 年代起,受逻辑哲学诸流派的影响,理论语言学研究逐步形成了两种不同的发展方向:一种是继承传统,对自然语言进行纯逻辑的分析;另一种是转向日常语言,研究语言使用和交际中的逻辑关系。而俄罗斯语言逻辑分析理论走的后一条路,即由逻辑分析转向了语用分析和观念分析。正如有学者指出的那样,由逻辑分析转向观念分析,不仅与语言哲学本身的发展趋势相吻合,而且也折射出人文科学的整体发展方向。(陈勇 2011:44)

然而,语言逻辑分析理论方法取向的确定,却是基于对世界语言学研究现状及发展趋势的深度思考和理性判断中作出的。

众所周知,在世界语言学范围内,20 世纪中期起结构主义语言学进入其发展的第二个阶段,即由第一阶段主要关注语言符号的表达层面或语言单位之间的关系层面,转向语言符号的内容层面或语言的动态模式层面,从而在客观上极大地促进了语言学与其他学科之间的交叉,如语文学、文学、心理学、符号学、文化学、人类学、数学和数理逻辑学等,并先后催生出语言学研究中的新范式——"社会范式"和"人类中心论范式"。在方法方面,学科的交叉形成了一改传统的历史比较和结构主义的分析方法,先后涌现出诸如描写和生成法、功能法、语言描写模式法、语用法、分布和成素法、背景知识法、结构和数理分析法等一系列新的方法。这些新方法作为生成语言学新学科的方法论基础,为语言学研究范式走出结构主义一统天下的局面奠定了基础,并催生出转换生成语法、功能语言学、篇章语言学、从属关系语法、配价语法以及语用学、心理语言学、语言文化学、计算机语言学等一批新兴学科。而从 80 年代起,语言学的研究视阈得到进一步加深和拓展,其标志是掀起了自洪堡特以来的"第二次人文化"(вторичная гуманизация)热潮。具体表现为:一是语言不再是"第一次人文化"时期所理解的那样仅局限于反映人的心智或精神的领域,而是拓展到人的全部精神内涵和人类经验,包括人的一切内心形象——情感、伦理、对世界的感知等;二是语言功能化中的语用层面研究得到强化,尤其是语句交际目的的研究,以探索为达成不同交际目的而采取的手段问题,如解决语言、思维与生活情景之间的固有矛盾,使判断或命题(体现在语言和思维结构联系中)与命题取向或交际目的(体现在语言和生活情景联系中)达成一致,使思维的有序性与生活情景的无序性取得平衡等。可见,所谓语言逻辑分析理论,就是运用逻辑学和观念分析的方法和范畴,对处于思维和知识联系之间的语言进行研究。

基于以上思考和判断,阿鲁玖诺娃倡导采用逻辑分析的方法,紧紧围绕"人的因素"这一核心,探讨语言使用中的逻辑语用和文化观念问题。为此,她提出的主要理据是:语言的基础是统一和不变的人类思维系统,因此,不管语言的结构及其语音面貌有多大差异,只有通过对自然语言的分析才能够通达该思维系统。而着力于语言逻辑学理的研究,理应可以克服或缩小现阶段语言研究中在方法和观念上的过度分散。这就是语言逻辑分析理论确定其方法取向的理论基础所在。

2.2 语言逻辑分析理论的发展阶段

尽管当代俄罗斯的语言逻辑分析理论自诞生之日迄今时间并不长,在研究方向上却经历了下列两个不同的发展阶段①:

2.2.1 逻辑语用分析阶段(1986—1989)

将语用学视角作为该学派研究的首要目标,主要基于以下思考:话语的构成取决于各种因素——说者和听者的思维范畴、普遍知识及对世界认识的储备,个性和社会的价值系统,日常逻辑和实践判断逻辑,作用于说者内心世界的有意识和无意识的心理机制,进入信息的语言外现实,直接交际情景,信息中包含的显性和隐性的交际目的等。关注这些问题,反映出语言学的研究对象已经由过去从生活中抽象出来转为深入到生活中去。显然,用传统的形式主义方法和手段已经无法实现上述目标,而只有与哲学、心理学、社会学、人类学等学科更加紧密结合——在语用学的框架内对自然语言进行逻辑分析,才能够有效解决语言、思维与现实生活三者之间的关系。第一阶段的语用学研究,首先集中在心智和知觉动词与命题(判断)之间的关系方面,如动词 знать, видеть, слышать, считать, полагать, верить, веровать, думать 的逻辑分析。

2.2.2 观念分析阶段(1990年起至今)

从20世纪最后10年起,该学派的研究已经不再局限于逻辑语用学方面,而是开辟了新的方向——观念(首先是文化观念)分析。导致该转向的动因在于该学派对逻辑语用研究的局限性以及文化概念研究的重要性的深刻认识。阿鲁玖诺娃认为,由逻辑语用层面转向观念层面,其

---

① 此处阶段的划分,并没有包括阿鲁玖诺娃在80年代前所做的对语言进行逻辑分析的相关内容,而是以形成以她为代表的语言逻辑分析学派(即1986年俄罗斯科学院成立"语言逻辑分析"课题组)之后的系列成果为标界的。此前,她对语言逻辑分析的代表作有《句子及其意义:逻辑语义问题》(Предложение и его смысл: Логико-семантические проблемы)(1976)等。

直接原因在于前者的研究"无法解释民族文化、民族心理等相关的语言现象"。(Арутюнова 2003:10)另外,文化作为人类的"第二现实"(вторая реальность),是人类认知的对象,因此对其需要进行特别的综合研究。在文化观念中,包括一组决定人的"实践哲学"(практическая философия)的全人类的世界观,如 истина(真理), правда(真实), ложь(虚伪), свобода(自由), судьба(命运), добро(善), зло(恶), закон(法律), порядок(有序), беспорядок(无序), долг(义务), грех(罪孽), вина(过错), добродетель(行善者), красота(美)等。与此同时,这些观念又极具民族性。它们的恒常意义及其伴随意义只有在使用的语境下才能凸显出来,形成某观念的语言或语法①,这也是当代哲学流派——现象学、语言哲学和阐释学等求助于语言的原因所在。事实也正是如此。例如,这些词的词源、搭配范围、典型的句法位置、语义场、评价、形象联想、隐喻等,每一个词都形成特别的"语言"或"语法",不仅可以实现对观念的重构,而且可以确定它的民族特点和在人的日常意识中的地位。

2.3 语言逻辑分析理论的主要研究内容

上述所谓的两个发展阶段,只是针对该学派所进行的科学研究的基本样式而言的,其中还有很多是交叉研究,即语用学与观念分析的交叉分析。因此,从研究内容看,至 2004 年已形成如下 10 大方向:

2.3.1 语用学方向

该学派提出,心智和知觉动词对语句的真值意义产生影响。反映说者对判断真值态度的命题意向,可以涵盖一系列课题,如不同范畴的意向分布(包括心智范畴、感觉或知觉范畴、意志范畴、规定范畴等)问题,意向与不同类型命题的相互作用问题,在转达他人话语时说者的意见与意向主体的意见之间的关系问题,否定的作用范围及否定提升的可能性问题等。如,阿鲁玖诺娃、布雷吉娜、德米特罗夫斯卡娅、扎里兹尼亚克、帕杜切娃等学者就研究了下列问题: Я думаю, что он не приехал(我想他没有来), Я знаю, кто пришёл(我知道谁来了), Я думаю, кто пришёл.(我想有人来了)等语句中疑问代词 кто 引入从属命题的问题; Известно, что Пётр уехал(知道彼得走了), То, что Пётр уехал, известно(彼得走的事知道了)等语句中从属命题的体、时、情态性和语句倒置的可能性问题;以及交际焦点从命题转换到命题意向动词(或相反)的可能性问题等。谢列兹涅夫、什梅廖夫等则重点审视了关于知识和信仰的心智谓词之间的关系问题。

---

① 此处"观念的语言"中的语言,与此前的"思维的语言"中的语言概念相同。

2.3.2 "命运"观念分析方向

1990 年在莫斯科召开了两次以文化观念为主题的学术研讨会。1991 年,又与"世界文化历史科学委员会"(Научный совет по истории мировой культуры)联合举办了"不同语言与文化背景下的命运观"(Понятие судьбы в контексте разных языков и культур)大型学术会议。与会学者从不同语言(印欧语系和非印欧语系的,包括汉语和越南语等)、不同文化(古代文化、现代文化以及美索不达米亚文化、埃及文化、古希腊文化)以及不同宗教哲学体系(伊斯兰教、儒教、中国古代哲学、俄罗斯宗教哲学)的视角,对涉及"命运"主题的几乎所有相关观念进行了全方位的探索,如 рок(劫运),фатум(天意),доля(运气),удел(造化),жребий(使命),случай(机遇),фортуна(幸运),предопределение(宿命)等。在该学派中,从事上述观念分析的学者主要有尼基季娜、托尔斯塔娅等。

2.3.3 "行动"观念分析方向

该方向提出在"真理"与"命运"的观念中包含着行动、心智行动和言语行动等三种重要概念的思想,认为该三种概念构成了人作为有意识活动的施事者角色的全部生活世界。其基本观点是:命运预先决定着人的生命,而行动则创造着生命。前者是不容选择的,后者则取决于对目标的选择;命运把人从主体的中心位子上排除出去,而现实心智的和言语的"行动句法"(синтаксис действий)则揭示着语言的人类中心论;言语行动有自己的个性,其最大特点是它的"指向性"(адресованность);在言语行为与言语行动之间存在着逆向联系;语句特性影响着进入人际关系语境的行动结构;"礼节"(этикет)和"仪式"(ритуал)既可以作为言语行动,也可以作为人的非言语行动;针对听者的语句具有言语行为的特点,而期望别人接受的行为则具有符号性,因此需要进行阐释;言语行动与非言语行动的最大区别是前者具备参与实现行动的判断(命题内容),因此,把言语行为从时间范畴中抽象出来就可以通向心智行动;言语行动充当着人的心智活动和现实活动的中介,并将三者构成统一整体。

2.3.4 "真理"与"真值"观念分析方向

从现象与本质(思想)的对立、逻辑真理与虚假语句的对立等出发,探讨真理的唯一性与世界的双重性(物质世界和精神世界)、认知主体与言语主体之间的关系,以及由语言建立起来的"理念世界"(идеальный мир)的特性等问题。

2.3.5 "语言"与"时间"观念分析方向

1998 年曾召开"动态世界的语言"学术研讨会,探讨的问题主要包括:语言词汇库中的时间观念化问题,时间在语法系统中的反映问题,时间的线性(一维性)对语句结构的影响等。由此,对索绪尔提出的语言系统的两大原理——"任意性"(произвольность)和"线性"(линейность)进行有效补充,认为时间运动的"单向性"(однонаправленность)也是其基本特征之一,由此得出言语的基本特征在时间上有两大特性——"线性"和"不可逆转性"(необратимость)的结论。该两大特征对语言的内部组织产生着深远的影响:语言的发展在一定程度上就在于如何有效克服时间强加给的种种限制。

2.3.6 "空间的语言"观念分析方向

1999 年召开"空间的语言"学术研讨会,以探索时间与空间两种基本对立存在形式之间的关系问题,主要包括:时间的动态性与空间的静态性的关系,时间的一维性与空间的三维性的关系等。提出的主要观点有:人对时间和空间的感知是通过对物质这个中介实现的;空间比时间更具有直观性,因此空间语义学较之时间语义学具有第一性和扩展性的性质。如,表示空间位置、物体的尺寸和形状以及其他空间特征的词语,参与着对社会和种族的关系、人的内心世界及私人领域、人的伦理特征、神话世界、科学知识等的模式化(构建)活动,从而成为无数隐喻意义的源泉。其中,"路径"(путь)隐喻对了解人的精神生活和有目的的行动起着关键作用。此外,事物—空间世界模式以及人的空间定向模式(前后、左右,上下等),对认知非空间对象、概念和范畴等的作用也非常大。

2.3.7 "文化"与"语言中人的形象"观念分析方向

1996 年召开专门学术会议研讨该问题。主要研究范围涉及人的语言形象问题,如 душа(心灵),дух(精神),сердце(内心),стыд(可耻),совесть(良心),ум(智慧),рассудок(理智)等观念,并将这些观念置入不同的文化背景下予以审视,包括俄罗斯民族文化背景、古希腊和罗马文化背景以及西欧文化背景、北方民族文化背景、远东国家(朝鲜和中国)文化背景等。提出的基本观点有:由于语言是由人创造的,所以印刻在语言中的不仅有人的形象,而且还有人所知晓的一切知识,包括人的自然面貌和气质、人的喜怒哀乐、人对物质世界和非物质世界的态度等;是人赋予了语言以游戏的规则和创造的能力,因此语言完全是人类中心主义的;对人现象的了解,与其说通过自然科学,还不如说通过语言本身更加彻底;语言在传送知识的同时,也塑造了人的意识。进入该方向的还有"伦理的语言"(языки этики)主题,并于 1998 年召开了专题学术研讨会。会议研讨的问题包括:道德哲学、道义逻辑、道义话语类型等。

2.3.8 "终"与"始"观念分析方向

1999 年曾召开专题学术会议,讨论该方向涉及的诸多观念问题,包括 старое(旧)和 новое(新),первое(首)和 последнее(末)等。会议认为,

конец(终)的观念与自然世界的联系并不大,它与начало(始)的观念分离相对较晚,因为"河的终点"称为"河口"(устье),"河的始点"称为"源头"(исток);"山的终点"叫"山顶"(вершина),而"山的始点"叫"山脚"(подножье)。自然界及其构素通常被理解为整体和部分,整体观念是"终"与"始"对立的中和。如我们在称谓"鼻尖"(кончик носа)和"手指尖"(кончики пальцев)时,指的是身体相应部位的某个部分,而不是某部位的顶点。此外,不同文学流派的诗歌文本中的"终"与"始"的语义问题也受到与会学者的特别关注。

2.3.9 "宇宙"与"混沌"观念分析方向

该方向实际上是 порядок(有序)与 беспорядок(无序)的观念场分析。为此,2000年召开了该方向的学术研讨会。космос(宇宙)和 хаос(混沌)大观念场分别涉及 порядок(有序),норма(规范),закон(法律),закономерность(规律性),гармония(和谐),организованность(有组织性),аккуратность(整齐)和 беспорядок(无序),аномалия(异常),девиация(偏差),отклонение(偏离),нарушение правила(违规),бедлам(混乱),безалаберность(紊乱),случайность(偶然性),дисгармония(不和谐)等一系列小观念场,具体表现为:对外涵盖着生命世界中事物——空间和时间,对内包含着人内心生活中的心智和情感,对社会和文化生活则涉及人际关系、不同话语以及人的行动等。

2.3.10 "真""善""美"观念分析方向

这是2002年学术会议的研究方向,具体包括8大主题:"美"在不同文化和艺术理论中的观念释义;不同艺术门类(文学、绘画、音乐等)中对现实对象及其艺术形象的美学评价差异;美学评价的界限;自然和精神世界的美学评价;美对静止与动态、混沌与有序的态度;对生命世界和无生命世界中各类对象的美学评价的隐喻和其他表达手段;表达美学评价的判断的可证性;生活和艺术中美学评价的历时变化等。目的是从肯定和否定的角度,分析和描写词汇、句法、语调及其他的美学评价表达手段,分析材料有现代艺术、文学、政论文本,社会各阶层的口语,方言和民间口头创作资料,词源学资料,历史文献及古代语言资料等。(Арутюнова 1999,2003)

2005—2012年,该学派又在如下主题的观念分析方面取得丰硕成果:语言定量研究、游戏观念场研究、嘲讽的语言机制研究、谎言与幻想研究、肯定与否定研究、独白与对话研究、未来语言观研究、艺术文本翻译研究等。这表明以上的10大方向已经拓展到18个之多。限于篇幅,故在此不做专门的评介。

2.4 语言逻辑分析理论的主要学术成果

自语言逻辑分析学派成立以来,形成了每月(每月最后一个星期五)召开一次研习班、每年(每年的5月或6月)召开一次学术研讨会的常态机制。每次研习班由一位学员或邀请一位同仁作主题报告,每次研讨会后出版会议论文专集或会议通讯。因此,除课题组成员外,吸引了世界各地的专家、学者参与学术活动。其学术成果主要体现在下列文集或会议报告摘要中:

1987——《语言学与逻辑学视角的命题谓词研究》(Пропозициональные предикаты в лингвистическом и логическом аспектах)(会议报告提要)。

1988——《语用学与内涵性问题研究》(Прагматика и проблемы интенсиональности)(文集)。

1988——《指称与文本建构问题研究》(Референция и проблемы текстообразования)(文集)。

1988——《语言逻辑分析:知识与评价研究》(Логический анализ языка:Знание и мнение)(文集)。

1989——《语言逻辑分析:内涵与语用语境问题研究》(Логический анализ языка: Проблемы интенсиональных и прагматических контекстов)(文集)。

1990——《语言逻辑分析:文本的矛盾性与异常性研究》(Логический анализ языка: Противоречивость и аномальность текста)(文集)。

1990——《观念分析:方法、结果与前景研究》(Концептуальный анализ:методы, результаты и перспективы)(会议报告提要)。

1990——《同一性与相似性,比较与认同研究》(Тождество и подобие, сравнение и идентификация)(文集)。

1991——《语言逻辑分析:文化观念研究》(Логический анализ языка: Культурные концепты)(文集)。

1991——《行动:逻辑学与语言学模式研究》(Дейсивие: Логические и лингвистические модели)(会议报告提要)。

1992——《语言逻辑分析:行动模式研究》(Логический анализ языка: Модели действия)(文集)。

1993——《语言逻辑分析:心智行动研究》(Логический анализ языка: Ментальные действия)(文集)。

1994——《语言逻辑分析:言语行动语言研究》(Логический анализ языка: Язык речевых действий)(文集)。

1994——《不同文化语境中的命运观研究》(Понятие судьбы в

контексте разных культур)(文集)。

1995——《语言逻辑分析：不同文化语境中的真理和真值研究》(Логический анализ языка: Истина и истинность в контексте разных культур)(文集)。

1997——《语言逻辑分析：语言与时间研究》(Логический анализ языка: Язык и время)(文集)。

1999——《语言逻辑分析：文化和语言中人的形象研究》(Логический анализ языка: Образ человека в культуре и языке)(文集)。

1999——《语言逻辑分析：动态世界的语言研究》(Логический анализ языка: Языки динамического мира)(文集)。

2000——《语言逻辑分析：空间的语言研究》(Логический анализ языка: Языки пространств)(文集)。

2000——《语言逻辑分析：伦理的语言研究》(Логический анализ языка: Языки этики)(文集)。

2002——《语言逻辑分析：混沌与宇宙——"有序"与"无序"观念场研究》(Логический анализ языка: Хаос и космос. Концептуальные поля порядка и беспорядка)(文集)。

2002——《语言逻辑分析："始"与"终"语义研究》(Логический анализ языка: Семантика начала и конца)(文集)。

2004——《语言逻辑分析：美学的语言研究》(Логический анализ языка: Языки эстетики)(文集)。

2005——《语言逻辑分析：语言定量研究》(Логический анализ языка: Квантификативный аспект языка)(文集)。

2006——《语言逻辑分析：游戏观念场研究》(Логический анализ языка: Концептуальные поля игры)(文集)。

2007——《语言逻辑分析：嘲讽的语言机制研究》(Логический анализ языка: Языковые механизмы комизма)(文集)。

2008——《语言逻辑分析：谎言与幻想研究》(Логический анализ языка: между ложью и фантазией)(文集)。

2009——《语言逻辑分析：肯定与否定研究》(Логический анализ языка: Ассерция и негация)(文集)。

2010——《语言逻辑分析：不同语言和文化中的独白、对话和多口对话研究》(Логический анализ языка: Моно-диа-полилог в разных языках и культурах)(文集)

2011——《语言逻辑分析：语言未来主义，未来语言观研究》(Логический анализ языка: Лингвофутуризм. Взгляд языка в будущее)（文集）。

2012——《语言逻辑分析:不同时代的艺术文本翻译研究》(Логический анализ языка：Перевод художественных текстов в разные эпохи)（文集）。

可以毫不夸张地说,语言逻辑分析学派的学术视阈已经延伸到语言个性、语言意识和社会文化的各个层面,从而成为当今俄罗斯语言学研究领域中成果最为丰盛的学派。它引领着人类中心范式的学术前沿,其发展前景将对世界范围内的语言学研究产生重大而深远的影响。

参考文献

［1］Алпатов В. М. История лингвистических учений［M］. М.，Языки русской культуры，1999.

［2］Апресян Ю. Д. Новый объяснительный словарь синонимов：концепция и типы информации［A］.//Новый объяснительный словарь синонимов русского языка［Z］. М.，Русские словари，1995.

［3］Апресян Ю. Д. Дейксис в лексике и грамматике и наивная картина мира［A］.//Избранные труды［C］. Т. 2. М.，Языки русской культуры，1995.

［4］Арутюнова Н. А Предложение и его смысл：Логико-семантические проблемы［M］. М.，Наука，1976.

［5］Арутюнова Н. А. Язык и мир человека［C］. М.，Языки русской культуры，2—е изд.，1999.

［6］Арутюнова Н. Д. Логическое направление в языкознании［A］.//Лингвистический энциклопедический словарь［Z］. М.，Научное издатеьство《Большая Российская энциклопедия》，2002.

［7］Арутюнова Н. А. Логическиӣ анализ языка. Избранное 1988—1995［M］. М.，Индрик，2003.

［8］Бартинский Е. Этноцентризм стереотипа：Результаты исследования немецких и польских студентов в 1993—1994 гг.［A］.//Речевые и ментальные стереотипы в синхронии и диахронии. Тезисы конференции［C］. М.，Институт славяноведения и балканистики РАН，1995.

［9］Буслаев Ф. И. Историческая грамматика русского языка［M］. М.，Учпедгиз，1959.

［10］Вежбицкая А. Язык. Культура. Познание［C］. М.，Руcские словари，1996.

［11］Виноградов В. В. Избранные труды по общему языкознанию［C］. Том 1. М.，Изд-во Академии наук СССР，1963.

［12］Голованова А. В. К вопросу о категории ценности и её репрезентации в языке［A］.//Человек. Язык. Культура［C］. Курск,Изд-во Курск. гос. пед. ун-та，2001, с. 11—16.

［13］Жинкин Н. И. Речь как проводник информации［M］. М.，Наука，1996.

[14] Караулов Ю. Н. Русский язык и языковая личность[M]. М., УРСС, 2002.
[15] Красных В. В. Виртуальная реальность и реальная виртуальность? [M]. М., Диалог-МГУ, 1998.
[16] Кубрякова Е. С. Краткий словарь когнитивных терминов [Z]. М., Филол. ф-т МГУ, 1996.
[17] Маслова В. А. Лингвокультурология[M]. М., Академия, 2001.
[18] Падучева Е. В. Семантические исследования. Семантика времени и вида в русском языке. Семантика нарратива[M]. М., Языки русской культуры, 1996.
[19] Попова З. Д., Стернин И. А. Когнитивная лингвистика[M]. М., Восток-Запад, 2007.
[20] Руднев В. В. Словарь культуры XX века [Z]. М., Аграф, 1997.
[21] Серебренников Б. А., Кубрякова Е. С., Постовалова В. И. и др. Роль человеческого фактора в языке: Язык и картина[C]. М., Наука, 1988.
[22] Сорокин Ю. А. Введение в этнопсихолингвистику [M]. Ульяновск, Ульяновский гос. ун-т, 1998.
[23] Хроленко А. Т. основы лингвокультурологии[M]. М., Флинта, Наука, 2004.
[24] Шахнарович А. М., Юрьева Н. М. Психолингвистический анализ семантики и грамматики [M]. М., Наука, 1990.
[25] Шмелев А. Д. Русская языковая модель мира[M]. М., Языки славянской культуры, 2002.
[26] Шпенглер О. Закат Европы[M]. Новосибирск, Наука, 1993.
[27] Яковлева Е. С. Фрагменты русской языковой картины мира[M]. М., Гнозис, 1994.
[28] Яковлева Е. С. Час в русской языковой картине времени [J]. //Вопросы языкознания. 1995, №6. с. 54—76.
[29] Lakoff G. & Johson M. Metaphors We Live By[M]. Chicago: The University of Chicago press, 1980.
[31] 洪堡特:论人类语言结构的差异及其对人类精神发展的影响[M],姚小平译,北京:商务印书馆,2000 年。
[32] 赵艳芳:认知语言学概论[M],上海:上海外语教育出版社,2001 年。

第7章
视语言为人类文化之"符号"的人类中心论

语言是什么？俄罗斯"人类中心论范式"语言学理论对此的回答是：语言不仅是符号，而且是人类文化的符号，也就是说，语言的本质特征不仅具有符号性，而且还具有文化性。因此，将语言视作人类文化之"符号"的命题，其价值取向是建立在"语言是人与世界之间的中介"，或"客观世界在人看来其实是语言的世界"这一理论假设基础之上的，以从理论与实践相结合上对"人是如何认识和把握世界的"问题做出具有"人类中心论范式"性质的回答。

属于该维度的语言学理论，主要有"词汇背景"（лексический фон）理论和"文化符号学"（семиотика культуры）理论等，它们所要阐释的核心问题，是语言符号的文化内涵以及语言符号在民族文化空间中的运作机理或模式等问题。

第1节　词汇背景理论

词汇背景理论诞生于20世纪70年代，完善于80年代。它是苏联对外俄语教学领域于70年代生成的具有普通教学论性质的"语言国情学"（лингвострановедение）中的核心理论，该理论又于90年代发展成为具有多学科交叉性质的"语言文化学"（лингвокультурология）。也就是说，词汇背景理论不仅是颇具俄罗斯特色的语言与文化研究的产物，更是人类中心论范式语言学理论体系中不可或缺的、具有奠基性质的理论样式之一。

1973年，俄罗斯著名语言学家、教学法专家维列夏金（Е. М. Верещагин）和俄罗斯教育科学院院士科斯托马罗夫（В. Г. Костомаров）合作撰写并出版《语言与文化》（Язык и культура）一书，标志着语言国情学作为一门独立学科的诞生。迄今为止，该书已再版4次（Верещагин, Костомаров 1976, 1980, 1990, 2005）。其中，1990年的第4版对相关内容进行了较大修订①,2005 年又在第 4 版的基础上增加了大量篇幅,出版了内容崭新的第 5 版。② 此外,1980 年,该两位学者又合著《词的语言国情学理论》(Лингвострановедческая теория слова)一书,集中深入地讨论了词语意义中的词汇背景问题,使词汇背景理论得以进一步深化和完善。(Верещагин, Костомаров 1980) 本节将对该理论的学理内涵及研究内容等做简要评介。

1.1 词汇背景理论的学理构成

根据维列夏金、科斯托马罗夫的语言国情学理论,语言的社会属性决定了其具有三大基本功能:一是交际功能——交际只有在交际双方具有共同的"背景知识"(фоновое знание)基础上才能实现;二是文化载蓄功能——语言记录并储存着人类一切文化成果;三是指导功能——语言有引导、影响和培养人的个性的作用。(Верещагин, Костомаров 1990:10) 该三种功能尤其是第二种功能,被称为语言国情学的理论基础。

基于以上认识,语言国情学的创始人认为,任何语言的词语中都含有一定的"民族文化成素"(национально-культурный компонент)。一个词语之所以能称名表义,是因为它由"词位"(лексема)和"义位"(семема)两部分组成的,即:

$$词\begin{cases}词位\\义位\end{cases}$$

而要想了解一个词位的意义,就必须对其进行符号解释,这个过程就是语义成素分析,即对词语进行"背景知识语义化"(семантизация фонового знания)。语义化分析表明,词语的义位是由若干"义素"(семантические доли, СД)组成的。义素中包含"概念义素"(понятийные СД)和"非概念义素"(непонятийные СД)。前者是指事物或现象特征的总和,直接参与对事物的分类和命名,人们根据这些特征来确定是否可用某一词语来指称该事物或现象;后者是概念义素之外的与该词语相关的知识、信息的总和,与事物的分类和命名无直接联系。根据维列夏金、科斯托马罗夫所下的定义,概念义素即构成词语的概念,而非概念义素则为"词汇背景"或背景义素。即:

---

① 1990 年修订版,删除了原书中带有苏联意识形态方面的有关内容,如粉饰前苏联现实、强调对学俄语者进行苏联文化移入等,并增加了些许暴露苏联"阴暗面"的内容。也就是说,该版在内容上显得更为全面和客观,反映了众多学者对语言国情学这一学科性质的基本认识。

② 2005 年版的《语言与文化》,其容量是 1990 年版的三倍之多,内容上增加了两大篇幅,即在原先词汇背景理论基础上,增加了"动态研究——作为民族文化信息载体和源泉的语篇"和"静态与动态的结合——语言信息单位思辨"两大部分。前者主要论述语篇层面的语用策略问题,后者主要讨论语言信息单位的文化生成机制问题。

$$义位\begin{cases}概念义素 \to 概念\\ 非概念义素 \to 词汇背景 \to 背景义素\end{cases}$$

语言国情学理论把词语的义位区分为概念和非概念两大义素成分后并没有就此止步,而是从义素的属性和功能出发进一步对非概念义素即背景义素进行描写和分析。他们认为,背景义素又由"社会义素"(социальные СД)和"个性义素"(частностные СД)组成。前者在某语言社团内为人所共有,因此具有普遍性和广泛性;而后者则属某个性所有,带有一定的主观性和局限性。显然,语言国情学的词汇背景理论要研究的是具有普遍意义的社会义素。即:

$$非概念义素 \to 背景义素\begin{cases}社会义素\\ 个性义素\end{cases}$$

社会义素就其所属关系和普及范围而言又可分为"民族文化义素"(национально-культурные СД)和"跨语言义素"(межъязыковые СД)两类。民族文化义素为该语言及其社团所特有,而跨语言义素则是语言间共有的,并且包括全人类所共有的和地域性共有的两种。即:

$$社会义素\begin{cases}民族文化义素\\ 跨语言义素\begin{cases}全人类义素\\ 地域性义素\end{cases}\end{cases}$$

(Верещагин, Костомаров 1980:20—27)

此外,维列夏金、科斯托马罗夫还认为,词的背景义素就是通过同一主体语言文化背景的人们的各种"联想"(ассоциации)而获得的。联想是由于某事物或某概念而引起的其他相关事物或概念的心理活动过程。英国语言学家利奇(G. Leech)提出的七种语言意义,曾把内涵意义、社会意义、情感意义、反映意义、搭配意义等概括为联想意义,它集中体现着具备相同语言文化背景的人在相同的社会环境中所普遍使用的语言表现形式的非理性成分。对于词来说,通过词与词概念的搭配组合联想,便可以清楚地区分两种不同的义素成分:外显义素(экзотерические СД)和内隐义素(эзотерические СД)。该两种义素同为背景义素的一部分。即:

$$背景义素\begin{cases}外显义素\\ 内隐义素\end{cases}$$

前者所体现的是词与词的搭配组合关系,几乎为操不同语言的人所熟知,因而容易被理解;而后者仅仅为操某种语言的人所了解,对操另一种语言的人来说则难以形成概念。联想可以不带任何感情色彩,也可以带有鲜明的民族文化情感。前者对词语的联想产生的义素具有中性特征，可认为属外显义素范畴；后者则通常会引发出词语的感情评价义素即"伴随意义"(коннотация)。维列夏金、科斯托马罗夫给伴随意义下的定义是：能引起感情、伦理和审美联想的词。可见，伴随意义的产生是受一定的民族文化传统制约的，具有主观评价色彩的词语才有伴随意义。(Верещагин，Костомаров 1980:120－125)此外，能引起丰富联想并伴随有民族文化附属语义的还有格言警句、礼貌用语和客套用语等。

综上所述，词汇背景理论对词的非概念意义的诠释可用下图予以概括：

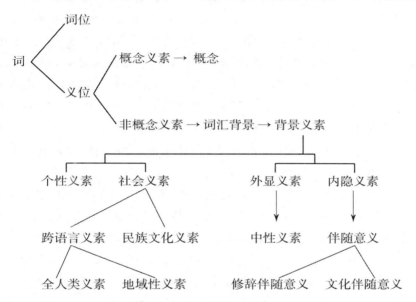

以上可见，所谓词汇背景理论，其本质为文化词汇学。它以研究俄语词的民族文化语义为己任，旨在揭示对外俄语教学中俄语所承载的俄罗斯民族文化的语义特征。相对于传统的词汇学和语义学理论，它显然更带有人类中心论性质，因为其学理中聚焦的是语言符号中所包含的民族文化价值。

1.2 词汇背景理论对词语的民族文化语义研究

词作为最基本的语言单位，其数量无论在哪一种语言中都可以用"浩如烟海"来形容。那么，究竟哪些词语最能反映一个民族的文化特征，或者说最具语言文化学的应用价值和教学法意义呢？维列夏金、科斯托马罗夫在其合著的《语言与文化》《词的语言国情学理论》两部著作中，分别从俄语词与外语词的对应性、术语词汇、成语性词语等角度对俄语词汇的民族文化语义进行了研究。

1.2.1 对应词、非对应词和非完全对应词

维列夏金、科斯托马罗夫从俄语与其他语言比较的角度提出了"对

应词"(эквивалентные слова)、"非对应词"(безэквивалентные слова)和"非完全对应词"(неполноэквивалентные слова)等概念,并认为后两种词汇最能体现俄罗斯民族的文化特征。(Верещагин, Костомаров 1990: 41—45)

所谓对应词,是指那些在两种语言中表示相同概念的词汇。比如俄汉语言中的 солнце——太阳, автобус——公共汽车, красный——红的, читать——读, быстро——快,等等,都是对应词语。非对应词是指在一种语言中存在,而在另一种语言中没有表示相应概念也没有对应事物的词语。如俄语中的 самовар, сарафан, кафтан, совет 等对于汉语和英语等语言来说都是非对应词。非完全对应词语又称"背景词汇"(фоновая лексика),指那些两种语言中词汇的概念意义对应而背景意义不对应或不完全对应的词语。如俄语词 вокзал 表示"旅客上下车、船用的站房",既包括火车站,也包括航运码头等。而汉语词"车站"只限于陆路交通方面,更没有"站房"这一特征,主要指"旅客上下车的处所"。除此之外,非完全对应词还包括可以产生主题联想的词语,它们往往附有鲜明的民族文化伴随意义。

在上述所提概念的基础上,维列夏金、科斯托马罗夫还对俄语中的非对应词和非完全对应词进行了分类。他们认为,属于上述的词语共有 7 大类(Верещагин, Костомаров 1990: 46—50),它们分别是:

1) 苏维埃词语(советизмы),如 *Совет Союза, Соцстраховская путёвка, дом отдыха, треугольник, вечер вопросов и ответов* 等。这些词语如今虽然有相当一部分已经"过时",但现代俄语中却并不少见。

2) 新生活方式词语(слова нового быта),如 *зона отдыха, самодеятельность, ваучер, казино, челнок, частник* 等。属于该类的词语还有"旧词"在苏维埃时期被赋予"新义"的那些词汇,如 *заведующий, пионер, перредовой, староста, треугольник* 等。

3) 传统生活方式称名词语(наименования предметов и явлений традиционного быта),如 *щи, чёрный хлеб, косоворотка, сарафан, частушки, самовар, тройка* 等。

4) 历史词语(историзмы),如 *пуд, губерния, сажень, нэп* 等,这类词语大多使用在谚语、俗语、成语中,且有些历史词语在新时期获得了新义。

5) 成语性单位词语(слова фразеологических единиц),如 *знать всю подноготную, гоняться за двумя зайцами, лезть на рожон, спустя рукава* 等。

6) 民间口头创作词语(слова из фольклора),如 *добрый молодец*,

снегурочка，чудо-юдо，водяной 等。

7) 非俄语原生词语（слова нерусского происхождения），主要指俄语中从突厥语、蒙古语和乌克兰语借入的词语，如 базар，тайга，халат，шашлык，гетман 等。

据统计，俄语中这类非对应词语约占俄语常用词汇总量的 6—7%，虽然数量不大，但"能量"却不小，它们集中反映着俄罗斯文化中特殊的民族文化语义和民族文化信息，因此具有鲜明的民族文化特色。

而作为两种语言中概念上对应而背景意义不对应的非完全对应词，究其数量而言，维列夏金、科斯托马罗夫认为现代俄语中每两个词中就有一个词的背景意义与外语词语有区别，因此也就无法给出确切的数量。（Верещагин，Костомаров 1990：51）这类词大多为日常生活常用词汇，在词汇背景方面与外语词的有别，如 дом，общежитие，столовая，главврач 等。以 столовая 一词为例，它似乎与汉语中"食堂"的语义相对应，其实背景语义大不相同。区别之一，在我国，食堂一般指供某机关、团体、学校、部队等单位内部成员用餐的地方，而俄罗斯的食堂所包括的范围大得多，它还包括对外营业的"饭馆"；区别之二，俄罗斯食堂由于对外开放，一般从上午 8 点到晚上 20 点为营业时间，而我国的食堂只在三餐固定时间开放；区别之三，我们的食堂一般不用付现金，多使用 IC 卡等，而俄罗斯的食堂可以吃自助餐，餐后在收款处交款，打收据，这是我们所没有的；区别之四，俄罗斯有相当一部分食堂不设座位，顾客通常站着用餐，而我们的食堂一般备有餐桌。此外，不同文化中的主题联想也是生成非完全对应词的重要原因之一，联想产生文化伴随意义，给人提供与主题词语有关的文化信息。以 книга 一词为例，不同文化背景的人，可以轻而易举地举出一系列与该词语有关的俗语、谚语、成语性固定词组和警句、格言等，如俄罗斯人可以联想到 Любите книгу—источник знаний；Ему и книги в руки；книжный голод；Книга почёта 以及 Общество книголюбов；букинист 等。（Верещагин，Костомаров 1990：43）联想给人以启迪，人们从联想中可以得到本民族文化中特有的有关"书"的一系列文化信息。

1.2.2 术语词汇的民族文化语义

维列夏金、科斯托马罗夫认为，不仅普通词汇具有背景意义，"术语词汇"（терминологическая лексика）也不例外，且其背景意义相对于普通词汇而言更有特色。首先，两位学者将纯术语词汇和既用作术语、又用作普通词的词汇进行了区分，认为现代俄语中虽有一些像 арахнология，импеданс 等纯术语词汇，但绝大多数术语词同时又用作普通词，因此后者在语义上也具有民族文化背景知识。其次，他们又将后一类具有双重功用的术语词汇区分为"术语化词汇"(термированная лексика)和"术语原生词汇"(лексика терминологического происхождения)两类:前者为由普通词转变为术语的词汇,后者为起源于术语并进入到普通语言中的词汇。(Верещагин,Костомаров 1990:51—52)从词汇背景理论角度看,这两类词汇的民族文化语义的构素是不同的。术语化词汇的民族文化语义与普通词汇基本相同,因为尽管它们已经被术语化,但并没有丧失鲜活的"内部形式"(внутренняя форма)①,没有失去形象性,也没有割裂与原生词所固有的历史文化联想之间的联系,因此具有鲜明的民族文化语义。如,俄语中 соль 一词用作术语时,就完全留存着该词作为普通词汇时的各种联想:подсыпать соли в раговор(此处留存着作为普通词是的"辛辣""风趣""俏皮"等的联想),соль земли(此处通过隐喻留存着俄罗斯人对"盐"的历史认识等)。术语原生词汇的民族文化语义则与原作为术语时的使用领域有关。当这些术语词汇进入到普通语言后,在保留原术语语义的前提下,衍生出词汇本身的"二级意义"(вторичные значения)。也就是说,这类术语词汇既具有科学概念,又具有"科学背景"(научный фон)。如 металл 一词,当它用作术语时,具有科学概念,但又具有科学背景,后者常在百科知识性文章中涉及;而当该词用作普通名词时,即便是从不接触冶金业的普通人也会联想到许许多多与该词相关联的词语,如:железо, золото, сталь, медь, серебро,以及与该词搭配的形容词——чёрный, цветный, драгоценный,甚至可以联想到诸如 Донбасс, Урал 等俄罗斯重要的金属生产和制造基地,以及 стальная воля, железная дисциплина,《Как закалялась сталь》等文化背景知识。(Верещагин,Костомаров 1990:51—54)

1.2.3 专有名词的民族文化语义

专有名词包括人名、地名和动物名等。尽管通常认为他们没有词汇意义,而只有称名功能,但依然拥有词汇背景,而且所包含的民族文化语义比普通词汇更鲜明。

1) 人名(антропонимы)。有表示年岁意义的,如 Октябрина, Майя 等;有表示来源的,如 Герман, Вера, Иван 等;有表示社会色彩的,如 Емельян, Иона 等;有表示用途的,如 Александр, Акаций 等;还有表示出生地的,如 Океана, Тарас 等。此外,人名还常出现在一些谚语、俗语、成语之中,从而具有独立的文化语义,如 Макар 指倒霉的人,于是谚语里

---

① "内部形式"的学说最早是由德国哲学家、语言学家洪堡特提出来的。在他看来,每一种语言都表达和记录着各自的思维范畴和意义内容,由此形成了独特的语言结构和语义结构——"内部形式",即概念形成的理据。后来,该学说被"新洪堡特学派"(неогумбольдтианство)和俄罗斯"哈尔科夫语言学派"所发展,成为俄罗斯语言学研究中崇尚人文主义精神的核心概念之一。

便有 *На бедного Макара все шишки валятся* 的说法。人名更多地具有象征意义,如 *Иван* 是俄罗斯人男名的象征,*Иван Ивановна* 和 *Иван Никифорович* 是果戈理小说中的人物,象征为小事而争吵不休的朋友,等等。

2) 地名(топонимы)。地名不只是简单的地理学术语,而具有深刻的文化内涵。有时,其文化内涵可以从地名中直接产生,如 *Новгород*,*Владивосток* 等。更多的地名则具有丰富的社会历史背景:有表示历史名城的,如 *Владимир*,*Нижний город*,*Тула*,*Яросвавль*,*Суздаль* 等;有表示重大军事行动的,如 *Полтава*,*Бородино* 等;有表示战争和革命历程的,如 *Волгоград*,*Жуковский* 等;有反映前苏联社会主义建设成就的,如 *Запорожье*,*Магнитогорск*,*Братск* 等。

3) 动物名(зоонимы)。动物名的民族文化特征主要体现在成语、格言之中。以成语为例,据俄罗斯语言学家统计,俄语中包含有动物名的成语大约有 150 个左右(Верещагин, Костомаров, 1990:58),其中使用频率最高的依次为 *собака*,*муха*,*курица*,*петух*,*кошка* 等。成语中的动物名大多以其原名原意来表示民族文化语义,如 *ловить рыбу в мутной воде*,*волк в овечьей шкуре* 等,但其喻义、感情色彩和文化价值等却不相同。它可以表示人的内在本质及外部特征,如 *слепая курица*,*глухая тетеря* 等;可以表示人的行为和生活方式,如 *на птичьих правах*,*заливаться соловьём* 等;可以表示人的行为特征,如 *брать быка за рога* 等;可以表示人的心理特征,如 *будто муха укусила* 等;可以表示食物和自然现象,如 *собачья радость*,*белые мухи* 等;还可以表示数质量,如 *меньше воробьиного носа*,*ни одна собака*,等等。此外,动物名还有鲜明的象征意义,*медведь* 象征笨拙,*муравей* 象征勤劳等。

1.2.4 成语的民族文化语义

成语的民族文化语义是不言而喻的,因为任何一种语言中的成语,都是其民族文化的结晶。俄语成语既有"称名语义"(номинативная семантика),又有"成语背景"(фразеологический фон)。按照词汇背景理论,俄语成语只具有词组的句法形式①,其称名语义是对单个事物或单个现象进行表义,这与词汇的称名完全相同。而成语背景的情况则比较复杂。维列夏金、科斯托马罗夫是从以下两个方面来审视成语语义的:首先,俄语成语的语义具有整体性(不可分解性)和约定俗成性的特点,如 *работать засучив рукава* 就是"努力工作"的意思;其次,成语在日常言

---

① 俄罗斯语言学界对成语的界说并无定论,但多数学者的看法与词汇背景理论的作者所理解的相同,即:俄语成语有别于格言和词:成语具有词组的句法形式,其在句子中的功能相当于词;格言(包括谚语、俗语、名言警句等)具有句子的句法形式;词只有词法形式,因为它无法分解为独立的形态单位。

语中也可用作直义或字面义,如,可不把 засучив рукава 当做成语来使用,而将其用作直义——"卷起袖子":Засучив рукава, Аксинья протирала окна, мыла полы. 这表明,成语的语义是以原型词组的直义为基础的。这在很大程度上决定着成语背景的民族文化语义的特点:一是成语从整体上体现民族文化,即以其约定俗成意义来展示民族文化的特点。事实上,对于其他民族的语言和文化来说,俄语成语的意义就具有独一无二性。即便它们的意义与其他民族的成语意义有相似或相近之处,其文化内涵和背景意义也绝不会完全一致。二是成语以其成素单位来反映民族文化,即以原型词组中的某个特色词语展现民族文化的特点。可以说,俄语成语中的许多词汇都具有非对应词的性质,如俄语成语 ходить фертом 中的 ферт 一词,古代就是字母 ф 的名称,类似还有 как аршин проглатил, коломенская верста, косая сажень в плечах 等成语中的 аршин, верста, сажень 等词语。三是成语以其"原型"(прототип)反映民族文化,即以整个起源上的自由词组来展现民族文化的特点,因为成语的词组搭配原型记录着一个民族某种习俗、传统以及日常生活和文化的细节。如,俄语成语原型可以讲述:(1)传统的俄语知识:начать с азов, с красной строки 等;(2)儿童游戏:играть в тряпки / в кошки-мышки, куча мала, нашего полку прибыло 等;(3)货币制度:за длинным рублем, ни копейки, гроша ломанного не стоит 等;(4)传统医术:заговаривать зубы, до свадьбы заживешь 等;(5)狩猎和捕鱼:подцепить на удочку, ловить рыбу в мутной воде 等;(6)典型的俄罗斯植物:елки-палки, смотреть в лес 等;(7)典型的俄罗斯动物:как с гуся вода, брать быка за рога 等;(8)人的长相及穿戴:посмеиваться в бороду, дать по шапке 等;(9)农民的生活及耕作:пятое колесо в телеге, выносить сор из избы 等;(10)日常生活:лака не вяжет, ободрать как липку 等;(11)俄式蒸汽浴崇拜:пристал как банный лист, задать баню 等;(12)钟声习俗:звонить во все колокола, смотреть со своей колокольни 等;(13)青年人习俗及摔跤游戏:стенка на стенку, выбивать почвы из-под ног 等;(14)民间口头创作短语:скоро сказа сказывается, за тридевять земель 等;(15)现代科技:заложить фундамент, жить в вакууме 等。(Верещагин, Костомаров 1990:68—70)当然,以上原型反映民族文化的类型还可以列举很多,限于篇幅而不再赘述。

需要指出的是,成语的上述背景义素并不进入到其约定俗成的意义之中,而总是处在该意义之外,但却又能在交际中让人处处感觉到该背景义素的存在和发挥着功用。这是成语的称名语义与背景意义相互作用的结果,从而凸显出成语所特有的语言魅力和民族文化价值。

1.2.5 格言的民族文化语义

按照维列夏金、科斯托马罗夫的界说，格言（языковые афоризмы）包括"谚语和俗语"（пословицы и поговорки）、"名言警句"（крылатые слова）、"口号和箴言"（призывы, девизы, лозунги）、"社会科学和自然科学定义"（общественно-научные формулы и естественнонаучные формулировки）等语言单位。（Верещагин，Костомаров 1990:71—72）他们认为，格言具有称名性，但其称名功能与词和成语的称名功能在性质上有所不同：如果说词的所指是"概念"（понятие）的话，那么格言的逻辑和思维所指应该是"判断"（суждение），即概念的组合，其中一个概念由另一个概念来决定和展示。这是就格言的形式而言的，但从其实质看，它的所指并不是判断，而是"情景"（ситуация）。也就是说，在格言的层面上，语言的分类功能和称名功能主要体现在对情景进行区分和称名方面。以 Ох, тяжела ты, шапка Мономаха! 为例，该格言的语义不仅仅局限在称名语义方面，还可以从字面意义理解成"帽子的确不轻"；此外，说者也不一定会知道该格言出自何处，Мономах 是何许人也，为何用此人的名字来指帽子等一系列背景知识。可见，对情景进行称名的格言也与词和成语一样，在语义上具有"双层性"，既有称名语义，又有背景知识，后者即"格言背景"（афористический фон）。也就是说，格言和成语一样，也同样具有自己的"原型"（прототип）。如 Мал золотник, да дорог 这一格言并不是为了对俄罗斯旧的重量单位进行称名，而是表示"东西虽小，但价值高"的意思。但与此同时，золотник 这一词语的原型语义就表示 1/96 俄磅（约合 4.26 克），其重量很轻，因此也可以从原型词语上来理解该句格言的意义。（Верещагин，Костомаров 1990:74—75）

依照格言语义及背景的上述特性，维列夏金、科斯托马罗夫认为，格言背景的民族文化语义主要体现在其"文化载蓄功能"（кумулятивная функция）和"指导功能"（директивная функция）两个方面。格言的文化载蓄功能主要有：它记录着一个民族的集体经验，如 Где тонько, там и рвется; Готовь сани летом, а телегу зимой 等；它反映着该民族的生活条件，如 Язык до Киева доведет; Москва слезами нге верит 等；它表达着民族的智慧，如 Волков бояться, в лес не ходить; В огороде бузина, а в Киеве дядька 等；它代表着某一更广阔的语境，如 А ларчик просто открывался; ты виноват уж тем, что хочется мне кушать 等，就会使人不由自主地在脑海中浮现出寓言作家克雷洛夫（И. А. Крылов, 1767—1844）的形象。而格言的指导功能是不言而喻的，它所包含的深邃思想和哲理，对人的行为无疑具有重要的影响、感化和引导的作用。（Верещагин, Костомаров 1990:76—79）

以上不难看出,所谓词汇背景理论,主要是词的非概念意义的研究,但也涉及成语、格言等语言单位的背景知识研究。这一理论不仅在当时,即便在现在依然具有重要的语言学价值,且对提升对外俄语教学的质量以及对学俄语者进行"文化移入"(аккультурация)具有重要的促进作用。

第2节　文化符号学理论

俄罗斯作为现代符号学研究领域与美国、法国并列的"三巨头"之一,其理论学说具有鲜明的民族特色,"文化符号学"(семиотика культуры)理论就是其中最杰出的代表,甚至是当代俄罗斯符号学的代名词。该理论起兴于20世纪60年代,鼎盛于20世纪70—80年代。1964年,塔尔图大学开始正式出版符号学研究文集——《符号系统研究》(Труды по знаковым системам)[①],从而成为该学派形成的正式标志。文化符号学理论的创立者是世界闻名的"塔尔图—莫斯科符号学派"(Тартуско-московская школа)的领袖洛特曼(Ю. М. Лотман, 1922—1993)以及主将乌斯宾斯基(Б. А. Успенский)、托波罗夫(В. Н. Топоров, 1928—2005)等。

塔尔图—莫斯科学派把神话、文学、艺术和整个文化当做符号现象来研究,60年代主要利用自然语言符号和文本材料进行研究,70—80年代把结构主义符号学运用于更广泛的符号学(从图像、形象等系统直至文化系统)研究,提出了诸如文化多语性、文化异源性、文化多声性以及不同符号系统的互动性等一系列的思想和学说。(李肃 2002:39—40)也就是说,在60年代起兴阶段,该学派的学术视角主要是概括意义上的语言学角度的符号学研究,而只是从70年代起,才开始把结构主义符号学的方法运用到电影、绘画和文化(尤其是俄罗斯文化)等方面的研究,文化符号学才成为了该学派的主要方向。在学派活动的后期,已经不再采用传统的结构主义语言学方法,而转入对信息论、人机交际、人工智能等人造语言信息的研究,这一领域的代表人物是另一位符号学家——伊万诺夫(Вяч. Вс. Иванов)。[②]

---

① 关于塔尔图—莫斯科学派出版的学术丛刊《Труды по знаковым системам》的译法,我们主要是参照其1998年第26卷改成的英语标题"Sign Systems Studies"确立的,即"符号系统研究"。前25卷用的是俄语标题,意思为"符号系统著作"。但我们认为前一种翻译更加贴切,也更加规范,因为在该丛刊上发表的绝大多数是学术论文。

② 从组织形式上看,塔尔图—莫斯科学派正式形成于1964年,以该年在爱沙尼亚的塔尔图国立大学开办"第一期符号学夏季研修班"(Первая семиотическая летняя школа)为标志。但研修班之所以得以成功举办,还主要得益于1962年在莫斯科召开的"符号系统结构研究专题研讨会"(Симпозиум по структурному изучению знаковых систем)的推动。此次研讨会正是在伊万诺夫等人的倡导下召开的,并由前苏联科学院"斯拉夫学研究所"(Институт славяноведения)和"控制论委员会"(Совет по кибернетике)联合举办。

2.1 洛特曼的文化符号学理论思想

洛特曼作为 20 世纪中后期俄罗斯杰出的文学家、文化学家和符号学家，曾从师于谢尔巴(Л. В. Щерба，1880—1944)、日尔穆恩斯基(В. М. Жирмунский，1891—1971)、普罗普(В. Я. Пропп，1895—1970)、艾亨鲍姆(Б. М. Эйхенбаум，1886—1959)等著名的语言学家和文学家。他一生从事俄罗斯经典文学的教学与研究工作，曾从符号学角度对普希金(А. С. Пушкин，1799—1837)、果戈理(Н. В. Гоголь，1809—1852)、莱蒙托夫(М. Ю. Лермонтов，1814—1841)等著名作家、诗人以及十二月党人的作品有过深入的研究。他勤于思考，笔耕不辍，著述颇丰。1958 年出版第一部专著《卡依萨罗夫与其所处时期的社会文学斗争》(А. С. Кайсаров и литературно-общественная борьба его времени)，之后又陆续出版了《艺术文本的结构》(Структуры художественных текстов)(1970)、《文化类型学论文集 1》(Статьи по типологии культуры)(1970)、《诗歌文本分析》(Анализ поэтического текста)(1972)、《电影符号学和电影美学问题》(Семиотика кино и проблемы киноэстетики)(1973)、《思维世界：文化符号学理论》(Universe of the Mind: a semiotic theory of culture)(1990)①、《文化与爆发》(Культура и взрыв)(1992)、《文选》(3 卷本)(Избранные статьи в 3-х тт.)(1992，1993)等著作，以及书评、注释和大量学术论文等，总数达 763 部/篇，真可谓是著述等身的符号学大家。

洛特曼的符号学理论思想精辟而广博，研究范围涉及语言、文学、历史、社会、心理等多个领域，从而构成了具有世界影响的文化符号学的基本理论框架。从其文化符号学理论思想的发展轨迹看，大致经历了从对艺术文本进行形式主义的构建，到对俄罗斯历史文化进行符号学个案分析这样一个发展过程。下面，就让我们集中审视一下洛特曼在文化符号学理论方面的主要理论学说。

2.1.1 基于"文本"的文化符号学思想

在洛特曼的文化符号学理论学说中，"文本"(текст)始终是一个核心概念，这不仅是洛特曼本人开始从事符号学研究的最初对象以至终生不变的领域，同样也是其对世界符号学做出的最大理论贡献之一。那么，究竟什么是文本呢？洛特曼首先是从语言学角度来界定文本概念的。他认为，文本不仅存在于自然语言中，而且还体现在人工语言系统和文化结构系统(即"二级模式化系统")中；文本并不等同于文学作品范畴，但却构成了文学作品"真正的实体"；文本是文本内各种关系的"常量系

---

① 该著作于 1999 年出俄文版，名称为《在思维世界里》(Внутри мыслящих миров)。

统"；文本是具有符号学性质的文学作品实现"人工产品"的空间。在我们看来,洛特曼对文本的以上界说,集中体现着这样的思想:文本不仅是一个有组织的符号系统,而且具有"离散性"和"层次性"的结构。也就是说,洛特曼眼中的文本概念,包含了语言符号的所有成分,是将语言成分符号化或将语言成分整合为符号整体所得出的。文本既可以是一篇文学作品,也可以是文学作品的某一个片断,还可以是整个文学样式以至整个文化。正如有学者指出的那样,"文本作为文化最起码的组成部分和基础单位,是文学符号学和文化符号学的连接环节"。(王铭玉 2004:170)

  洛特曼运用上述文本概念,对大量文学和艺术作品进行了符号学分析,其中最具影响力的代表作是 1970 年出版的《艺术文本的结构》一书(曾于 1972、1992、1998、2001 年等多次再版)。在该书中,洛特曼对艺术文本的符号学问题——如艺术代码的多样性、文本的组合关系和聚合关系、文本内部结构的层次性、文本内结构与文本外结构的关系,以及文本的专题学术研究、文本的民族文学史研究和文本的比较类型学研究等,都做了深入和详尽的审视。如,他把艺术文本视作符号学结构,从语言与言语、文本与系统的关系出发,重点对该文本的思想结构和空间结构进行了阐释。前者包括行为、意识、文学创作、道德结构,后者指代码的转换和多维空间。得出的结论是:艺术文本的思想结构"是特定历史时期俄罗斯文化的反映",而空间结构"是世界空间结构的模式,文本内部各成分的内在组合关系,是空间模式化的语言"。(Лотман 1998:212)

  对艺术文本进行符号学分析所产生的思想,无疑成为了洛特曼的文化符号学理论体系的基础,但其完整学理形态的形成还得益于其在此基础上提出的"符号域"(семиосфера)理论。他认为,符号域即符号空间,其结构具有非均匀性和非对称性的特征:非均匀性指语言符号的异源性和异功能性,这是因为充满着符号空间的各种语言不仅其本质属性不同,而且其可译性的程度也有别。文本符号空间的异源性,是生成新信息的源泉所在;非对称性指不同符号域的语言,其意义上存在着巨大差异,它们集中体现在符号域的"中心"和"外围"的相互关系上,而这种关系又处在运动和相互转换之中。(Лотман 2001:250—255)洛特曼运用上述符号域理论对文本的形式和意义的转换进行了详细描写。在他看来,文本是位于非简化和简化之间的"张力场"(поле напряжения)中,前者为文本的表达,后者是文本的内容。作为符号的文本会对文本内容进行模式化,从而使文本得到重新编码,使表达与内容的相互关系发生改变。

  从洛特曼的上述理论思想中,我们可以得出如下几点结论:

  一是文本作为文化符号学的学理载体,使文化符号学研究完全具有了语言学的性质。无论是对文本的内外结构还是由此构成的各种关系，无论是对文本的思想结构还是空间结构，洛特曼首先或主要地是从语言学角度加以解读的，这与俄罗斯的符号学传统有所不同。①

二是由文本符号拓展到符号域领域，洛特曼将文本的符号学研究延伸到了文化系统的各个层面，并发现了文化的恒量，从而开启了真正通向文化符号学的"显学"之门。也就是说，洛特曼所倚重的对文化的符号学阐释，是从语言学（确切说是艺术文本符号）研究发端的。从这个意义上讲，文化符号学理论的本质是语言学的。

三是把文本作为符号学的学理载体或对象，应该在世界符号学研究史上是一次"质"的飞跃，是继索绪尔开创语言符号学之后的"第二代符号学"的典型范式，从而在语言学说史上具有重要的理论价值和方法论意义。②

四是洛特曼对文本所做的文化符号学分析，在方法上依据的主要是马克思主义辩证法，这又与法国和美国的学者有很大不同。如，他认为，艺术文本作为一个系统，对其结构的分析不能只限于"孤立的成分"，而应该是"各成分之间的关系"，但要正确弄懂各成分之间的关系，又"必须预先搞清楚各孤立的成分"；诗歌文本的分析一方面要"限定在某一首诗的框架内进行"，不要去旁引其他生平材料或文学史料，但另一方面诗歌语言又"只能在诗歌的语言背景中才能理解"。（Лотман 2001：12－25）从这点上讲，基于文本的文化符号学理论又贴有鲜明的俄罗斯文化的标签。

2.1.2 面向"历史"的文化符号学思想

文化符号学理论最具代表性的是洛特曼晚年出版的《文化与爆炸》和《在思维世界里》两部著作，此外还有大量论文，如被收入 2001 年出版的《符号域》(Семиосфера)(2001)文集中的《文化类型学文论》(Статьи по типологии культуры)、《论文化的符号学机制》(О семиотическом механизме культуры)、《文化的符号学研究提纲》(Тезисы к семиотическому изучению культур)、《论文化动态性》(О динамике культуры)、《俄罗斯文化谈》(Беседы о русской культуры)、《神话、名字、文化》(Миф—имя—культура)等。这些著述主要是面向本国历史的符号学研究，内容涉及文化与历史、文化与文本、文化与交际、文化与人的大脑（记忆）、文化与科技进步、文化与神话等广泛领域，归纳起来主要有

---

① 我们知道，俄罗斯学者最先是从文学开始进军符号学世界的，这与美国学者皮尔斯及瑞士学者索绪尔分别从逻辑学和语言学走向符号学研究的历程不尽相同；而洛特曼对文本符号的解读则主要是语言学角度的。

② 当然，开展文本符号研究的首创者并不是洛特曼本人，而是俄罗斯的另一位符号学大家、思想家巴赫金（М. М. Бахтин，1895—1975）。他提出的"对话主义"理论和"超语言学"思想，就是建立在艺术文本的载体之上的。

以下三个方面：

1) 将艺术文本的符号学分析严格置于俄罗斯历史文化发展语境的框架内加以审视。在《文化与爆发》一书中,他首先提出文化的发展是按照"渐进"和"爆发"两种方式来实现的重要思想,认为渐进是不断运动的过程,具有"可预测性",而"爆发"则与之相对立,具有"不可预测性"。人类的发展史就是"渐进"与"爆发"相互运动和相互转化的历史。但"渐进"并不一定总是以"爆发"作为唯一的结局,文化的整个领域也可以只以"渐进"的形式实现自己的运动 。(Лотман 2001:17)基于以上思想,洛特曼对俄罗斯数百年的历史演变进程进行了文化符号学的建构,尤其对其历史上发生的"爆发"(即"突变")现象做了深刻的阐释,得出了俄罗斯文化具有"二元系统"(бинарная система)特征的结论。更为重要的是,他认为文化发展的规律也同样适用于对语言中的"语义交叉"以及信息传递、交际行为等做出合理的解释。他把语义交叉看做是"意义的爆发",认为与个体意识相关联的意义空间的交叉,不仅能够"生成新的含义",并能"构成语言的隐喻",而这正是语言符号的基本属性所在。(Лотман 2001:26—30)

2) 对文化的概念、内涵及其本质属性等做出深刻而独到的界说。他在与乌斯宾斯基合作发表的《论文化的符号学机制》(О семиотическом механизме культуры)一文中提出,从符号学角度看,文化的概念在不同的历史时期和不同的学者眼里是有区别的,但在各种不同的界说中也存在某些"共性",如文化具有多特征性、文化区别于"非文化"(не-культура)等。前者是指文化从来就不是"通用集",而只是按一定方式组织起来的"亚集",也就是说,文化从来不能包罗一切,它只是呈现与非文化对立的一个封闭地段或区域。文化与非文化的这种对立可以相互转换：非文化通常以与某宗教、某知识、某生活和行为类型不相关联的面貌出现,而文化总是需要与之相对立,文化是该对立中"贴有标记的成分";后者的意思是,相对于非文化,文化是一个符号系统,它具有与非文化的"先天性""自然性""原生性"等相对立的"后天性""约定俗成性""凝聚人类经验的能力"等基本特征。(Лотман 2001:485)他还指出,文化作为"集体记忆",其文本和集体记忆代码的"长久性"是文化得以在集体意识里组织和保存信息的基本机制。(Лотман 2001:488)在揭示文化的基本概念和特征后,洛特曼并无就此止步,而是又从符号学的基本原则出发,对文化的本质属性做了进一步的深刻阐释。他指出,"没有哪一种文化只在一种符号渠道中生存的",文化的特点之一是追求"语言的多源性"(гетерогенность языков),而建立在自然语言之上的文本和绘画则表达着最普通的由两种语言构成的系统,这就是文化的机制。(Лотман 2001:

518)

3) 对俄罗斯 11—19 世纪的文化类型进行了分类。他在《符号和符号系统问题与 11—19 世纪俄罗斯文化的类型学》(Проблема знака и знаковой системы и типология русской культуры XI-XIX веков)的文章中提出,人类的文化是建立在自然语言这一符号系统基础上的,因此,对待语言符号的态度就决定了对文化代码的分类,也就是说,语言符号系统对文化代码的类型有着"模式化的影响"。(Лотман 2001:400)他在深入分析俄罗斯文化演变、发展的历程后得出结论认为,自基辅罗斯至 19 世纪中叶俄罗斯经典时期的文化,大致经历了四种基本发展阶段:文化代码仅作为语义组织的阶段;文化代码仅作为句法组织的阶段;文化代码追求否定语义和句法组织(即否定符号性)的阶段;文化代码作为语义和句法组织综合的阶段。该四个发展阶段分别彰显出"语义""句法""无语义和无句法""语义—句法"等四种文化代码类型。(Лотман 2001:402—416)

以上不难看出,文化符号学理论很大程度上是在审视俄罗斯历史的过程中建构起来的,它不仅为我们提供了正确认识历史的符号学方法,更为重要的是把符号学的本质特征——"符号多语现象"与文化的本质特征——"文化多语性"有机联系了起来,从而极大地提升文化符号学理论的学理机能,也在方法论上使文化符号学研究成为了可能。"文化多语性"无疑是洛特曼在建构文化符号学理论体系过程中得出的核心思想,符号学视阈中的文化的本质是如此,文本尤其是艺术文本的本质也是如此。当然,除文化具有多语性外,语言符号系统本身也应该同样具有多文化性。这是因为:语言符号和文化符号一样,是难以自给自足的,需要在语言接触过程中不断得到完善和补充。因此,从本质上讲,语言符号也具有多文化性。文化的多语性和语言的多文化性,应该是语言与文化相互关系和相互作用的真实写照。对于后一点,显然洛特曼在自己的研究中并没有予以足够的关注。

2.1.3 指向"交际"的文化符号学思想

交际符号问题是洛特曼文化符号学理论体系中另一个引起学界关注的思想。我们知道,"动态性"是洛特曼文化符号学理论的显著特征之一,这种动态性除了与历史的发展进程和文化演化等结合起来外,最为突出的一点是还与广义的语言交际联系在一起,从而为我们勾画出一幅鲜活的人际交际符号运作图景。他的指向交际的文化符号学思想比较集中地体现在《在思维世界里》这部著作中,主要包括以下内容:

1) "文化包"(культурный багаж)思想。他认为,从等值交际的角度看,自然语言显然无法很好地履行交际任务,只有人工语言或"简化了的语言"才能保障实现该形式的交际,因为后者对人的记忆容量有严格的限制,并从符号个性中剔除了相应的文化包。(Лотман 2001:157—158)不带文化包的文本交际所呈现的图式是:

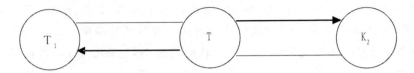

K 在这里指"同一代码"(единый код);T_1 和 T_2 分别指文本 1 和文本 2,前者为"原文本"(исходный текст),后者为"译文本"(переводный текст)。洛特曼依照维特根斯坦(Л. Витгенштейн,1889—1951)提出的逻辑学原理认为,不能把"文本 2"视作有别于"文本 1"的新文本,"文本 2"只是经过"同义转换"或"对称转换"后得出的文本。

但洛特曼认为文学翻译有其特殊性。他指出,就艺术文本的翻译而言,并不是所有的"文本 2"都可以复原成"文本 1"即"原文本"的,原因有三:一是艺术文本(如诗歌等)的译者(个性)不同;二是文学翻译可以给译者提供一定的自由空间;三是在翻译过程中语言符号具有强大的"创造性功能"[①]。也就是说,从理论上讲,任何一个经过"对称转换"后的艺术文本,都只能是对原文本做出的一种可能性阐释,因为艺术文本的译者可使用不同的代码(如 K_1,K_2……)对"原文本"做出阐释;而如果将其中任何一个阐释性文本进行复原,得到的也不是原文本,而是"文本 3"即形成了带有文化包的文本交际图式:

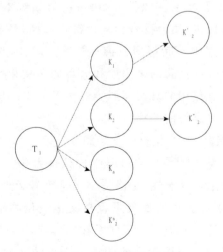

(Лотман 2001:158—159)

[①] 洛特曼此处把翻译尤其是艺术文本的翻译也看做是一种交际,因此可以说,交际的概念在洛特曼的文化符号学理论思想中是"广义的"。

不难看出,洛特曼指向交际的文化符号学思想要解决的课题是:如何对交际(文本的尤其是艺术文本的交际)进行符号学描写。尽管这种描写是基于人工符号的,但鲜明地指出了艺术文本符号转换过程的特殊性,其中"个性"(既包括文本的翻译者,也包括文本的接收者)的作用不用低估。为此,他得出结论认为:一方面,任何一种语言符号的文本都可以实现代码的转换,即翻译成另一种语言的文本;另一方面,由于"文化包"的作用和符号所具有的强大的"创造性功能",使"等值交际"成为不可能。在此基础上,洛特曼还从交际角度对"文化多语性"的本质做了进一步的阐释。他指出,文化多语性形成了文化立体性,因此在信息发出者和接收者个性结构日益复杂化、构成个性意识内容的代码集日益个体化的前提下,得出信息的发出者和接收者使用同一种语言的结论就显得十分荒唐了,因为他们实际上是使用不同的文化代码集在进行交际,这种交际中所获得的理解,只能是符号学意义上的部分理解或近似理解。(Лотман 2001:563)这一思想显然是其面向历史的文化符号学思想的有机延伸,对文学翻译和跨文化交际无疑有重要的借鉴意义。

2)"我—我"型(Я-Я)和"我—他"型(Я-ОН)交际模式。早在1973年,洛特曼就在塔尔图—莫斯科学派出版的学术丛刊《符号系统研究》上,发表了《论两种文化交际模式》(О двух моделях коммуникации культуры)的论文,提出了"我—我"型和"我—他"型两种不同交际模式的思想。他对交际所做的定义是:交际就是将文本由"我"语言翻译成"你"语言,并认为"这种翻译的可能性是受到交际双方代码制约的。尽管这些代码是不相同的,但可以组成交叉集"。(Лотман 1973:12—13)

"我—我"型交际模式属于"内向交际",是人们通过内省的方式不断获取新的信息。第一个"我"是行为主体,第二个"我"是信息接收者,依然是主体本人,但功能上却等同于第三个人。与"我—他"型交际主要是"空间维度"上的交际不同,该类型交际主要是"时间维度"上的交际。也就是说,"我—我"型交际在时间上是不能割断的,履行的不是记忆功能,而是某种文化功能;主体给自己发出某已知信息,目的不是为了记忆,而是为了领悟信息的内隐意义,从而获得某种新的含义。也就是说,尽管信息的载体没有改变,但信息内涵却在这种自我交际过程中得到了重新解释,从而使起始信息获得了新的意义。该交际图式如下:

语境(контекст)　　　　语境移位(сдвиг контекста)
信息 1(сообщение₁)　　信息 2(сообщение₂)

我(Я)————————————————————我(Я)

代码 1(код₁)　　代码 2(код₂)

"我—他"型交际属于"外向交际",即"我"是信息传递的主体(拥有者),"他"是信息传递的对象(接收者),交际中的其他要素(如"代码"和"信息"的传递)并没有改变。在该类型交际中,传递的仅仅是某信息恒量,信息的接收者是通过阅读文本获取大量新信息的。(Лотман 2001:163—165)

从洛特曼提出的两种交际模式中,我们似又看到了他对文化符号学理论的本质特性——"文化多语性"的另一种解释:交际与文化一样,同样具有"多语性"。作为文化机制中的交际如同存在于多种符号渠道中的文化一样,可以建构在两种完全不同的方式之上:一是"我—我"型交际——信息的增加、转换不是通过采用新信息、而是采用新代码来实现的;二是"我—他"型交际——所有的交际行为都是靠恒量代码来完成的。不难发现,尽管洛特曼本人也认为"我—他"型模式在现代文明的自然语言交际中"占有统治地位"(Лотман 2001:667),但他本人似乎更看重"我—我"型交际,这与其特别关注艺术文本形式的运作机制有关,因为"我—我"型交际可以起到重塑个性的作用,即通过内省的方式不断地生成新信息,从而生成新的语言个性。

最后需要强调的是,洛特曼的文化符号学理论思想是建立在统一的理论基础之上的,那就是符号系统论思想。按照洛特曼的观点,符号世界是由三部分构成的——自然语言系统、人工语言系统、文化系统。自然语言系统是现实世界的一般模式化,因此是符号世界的"一级模式化系统"(первичная моделирующая модель),也是其他符号系统的基础;人工语言系统是"简化了的语言",如交通信号、数学符号等;文化系统是建立在自然语言基础上的文化结构,是符号世界中的"二级模式化系统"(вторичная моделирующая модель)。(Лотман 1992:83—85)这一重要思想,不仅是洛特曼一生从事符号学研究的理论依据,也同样是整个塔尔图—莫斯科学派学术活动的基石。

所谓"模式化系统"究竟是什么意思呢?洛特曼认为,模式化系统是人类对世界进行"模式化活动"(моделирующая деятельность)即建构模式过程中建立起来的一种结构系统。模式化活动的目的是要使活动的结果可以被认同为"客体的相似物或相似现象",因此由其建构起来的结构体系就具有"模式化"的特性。简言之,模式化系统就是其所有成分结构及其构成规则都是按照"相似性"原则建构的系统,因此自然语言就可以看做这样的一个系统。按照洛特曼的观点,在自然语言基础上构成的系统在构建"二级语言"(языки второй степени)的过程中[①],具有了"附加

[①] 此处的"二级语言"中的"语言"二字,并非语言学中所指的语言,而是指"符号",如同"文化的语言"一样,指的是"文化的符号"。

的超结构"性质,他将其称为"二级模式化系统"。(Лотман 1967:131—132)从洛特曼的文化符号学理论思想体系看,他所侧重的正是对上述"二级模式化系统"的构建和阐释,包括该系统的结构关系和组合机制以及运作特点和规律等。他毕生所从事的艺术文本的研究,也主要是集中在该领域展开的。因为在他看来,文本尤其是艺术文本,不仅是一个有组织的符号体系,同样还是一个"历时的记忆",它存在于自然语言中,却保持着与语言外的种种联系;文化相对于'非文化'而言是一个"符号系统",是语言符号系统对世界进行模式化(或人们对现实世界进行语言化)的结果;交际是统一文化系统内部的符号运作方式,是语言系统和文化系统相互作用和影响的媒介。

总之,以文本为载体,以历史为视阈,以交际为取向,构成了洛特曼对文化符号学理论体系建构的三个基本方面,而这种建构活动又是紧紧围绕符号和文化的基本特性——"多语性"这一核心展开的,从而使文本、历史和交际同时具有了符号学的特征。

2.2 乌斯宾斯基的文化符号学理论思想

乌斯宾斯基是文化符号学理论不可或缺的一位重要学者。作为俄罗斯著名的符号学家,他不仅是塔尔图—莫斯科学派中莫斯科流派的杰出代表,也是洛特曼最亲近的朋友之一。就学术成果而言,学界公认他在该学派中仅次于洛特曼。他的著述达400多部/篇之多,研究领域涉及理论语言学、教会斯拉夫语和俄语、艺术符号学、史学和文化学等。代表作有:《结构类型学诸原则》(Принципы структурной типологии)、《斯拉夫古代的哲学研究》(Философские разыскания в области славянских древностей)、《艺术符号学》(Семиотика искусства)、《沙皇与大牧首》(Царь и патриарх)、《斯拉夫象征史中的十字形与环形》(Крест и круг из истории славянской символики)、《俄语语法中的部分与整体》(Часть и целое в русской грамматике)、《语言与交际空间》(Язык и коммуникативное пространство)等。他的大多数论文、评论等,被编辑成《文选》(Избранные труды),自20世纪90年代中期由莫斯科俄罗斯文化语言出版社分卷出版,其中有不少研究俄罗斯文化机制的文章都是与洛特曼合作完成的,在学界享有很高的知名度。

乌斯宾斯基的文化符号学思想集中体现在其对俄罗斯历史、文化、语言和艺术等方面的研究之中,其中最为突出的有下列两个方面:

2.2.1 "反行为"理论

乌斯宾斯基采用符号学的方法最先涉及的领域是俄罗斯历史。他对俄罗斯历史上的沙皇和大牧首等著名人物做过深入的符号学分析,其中把彼得一世大力推行"欧洲主义"(европеизм)的行为解释为俄罗斯文化范围内的"反行为"(антиповедение),并把彼得一世推崇的剃胡须、穿德国连衣裙的行为列入"反代码"(антикод)。在他看来,在罗斯圣像中只有魔鬼才不留胡须,而穿德国连衣裙也显得很滑稽,就像化装舞会上穿的裙子。包括彼得一世使用的语言,也无不与当时的社会共体格格不入,因此民众甚至把从国外考察归来的彼得一世形容成"反基督徒的回归"。(Почепцов 2001:700—701)总之,彼得一世在乌斯宾斯基的史学视野里,就是一个"双代码的载体",即拥有欧洲文化和俄罗斯文化的双重色彩,因此他不能够以完全相等的方式与"单代码"民众进行对话。

乌斯宾斯基正是运用上述"反行为"的理论,来审视俄罗斯历史和文化进程的。他在 1985 年发表的《古罗斯文化中的反行为》(Антиповедение в культуре Древней Руси)文章中认为,"反行为"在古罗斯文化中是有严格限定的,即特定时期、特定地点"背离同行规范"的行为。而宗教化的反行为则起源于多神教,因为多神教的仪式是以彻底改变"彼岸世界"的各种关系为基础的。(Почепцов 2001:701)

此外,乌斯宾斯基还提出"象征性反行为"(символическое антиповедение)的思想。他认为,俄罗斯文化中的"惩戒仪式"(ритуал наказаний),有当众讥笑或凌辱的传统,这实际上是一种"被扭曲的世界",因此是一种象征性反行为;"乘雪橇惩戒"(наказание на санях)也同样是象征性反行为,因为"雪橇"在俄罗斯文化中是用来运送死人的殡葬用具,因此用乘雪橇来惩戒某人,就象征着让其死亡。(Почепцов 2001:702)

在这里,乌斯宾斯基从符号对立的角度来审视俄罗斯的历史和文化,无不具有方法论的意义。正如洛特曼提出的"文化多语性"一样,用"反行为"理论来解释俄罗斯文化现象具有一定的客观性和科学性。因为我们知道,某些文化代码的激活是靠打破所谓"通行规范"来实现的,而文化代码的建立正是源自对规范的"积极否定"。

2.2.2 艺术符号学思想

对艺术(尤其是艺术文本)进行符号学研究,不仅是洛特曼的专长,也同样是乌斯宾斯基学说思想中最有特色和最具成就的领域。他的第一部著作《结构诗学:艺术文本的结构及其结构形式的类型》(Поэтика композиции:Структура художественных текстов и типология композиционной формы)最早出版于 1970 年,后又多次再版,被学界公认为塔尔图—莫斯科符号学派的代表作之一,并使其本人在世界符号学界一举成名。该著作从结构主义语言学的一般原理出发,对诗歌、绘画、造型艺术、戏剧、电影、报章随笔、笑话等艺术文本的结构及其复杂的相互关系进行了多视角的全方位审视,成为俄罗斯符号学理论中不可或缺的宝贵遗产。① 与传统结构主义所不同的是,乌斯宾斯基在该著作中采用"形象"(изображение)和"形指"(изображаемое)新的术语来对应结构主义的"表达"和"内容",重点从形指的语义、语构和语用三个方面对艺术文本的结构进行多层次、多视角的展示,试图建构起艺术文本的"结构潜能类型"。(Успенский,2000:13—15)为此,他尝试从意识形态、语言风格、时空描述、心理等四个平面对艺术文本进行多维的分析。

在意识形态平面,他认为可以从多重视角来分析艺术文本,如复调视角——作者、讲述者、主人公(角色)及其他各种具有意识形态的人物;主人公功能视角——主角、配角及其他具有意识形态的人物。上述具有意识形态的人物既可以是现实的,也可以是潜在的,既可以是外显的,也可以是内隐的;意识形态观念的表达方式主要有"常用修饰语""言语评述"等。

在语言风格平面,可以分别从称名视角(日常言语中的称名、文艺和政论散文中的称名、书信体裁称名等),文本中作者话语与主人公话语之间相互关系的视角,他人话语与作者话语之间相互影响的视角,复合句、简单句中说者和听者不同观点结合的视角等,来分析艺术文本的结构。

在时空描述平面,乌斯宾斯基提出分别从叙述者与角色的空间观是否吻合,观察者的观点转移,作者时间与角色对事件主观解释的吻合程度,作品中时间观的复现,时间、体的语法形式与作者的时间观等不同的视角,对艺术文本进行具体的分析。

在心理平面,他认为可以从外部视角和内部视角分别对文本所描写的人物特征进行分析,此时,其呈现的主要类型有:一是叙述中作者观点无法替代——客观描写;二是叙述中作者观点无法替代——主观描写;三是叙述中采用多重视角——替代作者观点;四是叙述中采用多重视角——数种观点同时使用等。(Успенский 2000:20—270)

俄罗斯学者波切普佐夫(Г. Г. Почепцов)在评价乌斯宾斯基在符号学领域所取得的学术成就时,曾中肯地指出该学者的两大特点:一是其与塔尔图—莫斯科学派的许多著名学者一样,都对俄罗斯历史有"专业的和详细的研究",他"能够从历时分析中阐释共时体系最抽象层面的规律性问题",也就是说,他所拥有的学识与从事符号学研究的基本原则是相吻合的,即能够从两个体系、两个代码——过去和现代的角度来审视研究对象;二是他能够"跳出"传统语文学的研究视角,而用符号学的方

---

① 乌斯宾斯基此处的"艺术文本"的概念是广义和宽泛的,不仅仅只指言语艺术,还指造型艺术和音乐、绘画等;"художественный"的意思相当于英语的"artistic",而"文本"则指"符号的任何语义连贯性组织"。(Успенский 2000:11)

法来解读语言、历史和文化现象。(Почепцов 2001:699－700)当然,他的许多学术思想同样也得益于塔尔图—莫斯科学派中其他成员的理论研究成果,尤其受洛特曼本人学术思想的影响最大。

2.3 托波罗夫的文化符号学理论思想

作为塔尔图—莫斯科学派的奠基人之一,托波罗夫被喻为20世纪俄罗斯人文科学领域的学术大家。他的学术成就在国内外享有很高的声誉,在语言学、斯拉夫学、符号学、文学、民俗学以及宗教学等一系列领域都不乏有创造性的研究。

托波罗夫一生出版和发表的著述达1500多部(篇)之多,其中有关文化符号学理论方面的主要有:《空间与本文》(Пространство и текст) (1983)、《神话诗歌的世界模式》(Модель мира —мифопоэтическая) (1987)、《俄罗斯精神文化中的圣洁与圣像》(Святость и святые в русской духовной культуре) (1995—1998)、《论神话诗学空间》(О мифопоэтическом пространстве) (1994)等。

与塔尔图—莫斯科学派中其他学者有所不同的是,托波罗夫是用自己的方式搭建起符号研究视阈的,他的文化符号学理论思想最集中地体现在对神话尤其是神话诗歌文本的多维思考和阐释中。

2.3.1 "文本空间"的思想

注重对文本尤其是艺术文本形式和功能的研究,无疑是塔尔图—莫斯科符号学派中包括洛特曼本人在内的许多学者的学术亮点之一,托波罗夫也不例外。但后者对文本的研究主要集中在神话诗歌领域,其中最具代表性的是关于神话诗歌文本空间的思想。他在1983年发表的《空间与本文》一文中提出,空间和文本的相互关系问题是研究文本结构的必要前提,原因有二:一是以往学界对此的研究走了"两个逻辑极端"——"文本都具有空间性"或"空间就是文本"。换言之,文本与其他事实一起进入了"空间集",而空间又与其他种类的文本一起构成了"文本集"。二是空间与文本的关系与人的"直觉空间"相关联,即与在非空间意识中作为现实空间对应体的意识的内涵范畴有关。(Топоров 1983:227)也就是说,托波罗夫的文本空间思想是与上述两个极端不相同的,而是与人的直觉空间的概念有关联的思想。

所谓直觉空间,托波罗夫认为是指人意识里的空间,但意识本身同时又是非空间性的;意象并不是空间的本质,但意象中确实有空间的存在,因为意象中可以表征出"空间长度",这就是人的直觉空间。(Топоров 1983:227－228)在这里,托波罗夫实际上把内在的与外在的、空间的和非空间的、变化的与不变化的、文本的与非文本的等看作是存在和意识的统一,并在时间上把"文本 2"(текст ₂)与先前的"文本 1"(текст₁)统一了起来。

基于以上认识,托波罗夫对神话诗歌的文本与空间关系进行了深入阐释,提出了"向道""神话诗歌空间"和"神话诗歌时空模式"等新的概念及其思想。

1)"向道"是神话诗歌世界模式中"起点"和"终点"两个空间点之间的联系方式。前者为神话诗歌的主人公或某仪式的参与者的行为起端之地,被看做是对向道主体的自然"位点",如对于神来说,其住处——天空、大山、树的顶端、教堂等就是"起点";后者是行动的终极,它与起点的"位点"相对立,始终是行为的目的。通常情况下,起点并不是神话诗歌描写的重点对象,而终点才构成"强力空间场"——如威胁、障碍、危险等,因为只有在终点中才隐藏着神话诗歌世界模式中公认的"神圣宝藏"。因此,只有设法战胜该强力空间场,才能够进入神圣宝藏,才能够改变原有的地位(如人变为圣人、修行者或主人公,神话中的主人公则变为皇帝或神仙等)。当然,在神话诗歌文本中的上述起点和终点有可能不是硬性规定在现实空间中的:如果起点处在外围,远离神圣中心,这时向道的终点就是中心;但起点也可以成为中心(如在自己免遭危险的家里,在受到神力保护的宫殿里等),此时,终点就成远离核心的外围。无论哪种情况,对所有空间进行检验后最后达到终点,就意味着神话诗歌文本目的的达成。在这个过程中,向道就起到"协调者"的作用——总是在中和着彼与此、敌与友、内与外、有形与无形、神圣与不那么神圣等之间的各种对立。因此,不管向道在神话诗歌空间中处于什么样的位置,它总能抵达期待的中心,只有一点是例外的,那就是通往"阴间"(нижний мир)的路径。托波罗夫认为,在神话诗歌文本空间中存在着两种不同的向道:一条"通往神圣中心"(путь к сакральному центру),另一条"通往陌生和恐怖外围"(путь к чужой и страшной периферии)。(Топоров 1983:258-263)上述有关向道的思想,是托波罗夫研究神话诗歌文本空间形式和关系的核心概念之一。在我们看来,这实际上是在认识论的更高层次上对普罗普早年在《童话形态学》中提出的关于童话结构的规律和功能等思想做出的一种哲学解释。为此,托波罗夫认为,中国古代的"道教"就是这样的"向道"学说。(Топоров 1983:269)

上述关于向道的思想,是托波罗夫研究神话诗歌文本空间形式和关系的核心概念之一。在我们看来,这实际上是在认识论上对普罗普(В. Я. Пропп,1895—1970)早年在《童话形态学》(Морфология сказки)(1928)中提出的关于童话结构的四种规律和三十一种功能等思想做出的一种哲学解释。① 为此,托波罗夫认为,中国古代的"道教"就是这样的"向道"学说。(Топоров 1983:269)由此可见,把文本的结构空间引申到文本的直觉空间,再用"向道"的概念对文本直觉空间进行解构,使文本符号学研究具有了真正意义上的哲学阐释学的性质,这正是托波罗夫文艺符号学思想的价值所在。

2)"神话诗歌空间"与上述"向道"的思想紧密关联,或者说是建立在"向道"概念之上的。托波罗夫认为,神话诗歌空间是随着通往神圣中心的向道运动所展示的空间,它是有"许多亚空间"叠加而成的,典型的图式是:故土→城市→市中心→教堂→祭坛→受害等;几乎所有神圣空间的中心都有祭坛、教堂、十字架、世界圣地、宝石、拟人化的宝藏等标志,中心本身在很大程度上决定着整个神话诗歌空间的结构,从而构成"神圣场";在该神圣场的垂直切面中,标有一个最神圣的"空间点",它是"世界轴心"的边际,这个边际绝对在上方,有时则是北极星。轴心本身是作为神圣中心的价值刻度而分布在垂直空间中的;另一种情形是,神圣中心就位于"世界轴心"处而进入地下,这时,该中心就与地平面中心相吻合;只有在少数神话诗歌中(如阿尔泰和西伯利亚神话中)才涉及"上""中""下"等三维空间,此时,垂直轴心最具事物的等级结构——死者、先辈的灵魂、魔鬼和凶神(包括阴间主宰本人)等都处在下层,人与动物在中层,飞鸟、天使、神(包括上帝本人)则在上层;而地平面中心则是如上所说的教堂等。通常情况下,神话诗歌中会把一年之中主要的仪式安排在最神圣的空间点上,即旧年与新年的交替时刻。当时间抵达顶点,被神化的时刻仿佛就会像空间那样逝去,并与上述三维空间合成一体,从而构成神话诗歌的"四维结构";"一维时间"的加入,使原来的三维空间获得了新生,从而又构成新的空间和时间。(Топоров 1983:256—258)托波罗夫的上述神话诗歌空间观有以下几个值得关注的特点:一是空间的多维性,二是空间的层级性,三是空间与时间的统一性。在他看来,多数神话诗歌具有上、下二维空间,部分则具有上、中、下三维空间;空间具有内部组织,可以被切分,它由中心和外围以及许多亚空间构成;时间可以浓缩为空间形式,并同时将空间"时间化"等等。他的这些思想,无疑对神话诗歌以至艺术文本进行符号学分析提供了新的视角,具有方法论意义。值得一提的是,托波罗夫正是借助于上述空间观,对俄罗斯众多经典作家如普希金、屠格涅夫、陀思妥耶夫斯基等的文学作品进行符号学分析的,对此,洛特曼曾予以"高度评价"。(Почепцов 2001:714)

---

① 普罗普在《童话形态学》中总结了童话结构的四种规律:一是童话的不变成分是角色的功能;二是这些功能的数量是有限的;三是功能的序列总是相同的;四是所有魔幻童话的结构类型都相同。(Пропп 1928:31—33)他在分析了俄罗斯大量童话素材的基础上,总结出三十一种功能。(Пропп 1928:35—72)

不难看出,托波罗夫的神话诗歌空间观有以下几个值得关注的特点:一是空间的多维性,二是空间的层级性,三是空间与时间的统一性。在他看来,多数神话诗歌具有上、下二维空间,部分则具有上、中、下三维空间;空间具有内部组织,可以被切分,它由中心和外围以及许多亚空间构成;时间可以浓缩为空间形式,并同时将空间"时间化"(темпорализация)等等。他的这些思想,无疑对神话诗歌以至广义的艺术文本进行符号学分析提供了新的视角,具有方法论意义。

3)"神话诗歌时空模式"是指神话诗歌文本中时间和空间之间的相互关系。在这对关系中,时间的浓缩似乎可以"外在消失"而转化为空间形式,成为新的第四量度;而空间则相反,会受到时间内部强化特性的"感染"而参与时间的运动,从而牢固地扎根于在时间上展开的神话文本中。在神话诗歌意识中,正在发生或可能发生的一切,都要受制于上述时空模式。(Топоров 1983:232—233)总之,在托波罗夫看来,时间和空间相互关系构成的模式,可以理解为"事物特性"。这里的"事物"是一个宽泛的概念,托波罗夫对此十分推崇。他认为,"最初的事物具有仪式性"。对此,他在1995年发表的《人类中心论前景中的事物》(Вещь в антропоцентрической перспективе)的文章中曾强调说,"事物越强,就越有仪式性和有效性"。(Топоров 1995:11)而神话诗歌文本中的"仪式",是指复生、加强原有存在的手段或基本工具,仪式可以与创造行为共生,并在结构和意义上"再现"创造行为曾经创造过的事物,从而能够在时空中心把"此时、此地与初始行为连接起来"。(Топоров,1983:258)以上可以看出,托波罗夫把神话诗歌文本中的时空模式归结为"事物特性",不仅是一种高度的概括,更是对时空关系本质的深刻揭示,那就是:时间与空间构成对立,但彼此的相互作用又转化为统一整体,从而形成新的时空;这种相互作用和转化的过程,正是"事物特性"使然;而事物又具有"仪式性",它对新的时空的产生起到了"复生"或"再现"的作用。

2.3.2 "神话诗歌世界模式"的思想

"神话诗歌世界模式"(мифопоэтическая модель мира)的概念,托波罗夫早在《空间与文本》等著述中就有论述,至20世纪80年代中后期形成了比较完整的思想。在1987年前苏联出版的《世界各民族神话百科全书》(Мифы народов мира:Энциклопедия)中,他把该思想专门列为一个词条予以重点阐述,在学界产生广泛影响。

托波罗夫认为,所谓世界模式,可以界定为"有关世界的所有认识的压缩和简化了的反映"。世界模式"不属于经验主义层次的概念,因为具有经验的人可能不会充分地意识到世界模式";世界模式具有"系统性和程序性",由此不仅为"在共时层面解决共性问题"提供了可能,也为"在历时层面确定体系各成分与这些成分的历史发展之间的从属关系"提供了可能;用"模式"来描写的"世界"的概念本身,可以理解为人与环境的相互作用,因此"世界"是有关环境的信息和人本身的信息加工的结果。(Топоров 1987:161)以上不难看出,托波罗夫对世界模式的界说,与当代语言文化学研究中核心理论之一的"世界图景"(картина мира)的概念基本一致:世界模式就是世界图景,即由人的主观能动作用所认识的世界以及由此得到的关于世界认识或知识的总和。

那么,"神话诗歌世界模式"又是如何形成的呢? 对此,托波罗夫做了比较详细的阐述。

1) 托波罗夫认为神话诗歌世界模式是在多样化的、能够揭示或构拟原始神话诗歌文本古老结构的史料基础上再现的,包括从古生物学文献到现代古老群体的民族学信息,现代人意识里的古风残存,以及语言资料、梦境象征、深层次的无意识象征、艺术创作资料等。(Топоров 1987:161—162)

2) 依据史料对神话诗歌世界模式进行构拟,托波罗夫认为并不是一蹴而就的,而是经历了三个不同的发展阶段,并呈现出如下相应的"图式":宇宙图式、描写亲属和婚姻关系系统图式、神话史传统图式等。(Топоров 1987:162)

3) 神话诗歌世界模式的形成还应该有自身的内部机制,这就是托波罗夫在对"世界模式"进行界定时格外强调的"程序性"。什么是程序性呢? 他认为,神话诗歌思维为了确立相应的对象,就势必会启动相应程序,提出类似于"这是怎么来的?""这是怎样发生的?""为什么会这样?"等相关问题,从而把现实世界图景与古老的宇宙图式、历史传说中的典型"先例"(прецедент)联系起来。于是,历史传说与宇宙起源图式、亲属和婚姻关系图式等一道,构建起代代沿袭和相传的该社会共体的"时间域"(временной диапазон)。这也是为什么神话以及神话化的历史传说本身就包含有历时和共时两个方面的原因。历时是过去的故事,共时是解释现在或将来的方式。(Топоров 1987:162—163)

以上论述,托波罗夫不仅指出了神话诗歌世界模式形成的物质基础,同时也明确了模式化神话诗歌世界的形成方法——不是当代凭空想象出来的,而是根据史料科学构拟的;神话诗歌世界模式演变过程所展现的三种不同图式,是与人类社会的发展历史以及人类知识的发展阶段相吻合的,这无疑是神话诗歌世界模式得以形成、发展的社会基础。我们认为这样的阐释是令人信服的,这正是其神话诗歌世界模式思想的经典所在。但他从人的心理以及社会共体心理角度对神话诗歌世界模式的"运作机制"做出的解释似有不完善之处,除此之外还应该考虑到语言符号本身所具有的机制对神话诗歌模式形成的巨大作用。例如,在人与自然的相互作用过程中,人会对自然界的信息进行多次"编码"——首先是感官对初始信息进行加工,然后会借助于符号系统对初始信息进行第二次重新编码等。神话诗歌模式的形成过程也不例外,与"先例"有关的心理联想,把宇宙图式、亲属和婚姻图式与历史传说联系了起来,从而形成了比较固定的神话诗歌世界模式,这实际上也是重新编码的结果。

构拟出"神话诗歌世界模式"后,托波罗夫还对该世界模式的特点进行了具体分析,从而建构起比较完整的方法论体系。他认为,神话诗歌模式具有以下四种基本特性:

$$
神话诗歌模式 \begin{cases} 同一性(тождество) \\ 指向性(ориентированность) \\ 对立性(противопоставленность) \\ 象征性(символичность) \end{cases}
$$

所谓"同一性",即宏观世界与微观世界的同一性,人与自然的同一性。该同一性既包括宇宙空间与人间的"类人化定型"(антропоморфное моделирование),也包括日常生活领域——与人体称谓相关联的所有语言的、非语言的以及超语言层面上的家具、器皿、服饰、住所等。

所谓"指向性",即指向宇宙,一切事物都与宇宙相关联,因为世界模式揭示和描写的首先是宇宙模式及其基本参数——时间和空间的(时空联系以及连续统)、因果的(万物起源、形成、发展的原因)、道德的(好与坏、肯定与否定、允许与禁止、应该与不应该等)、数量的(对宇宙及其构素做出数量上的评价)等。

所谓"对立性",即在神话诗歌深层意识中可以提炼出近20对构成二元对立的区别性特征,用以对世界模式的语义进行描写。这种对立有空间的(上与下、左与右)、时间的(白天与黑夜、春与冬)、颜色的(白与黑、红与黑)、自然与社会交织因素的(湿与干、水与火等)、社会性质的(男与女、亲近与疏远)等。它们的组合构建起具有普遍意义的符号体系,也成为用"原始意识"(первобытное сознание)认知世界的有效手段。

所谓"象征性",他认为在神话诗歌世界模式中最具象征意义的是"宇宙树"(мировое дерево),对它的描写既可以是数量的,也可以是质量的。数量的描写不仅决定着世界的外部范围或形象,而且还决定着数量关系和质量特征;质量描写主要是通过语义对立系统对其做出评价,而且这种评价在形式与内容上往往具有如下特征:一方面,神话诗歌的关系形式网常常先于对内容成分及其构素的阐释,即形式预先决定着最后的结局;另一方面,神话诗歌不同类型的图式对宇宙空间的各种参数(时间的、数量的、道德的、谱系的等)及其定位规则进行描写,可以得出"宇宙树"图式的不同内容信息。(Топоров 1987:163—164)例如,"宇宙树"在斯拉夫民间口头文学作品中就有"天堂树""白桦树""橡树""花楸树""苹果树"等不同图式(Иванов,Топоров 1987:308),它们在文化内涵上是不尽相同的。

其三,除了上述物质基础和社会基础外,神话诗歌世界模式的形成还应该有自身的内部机制。这就是托波罗夫在对"世界模式"进行界定时格外强调的"程序性"。

总之,托波罗夫对神话诗歌文本空间独特而深邃的认识,以及对神话诗歌世界模式精辟而严谨的构建,是塔尔图—莫斯科学派理论体系中十分宝贵的思想遗产。他以神话诗歌(当然还包括其他,如文学、绘画等)这一既具体又具有相对独立性和自足性的语言单位为切入点,并将其置入俄罗斯文化乃至世界文化的大环境中做历时与共时两个方面的全面考察,不仅对丰富和完善本学派的符号学理论做出了应有的贡献,也为我们认识神话诗歌的文化特性乃至本质(如认知功能、社会功能等)提供了值得借鉴的思想武器。尤其需要指出的是,托波罗夫在对艺术文本的研究中实现的两种转换具有十分重要的文化符号学意义:如果说托波罗夫从"文本空间"转向"直觉空间"是实现了方法论的转换的话,那么再从对"直觉空间"到"神话诗歌世界模式"的转换就完成了对神话、诗歌等艺术文本的符号学方法的阐释,从而构建起比较完整的、具有文化符号学性质的艺术文本分析体系。相比而言,我们认为第一次转换的意义更大,因为它并不是形式或内容的简单更新,而是具有哲学的、方法论性质的一次"变革"。甚至可以认为,这是继 20 世纪初哲学研究中实现语言学转向后的又一次转向,即由语言客体转向了语言主体——"说话的人"(человек говорящий)。通过人的意向所表征的空间来解构包括神话、诗歌在内的艺术文本的结构空间,这应该是 20 世纪 90 年代以后在人文社会科学领域普遍采取的研究方法,但托波罗夫却在 80 年代初就提出了这一重要思想。

综上所述,文化符号学理论是俄罗斯符号学对世界符号学的一大贡献。从世界符号学的发展进程看,如果说巴赫金是继索绪尔之后开创了第二代符号学——语篇符号学的话[1],那么,以洛特曼、乌斯宾斯基、托波罗夫等为代表的塔尔图—莫斯科学派就进一步发展了语篇符号学理论,将其带入到"人类中心论"视域尤其是人的"语言意识"(языковое сознание)视角予以审视,使符号学研究具有了第三代符号学——文化符

---

[1] 伊万诺夫认为,20 世纪 30—60 年代的前苏联符号学研究的鲜明特点之一,是研究视野已经从索绪尔和皮尔斯的"个别语言"符号学转向了"连贯语篇"符号学研究,新的视阈表明了俄罗斯符号学研究已经超越前人而进入到"第二代符号学"即语篇符号学时代,其代表人物是巴赫金。(Иванов 1976:1—3)

号学或文化认知符号学的性质。

参考文献

[1] Верещагин Е. М. ，Костомаров В. Г. Лингвострановедческая теория слова[M]. М. ，Русский язык, 1980.

[2] ВерещагинЕ. М. ，Костомаров В. Г. Язык и культура[M]. М. ，Русский язык，1990.

[3] Верещагин Е. М. ，Костомаров В. Г. Язык и культура[M]. М. ，ИНДРИК,2005.

[4] Иванов Вяч. Вс. Очерки по истории семиотики в СССР[M]. М. ，Наука, 1976.

[5] Иванов Вяч. Вс. ，Топоров В. Н. Славянская мифология[A].//Мифы народов мира：Энциклопедия[Z]. М. ，Советская Энциклопедия, 1987.

[6] Лотман Ю. М. О двух моделях коммуникации культуры［A］.//Труды по знаковым системам[C]. Вып. . 6. Тарту，Изд-во Тарт. гос. ун-та, 1973.

[7] Лотман Ю. М. Структура художественного текста［M］. СПб. ，Искусство-СПБ，1998.

[8] Лотман Ю. М. Семиосфера[C]. СПб. ，Искусство-СПБ, 2001.

[9] Почепцов Г. Г. Русская семиотика[M]. М. ，Рефл-бук，Ваклер, 2001.

[10] Пропп В. Я. Морфология сказки［M］，Вопросы поэтики. Выпуск Ⅻ. Л. ，《ACADEMIA》, 1928.

[11] Топоров В. Н. Пространство и текст［A］.//Текст：семантика и структура[C]. М. ，Наука, 1983.

[12] Топоров В. Н. Модель мира（мифопоэтическая）［A］.//Мифы народов мира：Энциклопедия[Z]. М. ，Советская Энциклопедия, 1987.

[13] Топоров В. Н. Вещь в антропоцентрической перспективе［A］.//Миф. Ритуал. Символ. Образ：Исследования в области мифопоэтического[C]，М. ，Прогресс，1995.

[14] Успенский Б. А. Эстетика композиции［M］. СПб. ，Азбука，2000.

[15] 李肃:洛特曼文化符号学思想发展概述［J］,解放军外国语学院学报,2002年第2期。

[16] 王铭玉:语言符号学[M],北京：高等教育出版社,2004年。

第 8 章
视语言为人类交际之"工具"的人类中心论

将语言视作人类交际之"工具",主要考察言语交际中人的因素和社会文化因素,突出强调的是语言使用者、交际语境、社会心理等要素对语法结构规则和语言使用规则的影响和作用。我们知道,传统结构主义或形式主义语言学并不注重语言的社会功能研究,而俄罗斯语言学传统中则格外强调语言的人文性和社会性。随着 20 世纪 50 年代"语言的社会学"(социология языка)以及语言学研究中"社会范式"(социальная парадигма)的兴起,语言的社会交际功能研究逐渐成为主流样式,并在此基础上先后生成了功能语法理论、言语交际理论和言语礼节理论等新的学说。这些理论不仅在世界语言学界产生了广泛影响,且对俄罗斯语言学人类中心论范式的形成和发展做出了贡献,成为 20 世纪后半叶以来重要的人文主义思想遗产。下面,我们将对该视阈的人类中心论范式的相关理论学说做简要评述。

第 1 节 功能语法理论

在俄罗斯语言学研究中,功能主义思想有着悠久的历史和传统。俄罗斯著名语言学家波捷布尼亚(А. А. Потебня,1835—1891)、博杜恩·德·库尔德内(И. А. Бодуэн де Куртенэ,1845—1929)、沙赫马托夫(А. А. Шахматов,1864—1920)、谢尔巴(Л. В. Щерба,1880—1944)、维诺格拉多夫(В. В. Виноградов,1894/95—1969)等①,都在各自的研究领域对功能主义的理论和方法做出过重要贡献。学界一致公认,当代俄罗斯在功能语法研究方面②,最有影响和最有代表性的当推邦达

---

① 这些学者都是不同历史时期某一学派的代表人物,其理论学说中无不包含着功能主义思想。
② "功能语法"的狭义理解即"功能语言学"(функциональная лингвистика),因为此处的"语法"指广义的"语言规则",它在一定程度上包括了语义学和语用学。但由于后者的称谓容易与西方的功能语言学相混淆,且在俄罗斯也更多地把自己的研究样式称为功能语法,因此我们也采用"功能语法"的称谓。

尔科（А. В. Бондарко）的"功能语法理论"（Теория функциональной грамматики），佐洛托娃（Г. А Золотова）的"交际语法理论"（теория коммуникативной грамматики），弗谢沃洛多娃（М. В. Всеволодова）的"功能交际语法理论"（теория функционально-коммуникативной грамматики）等。①

1.1 邦达尔科的功能语法理论

在俄罗斯功能语法领域，最具有影响力的学派当属以邦达尔科院士为首的"彼得堡功能语法学派"（Петербургская школа функциональной грамматики）。该学派形成于20世纪70年代，起端于对俄语动词"时体学"（аспектология）的研究。② 至今，已出版和发表大量著述，仅由邦达尔科个人撰写或以其为主编的著作就达数十部之多，其中主要有：《俄语动词的体与时：意义和用法》（Вид и время глагола：значение и употребление）(1971)，《论句子的实现化特征》（Об актуализационных признаках предложения）(1975)，《词法范畴理论》（Теория морфологических категорий）(1976)，《语法意义和意思》（Грамматическое значение и смысл）(1978)，《语法单位的功能分析》（Функциональный анализ грамматических единиц）(1980)，《语法范畴的结构问题》（О структуре грамматических категорий）(1981)，《功能语法的建构原理》（Основы построения функциональной грамматики）(1981)，《功能语法原则与时体学问题》（Принципы функциональной грамматики и вопросы аспектологии）(1983)，《功能语法》（Функциональная грамматика）(1984)，《功能语法意义理论与时体学研究》（Теория грамматическогозначения и аспектологические исследования）(1984)等；特别是1987年后，先后出版了由其担纲主编的6卷本"功能语法理论"系列著作③，如《功能语法理论：引论・时体・时位・时序》（Теория функциональной грамматики: Введение. Аспектуальность. Временная локализованность.

---

① 俄罗斯的功能语法理论除上述外，还有以泽姆斯卡娅（Е. А. Земская）为代表的"功能社会语言学理论"（теория функциональной социалингвистики）和梅里丘克（И. А. Мельчук）为代表的"意思⇔文本模式"（модели смысл⇔ текст）理论等。但由于前者主要以社会语言学的理论为基础研究语言的功能，后者则以自然语言的自动化处理为要旨，所以在此不作为纯粹的功能语法理论加以专门评介。

② 作为语法学的一个分支学科，时体学（也称"体学"）主要研究动词"体"及其在语言中得到表达的各种意义，包括语法体和时体范畴、时体类别及其行为方式等。而开创时体学研究的正是邦达尔科的导师、俄罗斯著名语言学家马斯洛夫（Ю. С. Маслов, 1914—1990）。有研究表明，他的时体学理论思想对邦达尔科创建功能语法理论有着直接的影响。(见姜宏、赵爱国 2014：32－37)

③ 这系列著作主要研究俄语中各种语义范畴和语义关系及其相关语义场。其中，前四个语义范畴（时体、情态、人称和语态）涉及的都是与动词有关的范畴；后四个范畴（主体、客体、确定和不确定）属于句子层面的内容，阐述的是静词词性在句子中的功能；接下来的四个范畴（处所、存在、所属、限制）指的是某类型的句法结构，即带有处所、存在、所属、限制等疏状意义的句子；最后的两个范畴（性质、数量）分属形容词和数词。

Таксис)(1987)①,《功能语法理论:时制范畴·情态范畴》(Теория функциональной грамматики:Темпоральность. Модальность)(1990),《功能语法理论:人称范畴·语态范畴》(Теория функциональной грамматики:Персональность. Залоговость)(1991),《功能语法理论:主体范畴·客体范畴·确定性范畴和不确定性范畴》(Теория функциональной грамматики:Субъектность. Объектность. Определенность и неопределенность)(1992),《功能语法理论:处所范畴·存在范畴·从属范畴·限制范畴》(Теория функциональной грамматики:Локативность. Бытийность. Поссесивность. Обусловленность)(1996),《功能语法理论:性质范畴·数量范畴》(Теория функциональной грамматики:Качественность. Количественность)(1996)等;进入21世纪后,他又担纲主编了另一系列的"功能语法问题"著作,如《功能语法问题:语句中的词法和句法范畴》(Проблемы функциональной грамматики:Категория морфологии и синтаксиса в высказывании)(2000),《功能语法问题:语义常量与变量》(Проблемы функциональной грамматики:Семантическая инвариантность/вариативность)(2002a),《功能语法问题:场结构》(Проблемы функциональной грамматики:Полевые структуры)(2005),《功能语法问题:语义范畴》(Проблемы функциональной грамматики:Категоризация семантики)(2008)等。② 学界公认,其功能语法理论的标志性著作是1984年出版的《功能语法》,这在时间上正好与人类中心论范式起兴相吻合。换句话说,80年代中期以前的成果只是功能语法理论的"孕育"期,它主要是在社会范式的带动下形成的,而其理论的完型则是在人类中心论范式下完成的。

研究表明,对上述范畴的研究"不仅涉及时间和体貌性、情态性、态性、人称性、所属性等相互关系,且将时间与空间、性质与数量、确定性和不确定性、主体性和客体性等构成的二元对立关系进行系统研究"。它提出的"对各种语义范畴、语义关系和功能语义场的研究,对各种语法单位的功能规律和规则的分析,加深了人们对语言性质、规律和功能的认识和理解,在各种功能语法学派中独树一帜,受到世界学界的推崇"。(姜宏,赵爱国 2009:63—66)该学派提出的俄语功能语法理论,主要遵循属于"称名学方法"(ономасиологический подход)的"由里及表"即"由内容到形式"的研究视角,但也重视"由表及里"即"从形式到

---

① 学界对 аспектология 和 аспектульность 术语的译法不尽相同,前者也译为"体学",后者还定名为"体相"或"体貌",而我们则采用"时体学""时体范畴"的译法。

② 有研究表明,该系列与前一个系列研究的视角所不同的是:它采用的不是从语法意义到语法形式的途径,而是从个别的语言学问题(如词法与句法范畴的语言和谚语系统之间的联系等)到语言系统模式,包括语篇、语境和文化分析,因此更加贴近当今世界语言学研究的主流思想。(姜宏 2014:10—11)

内容"的研究。正如邦达尔科在《功能语法的原则和时体学问题》一书中所指出的:"功能语法不能只局限于以积极语法为基础的原则,即从内容到形式表达手段。从形式到内容的方向是任何一部语法(其中包括功能语法)所必需的,因为语法的体系性统一是靠它来维持的。"(Бондарко 1983:33)他认为,理解他人话语时,其过程是从形式到内容的,即从手段到功能;而如果表达思想,其过程则是从内容到形式,即从功能到手段,这符合思维表达的过程。因为人们在交际过程中首先要对讲的话有想法,然后再去寻找最为恰当的语言形式来表达要说的内容。内容与形式两个方向的相互联系,构成了彼得堡功能语言学派区别于其他学派的显著标志之一。

显然,邦达尔科的功能语法理论的研究领域主要集中在俄语功能语义方面,因此,也有学者将由他领导的功能语法学派称之为"语义功能主义"。(王铭玉,于鑫 2007:40)该语义功能主义主要由"功能语义场"(функционально-семантическое поле)和"范畴情景"(категориальная ситуация)两大理论构成。下面,就让我们来简要分析一下该两种理论的具体内容和特点。

1.1.1 "功能语义场"学说

邦达尔科的功能语义场基本学说主要是在 1984 年出版的《功能语法》一书中阐释的,此后,又在 1987—1996 年间出版的 6 卷本"功能语法理论"系列著作中,分别审视了俄语中的 16 个不同功能语义场,如时体场、时制场、情态场、语态场、主体场、客体场、人称场、处所场、存在场、从属场、限制场等。而于 2002 年出版的《功能语法体系中的意义理论》(Теория значения в системе функциональной грамматики)(2002b)一书,又对功能语义场学说等进行了全面的总结。

1)对功能语义场的界说。邦达尔科认为,所谓功能语义场,是指"某一语言不同层级的具有相同语义功能的各种表达方式的集合,是某一确定语义范畴的不同体现"。(Бондарко 2001:17)如,表达时间关系的各种表达方式就构成了功能语义的"时制场"(поле темпоральности),时制场的核心是述谓动词的时态(过去、现在、将来),但其他成分也可以进入时制场,比如没有时态的动词(Уберите деньги!),或没有动词的句子(Ночь.),或用时间状语表达的时间(Завтра уезжаю.)等,只要它们表达"时制范畴"(темпоральность),就构成时制场。

在邦达尔科看来,功能语义场是人脑中的语义范畴所确定的,并通过它与具体的语言发生联系,因此功能语义场是语言内容与形式的统一体,即语义—结构综合体。也就是说,功能语义场是某语义范畴的不同意义变体及其所有表达手段的统一体,而这些意义又有着中心的(主要的)和外围的(次要的)表达手段,它们就构成了共同的圆心场——功能语义场。作为语义—结构统一体的功能语义场,可以用任何语言手段来表示:词法手段、句法手段、构词手段、词汇手段以及上述手段的任意组合等。

2)功能语义场的研究范围。功能语义场作为一个复杂语义—结构综合体,邦达尔科认为对它的研究应包括如下几个方面的内容:

一是研究功能语义场在某一具体语言中的分布情况;

二是研究功能语义场的中心和外围的构成情况;

三是研究功能语义场内部成员之间的关系;

四是研究功能语义场的结构类型(单核心或多核心);

五是研究某一个功能语义场与其他功能语义场之间的联系。(Бондарко 1984:25)

3)关于功能语义场的分类。邦达尔科将功能语义场分为述谓、主体—客体、性质—数量、述谓—疏状等四种基本类型,具体是:

一是以述谓为中心的功能语义场。它包括"体—时关系综合场"(комлекс ФСП аспектуально-темпоральных отношений)——"时体场"(поле аспектуальности)、"时位场"(поле временной локализованности)、"时制场"(поле темпоральности)、"时序场"(поле таксиса)等,还有"情态场"(поле модальности)、"存在场"(поле бытийности)、"状态场"(поле состояния)、"人称场"(поле персональности)、"语态场"(поле залоговости)——"主动/被动场"(поле активности/пассивности)、"反身场"(поле возвратности)、"相互场"(поле взаимности)、"及物/不及物场"(поле переходности/непереходности)等。

二是以主体—客体为中心的功能语义场。它包括"主体场"(поле субъектности)、"客体场"(поле объектности)、"语句交际前景场"(поле коммуникативной перспективы высказывания)、"确定场/不确定场"(поле определенности/неопределенности)等。

三是以性质—数量为中心的功能语义场。它包括"性质场"(поле качественности)、"数量场"(поле количественности)、"比较场"(поле компаративности)等。①

四是以述谓—疏状为中心的功能语义场。它包括"限制综合场"(комплекс ФСП обусловленности)——"目的场"(поле цели)、"原因场"(поле причины)、"条件场"(поле условия)、"结果场"(поле следствия)、"比较场"(поле сравнения)、"让步场"(поле уступки)等,还有"处所场"

---

① 按照邦达尔科的观点,"比较场"既可以列入"性质场"中,也可以单独成为一个功能语义场。(Бондарко 2002b:313) （поле локативности）和"所属场"（поле поссесивности）等。（Бондарко 1984,2002b）

4）功能语义场的结构。邦达尔科认为,从结构类型看,可以将功能语义场分为两类:"单中心结构"（моноцентрическая структура）和"多中心结构"（полицентрическая структура）。前者的功能语义场只包含一种典型的表达方式,它以一个明确的语法范畴为基础。如,时体场以动词的体范畴为中心,时制场以动词的时态范畴为中心,主动/被动场以动词的语态范畴为中心等就属于单中心结构。尽管人称场由两个形式系统（动词人称和人称代词）,但它依然属于单中心结构,原因是它们是同一种语法范畴的双重体现,而非有两个中心。（Бондарко 1984:62）后者的功能语义场包含有一种以上典型的表达方式,它以某一语义—语法范畴为基础,其语义场可划分为若干个部分,每一个部分又都有各自的中心和外围成分。如,性质场、数量场、所属场、存在场、时序场、确定/不确定场、限制场等,就属于多中心结构。如以性质场为例,它就是一个多中心功能语义场,因为它由限定和述谓两个中心组成。（Бондарко 2002b:308—318）

5）功能语义场的特点。有学者认为,功能语义场是对传统词汇语义场理论的突破,它的特点主要体现在以下几点:

一是词汇语义场是静态的,而功能语义场研究的是活的话语行为,具有明显的动态性;

二是功能语义场不是以词汇中共同的义素来判定的,而是以具有同一功能的语义范畴来判定的;

三是进入同一词汇语义的是表达该语义的所有词汇,而进入同一功能语义场的是表达该语义功能的所有语言表达手段,包括词、词组、句子甚至语篇。与词汇语义场相比,功能语义场的内容更广泛,结构更复杂。（王铭玉,于鑫 2005:56）

但归根到底,功能语义场理论的上述所有特点是由其对语义研究的方法论决定的。它与传统语法对语言结构研究最大的不同就在于:它不是按照"词法—句法"的原则建构的,而是以"意义"为核心,按照被区分出来的"语义范畴"建构起来的,因此,它更符合语言学研究中的人类中心论范式。

1.1.2 "情景范畴"学说

"情景"（ситуация）一词,在语用学中指的是语言交际的环境,属语言外因素。而邦达尔科在功能语法理论中的情景一词,则是指某一概念在语句中的具体体现,是语言内因素。

邦达尔科认为,除功能语义场之外,建构功能语法模式的另一个基础概念就是"范畴情景"。

1) 关于"范畴情景"的概念。邦达尔科对范畴情景所下的定义是：(1) 句子所表达的整体语义的一个方面；(2) 建立在特定语义范畴及其相应的功能语义场基础之上；(3) 为类概念，包括了时体情景、时间情景及其他情景等的种概念。（Бондарко 2002b:319）。从以上定义中可以解读出以下具体内涵：(1) 范畴情景是功能语义场在言语中的体现或现实化，或者说功能语义场内的某一表达方式在交际过程中的功能化就体现为一定的范畴情景。用邦达尔科的话说，能将语言系统中的"场"与该场在句子成分、句子表达的情景联系在一起的这个概念就是范畴情景（Бондарко 2002b:320）。(2) 范畴情景与功能语义场具有对应关系。由于范畴情景的构成是由该语言的功能语义场决定的，因此，功能语义场的一般特性（语义场的定义、语义场的成分结构——中心和外围、成分等级、场的语义主导成分等）与该语义场的范畴情景的类型、变化和变体形式等之间构成对应关系。（Бондарко 2002b:321）也就是说，一个范畴情景就是一个相应的功能语义场在言语层面投射出的典型结构。在邦达尔科看来，功能语义场集中了同一个语义范畴周围不同层面所有的语言手段，它代表的是一种描写语法手段，而范畴情境意义则以一定的语义范畴和功能语义场为基础，是功能语义场在言语中的表现，是语义范畴在话语中表现的功能形式，即意义变体，如时序、时制、时位等。它不局限于某一个语法形式，而是由不同话语手段表达的典型意义结构，其占主导地位的话语手段常常与一些句子类型的名称相关，如存在句、所有格句、比较句等。范畴情境意义是用来解释语言范畴与其在言语中表达条件之间关系的，也就是解释语言系统及其言语环境之间关系的（Бондарко 2003:11-14）。(3) 从功能语义场与范畴情景意义的关系看，语义范畴是典型的意义结构，它是语义常量，是类概念；而范畴情景意义则是类概念下属的种概念，它更为具体。换句话说，功能语义场是语义范畴在语言系统中的体现，而范畴情景则是语义范畴在言语中的体现。前者表现为抽象，后者表现为具体，如同构成"语言"与"言语"的对立一样。用邦达尔科的话说，功能语义场系统是研究功能语法模式的构成和结构的，用以表达某一语义范畴变体中不同层级的表达手段；而范畴情景反映的则是该语义范畴在言语中的表征关系。（Бондарко 2002b:320）

如上可以得出这样的结论：邦达尔科的功能语法理论正是通过范畴情景这个概念把语言的语义系统与言语交际有机结合在一起的。

2) 关于范畴情景的类型。邦达尔科从功能语义角度将范畴情景分为下列类型：(1) 现实化的范畴情景。指反映当前语句与客观现实以及与交际者之间的关系,如情态(主观情态和客观情态)情景、时制情景、人称情景等。(2)非现实化的范畴情景。指不反映当前语句与客观现实以及与交际者之间的关系,如时体情景、时序情景、语态情景、主体情景、客体情景、所属情景、性质情景、等级情景、条件情景、人称情景等。(见王铭玉,于鑫 2005:69)。

现实情景是任何一个语句所必需的,而非现实情景则非必需。

对上述两种范畴情景,邦达尔科还使用"指物情景"(денотативная ситуация)和"概念情景"(сигнификативная ситуация)两个概念加以界说。前者指具体的言语变体,是现实的语句;后者是从一系列指物情景中抽象出来的概念性内容结构。如果把一个完整的概念情景进行分解,就会得出如时制情景、人称情景、所处情景、性质情景等不同的范畴。

3) 关于"主导情景"。"主导情景"(доминирующие ситуации)的概念是针对"总体情景"(общая ситуация)而言的。总体情景是句子所表达的概念(语义)情景,它是范畴情景某些特征的综合;而主导情景是由总体情景区分出来的占主导地位的范畴情景。其他情景只是主导情景的"背景"(фон),它们可以是主导情景实线的必备条件,但在句子内容现实化成素的等级中,其作用相对而言是二等的或次要的。(Бондарко 2002b:325)比如,在下列句子中,"存在情景"(бытийная ситуация)是主导情景:(1)在某实体范畴的绝对存在/不存在中。如:*Католикосы не бывают!*(不存在卡多利阿斯);*Неосведомленность ваша...Католикосы тоже бывают.*(这你就不知道了,也存在卡多利阿斯)。①(2)在对立存在的变体中。如:*Есть люди,которые бытуют в нашей жизни всерьез,и есть бытующие нарочно*(我们生活中的有些人很认真,而有些人则装样子)。(3)感知主体观察域内的实体的存在/不存在。如:*В доме было тихо*(屋子里很静)。—*Есть кто?* —*крикнул я*(有人在吗? 我喊了一声)。(Бондарко 2002b:325—326)

上述例句中反映出多种不同的范畴语义成素——情态的、时制的、人称的、所处的等,但只有一个成素是起主导作用的,那就是"存在成素",正是这个存在成素构成了主导情景。

邦达尔科认为,主导情景也可以是一个相互关联的多范畴情景综合体。如,在句子 *Приди он на пять минут позже,я ничего не успел бы сделать*(他如果再晚来五分钟,我就啥也来不及做了)中,其主导综合体成素中包含着下列范畴情景:(1)情态情景(在假设情景的变体中);

---

① "卡多利阿斯"是亚美尼亚、格鲁吉亚教会首脑的称谓。

(2)与情态耦合的条件情景(在假设情景的综合情景成素中);(3)前景性情景(在假设行为的时间——晚五分钟——与暗指、先于假设行为的现实行为的时间对比的变体中,以及在两个假设行为的连续中——来得及和来不及);(4)时制情景(主导范畴情景与其环境之间的过渡:相对于话语时刻而言,假设行为整体上对应于过去时层面,而暗指的现实行为对应于话语时刻的时间层面。事实上,"他"来得要早些,而"我"也来得及做了某件事)。(Бондарко 2002b:326—327)

上述这些相互关联的范畴情景,在该句子的内容中包含的其他范畴特征的背景下体现出来,如:话语所指人物的假定行为与说话人的假定行为对比中的人称特征;主动态的语态范畴特征;具体的完整事实的时体范畴特征;确定性特征等。

据此,邦达尔科得出结论认为,在范畴情景的形式上,只提供总体情景中那些属于主导成素的层面,而构成"背景"(环境)的那些成素可以看做是范畴语义的成素。另外,作为范畴情景基础的范畴意义特征,可以与该类型的句子名称相对应,如存在句、状态句、领属句、时间句、条件句、因果句、处所句等。(Бондарко 2002b:327—328)

如上所述可以看出,主要由功能语义场学说和范畴情景学说构成的功能语法理论在语言和言语两个不同的层面上,对俄语语法的内容和形式(意义和结构)进行了新的建构和描写。尽管这种学理上的建构和描写并不是对传统语法的"反叛",但却有十分重要的语言学价值和方法论、认识论意义。其独到之处主要体现在以下几个方面:

从研究方法看,它主要采用积极语法的"从内容到形式"的描写方式,但同时也不放弃传统的"从形式到内容"的原则。两者相辅相成,揭示了理解和表达两种言语活动的本质;

从研究内容看,功能语法理论一个重要原则就是把传统语法中被分离的语法学和词汇学紧密地结合在一起进行研究,它把属于不同语言层面(包括词法、句法、构词、词汇等)、但统一于相同语义功能的手段看做一个整体;

从研究视阈看,功能语法理论同时坚持系统语言观和言语交际观,认为功能语义场与思想—言语行为的表达过程紧密相关。也就是说,结合言语表达系统,综合研究语言系统,这是功能语法理论在阐述语法单位的功能及其与范畴意义关系方面的主要原则之一。

正如有学者概括指出的那样,"功能语法理论最大的特点、也是最为学界推崇的是其研究范式的整体性。既坚持从意义到形式由不摒弃从形式到意义的方法原则,既坚持系统语言观点又注重言语交际观点,同时把语言各个层面的内容结合成为一个整体。"(姜宏 2013:8)另外,在我们看来,从意义到形式的研究方法,本质上凸显的是人的作用或人的思维的作用,因此它与人类中心论范式语言学理论的要旨是完全吻合的。

1.2 佐洛托娃的交际语法理论

作为著名语言学家维诺格拉多夫的学生,佐洛托娃的学说思想无不打上深深的"维诺格拉多语言学派"(Виноградовская лингвистическая школа)的烙印。学界公认,她在功能语法研究方面最突出的成就,是创立了自己的功能语法学派,其核心理论即所谓的"交际语法"(коммуникативная грамматика)。① 早在1973年,佐洛托娃就在博士论文(1971)的基础上,出版了《俄语功能句法学概要》(Очерки функционального синтаксиса)一书。该书不仅是俄语学界最早的功能语法研究的标志性著作,也奠定了她本人在功能语法学说方面的地位。此后,佐洛托娃又于1983年出版专著《俄语句法交际面面观》(Коммуникативные аспекты русского синтаксиса),从而在学理上完成了由功能句法向交际句法的发展性转变。1998年,她又与自己的两名学生——奥尼宾科(Н. К Онипенко)、西多罗娃(М. Ю. Сидорова)合作出版了《俄语交际语法》(Коммуникативная грамматика русского языка)一书,对交际语法学说进行全面、系统的阐述,标志着其交际语法理论的最终形成。佐洛托娃的交际语法理论,包含较为丰富的功能主义学说思想。它自成体系,不仅在研究内容、方法方面对传统语法有新的重大突破,且具有较广泛的应用价值。下面,就让我们对该交际语法的主要内容、方法及特点等进行简要的评述。

1.2.1 功能句法观

佐洛托娃认为,传统语法的研究对象——词和句子的形式是无法满足语言的基本功能需要的。实际上,语言系统是由"形式—功能—意义"三者组成的三角关系,它们分别回答 *как*?(如何),*для чего*?(为何目的)和 *о чём*?(所指什么)的问题,因此,只有能够全部回答这三个问题的语法才能算是一部完整的语法。在她看来,语言的基本功能是交际,因此,从功能的观点来研究俄语句法,就是揭示各种语言单位在交际过程中所体现的句法功能。为此,她从句子的交际功能出发,把句法单位的功能确定为它们在构成句子交际单位中所起的作用,因为"功能表现为句法单位与交际单位的关系"。(Золотова 1973:9)

基于以上认识,佐洛托娃提出,句法单位具有三种基本的句法功能:第一句法功能是独立话语的功能,体现这种功能的位置有文章标题,剧

---

① 佐洛托娃有时也将该交际语法称为"功能—交际语法"(функционально-коммуникативная грамматика)。尽管称谓不同,但实质并无区别。

本中的情景说明,舞台指示,嵌入作品中对人物和情节的简单交代等;第二句法功能是话语要素的功能,即组词造句时直接用作句子的结构要素。该功能具体体现为:(1)用作述谓对象;(2)行使半述谓功能,使句子复杂化;(3)起述谓作用;(4)用于扩展全句的情景;第三句法功能是话语构成部分中从属部分的功能,具体体现在依附于动词、名词、形容词或副词的位置上。她进一步指出,任何一个句法单位(词形、词组或句子)在交际过程中都起着三种功能:即第一功能起着独立交际单位的作用,第二功能起着交际单位中构成部分的作用,第三功能起着交际单位中构成部分的扩展成分的作用。因此,学界普遍认为佐洛托娃的功能句法学说是属于结构性质的,有学者称其为"结构功能主义"语法(见王铭玉,于鑫2005:41),以有别于邦达尔科的"语义功能主义"语法。

1.2.2 交际功能观

佐洛托娃的功能句法观并不意味着将功能与意义等同起来。相反,她始终认为功能有别于意义,因此可以说,她所倡导的是交际功能观。在她看来,所谓功能,主要指系统功能和交际功能。系统功能是指语言系统内语言单位构造句子的能力,而交际功能则指表达说话人思想和意图的功能。也就是说,佐洛托娃是以系统功能为基础来研究语言的交际功能,并从交际的意图、过程和模式入手来研究语言的意义和形式的。有学者认为,这就交际语法的基本思想。(王铭玉,于鑫2007:105)

以交际功能观为内核的交际语法理论,主要依据"句素"(синтаксема)—词组—简单句—复合句—语篇的层次结构,由微观到宏观、从模型到变体进行系统的研究。也就是说,交际语法的出发点是语言的系统结构,并对每一种结构各种功能的表达手段进行描写。在对上述结构单位进行描写时,佐洛托娃还提出了"句子模型"(модель предложения)、"句法场"(синтаксическое поле)、"交际类型句"(коммуникативный регистр)等新概念,从而在学理上奠定了其交际语法的分析基础。

1)关于"句素"。"句素"的概念是佐洛托娃依据"词素"(морфема)这一术语最先引入到句法领域对交际语法进行研究的。她认为,作为基本交际单位的句子能够分析出的最小句法功能单位是"词的句法形式"(синтаксическая форма слова),即具体句子中的"词形"(словоформа),这就是句素。作为句子的直接构筑单位,句素是俄语中"最小的不可分割的语义—句法单位"。

佐洛托娃认为,划分作为构筑句子单位的词形即句素,应该考虑三方面的因素:(1)该词形的范畴语义(非抽象的词类意义);(2)相应的形态形式;(3)由前两方面因素所决定的可用于某句法位置的功能。由此可见,在佐洛托娃的交际语法理论中,范畴语义特征、形态特征和句子功能被认为是区分句素的重要特征。

至于句素在句子中履行的句法功能,佐洛托娃认为主要有以下三种:(1)作为独立的单位使用;(2)作为句子的组成部分使用;(3)作为词组(或者词的组合)的组成部分使用。另外,她还提出,根据句素在句子中所起的句法功能数量的多少,还可科将句素分为"自由句素"(свободная синтаксема)、"限制句素"(обусловленная синтаксема)和"粘附句素"(связанная синтаксема)等三类,而在"限制句素"和"粘附句素"中又可区分出各种具体的"位"(позиция)。她认为,不只是句子,包括超句统一体,语篇以至文本等更大的语言单位都是由句素组合而成的。(Золотова 1988:4—5)。如此一来,在交际语法理论中,最小的句法单位已不是句法框架里独立的层次,而是句法结构的组成部分,并且首先是交际单位——句子的组成部分。

2) 关于"词组"。作为句素上一级结构单位的词组,在佐洛托娃的交际语法中被视作"扩展的句素"(распространенные синтаксемы)。她认为,有必要区分出两种不同的词组:第一种是作为交际层次之前的句法单位的词组,第二种是作为交际中句素的组合的词组。前者生成于构句之前,如 вспоминать войну(回忆战争),заведовать фермой(管理公司),половина урожая(一半收成)等,其结构不依赖于句子的结构;后者生成于构句过程,是交际单位框架内述谓单位"聚合"的结果,如 работать агрономом(担任农艺师),избрание его председателем(选他当主席)等,其中句素 аграномом 和 председателем 并不取决于词组中的轴心词,而是取决于整个句子的语法结构。

在上述词组分类的基础上,佐洛托娃进一步对传统语法中"述谓结构"(предикативная структура)的概念进行了拓展。她认为,不仅主体和述体的组合可以构成述谓结构,且构句过程中生成的词组也能构成该结构。如,Она работала агрономом(她任农艺师)这个句子是简单句,具有单一主体,但述体却有两个——работала,агрономом,它们构成"同述体关系"(отношения сопредикативности),而不是传统语法中所说的"支配"与"被支配"的关系。

3) 关于"句子"。佐洛托娃用"句子模型"(модель предложкния)理论来分析和描写句子。所谓模型,是指相互制约的句法形式最低限度的完整组合,这些句法形式是具有一定类型意义的交际单位。(Золотова 1973:25)如,У меня сад(我家有花园),У Маши кошка(玛莎有只猫)同属一种句子模型。可见,佐洛托娃在 70 年代对句子模型的认识主要是形式(结构)的,而不是语义的。但在 1998 年出版的《俄语交际语法》中,佐洛托娃对句子模型的认识有了进一步发展。她认为,对句子模型进行归纳时,不能只考虑到句子的形态结构方面,因为它无法解决句子结构模型与句子语义之间的联系问题。句子的基本单位是具有实物意义的句素和具有特征意义的句素。当它们进入述谓关系后,就构成具有一定类型意义的句子模型。句子模型是由主体成素和述体成素在其形态的、句法的、语义的特征统一中相互制约形成的。(Золотова 1998:104)在这里,句子的形式和语义构成了一个统一体。

关于"单成分句"问题,佐洛托娃认为它并不是句子模型本身的特点,因此不属于模型句的类型意义领域,而是模型句特殊的语义—句法变体的标志。例如,按主体线来分析就可划分出不定主体、泛指主体、祈愿主体等。按照她的观点,作为语言交际单位的句子都具有双成分性质,因此俄语中并没有单部句之说。例如,*Ночь*(夜晚)*Улица*(街道)*Фонарь*(路灯)这样的句子,一定在其语境中有 когда(什么时候),где(在哪里),что(是什么)等成分在潜意识中存在。她坚持形式和意义相互作用的观点,认为俄语中将主语形式固定为一格形式根本无法解释众多复杂的句子结构问题。据此,她主张主语也可以是间接格形式。例如 *У меня ангина*(我得了咽峡炎)一句中,у меня 则是主语。她用"主体"这一术语代替传统语法学中的主语,并认为主体是句子模型的主要结构成分。一格形式常用于表达行为主体、人称主体、情景控制主体、特征主体和类别主体,而人称状态主体则常用第三格形式来表示。例如,*Мне весело*(我感到快乐),*Ему грустно*(他感到忧郁);空间主体的表达形式是带有前置词的第六格:*Во дворе тепло*(院子里暖和),*В комнате сыро*(房间里潮湿);表示数量特征主体则用第二格形式:*Студентов—пятеро*(五个大学生),*Братьев—два*(兄弟两人)等。

佐洛托娃的交际语法坚持句子整体观,提倡对句子进行全方位的分析和研究。她提出,句子的基本构成方式是"主体—述体",如果述体在形式和意义上对称,其构造的句子就是"原始性模型句"(изосемические модели предложений)。在此基础上,她提出了句子的"原始性"(изосемия)和"非原始性"(неизосемия)的概念。(Золотова 1998:108—111)

原始性与非原始性的概念是用来揭示语义学与句法学之间的关系及其相互作用的。句子模型是其结构成分"主体和述体"的语义—句法组合。主体和述体不仅是句子模型的组成成分,也是句子类型意义的组成成分。句子类型意义可以通过最小的原始方式表达,如词汇—语法手段就可用来表达这一类型意义。例如:"所处主体及其状态"这一类型意义,可以通过"*В лесу тихо*"(森林里静悄悄的)这样的原始模型句来表达;"主体及其特点"这一类型意义,可以通过"*Петя добрый*"(别嘉很善良)这样的原始模型句来表达。但同样的类型意义还可以由具有其他体系属性的成分来表达,这就是非原始性模型句。如:上述两个句子的意义可以分别用 *В лесу тишина*,*В лесу стоит тишина*,*В лесу все стихло* 以及 *Петя отличается*(*характеризуется*)*добротой*;*Петю отличает*(*характктеризует*)*доброта*;*Пете свойственна*(*присуща*)*доброта* 等来表达。应该说,原始性与非原始性概念的提出,目的是为了区分出基本(原始)句子模型与它们的结构—语义变体,包括情态变体、情感变体,以及基本模型句与它们的同一结构等。

正是基于原始性与非原始性的概念,佐洛托娃提出了"句法场"(синтаксическое поле)这一重要思想。"句子的句法场是围绕着句子的原始结构,它是由其结构的语法变体、结构—语义的变体和同义现象的变换组成的系统"。(Золотова 1973:201)句法场的概念与句法聚合体的概念有所不同,它将某一种类型意义及其所有原始体现的结构—语义变体、同义结构以及非完全的情景体现都集中在同一个句法描述中;句法场可分为中心位置和外围位置。位于句法场中心位置的是语义和交际上完整的原始模型句,它们具有自己的语法形式体系,并首先通过使用动词的形态变化来构建;靠近中心区域的是通过述体和主体的变化而形成的结构—语义模型的变体;位于再远一些区域的是受语篇(交际)限制的变体,;再外围一些的是同义结构;最后是建立在该模型句基础上的多述谓结构。佐洛托娃用一组同心圆来形象地表示句法场的结构,它从里到外由6个圆构成:(1)"基本模型"(основная модель);(2)"语法变体"(грамматические модификации);(3)"起始、情态语义—语法变体"(фазисные,модальные семантико-грамматические модификации);(4)"情感、交际变体"(экспрессивные,коммуникативные модификации);(5)"单述谓同义变体"(монопредикативные синонимические вариации);(6)"模型多述谓繁化"(полипредикативные осложнения модели)。(Золотова 1998:205)

4)关于"语篇"。佐洛托娃的交际语法的另一个重要概念是"交际类型句"(коммуникативные регистры),即从语言交际功能视角对俄语句子的类型进行划分。我们知道,交际语法理论是围绕"说话的人"(человек говорящий)这一内核构建起来的,因此,说话的人和作为说话的人的言语思维行为产物的"语篇"(текст)就成为该语法的研究中心。这就势必会关注说话的人的言语生成的整个过程和所有阶段。为此,佐洛托娃用A、B、C、D四个象征性阶段来假定上述整个过程:A阶段隶属语言系统,句子的语言模型及其构成(述谓单位的结构—语义)都属于这一阶段;B阶段隶属说话人行为的思维—言语模型,即交际类型句;C阶段和D阶段隶属具体的语篇,分别表示作者具体的意图和策略。可见,交际类型句是用作连接语言和具体语篇的单位,它在本质上是一种感知和反映客观现实的语言模型,即用一定的语言手段来表达说话的人的观点及其交际任务,并且通过特定的语篇片断来现实。据此,佐洛托娃划分出5种言语交际类型句,以与说话的人的交际需要和交际可能性相对应。它们是:(1)"复现类型句"(репродуктивный регистр)。指用语言手段再现、复制能被说话人、受话人的感官直接感受到的,并与他们处于同一确定时间片断和地点的事件。如:*Я вижу, как...*(我看见……);*Я чувствую, как...*(我感觉到……)等。该类型句还可以再分为"复现—叙述类型句"(репродуктивно-повествовательный регистр)和"复现—描写类型句"(репродуктивно-описательный регистр)。前者复现的是动态行为,后者复现的是静态行为;(2)"信息类型句"(информативный регистр)。用于传达说话人已知的但与具体和确定的时间、空间没有关系的信息。属于该类型的句子还有经常重复的事件、陈述对象的习惯、特征等。如:*Я знаю, как...*(我知道……);*Известно, что...*(大家知道……)等。该类型句也可以再分为"信息—叙述类型句"(информативно-повествовательный регистр)和"信息—描写类型句"(информативно-описательный регистр)两种。其特点与上述的"复现—叙述类型句"和"复现—描写类型句"相同;(3)"抽象类型句"(генеритивный регистр)。主要用于对生活经验、普世规律、人类知识体系等共性信息加以概括和总结,常以谚语、箴言、推理等形式出现,在时间上不受到任何限制。如:*Просвещение ведет к свободе*(教育通向自在);*Чтобы рыбку съесть, надо в воду лезть*(不入虎穴,焉得虎子);(4)"祈愿类型句"(волюнтивный регистр)。表达说话人的意愿,祈使受话人去实施某行为,通常会使用使役词。如:*Читайте за мной*(请跟我读);(5)"反应类型句"(реактивный регистр)。用作对言语交际情景有意识或无意识的情感—评价反应。如:—*Иди за меня замуж,—сказал журавль*(嫁给我吧,仙鹤说);—*Как не так, пойду за тебя, за долговязого*(我才不嫁给又瘦又高的你呢)。可以看出,前一句为意愿句,后一句为反应句。(Золотова1998:393—396)

交际类型句这一概念在1998年出版的《俄语交际语法》一书中得到了全面运用。在该书中,交际类型句的概念不仅体现在动词时—体形式的功能聚合体中,还体现在对句子句法场所进行的交际—语篇阐释的手段中。

如上所说,佐洛托娃的交际语法的研究范围,连接了语言和言语、形式和意义、意义和功能、词典和语法、规范语法和不规范语法(儿童语言中的创新及文学作品中不规范的语言现象)、系统语言学和文学语言的诗学等一系列的内容。该理论的学理指向与邦达尔科的功能语法理论一样,是作为人类中心论范式内核的"说话的人"或"交际的人",因此,用邦达尔科的话说,它们是"说话人的语法"即"积极语法"(активная грамматика),而传统的语法则是"听话人的语法"即"消极语法"(пассивная грамматика)。(Бондарко 2002b:208—219)

1.3 弗谢沃洛多娃的功能交际语法理论

俄罗斯学者在功能语法理论的研究中,形成了不同性质的学派——"理论派"和"大学派"。如上文中提到的邦达尔科的功能语法理论和佐拉托娃的交际语法理论就属于理论派,也叫科学院派,而以莫斯科大学弗谢沃洛多娃教授为代表的则属大学派,也称实践应用派。大学派是在长期的语法教学实践中(特别是对外俄语教学的实践中)发展起来的,且逐步形成了自己的理论体系。

弗谢沃洛多娃的功能交际语法理论,集中反映在她于 1988 年发表的《俄语实践功能交际语法原理》(Основания практической функционально—коммуникативной грамматики русского языка)论文和 2000 年出版的《功能交际句法理论》《Теория функционально-коммуникативного синтаксиса》)著作中。她把功能语法与交际教学法融为一体,旨在教学实践中贯彻交际性的原则,揭示语言的交际功能,提高学生的交际能力。

弗谢沃洛多娃的功能交际语法充分体现出当代语言学研究逐渐走向"整合"的趋势,即围绕语言的交际功能,以言语交际活动对语句和语篇结构的影响为主题,以探索语言交际普遍性机制为目的,把传统语言学分类中的语法学、语义学和语用学结合在统一的功能交际语法的模式中予以审视。下面,就让我们对弗谢沃洛多娃功能交际语法的主要内容和特点做简要评介。

1.3.1 对语言特性的认识

弗谢沃洛多娃的功能交际语法方法论是以认识论为基础的。她认为,作为交际工具的语言主要有以下基本特性:

1) 语言的客观性和语言的言语体现的主观性。在她看来,语言是大脑的功能和使用者的心智财富。它是一种客观存在的自然现象;但语言又是一种社会现象,语言是按照其本身的内部规律而发展并发挥自身作用的。每一种语言都提供着对客观事物的不同看法,因此语言又是一种精神现象。不同的词汇对比,不同的词类,不同的语法规则,不同的语义范畴,都为语言学的深度研究提供着不同的启迪。因此,任何语言学理论,都是人工结构,在某种程度上是主观的。然而,语言在言语中的每一种体现的实施者都是操这种语言的具体的人,这样就不可避免地包含了不只是客观的信息,还有说话人的对此信息的主观态度等。(Всеволодова 1988:26—36)

2) 语言可反映操语言者语言意识中的语言外现实,以及主观认识中客观的现实性能力。弗谢沃洛多娃认为,语言反映着操语言者语言意识中的语言外客观现实性的能力,从而确定着语言的内容和语言的语义空间。每一种语言的语义空间是以一定的方式结构化的,从而构成"功能语义范畴"(функционально-семантические категории,ФСК)或者叫"功能语义场"(функционально-семантические поля,ФСП)。任何语言中都有空间、时间、主客体关系等功能语义范畴。例如,每一种语言都有一年、四季、昼夜、事件的时间持续性等表达手段:работать три часа(工作三小时);空间的功能语义范畴还可表达说话人所处的空间地理位置:如 здесь(这里),там(那里),далеко(远处),близко(近处),в лесу(森林里),у окна(窗边)等;而另一些范畴则反映着民族主观诠释的客观现实。诠释性的功能语义范畴的典型例子是斯拉夫语言中的时体学和动词体的范畴,这一范畴没有专门的最小语法单位,但却能生动地描绘行为在一定时间内的过程及其特征,其标志是行为的结果性/非结果性以及动词行为的表达方式。因此也就很难用无体语言的手段来表达 набегаться(跑累)或者 выспаться(睡够)的动词意义。如:Я набегался за эти дни(这几天我跑得很累);Я хорошо выспался(我睡够了);Я много бегал за эти дни и устал(这几天我跑了很多步,累了);Я встал бодрым(我起床时精力充沛)。

3) 语言的物质性、实体性及其意念部分。这里的实体性首先指词汇、具体语言的词汇量,而意念部分是指语法和词的意义及语言与思维的不可分割的联系。她认为,语言的映现范畴必然带有民族诠释的烙印。例如,俄罗斯人、英国人、西班牙人是根据各自的民族文化习俗、规则来划分一昼夜的。在俄罗斯中午12点至17点为中午,而西班牙人中午12点以后就开始晚上了。中国人对时间的划分是同吃饭的时间相联系的,打招呼也多是问吃饭了吗？中国人说前半天是指中午12点以前,而俄罗斯人的前半天指的是13点以前。俄语动词有时体学范畴,运动动词分单向、双向动词;空间范畴分外部和内部区域。因此,研究语言的内容部分和意义的表达手段(即从意义到形式)是功能交际语法的重要组成部分——意念语法的研究对象。各种语言之间的区别不只是语法和词汇,而且还有涵义和意义系统。意义是靠语法和词汇表达的。每一种语言独特的语义空间构成了操该语言者的语言世界图象。学习外语的困难是由母语与对象语的世界图象的区别所引起的,因此,学习外语也必须要了解操语言者的语言世界图象。

4) 语言认知的系统性。她提出,语言是一个系统组织,是人的意识显示的系统反映。语言的系统性在于它的所有层级组成是依赖于其本身各层面的特征,依赖于该层面单位原本就具有的特征。如:以词形变化的特点和词类为基础的词的分类组合就具有一定的有序性。这些形式上的特点紧密地同其内容相关联,但并不是任何时候都是直接和单一地表现出来的;再比如,词类本身的范畴特征在某种程度上也是有序的:其中一部分在语言外现实中无所指,另一部分却反映着现实世界的某种现象。此外,语言中也有反系统区域。正如米罗斯拉夫斯基(И. Г. Милославский)所指出的那样,在俄语语法系统的背景之中构词是根据其自身特征来反映系统的。例如:由城市名称构成的该城市人:Москва—москвич(莫斯科—莫斯科人);Тула—туляк(图拉—图拉人);Киев—киевлянин(基辅—基辅人);Саратов—саратовец(萨拉托夫—萨拉托夫人)等。这种构成并没有一定的规则和系统。这种反系统区域存在的原因有二:一是主观因素,我们对它的分析还不够全面;二是此种系统的积极变化因素(客观因素),或者是它们还没有完全形成体系。(Милославский 1980:95—103)

5) 语言的交际性和信息性。在弗谢沃洛多娃看来,语言首要的功能是其交际和信息功能,但语言的多种形式又组成了意义的复杂系统,意义和形式并不是永远单一相连的。如:同一意义的不同格的表达形式:в том мае—в тот май—тем маем(在那个五月);不同词的不同意义的同一格形式:кистью/ночью рисовать(用笔画/夜里画);同一词形的不同意义:кистью рисовать/кистью любоваться(用笔画/欣赏绘画)。意义是通过语言手段来表达的,是有结构的。意义既相互融合又相互对抗,形成一个认知意义的复杂系统。

6) 语言事实的多样性。她认为,语言又是一个多功能系统。因此,它不可能具有一个强大、统一的专门机制来保证解释交际中出现的所有问题。于是,语言就分成了各种不同的研究领域。例如,言语行为意义、言语规范及其表达等,这些都为应用语言学所研究,但同时又与功能交际语法相交叉。语言事实的这种多样性表明,人们在组织言语时既要解决主观愿望与客观语言现实之间的联系,同时需要运用词汇、构词、句法手段、语调以及组成文本的各种手段。(Всеволодова 2000:8—9)

1.3.2 对功能交际句法表达单位的描写

弗谢沃洛多娃认为,功能交际句法中的表达单位由下列成分构成:

(1)词的句法形式或句素;(2)名词性句素"名词群"(именная группа)的功能变异;(3)"话语句"(предложение—высказывание)。在表达框架内研究的对象(非单位)还有词组和语篇,包括超句统一体或复杂的句际组合统一体等。这是因为:交际的实现靠的不是一个单独的句子,而是语篇。语篇具有自身的特点,它的构成有自身的规则。在形式语法中,句法的对象最小是由两个"词形"(словоформа)组成的,而功能交际句法的句法单位是"词的形式"(форма слова);词的形式常常在名词群中起作用,它具有不同的句法潜能和参与构建句子的能力。这是句法和词法深层交替的区域之一;话语句与形式语法中的句子的不同之处在于:它不是形式模式的抽象例子(结构单位),而是一定的言语产品,是交际单位;话语句的形式结构只是作者(说话的人)表达交际宗旨的一种手段。因此,在分析话语句前首先要确定它的内容,然后才能确定包括语调在内的内容的表达手段。

对于词组,功能交际句法注意到以下内容:(1)词或词的形式的具体搭配潜力。如:*руководить страной*,*работой*,*фирмой*(领导一个国家、一项工作、一家公司);*заведовать булочной*,*складом*,*баней*,*кафедрой*(管理面包店、仓库、澡堂、教研室)等。(2)各种类型的句法转换。如:*Блузка синяя—Блузка синего цвета*(蓝色女衬衫);*Помочь другу—оказать помощь другу*(帮助朋友);*Взорвалась бомба—Произошел взрыв бомбы*(炸弹爆炸)等。(3)句子实义切分时,词组中的次序确定句子的语音图形。

弗谢沃洛多娃认为,词组的构成受到句子、语篇等众多因素的影响,也受到语言本身各种因素的制约,如:对山脉可以讲 *горы Урал*(乌拉尔山脉),*горы Кавказа*(高加索山脉),*горы Памира*(帕米尔山脉),但对 *Альпы*(阿尔卑斯山脉),*Пиренеи*(比利牛斯山脉)等,却不能讲 *горы Альпы*;又如:*высокого роста*(高个子)若和 *девушка*(姑娘)连用,可处于述谓位置:*Эта девушка высокого роста*(这位姑娘个子高),若 *девушка* 用于其他格,只能选用其他形式:*Через минуту к этой высокой девушке подошла Маша*(玛莎立刻走到这位高个子姑娘跟前);而与专有名词连用,只能处于述谓位置:*Нина—высокого роста*(妮娜的个子很高)。

对于语篇,功能交际句法也给予应有的重视。对此,弗谢沃洛多娃给出的理由是:

1)语篇是言语存在的唯一形式。语篇具有类型、风格、体裁等多种特征,它们确定了语篇结构的统一性。

2)语篇是语句借助于上下文或情景发挥其功能的唯一环境。该环境确立了前语境或情景,被交际者视为言语的动因或引子。

3) 语篇的某一特征决定着句子的句法结构。如:(1)语篇的内容决定着句子的实义切分,因此,它可以确定各成分间的次序: *Вода*: *Вода является сложным веществом*(水:水是复合物质), *Молекула воды состоит*...(水分子由……组成); *Сложные вещества*: *Молекулы сложных веществ состоят из двух или более элементов*(复合物质:复合物质的分子由两个或两个以上的成分组成), *Сложным веществом является*, *например*, *вода*(比如水,它就是复合物质);或者决定着句子的句法模式: *Посреди комнаты—стол*(房间中间摆放着一张桌子); *На столе—десятки книг*(桌子上摆放着几十本书); *Стол завален книгами*(桌上摆满了书); *Книг на столе—десятки*(桌上的书有几十本)。可以看出,以上例句强调的词形是相同的,但意义却有所区别。(2)语篇的特征(信息或交际文本)在许多情况下决定着词汇应用的特点和句法结构。例如,语篇与言语时刻的关联性/非关联性;语篇语义与其表达方式的关联性以及与语篇的类型关联性等。如:时间副词 *скоро*(很快到来), *близко*(即将到来)和功能相同的语气词 *вот—вот*(眼看就到来)用在交际语篇时,可用零系词: *Зачет*(*уже*)*скоро—Зачет*(*уже*)*близко—Зачет*(*уже*)*вот-вот*(很快就要考查了)等;而如果用在信息语篇中,则必须用系词结构,况且只能用 *близко* 一词: *Зачет был*(*уже*)*близко*, *и пора было подумать о подготовке к нему*(快要考查了,该想想怎么备考啦)。而如果用 *скоро* 或 *вот—вот*,则需要加情态词: *Зачет должен был быть скоро*(考查应该很快要进行了); *Вот-вот должен был быть зачет*, *а студенты еще не начали готовиться*(眼看就要考查了,学生们还没有开始准备呢)等。

4) 语篇以外句子的信息可能是不完整的。例如, *И с этой точки зрения позиция*, *о которой речь шла выше*, *объяснима*(从这一观点看,先前所讲的观点得到了解释)这样的句子,在没有上下文的前提下就无法得知究竟讲的是什么观点。

除上述外,语篇的属性还决定着选择情景的表达方法:例如,描述性语篇中常带有简单动词谓语: *За деревней не лужайку сел самолет*(飞机落在了村外的小块草地上);正式语体中则用描述性述谓: *Совершил посадку самолет*, *прибывший рейсом №5 из Москвы*(从莫斯科飞来的5号航班已经降落)。

正是以上这一系列因素,使弗谢沃洛多娃觉得有必要将语篇部分纳入功能交际句法的研究对象。

1.3.3 对功能语义范畴的解释

弗谢沃洛多娃认为，语言的内容层面可以靠各种语法手法来实现，但每一种语言的大部分语义空间又受到词汇的制约，因此，词汇场和词汇语义群是功能交际语义最大的内容单位——功能语义范畴的组成部分。该范畴由以下成分构成：

1) 义素。在她看来，意义的最小单位是"义素"(сема)。属于义素的有：(1)进入单词意义的词汇义素，如：*проработать*（工作一会儿）一词表示的"时间的延续"义素是词汇义素；(2)语法义素，即词类所具有的词的形式——语法范畴。例如，*проработали*（工作了一会儿）一词"过去时"词形中的"复数"义素为语法义素；(3)词汇—语法义素，是词的形式所具有的。例如，*в лесу*（在森林里）词形中的义素为"名词在空间地理所处位置"；*в лес*（去森林里）中义素为"名词在空间地带运动的方向"，*в тоске*（在忧伤中）词形中为"主体现时状态"义素；*в тоску*（*впадать*）（落入忧伤）词形中为进入"名词所指状态"义素，其实质都是词汇—语法义素。

2) 涵义。弗谢沃洛多娃认为，句法中可用非述谓和述谓单位来表示涵义。涵义的"非述谓"可用以下形式体现：(1)兼有词汇和作为词类的词的形式的义素：*в лесу*（在森林里），*в лес*（去森林里），*в тоске*（在忧伤中）；*под давлением*（在……压力下）= *давить，оказывать давление*（对……施压）；*при нагревании*（加热条件下）= *когда нагревают / нагревается*（加热时）。这些涵义并非无序，它们作为意义系统的成分按照严格的组织形式表现出来；(2)词组，有时等同于整个句子：*При заключении договора присутствовали X и Y*.（出席合同签订仪式的有某某某）= *Когда заключали договор，присутствовали X и Y*（合同签订时，某某某出席了仪式）；有时等同于一个词：*осуществлять сотрудничество* = *сотрудничать*（合作）；*круглой формы* = *круглый*（圆形）；有时组成统一的意义：*высокий дом*（高楼大厦）；*идти быстро*（走得快）等。

3) 类型情景。所谓类型情景(типовая ситуация)，是指从一系列具体情景抽象出来的概括性事实，它是由句法中述谓意义或述谓结构所呈现的。如：*Мама дала Пете грушу*（妈妈给别嘉梨）；*Дипломы выпускникам вручил декан*（系主任授予毕业生文凭）；*От мамы Петя получил грушу*（别嘉从妈妈那里得到梨）等句子，就体现着一种类型情景，即"转交情景"；而 *Мы едем завтра в Пекин*（我们明天乘车去北京）；*На пляж мы уже ходили*（我们去过浴场了）；*Татьяна—в лес，медведь—за ней*（塔吉亚娜去森林，熊跟在她身后）的类型情景为主体在地域内的"移动情景"。

4) 意义系统。在弗谢沃洛多娃的功能交际语法里,"意义系统"(система значений)是在词类框架内形成的,它是内容层面最大的单位,是功能语义场/语义范畴的组成部分。例如,在时间语义场内就可分为若干个语义分场,某意义系统构成了语义分场的中心。具体为:

一是用动词的时的形式构成的意义系统：пел(我唱过)，пою(我在唱)，буду петь(我将唱)，属于词法手段,即过去时、现在时、将来时构成的意义分场。

二是用表示时间关系的名词形式构成的意义系统：в мае(在五月)，к маю(五月前夕)，за час до урока(课前一小时内)，весь год(全年)等,属于语法—词汇手段,它们构成秩序和延续关系或客观时间定向的意义分场。

三是用时间副词构成的意义系统：вчера(昨天)，сегодня(今天)，завтра(明天)，давно(很早以前)，долго(很久)，часто(时常)，редко(很少)，дважды(两次)等,属于语法—词汇手段,它们构成主观和部分客观时间定向的意义分场。

四是用各种繁化的(形动词、副动词)形式和复杂的(同等动词谓语、时间从句)句子构成的意义系统,表示所描述事件的时间排序关系。(见 Бондарко 1987)

以上可以看出,功能语义场采用语言所具有的各种手段来表达各种不同的意义。例如,俄语中可用以下手段表示空间关系：(1)词汇。它包括：表示服务于这一意义的特有名词——标记词：пространство(空间)，место(地点)，сторона(方面)，край(边疆)，центр(中心)，сердина(中间)，поверхность(表层)等；表示各种空间参数的名称：длина(长)，ширина(宽)，высота(高)，глубина(深)，диаметр(直径)，площадь(面积)等；度量空间单位和线型的名称：метр(米)，верста(俄里)，километр(公里)等；体积、容积单位的名称：гектар(公顷)，литр(升)，сотка(百分之一)等,以及 квадратный метр(平方米)，кубический метр(立方米)等组合形式；以及大量表地点的谓词、形容词等。(2)语法—词汇。它包括：组成主观空间定向意义系统的方位副词,如 здесь—там(这里—那里)，далеко—близко(远—近)等；组成客观定向的名词各格或带前置格的形式：в доме(在住所)，на доме(在家里)，за домом(在屋后)，к дому(朝向房屋)，недалеко от дома(离家不远)等。(3)词法手段,包括：以-у 结尾的阳性名词第六格形式：в лесу(在森林里)，на полу(在地上)，на берегу(在岸边)。(4)构词手段,如 стребище(射击场)，кладбище(墓地)，городище(古城堡遗址)，дискотека(唱片)，аэродром(机场)等。(5)句法手段,即句子,包括存在句：На столе книга(桌子上放着书)，В лесу есть змеи(森林里有蛇);所处述谓:*Книга—на столе*(书在桌子上),*Отец—дома*(父亲在家)等。(Всеволодова,Владимирский 1982)

5)语调。功能交际句法认为语调也是功能语义场中表达意义的重要手段之一。例如:*Я взял зонтик Ильи и шапку*(我拿了伊利亚的伞和帽子)和*С сестрой Нины говорит ее муж*(与妮娜妹妹说话的是米娜的丈夫)句子中,第一句强调"帽子"是"伊利亚的",第二句中强调的是"妮娜的丈夫";而在*Я взял зонтик Ильи Ильича и шапку*(我拿了伊利亚·伊里奇的伞,还有帽子)和*С сестрой Нины говорит ее муж*(与妮娜妹妹说话的是妹妹的丈夫)句子中,第一句中强调"帽子"不是"伊利亚·伊里奇"的,第二句中强调的是"妮娜"的"小叔子"。(Падучева 1985:125)。以上可以看出,在功能语义场中语言各层面的所有手段都可以起到相应的作用。

1.3.4 对语言机制问题的理解

研究言语结构所体现的语言机制,是弗谢沃洛多娃的功能交际句法的一大特点。语言机制是语言所具有的用来调节言语结构运作的一种机制,它作为语言交际因素相互协调一致的行为,对交际实现所施行的类型方式至关重要。功能交际语法认为,语言机制具有两大保障作用:一是监督言语的正确性;二是监督说话人交际宗旨的体现。调控言语(句法结构和文本)正确性的语言机制在上述范围内运作,不仅保障话语和文本的意义得体(意义机制),同时也保障言语形式表达的语法正确性(形式机制)。

语言的意义机制要比形式机制更有解释力。例如,在无任何语法的情况下,*мы*(我们)*завтра*(明天)*нет*(不)*ехать*(去)*Пекин*(北京),可以认为完成了实际任务。而意义机制是以语义一致关系为基本规律的,它体现在两个方面:一是配价机制;二是语法连接机制。语义一致关系规律与结构主义的区别在于:结构主义语言学认为,句子最重要的是语法正确,而不是它的意义;而对功能交际句法来讲,句子的基础是它的内容常体,语言的主要功能是交际和传达信息内容。因此,语言的机制正是保护语言避免那些毫无意义的、荒谬的东西。语言机制中最基本的是语义一致规律,它主要体现在以下几个方面:

1)语义一致。所谓语义一致,是指两个或更多成分 M 重复同一称名的义素"a"。加克(В. Г. Гак)将其图解为:M1(a)＝M2(a)。例如:**Самолет летел** на юг(**飞机飞**向南方);**Машина ехала** к вокзалу(**汽车开往**车站);**Собака бежала** к дому(**狗朝家**的方向**跑去**)等语句,这里同一称名的义素为黑体字:*самолет*(飞机)是空中移动的工具,*лететь*(飞行)为空中移动、运动,*машина*(汽车)为运输工具,*ехать*(行驶)表示在陆地上或水中借助于某一工具来行驶。

2) 语义兼容是合取两个义素,其中之一为广义(a),另一意义较为具体(a+),但它们并不互相矛盾。如:самолет(M1a +) направился / следовал(M2, a) на юг(飞机向南飞去);Машина(M2, a+) направилась(M2, a) к дому(汽车向家的方向开去)。这里的动词 направляться(朝……方向去),следовать(开往)不同于动词 лететь(飞行),ехать(行驶),是因为它们不具备运动的方式,为非标记词,是概括对动词 лететь(飞行),ехать(行驶),бежать(跑)的关系。图解可为:M1(a+)+ M2(a)或相反 M1(a) + M2(a+)。

当然,在这些语句中也存在着语义一致关系。如:направляться на юг / к вокзалу / к своему дому(朝南方/车站/自家方向)的义素就是作为三个运动方向中的一个义素;Самолет летел к югу 句中 лететь 和方向 к югу 之间存在非本身一致的关系,而是兼容关系。这是因为:俄语无前缀运动动词不只与表示"方向—终点"的成分而且还与表示"路线"的成分连用。例如:Самолет летел над лесом—Где летел?(飞机在森林上空飞行—在哪里飞行?);Машина ехала по переулку—Где ехала?(汽车沿着胡同行驶,—在哪里行驶?);Собака бежала по двору—Где бежала?(狗在院子里跑,—在哪里跑?);还可以和"方向—起点"成分连用:Самолет летел с юга(飞机从南方飞来);Машина ехала из центра(汽车驶出市中心);Сабака бежала со стороны деревни(狗从村子旁边跑)等。而"路线"和"方向—起点"成分是不能同 направляться(朝……方向去)一词连用的,例如,不能说 Самолет направлялся над лесом / с юга;Машина направлялась по переулку;Собака направлялась по двору 等。

3) 语义失调是一种为了理解"正确"的机制,回答"为什么不正确"问题的现象。失调的原因至少有两种:(1) 义素 a 缺少(O)上下文,即 M1(a) + M2(O)。例如:С годами читал газету(随着年龄增长读报)的句子中,с годами 表示逐渐义素,而在上下文中这一义素并不存在,只有补足义素,句子才能成立。如 С годами читал все больше книг / все более серьезные книги/книги о все более серьезных проблемах(随着年龄增长,读的书越来越多/读的书越发正经/读的全都是正经的书)等句子就是如此。同样,Самолет направлялся на юг(飞机朝南飞)可带补足义素,变为 Самолет направлялся с юга на север(飞机由北朝南飞)等。(2) 意义相悖的义素合取,例如(a+)和(a−),当有 M1(a+) + M2(a−) 形式时就发生义素合取。例如,在 Все лето он приехал(他来了整个夏天)的句子中,все лето(整个夏天)具有持续义素,而动词则表示一次行为,因此句子是不正确的。此种变体的结果是:句子语义机能失调,如

зеленые идеи яростно спят（绿色的思想使劲沉睡着）的句子意义就失调，因为 *зеленый*（绿色的）的物质义素和 *идеи*（思想）的抽象义素不相一致；成分的重新理解，如在 *Перед школой он остановился*（他在学校前停了下来）的句中，*перед школой*（在学校前）是由事物名词 *школа*（学校）构成所处词，与具有在空间停止移动的 *остановиться*（停下来）动词在语义上相一致。而 *Перед школой он заболел ангиной*（在学校前他得了咽峡炎）一句中，则所处、事物义素，但却有状态义素，这样就可将 *перед школой*（学校前）理解为 *перед занятиями в школе*（学校上课前夕），*перед началом учебного года*（开学前夕），从而赋予该状态以命题意义。

以上不难看出，弗谢沃洛多娃的功能交际语法强调的依然是"说话的人"，因此，它与邦达尔科的功能语法理论、佐洛托娃的交际语法理论一样，都属于"说话人的语法"。从其学理构成看，它主要源自传统的俄语结构语法，但同时也借鉴了佐洛托娃、邦达尔科等学者的相关理论和术语，例如句素、形义对称和非形义对称、功能语义场等。应该说，她对俄语功能语法的发展所做的贡献，使其在国内外的影响日益扩大，尤其在对外俄语教学领域享有很高的知名度。

综上所述，如果将当代俄罗斯的功能主义三大理论与西方的功能主义理论相比照，便不难发现，它们在生成背景和学理传承等诸方面都有较大的不同。对此，有学者曾做过比较深入的对比研究，并得出以下几点结论：

一是从生成渊源看，俄罗斯的功能语法理论呈现为"单源性"，而西方功能语言学呈现为"多源性"。前者在学科性质上继承的主要是俄语语法学中的理论学说，在流派上则主要传承了俄罗斯结构主义和心理主义中的功能主义思想，如"喀山语言学派"（Казанская лингвистическая школа）、"哈尔科夫语言学派"（Харьковская лингвистическая школа）、"彼得堡语言学派"（Петербургская школа в языкознании）代表人物的理论上学说等；后者在学理渊源上结合了语言学、民族学、人类学研究三方面的思想，在学派上主要继承了"伦敦语言学派"（Лондонская лингвистическая школа）、"哥本哈根语言学派"（Копенгагенская лингвистическая школа）和"布拉格语言学派"（Пражская лингвистическая школа）功能主义的思想。

从理论特征看，俄罗斯的功能语法理论具有鲜明的"本土性"特征，而西方的功能语言学则呈现为"跨域性"特征。前者主要受益于俄罗斯语言学的研究传统，即本国民族文化根基上生成的功能主义，或者说，俄罗斯的功能语法理论是在对俄罗斯结构语法的反思和批判中诞生的，是"消极语法"（пассивная грамматика）发展到一定阶段的必然结果；后者不仅融合了西方功能主义各学派的基本学说，甚至还受到俄罗斯传统中结构—系统语言学思想的影响。

从学术指向看，俄罗斯的功能语法理论抗衡的主要是俄罗斯语言学研究中的"传统语法"（结构主义），而西方的功能语言学对抗的是主要是乔姆斯基（А. Н. Хомский）的"转换生成语法"（形式主义）。因此，前者具有"改良型"特征，后者具有"对抗性"特征。

从学理特性看，俄罗斯的功能语法理论强调的主要是语言的整体性以及描写方法和手段的整体性，而西方的功能语法学强调的主要是语言的系统性、社会性以及篇章的连贯性等。（姜宏，赵爱国 2014：36-37）

我们对上述结论还可以做如下两点补充，即：

5）从学理维度看，俄罗斯的功能语法理论侧重的人类中心论范式中的"说话的人"维度，即"语言中的人"（человек в языке），因此具有鲜明的"人文主义"或"体验主义"特性；而西方的功能语言学则更加侧重"人说的话"，即"人说的语言"（язык в человеке），具有比较鲜明的理性主义特性。

6）从研究方法看，俄罗斯的功能语法理论虽侧重"由里及表"的方法，同时也采用"由表及里"的方法。前者从语义范畴（里）出发，研究和分析该种语义范畴的多种多样的表达手段和方法（表）；后者从形式范畴（表）出发，研究、描述该形式范畴的功能、意义和用法（里）。除此之外，俄罗斯功能语法理论的实践性也非常强，直接为俄语教学服务的目的性明确。而西方的功能语言学的主要方法是"由里及表"，注重的是对语言作为系统的内部底层关系的描写，以及对语言作为交际工具和作为实现各种不同功能的语言系统做出解释。

第 2 节　言语交际理论

就当代俄罗斯人类中心论范式的语言学理论体系而言，其实有一条红线始终就贯穿其中，那就是"交际"（коммуникация/общение）或者说"言语交际"（речевая коммуникация/речевое общение）。这是因为交际行为尤其是言语交际行为不仅是以人为中心展开的，交际的目的——交流思想或传达信息，也揭示着这样一个简单而深刻的道理：我们无法将自己的思想直接从一个人的脑海中传输到另一个人的脑海里，我们必须使用专门的符号尤其是语言符号作为"工具"、并借助于本民族文化内形成的知识来实现这种传输。因此，"说话的人"或"交际的人"就成为人类中心论范式语言学理论的内核。

与西方的言语交际或跨文化交际理论生成域有所不同的是，当代俄罗斯的言语交际理论主要是在心理语言学尤其是"民族心理语言学"（этнопсихолингвистика）的研究范围内形成的，它涉及言语生成、语篇理解、交际模式等一系列问题。在该理论框架下,主要有阿胡金娜(Т. В. Ахутина)、齐姆尼亚娅(И. А. Зимняя)的"言语生成模式"(модель порождения речи),小列昂季耶夫(А. А. Леонтьев,1936—2004)"言语感知论"(теория восприятия речи)[①],克拉斯内赫(В. В. Красных)的"语篇感知论"(теория восприятия текста),维列夏金(Е. М. Верещагин)、科斯托马罗夫(В. Г. Костомаров)的"言语行为策略论"(тактика речевого поведения, РПТактики),索罗金(Ю. А. Сорокин,1936—2009)的"文化空缺论"(теория культуроных лакун)等。前三项学说是纯理论的,它们大多是在俄罗斯心理语言学范式——"言语活动论"框架内形成的;后三项学说为理论与应用相结合的,具有很强的可操作性。下面,我们将对上述理论学说做简要的审视和评述。

2.1 阿胡金娜的"言语生成模式"

言语交际所涉及首要问题是"言语生成"(порождение речи, речепроизводство)问题。对此,"莫斯科心理语言学派"(Московская психолингвистическая школа)中的许多学者都有比较深入的研究,其中包括该学派的奠基人小列昂季耶夫。但比较公认的理论学说则是阿胡金娜的"言语生成论"。

作为俄罗斯著名神经心理学家和神经语言学家,阿胡金娜用临床实验证明了动态失语症条件下言语意义编程(内部言语)与语句句法构成的错乱的差异问题,并建构起失语症患者的言语生成模式,从神经语言学角度对小列昂季耶夫的言语生成理论做了进一步的论证和补充。[②] 她的言语生成思想及模式比较集中地反映在1989年出版的《言语生成:句法的神经语言学分析》(Порождение речи. Нейролингвистический анализ синтаксиса)著作中。

该著作是对其数十年研究成果的总结,充分展现出她所提出的言语生成模式具有以下两大特点:一是基于对失语症心理演化过程的第一手实验资料,可信度高;而是基于失语症患者的句法生成机制的研究,她发现了句法的三种不同组织,即"含义组织"(смысловая оргинизация)、"语义组织"(семантическая оргинизация)和"形式—语法组织"(формально-грамматическая организация)。前者负责对主位和述位进行区分,建立相应的命题;中者负责意义结构的建立并成为与下一

---

① 此处的"小列昂捷耶夫"即"莫斯科心理语言学派"奠基人,是相对于其父亲、俄罗斯著名心理学家"老列昂捷耶夫"(А. Н. Леонтьев,1903—1979)所言的,以示区别。

② 小列昂捷耶夫的"言语生成理论"主要涉及句子生成和语义、语句生成模式等理论问题。如,关于句子生成问题,他提出了"三步式"模式:第一步,构建语句的线性超语法结构及其内部程序;第二步,将线性超语法结构及其程序改造成句子的语法结构;第三步,实现句子的语法生成模式。(见 Леонтьев 2003а:112—124)

句法建构形式联系的中介；后者通过对词汇单位填充相应的句法结构框架的"沟槽"(слот)来实现"形式—语法"的句法建构。她的基本思路是：通过对正反词序的积极音节和消极音节的构造在语法上是否正确的实验研究，发现句子构造和理解之间的错乱程度相对应，评价语法是否正确既取决于初期缺陷的表征，也取决于患者的与运动语法建构相关的补偿潜力；通过对患者前期语法错乱的构形和构词的分析，发现寻找正确词形和生产词的多种方法；通过患者对动词使用情况的研究，发现动词的使用受到语法错乱和补偿潜力的层级的制约，患者在实动词和半实动词的使用上造成困难。这证明，在称名功能错乱的条件下，词汇单位也同时会丧失进行各种组合的信息和词汇—句法的地址等。以上实验清晰地表明，称名机制和句法机制相互作用，具有互补性和部分的替代性。由此，阿胡金娜得出这样的结论：句法机制由三个不同层级的程序组成——第一层级句法是含义。含义在起源上与定向反应相关联，并反映着关注焦点的变化情况。该层级句法的运作基础是述谓行为的"递归式重复"(рекурсивное повторение)，因此会使用最简单的"双位框架"(двуместный фрейм)，从而建构起二元结构或命题。可见，含义句法能够凸显出说话人最重要的信息（一组命题），这是任何语句的生成基础；第二层级是句法语义。基于含义的多位框架（命题），便可以建构起反映情景成素客观联系的句子语义结构。但经常会发生这样的情况，即当患者缺乏词语的形式—语法特征时，这时起作用的是"内容—语法特征"(содержательно-грамматические характеристики)，框架的沟槽则由可用不同词位体现的语言意义来填充，这时，句法语义框架的建构是从寻找"中介"(агенс)开始的，并以选择动作的名称而结束。语义句法结构的特点有"多成分性"(многочленность)、"间接表述性"(опосредование)、"语义派生性"(семантическая мотивированность)和"情景成素的范畴化"(категоризация компонентов ситуации)等，从而使框架沟槽的语义特征在多数情况下可以找到其语言意义；第三层级句法结构是形式—语法，这几乎是与语义句法同时建立起来的。它的建构使用的是句法结构的框架，并由词汇单位填补框架的"沟槽"来实现。阿胡金娜认为，只有上述三个句法层级建构起来后，才谈得上"运动程序"的建立。如果再加上每一个言语语句的起端都必须要有"动因"的话，那么完整的言语生成过程图式就呈现为如下样式（Ахутина 1989：188－196）：

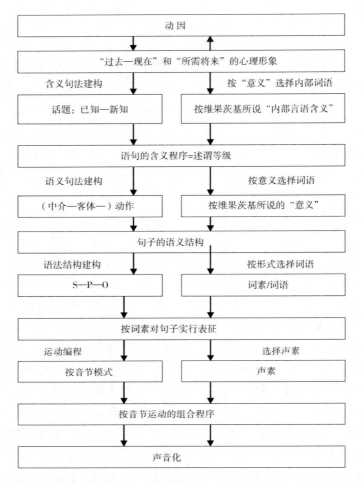

尽管该言语生成模式主要是针对失语症者的言语生成机制而言的，但同样对正常人的言语生成机制问题有重要的指导作用。尤其是她提出的三种不同言语组织的思想，为交际者言语意义的生成和语言能力的形成提供了理论和实践依据。该理论学说对语句意义结构的建构，遵循的是"从意义到形式"的方法，从而体现出人类中心论范式语言学理论所固有的"语义中心主义"思想。

2.2 齐姆尼亚娅的"言语生成模式"

作为俄罗斯著名心理学家、心理语言学家和心理教育家，齐姆尼亚娅早在 1976 年就提出了言语信息的"含义感知"(смысловое восприятие) 理论，成为该学科领域重要的研究方向之一。但她对言语生成模式也颇有研究，其思想主要体现在 1969 年和 1985 年分别发表的《言语生成图式中的言语机制》(Речевой механизм в схеме порождения речи) 和《语言对思想的形成与表达的功能心理学图式》(Функциональная психологическая схема формирования и формулирования мысли посредством языка)等论文中,从而对言语生成理论做出了自己的贡献。其主要思想是从掌握外语的角度,把言语看做是形成和表达思想的方式,并将其概括为三个层级:"动机—激励层级"(мотивационно-побуждающий уровень)、"形成层级"(формирующий уровень)和"实现层级"(реализующий уровень)。(Зимняя 1969,1985)

"动机—激励层级"是动作指向的那个现实的"内部形象"(внутренний образ),是整个言语生成过程的"发射"(запуск),从而使需求在活动对象中"获得确定性",而思想作为具体化的需求成为"内在的动机"(внутренний мотив),又激励着"说的活动"(деятельность говорения)。(Зимняя 1969:71)也就是说,齐姆尼亚娅在这里把该层级分为"动机"和"激励"两个不同的阶段,即把"动机"与"交际意向"(коммуникативное намерение)区分了开来。她认为,说者在该阶段只知道大体的信息,如对象或语句的题目和与听者的相互作用的形式等,而不清楚要说的具体内容。因此,"受外部影响直接或间接主导的激励层本身就可以形成语句的对象和目标"。(Зимняя 1969:73)

"形成层级"指思想的"形成"和"表达"两个阶段,它们在功能上既有区别又有所不同:"含义形成阶段"(смыслообразующая фаза)形成并展开说者的意图,这相当于小列昂季耶夫提出的"内部编程"(внутреннее программирование)。她认为,通过语言中介连贯地形成和表达意图,并不是"语言化"(вербализация),而是同时用来称名和述谓,即建立起"新知—已知"(новое-данное)之间的联系。此时,意图会在"空间概念图式"(пространственно-понятийная схема)和"时间展开图式"(схема временной развертки)中得到同时体现,即分别将"称名场"(поле наминации)和"述谓场"(поле предикации)现实化。"空间概念图式"是概念的关系网络,被称为现实对象关系的"内部形象"(внутренний образ),是由动机确定的;而"时间展开图式"反映的是概念的联系和连续性,即"思维的语法"(грамматика мысли)。概念场现实化的本身,是实现声音的(听觉的)和运动形式的言语化表达。因此,"含义形成阶段"与"表达阶段"(формулирующая фаза)是合二为一的,即在选择词语的同时就呈现出词语的分布程序。

"实现层级"指言语表达的外在体现。它是整个言语生成程序中不可缺少的重要方面。首先,要按照节律发出每个音,此时音节是其基本单位,并关系到短时记忆的容量问题。一个话语的发音程序通常由 3—4 个音节组成。发音程序一旦完成,即可在含义形成层级上使话语现实化。(见许高渝等 2008:127)重要的是,该层级的实现几乎是与"形成层级"同时进行的,因此齐姆尼亚娅认为,"由含义形成阶段和表达阶段实现的言语生成的形成层级,同时实现着词语选择机制、时间展开机制和声音化程序,后者在形成和表达思想中还直接使意图现实化或客观化"。(Зимняя 1969:78)

以上不难发现,齐姆尼亚娅提出的言语生成模式与小列昂季耶夫、阿胡金娜的最大不同,是把"动机"当做言语生成的"第一层级",并把"动机"与"交际意向"进行了区别,而后者认为"动机"并不包括在言语生成本身的程序之中;阿胡金娜的言语生成模式注重的是层级生成的"连续性"(последовательность),而齐姆尼亚娅的模式更加强调层级的"并行性"(параллельность),尽管在每一个层级内部的时间表征上是连续的。

从总体上看,莫斯科心理语言学派的言语生成理论和模式并无大的原则区别,其共同特点是:一是学理上依据的都是维果茨基(Л. С. Выготский,1896—1934)、伯恩斯坦(С. И. Берштейн,1892—1970)的相关心理学和生理学原理;二是都是通过从意图到言语体现的转换的间接表达方式来对语句含义结构进行建构;三是都有内部编程的环节,旨在对动作结构的能动性进行心理学和生理学的表征,展示将固定语言手段转变为表达个体思想的灵活工具的各种机制。

2.3 小列昂季耶夫的"言语感知"论

小列昂季耶夫在 1969 年出版的《心理语言学单位与言语语句的生成》(Психолингвистические единицы и порождение речевого высказывания)和 1997 年出版的《心理语言学基础》(Основы психолингвистики)两部著作中,对言语感知问题做有比较系统的理论阐述。他认为,尽管言语感知是一个复杂而多层级的过程,但却有共同的规律可循:世界上所有的言语感知理论都可分为"运动原则"和"感觉原则",以及"能动性质"和"被动性质"两大类。运动感知理论强调,人是在听言语的过程中确定对生产信息所必需的并起着控制作用的运动信号的意义的;感觉感知理论则认为,在产生相应的运动形象之前就存在着按照声学特征将言语信号与心理的"标尺"(эталон)进行比对的问题,感知的发音成素具有任选的性质,因此言语感知首先是感觉感知,而不需要有运动环节的参与就能完成。他提出,运动感知和感觉感知理论都忽视了以下三个重要的方面:一是没有考虑言语类别的生理学差异,如自发(主动)言语、模仿言语、反应言语、自动言语、随机言语的区别等;二是没有考虑感知中有可能完全依靠非对应运动成素的问题,因为音高感知的运动成素可以发生变形;三是言语感知在多数情形下并不是对言语特性的初级认识。随着人对客体认识程度的加深,就可以在客体中区分出新的特征,并将这些特征进行归类,使其成为感知运作单位的结构或完整形象。(Леонтьев 2003b:

121)对于第三点,小列昂季耶夫在1997年的著作中还做了补充,认为言语感知情景与"知觉标尺"的形成不相关联,而与使用"业已形成的标尺"相关联。这时,所采用的特征既可以是运动的,也可以是感觉的,总之具有启发的性质。(Леонтьев,2005:130)以上可见,小列昂季耶夫在充分肯定运动感知的基础上,又吸收了感觉感知的合理成分,使莫斯科心理语言学派的感知理论具有了综合的性质。

关于语篇感知问题,小列昂季耶夫的研究是在其言语语句感知学说的基础上进行的。在1974年"言语活动论"(теория речевой деятельности)的基本学理建构完成后,他对语篇的心理语言学问题给予了特别的关注。1976年,小列昂季耶夫发表了《语篇的关联性与整体性特征》(Признаки связности и цельности текста)一文,对语篇的心理学特征进行了初步分析,并在1979年的论文《现代语言学和心理学中的语篇概念》(Понятие текста в современной лингвистике и психолингвистике)中和1997年出版的《心理语言学基础》一书中又作了概括性阐述。他认为,语篇的关联性有以下属性:一是语篇的关联属于语篇(言语)语言学范畴,它是由两个或若干个连续性句子(通常为3—5个,最多不超过7个句子)确定的。关联性的数量特征表明,语篇的接收者把关联性特征用作把相关句子联合为语义整体的符号。也就是说,语篇接收者是把具有关联性特征的句子当做统一体来看待的;二是关联性特征有不同的类别,可以是句法特征、句法语义特征、现实切分特征、语音特征、符号学特征等。但上述任何一个关联性特征类别都是语篇所必需的,因为如果不考虑起始句结构和内容的制约性的话,那么选择某一特征类别就是相对自由的;三是关联性没有层级之分,它可以是一维的或多维的,只能靠两个或若干个相邻的句子来作出判断;四是关联性特征并不是由接收者的交际(言语)意向提出来的,而是产生于语篇的生成过程之中。接收者使用这些特征不是为了恢复语篇的总体结构,而仅仅用作确定对该语篇进行加工方法的符号。(Леонтьев 2005:133—136)关于语篇的整体性,小列昂季耶夫认为是指语篇的含义统一性特征,该特征具有心理语言学的属性,它们处在接收者用来感知语篇的言语语句计划(程序)的等级组织之中。具体说,整体性具有下列特征:(1)整体性的外部特征(语言的和言语的)被接收者用作符号,使其在没有完全感知语篇之前就可以预测到语篇的界限、容量、内容结构等,以简化相应的感知;(2)在说者看来,不是整个语篇具有整体性,而是任何语句都是整体的;(3)语篇的整体性特征有三种基本类型:一是由交际意向提出的并作为含义统一体体现在整个语篇中的特征;二是通过重复而对整体语篇作出说明的特征,这些特征与语篇含义组织的关联不是直接的;三是语篇整体性的界限特征等。第一类特征标注着语篇的含义组织,第二类特征表明是否存在由一个层级的含义成素向另一层级的含义成素的转换问题,第三类特征只是作为含义统一体的语篇的外部范围。(Леонтьев 2005:136-138)最后是关于语篇的理解问题。小列昂季耶夫把语篇的理解界说为"该语篇的含义转换为任何一种固定形式的过程",认为这种转换可以是:用其他话语来替换或转述,转换为其他的语言,含义的压缩(如提要、简介、提纲、关键词等),对象或情景形象建构的过程,形成个性含义特征的过程,形成事件感情评价的过程,语篇规定的对程序算法进行加工的过程等。以上这些转换就构成了"语篇的内容形象",这种转换过程原则上具有动态性。小列昂季耶还认为,对语篇的理解要取决于感知的总体规律性,而语篇的内容就是"对象形象",原则上是"复调式的"(полифонично),是一个"自由层级的集",因为每一位读者都可以从语篇中"读出"少许不同的内容。但是,对语篇的感知不同,并不说明我们在建构不同的世界,事实上我们建构的是同一个世界。语篇里的世界与现实的世界一样,内容形象对感知和理解只起着对象形象的作用。(Леонтьев 2005:141-144)

小列昂季耶夫的上述语篇感知学说有三点值得关注:一是语篇的概念是莫斯科心理语言学派的言语活动论视角的,实际上只指含义上具有统一性的言语或话语,因此它与现代篇章语言学里的语篇概念有很大不同;二是语篇的感知(包括理解)主要从其关联性和整体性的角度予以审视的,这应该是语篇最为主要的特征。但当代语言学及其分支学科(如篇章语言学、语用学、语言符号学等)认为,语篇是一个复杂的语义构成,因此除了具有上述基本特征外,还应该有情感性、先例性、混语性等。必须要强调的是,小列昂季耶夫的整体性,首先是针对"含义整体"而言的,即在语篇的开头至结尾构成含义整体,即便对语篇进行压缩,也并不影响其含义的统一性。而关联性即句子的相互关系,有形式关联和语义关联等类型。前者指外显的或表层的关联,是由语言来表达的,如重复式关联、句子在语法范畴方面的一致关系、前置词的联系、同义词的替代、反义词等;后者指含义的关联,具有内隐性,它的实现是不需要用外部表达手段的。

2.4 克拉斯内赫的"语篇感知"论

作为莫斯科大学语文系教授的克拉斯内赫,在心理语言学、民族心理语言学、认知语言学、语言文化学、跨文化交际学等方面有很深的造诣。2001年,她在原系列讲座稿的基础上出版专著《心理语言学基础与交际理论》(Основы психолингвистики и теория коммуникации),从心理语言学视角阐发了对言语交际中的语篇感知问题的深刻认识,从而形成了比较完整的"语篇感知"理论。

她认为,语篇生成的起点是"观念"(концепт),该观念预先决定着语篇的"意义/语义结构"(смысловое/семантическое строение),并通过该意义结构确定着语篇的"逻辑结构"(логическое строение)。此外,观念在反映语篇作者的意向并通过意向间接地反映语篇生成的动机时,会向逻辑结构提出"交际目的性"(коммуникативная целенаправленность)——交际的或美学的影响作用。逻辑结构和交际目的性再提出对语篇生成时实际使用的全部语言手段进行选择。(Красных 2001:225)这样,上述关系就可以用下图来表示:

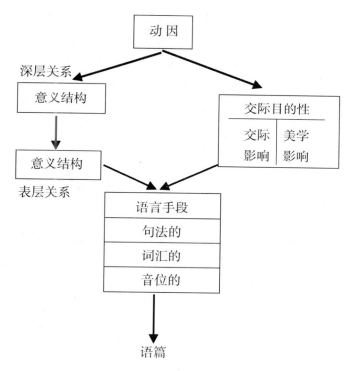

需要说明的是,语篇接收者在感知语篇时是反向的,即从语篇到观念。这时,克拉斯内赫认为,下列因素对观念的等值感知至关重要:在表层,是广义的"小语境"(контекст)①,包括微观语篇、宏观语篇和"影子—语境"(контекст-тень);在深层,是语篇的作者和接收者的知识储备或"预设"(пресуппозиция)。(Красных 2001:226)可见,在克拉斯内赫看来,语篇的等值感知和理解主要取决于语篇的作者和接收者阐释之间的对应性,这在理论上是成立的。但实际上,每一个语篇可能有"多种预设",在这种情形下如何做到阐释的对应性呢?克拉斯内赫认为,操同一种语言的人所具有的相同的"认知基体"(когнитивная база)是相同的,它作为

---

① 此处的"小语境"是相对于另一个概念相近的术语"大语境"(конситуация)而言的。

"预设常量"(пресуппозиционные инварианты)可以保证对语篇内容感知和理解的完全对应。(Красных 2001:232—233)

但问题是,每一位交际者(无论是语篇的作者和是接收者)都有自己的"个体认知空间"(индивидуальное когнитивное пространство, ИКП),只有在"个体认知空间"的交叉点上有可能形成共同知识和认识的某区域,克拉斯内赫将该区域称作"预设才"。她认为,预设在语篇生成时,可以在一定程度上预先确定语篇的意义结构和交际目的性;在语篇感知时,它对语篇的理解起着极其重要的作用。引发语篇生成和个体认知空间生成的"情景"(ситуация)作为预设的基础,对语篇的观念而言属于同一层级的现象,它们之间形成相互制约的关系,即:情景建立起某种动机,并确定着语篇生成的某种意向,以适应各种认知空间。认知空间一方面制约着对情景本身的感知,另一方面又预先确定着动机和意向的性质。这样,有两种因素对语篇观念的形成产生影响:情景和语篇作者的个体认知空间(或者说作者的知识储备)。此外,语篇作者的个体认知空间也会通过预设影响到语篇的意义结构和交际目的性。(Красных 2001:238)上述关系可用下图来表示:

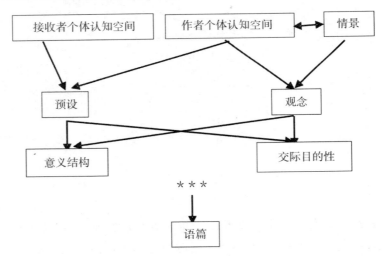

以上图示表明,情景对语篇生成的各个阶段——观念形成阶段、语言手段的选择阶段以及对选择进行检查或校正的阶段等,都起着十分重要的作用。但情景除"小语境"外,还有所谓的"大语境"(конситуация)。克拉斯内赫认为,它们都可以激发言语活动(语篇生成)的动机和意向。意向需要靠语篇深层的、展开的意义结构——观念来实现。在语篇生成过程中,会对观念进行"扫描"(сканирование),扫描的结果就是将观念展开为表层的意义结构(非线性的),并确定语篇或语句的交际目的性。(Красных 2001:240)最终,便获得语篇感知的下列图式:

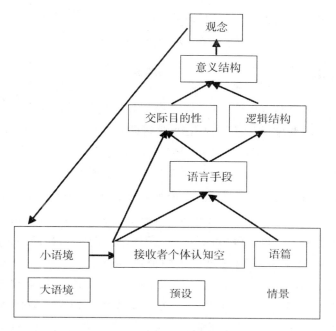

这样一来,克拉斯内赫提出,实际上在语篇感知过程中有三个意义层级,即语篇理解的三个层级:

表层:形式感知;直义理解(感知);

深层:非直义理解;补充的意义模态和言外之意的理解;

含义:含义的理解;观念的感知(阐释)。(Красных 2001:243—245)

以上可见,克拉斯内赫的语篇感知理论与其他学者(如小列昂季耶夫)的有很大不同。她是从语言认知的视角对语言感知和理解做出阐释的,而其他学者则是从心理认知视角的审视。因此,克拉斯内赫学说的理论起点并不是心理语言学的"动机",而是语言意识或思维的单位——"观念"。为什么观念可以作为语篇感知和理解的起点呢?这是因为:动机与语篇的联系并不是直接或直线的。动机作为创建言语作品(语篇)的"脉冲"(импульс),就体现为所生成语篇的观念。克拉斯内赫认为,语篇的观念是一种"思维块"(мыслительный сгусток)——一种最大限度压缩的深层意义结构,该结构只有在语篇生成过程中才能展开。因此,观念是语篇直接生成的起点。(Красных 2001:233)从观念出发来审视语篇的生成和感知(理解),这正是该理论的意义所在。它更加直接地与人的思维或意识关联在一起,并与人的认知特性和规律相关联,因此更具有人类中心论范式的语言学价值。

2.5 维列夏金、科斯托马罗夫的"言语行为策略"论

如果说由维列夏金、科斯托马罗夫创立的"词汇背景理论"(теория лексического фона)是对词的民族文化语义的静态描写的话,那么言语行

为策略理论则是对言语交际过程中言语活动的动态性阐释。

我们知道,作为一门独立的学科,"语言国情学"(лингвострановедение)在发展过程中遭到了来自国内外学界的种种批评和质疑,其中最为集中的是关于词汇背景理论研究的科学前景问题,即词语文化背景的描写和挖掘从数量上讲是有限的,且这样的描写和挖掘并不能有效解决言语活动中由具体的语境而产生的文化因素问题。在此背景下,维列夏金、科斯托马罗夫开始探索新的学科发展途径问题,并于1988年适时提出了言语行为策略理论,从而补充和完善了语言国情学的理论体系。

言语行为策略理论是依据英国哲学家奥斯汀(J. L. Austin,1911—1960)的"言语行为理论"(теория речевого акта)提出来的,指在一定的言语行为情景中为取得"战略性言后效果"(стратегический перлокутивный эффект)而实施的一系列言语行为的原则和手段。言语行为策略是为"言语行为战略"(рече-поведенческая стратегия)服务的,战略规定着言语行为的任务、意向和目的,策略则是为实现战略目的而采取的手段和方法。比如,当交际者1想帮助解除交际者2陷入的不幸时,要实现的战略性言后目的是"安慰",即缓解后者的精神压力,使其恢复正常的心境。这时可实施一系列不同的言语行为策略:

策略1(РПТ-1)——"不夸大不幸"策略。如:"这是多大点的事么!"(Невелика беда!),"痛苦算啥呢!"(Что за горе!),"这也算痛苦呀!"(Это ли горе!),"这算不了什么!"(Это ещё полбеды!),"任何可怕的事情也没有发生!"(Ничего страшного не произошло!),"这是常有的事!"(Такое ли бывает!),"真正的痛苦你还没见过呢!"(Ты ещё настоящего горя не видел!),"有什么好痛苦的呢!"(Нашёл чего горевать!)等;

策略2(РПТ-2)——"生活还要继续"策略。如:"这不是世界的末日!"(Это не конец света!),"生活还要照常进行!"(Жизнь идёт своим чередом!),"明天又会是新的一天!"(Завтра новый день будет!),"你照样还会见人的!"(Встретишь ещё человека!),"时间能治愈所有伤痛!"(Время залечит раны),"别再想不幸的事啦!"(Забудешь и думать!)等;

策略3(РПТ-3)——"无能为力"策略。如:"毫无办法啦!"(Ничего поделаешь!),"有什么办法呢!"(Ничего попишешь!),"忍着吧,朋友"(Потерпи, дружок!),"认命吧!"(Такая судьба!),"命该如此啊!"(От судьбы не уйдёшь!),"这是无能为力的事情啊!"(Выше головы не прыгнешь!)等;

策略4(РПТ-4)——"别担心"策略(通常对男性)。如:"别哭!"

(Не плачь!),"别难过!"(Не горюй!),"别这样愁眉苦脸的!"(Не так грустно!),"不要这样情绪消沉!"(Нельзя так распускаться!),"干吗垂头丧气!（Что ты нос повесил!),"打起精神!"(Не падай духом!),"光哭有什么用啊!（Плачем горю не поможешь!),"别泄气!"(Не унывай!)等;

策略 5(РПТ-5)——"放纵情感"策略(通常对女性)。如:"不要紧的,哭吧哭吧!"(Ничнго, поплачь-поплачь!),"别忍着眼泪啦!"(Не держи слёз-то!),"哭出来吧,亲爱的!"(Поплачь, милая!),"哭出来就轻松啦!"(Поплачь-поплачь, легче станет!),"干吗这样无动于衷啦!"(Что ты как каменная!)等;

策略 6(РПТ-6)——"终究会好的"策略。如:"下一次会成功的!!"(В следующий раз получится!),"下一次会更好!"(В другой раз будет лучше!),"喜事也会轮到我们的!"(Будет и на нашей улице праздник!),"忍一忍吧,一切都会过去的!"(Потерпи, всё пройдёт!),"快乐会有的!"(Будет и радость!),"总有出头之日的!"等;

策略 7(РПТ-7)——"诉求他人经验"策略。如:"谁不发生这种事呢?"(С кем не бывает?),"每个人都会有这种事的!"(С каждым может случиться!),"你不是第一个,也不是最后一个!"(Не ты первый, не ты последний!)等;

策略 8(РПТ-8)——"不幸也有益"策略。如:"将来你会变得聪明些的!"(Впредь будешь умнее!),"这使你长学问啊!"(Это тебе наука!),"吃一堑长一智啊!"(На ошибках научимся),"生活使我们聪敏起来!"(Жизнь-то, она научит!)等;

策略 9(РПТ-9)——"借酒消愁"策略。如:"什么痛苦啊,呸,喝酒吧!"(Что за горе? Плюнь, да пей!),"喝醉解愁吧!"(Топи тоску в море!)等等。(Верещагин, Костомаров 2005:524—527)

上述言语行为策略的使用,至少表明以下几个特点:一是言语行为策略并不是单独使用的,而可以交替运用直至取得"言后效果";二是言语行为策略并不是单靠言语手段来实现的,也可以采用非言语的手段来完成;三是言语行为策略的使用,不仅受制于战略性策略的规约,也取决于具体的言语行为情景;四是从表层看,言语行为策略中使用的话语大多是"程式化的话语"或"半程式化的话语"。前者指完全可以在记忆里再现的,如谚语、成语、俗语、名言警句等;后者为话语中包含有上述程式化话语的片断或变体形式。如上述策略中使用的话语就是俄语中最常见的有关"安慰"情景的程式化言语表达,是一种"语言信息单位"

(логоэпистема),即"具有不同层级的语言国情价值的语言单位,是操语言者对外部刺激的语言反映的标准类型"(Костомаров,Бурвикова 1999:88—96);五是从深层看,言语行为策略的使用会受到民族心理和相应文化的影响和制约。

基于以上认识,维列夏金、科斯托马罗夫得出结论认为,不同的语言文化群体在同一言语行为情景中施行言语行为时,其采取的行为策略是有差异性的。这种差异性从本质上讲是由言语行为策略的"社会属性"和"民族文化特点"决定的。

所谓言语行为策略的社会属性,首先指在特定的言语行为情景中,交际者使用的话语虽然可以源自记忆中的程式化表达,也可以是说话者自己创造出来的,但言语行为策略本身则无疑属于社会现象,这种策略是操俄语的全体民族文化群体所接受的,而不仅仅是个别成员的行为。话语的程式化体现着言语行为的社会方面,而不同的个体采用不同的话语组合将程式化话语用于具体的情景,则是言语行为的个体方面。其次,言语行为策略本身是属于非言语的,但却是由多种"言语行为"(вербальные/речевые акты)组成的。在深层即人的心智层面,言语行为策略是凝聚起来的整合性的"意思—意向"(смысл-интенция),而在表层则体现为话语。如果从时间顺序上看,言语行为策略在先,为言语行为的先决条件;而话语在后,是策略的具体实现。其三,话语本身也具有双重性:既有区分性意义或直义,也有整合性意义或抽象意义。如上述列举的九种言语行为策略,就"策略"层面而言无疑具有整合性意义,因此它们是属于社会的。但是,每一种策略又都是由若干形式的话语组成的,这些不同的话语又具有区分性意义,是属于个体的。

言语行为策略具有民族文化特点,这是不言而喻的,因为言语行为受到民族文化的制约。当然,这种制约也可能使言语行为策略出现两种情况:一是在两种"民族文化和语言共体"(национально-культурная и языковая общность)中可能是吻合的,即存有共性;二是有可能不吻合,双方都表现出各自的特性,即体现为个性。例如,在"安慰"情景中,俄罗斯人与英国人可能使用相同的言语行为策略——"无能为力"的策略(如上述策略3)。如:

——啊,把手指刺疼啦!(Ой, порезал пальчик! I've hurt my finger!)

——没关系,我给你吹吹!(Да ничего! Дай подую! Never mind. I'll kiss it better)

——又没考及格?没关系,生活不会总是十全十美的!(Снова провалился? Что ж, жизнь——не сплошной праздник! Sorry to hear you've failed your exam again, but that's the way the cookie crumbles.）

但也会使用不相吻合的策略。如上述策略4——"别担心"策略（Не поддавайся печали! Don't worry!）。由于英美文化中讲究礼仪和体面，会极力不让别人看出自己遭受到了不幸，因此会施行"保持微笑"策略，而俄罗斯人会说"你干脆微笑一下吧！"（Да улыбнись ты, наконец!），先宽慰对方的心，然后才是让对方微笑一下，属于"不要过分悲伤"策略。从这点上看，英美文化崇尚的是"成功哲学"理念，只要能够成功，可以付出任何代价；而俄罗斯传统文化提倡"同情哲学"，因此俄罗斯人愿意帮助陷入困境中的人。

维列夏金、科斯托马罗夫认为，带有民族文化成分的言语行为策略的总和，在"语义"和"动机"两个方面可以用来解释那些触摸不到的但又是现实存在的诸多现象，如"俄罗斯精神"（русский дух）、"民族心理"（национальная психология）、"民族心灵"（дух народа）等。可以假设，民族精神文化（哪怕是其中的某些片断）是可以用语言学分析的客观方法加以研究的，尤其是可以"通过言语行为策略的推演"进行研究。(Верещагин, Костомаров 2005：530)

下面，让我们再来审视一下言语行为策略理论中的言语行为情景与言语行为策略的结构问题。

言语行为情景（рече-поведенческая ситуация）指反复出现的典型的社会生活场景，如问候、致谢、同情、不满、建议、禁止等。情景又可分为两类：一是现实情景，二是历史情景。维列夏金、科斯托马罗夫认为，从"消除过错"这一现实情景看，可能出现如下6种情形：

1) 交际者1可能认识到自己的过错；

2) 交际者1可能没有认识到自己的过错，此时交际者2有可能采取"劝导"策略（РПТактика вразумления）；

3) 交际者1认识到自己的过错，准备道歉；

4) 交际者1认识到自己的过错，不准备道歉，此时交际者2可能采取"劝导"策略；

5) 当交际者1道歉后，交际者2接受道歉；

6) 当交际者1道歉后，交际者2不接受道歉，此时，交际者1可能采取"恳求"策略（РПТактика упрашивания），而交际者2可能采取"惩罚"策略（РПТактика наказания）。

由于进入言语行为情景的言语行为策略以及实现该策略的话语很多，无法列举穷尽，因此维列夏金、科斯托马罗夫只对情景1、2、5做了具体分析。他们首先从"典型性话语"（показательные изречения）的角度来审视言语行为策略的"话语实现"（речевая реализация）问题。所谓"典型性话语"，是指能够在"操语言者"（即经历了现代俄罗斯社会化的、具有该社会全体成员背景知识或文化预设的操俄语的人）的头脑中"轻而易举地再现具体言语行为情景"的话语。它们源自日常生活，多为程式化或半程式化的话语，即带有"先例文本"（прецедентный текст）的话语。分析表明，作为名词的"过错"，可以将其"隐喻"为一种事物，也就是说，过错既可有"尺码"（размер），也可有"重量"（вес），如俄语中就有"小过错"（маленькая вина）、"微小过错"（крохотная вина）、"大过错"（большая/великая вина）、"特大过错"（огромная вина）、"极大过错"（гигантская вина）以及"轻微过错"（лёгкая вина）、"重大/严重过错"（тяжёлая/тяжкая вина）、"难以承受的过错"（невыносимая вина）等隐喻式的"语言定型"（языковой стереотип）或固定搭配；再从"过错"给人带来的影响以及操俄语的人对待"过错"的态度看，它可以"压抑心灵"（давить/тяготить душу）、"被过错压垮"（сгибаться под тяжестью вины）、"成为人的一块心病"（лежать камнем на сердце）、"玷污人的名声"（запачкать/запятнать человека），也可以"承担过错"（брать на себя/нести на себе вину）、"推卸过错"（снять с себя вину）、"嫁错于他人"（перекладывать/возлагать/навешивать вину на кого）等等，这些搭配也都具有语言定型的性质，并与上述把"过错"隐喻为事物有关。维列夏金、科斯托马罗夫认为，从本体上看，尽管言语行为策略是非言语的，既看不见也摸不着，但它绝不是虚幻的，而是存在于现实的言语中。一种言语行为策略可以通过在意义上具有统一意向的无数的话语链来实现。（Верещагин, Костомаров 2005:533—534）

基于以上认识，维列夏金、科斯托马罗夫根据具体策略名称区分意义的抽象程度对"言语行为策略结构"（конструкты РПТактик）进行了构建。他们认为，言语行为策略的逻辑结构应该有以下三个层级：

一是抽象第一层级（最底层级）——把具体的言语行为策略区分为"描写单位"（единица описания）。在该层级中，策略本身是由言语行为的语言材料即典型性话语来证实的；

二是抽象第二层级（中间层级）——按照比第一层级更为抽象的标准把具体的言语行为策略合并为"组"（группа）；

三是抽象第三层级（最高层级）——按照比第二层级更为抽象的标准把多个策略组合并为"群"（совокупность）。

不难看出，言语行为策略结构的构建，第一步是从同类的言语行为表达中通过抽象出某种共有的意义来完成的，即将这些意义合并为统一的具体策略单位；第二步是将同类的具体策略合并为策略组；第三步是把同类组合并为策略群。如果进一步合并策略群,就会改变研究对象的性质,因为策略群的组合就构成了言语行为战略。

从言语行为理论看,施行言语行为战略的目的是为了达成一定的言后效果,因此其中还包括一系列附加的"言后目的"(иллокутивная цель)。如以"消除过错"战略为例,这些"言后目的"就包括"领受性目的"(ассертивная цель)——"事情的确就是这样!"(Вот как на самом деле обстояло дело!);"承诺性目的"(комиссивная цель)——"这种事情绝不能再犯啦!"(Больше такого не повторится!);"指示性目的"(директивная цель)——"你究竟原谅还是不原谅我呢?"(Ну, так ты меня извинишь или нет?);"宣告性目的"(декларативная цель)——"和解吧!说好拉,再别记恨啦!"(Ну, так мир! Но чур об этом не поминать!);"表情性目的"(экспрессивная цель)——"哎呀,我太沮丧啦!"(Ах, я просто убита!)等。

在上述理论思辨和阐释的基础上,维列夏金、科斯托马罗夫就"消除过错"战略中具体的言语行为策略组和策略群的话语体现问题,用大量详实而典型的语料,按本文上述的 6 种情景分别进行了深入而有说服力的分析,从而在理论与实践的结合上论证了言语行为策略理论的语言国情学价值。

2.6 索罗金的"语言文化空缺"论

"空缺"(лакуны)作为一种现象,是多学科研究的对象。但作为心理语言学的术语,最先研究该现象并取得学界公认的是俄罗斯当代心理语言学家索罗金。从 1977 年起,他就先后发表多篇文章,对语篇解读中及跨文化交际中的空缺现象进行论述和分析,如:《空缺作为揭示地域文化特点的方法之一》(Метод установления лакун как один из способов выявления специфики локальных культур)(1977),《空缺作为语言文化共性特点的信号》(Лакуны как сигналы специфики лингвокультурной общности)(1982),《'异'文化理解问题与克服语篇中空缺的方法》(Проблема понимания 'чужой' культуры и способы устранения лакун в тексте)(1987)等。2003 年,他又主编了《语言与言语中的空缺》(Лакуны в языке и речи)文集,并在该文集中发表了《空缺:又一个审视的缩影》(Лакуны: ещё один ракурс рассмотрения)文章,从而在学理上和方法上构建起比较系统的"语言文化空缺"学说。

所谓"空缺",在索罗金看来,就是语言个性结构构素中的某种空白点,或者说某"语言文化共体"(лингво-культурное сообщество)相对于另一语言文化共体而言的"经验的冗余或不足"(избыточность или недостаточность опыта）。他发现，语篇中常常存在着一些与受体（读者）的经验不同的事物、过程和状态，它们作为某一语言文化共体特点的基本成素，常会给非本民族文化的个性造成理解或交际障碍。这就是语言和意识中的"空白点"（белые пятна）。语言与文化中的差异和非吻合，就是"空缺"。而研究"空缺"的基本方法是进行比较，即比较两个或数个地域文化的概念范畴和语言情感范畴，从而得出某一地域文化的言语行为与另一地域文化的差异。（Сорокин 1977：122—135）

"空缺"作为一种语言文化现象，受到俄罗斯众多语言学家和心理语言学家的关注，先后提出了"空缺化"（лакунизация）或"空缺性"（лакунарность）等概念。索罗金认为，"空缺化"/"空缺性"的过程起先指"个性间的交际"（межличностное общение），尤其是交际参与者的"人体学形象"（соматологический образ），即"人体图景"（карты человеческого тела），从而造成交际一方不接受或不喜欢另一方的直接原因。后来，在言语和非言语交际中由于文化行为尺度的非一致性而导致了"空缺化"或"空缺性"的出现。它们不仅反映在语言中，也反映在文化中，尤其集中体现在不同语言文化共体的心理意识层面。如，俄汉语中的习惯用语和成语等的理解和翻译由于存在"空缺"而显得十分困难：对"生米做成熟饭"（Сырой рис превратился в кашу）、"绣花枕头"（расшитая цветами подушка）等汉语熟语，俄罗斯人就很难理解其中的奥妙，只能翻译成"事情已经做成，火车开了"（Дело уже сделано, поезд ушёл）和"长着孔雀翅膀的乌鸦"（ворона в павлиньих перьях）。为解决语言与文化的"空缺"，索罗金认为最主要的是要有"文化储备"（культурный фонд）以及语言的"背景知识"（фоновые знания）等。为此，他提出用"语源"（семиогенез）和"语符"（семиозис）的两个概念来分别解决文化经验和交际经验的积累问题。（Сорокин 2003：3—10）

为消除语篇及跨文化交际中的"空缺"，索罗金提出了如下几种方法：

一是"空缺填充法"（способ заполнения лакуны）——通过揭示异文化概念或词语的含义来填补母语文化的空缺。填充可以有不同的深度，这取决于"空缺"的性质、语篇的类型及交际对象的特点。其中使用最多的方法是保留陌生文化的"原味"，以有助于深刻理解它文化的特点。

二是"空缺注释法"（способ комментария к лакуне）——通过对语篇中异文化成分的注释来实现填补"空缺"的方法。其具体方法可分为百科全书式的注释和语言国情式的注释两种：前者注重提供具体和准确的信息，后者用以揭示感知语言外事实的民族特点。

三是"空缺补偿法"(способ компенсации лакуны)——从译语语篇角度导入交际受体文化成分的方法,以消除交际受体的文化障碍。如,可以在语篇中导入与源文化相似的成分和准相似的成分。具体方法有:借用交际受体熟悉的相似物;使用泛义词替代,语境替换等。(Сороки 1987:160—168;1988:11—18)

目前,俄罗斯心理语言学界对"空缺"的研究,已经形成了比较完整理论体系,内容几乎涉及交际尤其是跨文化交际的所有领域,提出了一系列的研究课题和方向,诸如:"语言空缺"(языковые лакуны)——包括"词汇空缺""语法空缺""修辞空缺"等;"民族主体空缺"(субъективно-национальные лакуны)——由交际者民族心理类型不吻合造成的"空缺",如颜色、数字的象征意义等;"交际活动空缺"(деятельностно-коммуникативные лакуны)——由不同民族的典型活动类型不同产生的"空缺",如表情、身势语的行为定型等;"语篇空缺"(текстовые лакуны)——由作为交际工具的语篇的特点造成的"空缺",如交际时空的非对应性等;"文化空间空缺"(лакуны культурного пространства)——由不同语言文化共体对文化空间和文化装饰的评价不吻合造成的"空缺",如生活方式、世界知识、文化储备等。

无疑,上述"语言文化空缺论"对正确认识和把握言语交际尤其是跨文化交际的特点有现实的指导作用。它是继语言教学论角度提出"词汇背景理论"之后,从民族心理语言学视角对语篇层面的民族文化语义进行的一种阐释,因此具有重要的人类中心论价值。

第3节 言语礼节理论

"言语礼节"(речевой этикет)问题原本属于语用学研究的范围,如西方学者提出的"礼貌原则""面子保全论"等就都与言语礼节问题有关。俄罗斯学者在对该问题的研究中,并没有照抄照搬西方的相关理论,而是结合本民族文化传统和俄语礼貌用语的使用特点,将其进一步拓展到对外俄语教学和跨文化交际等领域,形成了比较独特的"言语礼节理论"(теория речевого этикета)。

言语礼节问题能够成为一种理论,首先要归功于俄罗斯语言学家、对外俄语教学法专家科斯托马罗夫(В. Г. Костомаров)。1967年,他率先在《国外俄语教学》(Русский язык за рубежом)杂志上发表了《论俄语言语礼节》(Русский речевой этикет)一文,从而开创了对这一问题的研究先河。因此可以说,在俄罗斯最先对言语礼节问题展开系统研究的是对外俄语学界。言语礼节研究与当时兴起的语言国情教学法研究一道,构成那个时期对外俄语教学中贯彻"文化移入"(аккультурация)原则的重要内容。

1975 年,对外语教学界两位专家阿基希娜(А. А. Акишина)、福尔玛诺夫斯卡娅(Н. И. Формановская)合编的教材《俄语言语礼节》(Русский речевой этикет)问世①,标志着对言语礼节的研究已开始正式进入对外俄语教学的实践领域。该教材分别于 1978、1983 年两次再版,不仅引起俄语学界的广泛关注,也引发了学界对言语礼节的研究热潮。

应该说,言语礼节问题研究真正成为一种理论,正是在上述热潮中诞生的,其标志是福尔玛诺夫斯卡娅于 1982 年同时出版的两部力作——《俄语言语礼节:语言学和方法论视角》(Русский речевой этикет: лингвистический и методический акпекты)、《俄语言语礼节的应用》(Употребление русского речевого этикета)两书。她在该两本著作书中,从语言学和方法论角度对俄语言语礼节进行了系统描写,审视了言语礼节的功能及其符号学和语用学的本质属性,较全面地揭示了俄语言语礼节单位的语法和语义组织的特点,还讨论了言语礼节的方法和应用问题,如交际语言单位的界说、交际语境中如何选择最佳语言单位等。也就是说,言语礼节理论体系的形成,是从开始时的对外俄语教学领域拓展到语用交际领域才得以完成的,这与西方审视该理论的学科归属完全一致。1982 年后,福尔玛诺夫斯卡娅还与多位学者合作,先后发表了数十篇论文,对操俄语者与东西方的主要语言(如越南语、匈牙利语、捷克语、英语、法语、德语、意大利语)交际中的言语礼节问题进行了系列审视,在学界产生广泛影响。特别是 2002 年,她又出版《言语交际》(Речевое общение)和《交际文化与言语礼节》(Культура общения и речевой этикет)两部著作,进一步从交际文化的高度对言语礼节理论进行了全面的阐述和总结。

下面,我们就从语用学角度对言语礼节理论的相关问题做简要评介。

3.1 对言语礼节的界说和情景分类

审视言语礼节,首先要搞清楚什么是"礼节"。福尔玛诺夫斯卡娅认为,礼节是行为规则的总和,它涉及与人的各种关系(包括与周围人交际时的举止,打招呼的形式,在公共场合的行为、风度、穿着打扮等)。礼节具有人类中心主义和对话的性质,它反映着人与人关系之间有意义的实物的那部分现实世界。也就是说,礼节既包括言语部分,也包括非言语

---

① 该教材最先在 1968 年出版影印本,首次将"言语礼节"这一术语纳入"俄语学"(русистика)范畴予以研究。

部分,它们在交际过程中相互作用。此外,她还认为,哲学和符号学等学科也研究礼节问题,前者将其纳入美学的范围予以审视,后者将其视作符号系统中的"礼节符号"(этикетные знаки)加以描写。但无论是从何种视角研究礼节,言语礼节都是其讨论的核心问题。(Формановская 2002a:178—181)

所谓言语礼节,按照福尔玛诺夫斯卡娅的解释,是指交际者根据自己在正式和非正式交际场合的地位、角色以及个人关系而建立、维系并结束相互接触的调节性的"言语行为规则"(правила речевого поведения)。该规则为社会所普遍认可,并且具有本民族的特点。(Формановская 1998:240)。换言之,言语礼节是指人们在言语交际活动中共同遵守的、旨在调节相互间关系的言语行为规则,即交际双方如何选用适宜于交际场合、交际者的社会特征和交际内容所需要的言语行为的社会规则等。简单地说,是指"由交际双方的相互关系所确定的言语行为规则"。(Акишина,Формановская 1978:3)这一规则通常表现在两个方面:一是内在方面,它要求说话人必须从内心关心与自己对话者的思想情绪;二是外在方面,它强调说话人必须将这种关心用礼貌的语言表达出来。言语礼节文化在人类漫长的历史进程中逐步形成并日趋完善,反映着人们对真善美的追求愿望,是维护正常交际秩序的经验结晶,是社会进步、人类精神文明的标志之一。

言语礼节作为时代的写照,常常会因时空地域或交际对象不同而有所差异。不同国家和民族之间除了国际上通行的言语礼节规则外,同时还有本民族的约定俗成的个性化内容。即便是同一民族,其言语礼节也会因历史渊源、地域或方言、生活习俗等原因而不尽相同。鉴于此,福尔玛诺夫斯卡娅等学者从礼节的功能、特点和使用范围等视角对俄语言语礼节的情景进行了分类,它们分别包括:称呼、问候、相互认识、邀请、请求与建议、对于请求和邀请的同意与拒绝、对于对方意见的同意与拒绝、致歉、抱怨、安慰与同情、表扬与奉承、不赞赏与责备、祝贺与祝愿、感谢、告别等。对上述 15 种情景中的言语礼节问题,她不仅对每一种情景进行必要的理论阐述,且用大量生动的语料对现代俄语中正确或不正确的言语礼节的表达形式进行了详细分析,从而为该理论的形成和发展提供了有力的实例支撑。

3.2 语言礼节理论的学理内涵

作为一种理论,言语礼节有其特定的学理内涵,它规定着言语礼节研究的内容及其与其他学科或社会现象的关系。福尔玛诺夫斯卡娅等学者在多年的学术研究中,比较系统地审视了以下内容:

3.2.1 言语礼节与礼仪

俄语中"礼仪"(ритуал)一词源于14世纪的"留里克王朝"(Династия Рюриковичей),最初指宫廷仪式规范,后来流传到民间,成为人们在社会交往活动中广为运用、共同遵守的行为准则。它既是一种内在的修养,又是一种行为规范,包括言语礼仪、社交礼仪、饮食礼仪、衣饰礼仪、居家礼仪、出行礼仪、休闲礼仪等。社会为了使自己的成员和睦相处、相互理解,往往会根据生活模式和礼仪套路制定出许多标准的社会行为规范或成文不成文的规定,并且经过社会成员反复多次的实践,使之成为约定俗成的礼仪行为。在福尔玛诺夫斯卡娅看来,"礼仪乃是涉及对人的态度的行为规范之总和(同周围的人如何相处、称呼与问候形式、在公众场合的言行举止、动作、衣饰等),以人为本,具有对话性质:它反映着一个人在现实世界中对其他人(对周围的人以礼相待)和对于具有礼仪意义的事物(发型、衣饰等)的态度,其中包括言语的和非言语的、口头的和非口头的表现形式。这些不同的礼仪形式在交际过程中通常相互作用。受一定的生活模式的影响,说话亦会形成一系列与日常生活状况和谈话主题相配套的言语模式,如 *Сколько стоит*(多少钱),*Покажите, пожалуйста*(拿给我看看)之类语句常见诸商店,而 *Вы выходите на следующем*(下一站您下车吗)之类语句则主要用于公交车上。(Формановская 1998:241—246)上述论述不仅突出了"人"在礼仪中的主导作用,通过对话形式强调了言语礼节在其中的重要地位,而且为言语礼仪的分类奠定了一定的理论基础。此外,福尔玛诺夫斯卡娅还赞同奥地利学者洛兰茨(К. Лоренц)有关礼仪功能的观点,认为礼仪本身具有三种功能——"消除寻衅功能"(функция снятия агрессии)、"示意'自己人'功能"(функция обозначения 'своих')和"接触功能"(контактная функция)等,都需要靠语言礼节来完成,因为言语礼节的学理是指向"合作交际"(коопертивное общение)的,它是为建立伙伴的友善关系服务的。因此,言语礼节与断绝来往、争吵、指责、训斥、辱骂等是相对立的。(Формановская 2002a:183—185)

3.2.2 言语礼节与礼貌

"礼貌"(вежливость)与理解、仪式、仪表构成了礼仪的主要内容,尽管礼貌和礼仪都属于道德范畴,它们之间存在着一种相互作用的关系,但二者不能相互代替。福尔玛诺夫斯卡娅认为,"礼仪的并非都是礼貌的,但不遵守礼仪的肯定是不礼貌的"。(Формановская 1998:253)按照她的观点,礼貌属于表达说话人与听话人之间相互关系的功能语义—语用范畴。它通常有4种表达方式:"恭敬"(почтительность)、"彬彬有礼"(галантоность)(常用于对待年长或社会地位比自己高的人)、"谦让"

(учтивость)(常指男士对女士),"得体"(корректность)(常指严格遵守行为规范者)。这些礼貌行为将礼貌与言语礼节联系在一起,从而使说话人在言语交际中能够关注对方的兴趣、感受和意愿,表现出言语得体、慷慨大方、善于赞誉、谦逊有礼、协调一致、富有同情心等美德。也就是说,在福尔玛诺夫斯卡娅看来,语言礼节只有同礼貌相结合,才能预防或者消除言语对话中的各种冲突,从而保障交际得以顺利进行。如果言语交际中的任何一方不履行期待中的言语行为(如不打招呼,不问候,不感谢,不道歉,不祝贺节日等),或者使用与语境、角色、社会身份、个人之间关系不相吻合的言语表达方式以及使用带有负面评价色彩的粗鲁词语,那就是不符合言语礼节,也违背了礼貌原则。但是,从另一方面讲,如果在一些非正式交际场合,彼此关系很密切的同龄人或者"自己人"之间常常使用某些诸如 Привет, Таня!(塔尼亚,你好!),Здорово, мужики!(哥儿们好!)之类无拘无束的随意性表达方式,从言语礼节角度来讲是合时宜的,但并不一定符合恭敬、彬彬有礼、殷勤、得体等礼貌规范。这从另一个角度说明,礼貌与言语礼节之间不存在绝对的正比关系,它们虽相互作用,但却不能相互替代。用福尔玛诺夫斯卡娅的话说,"不是所有的礼貌都是符合礼节的,但所有不符合礼节的却都是不礼貌的"。(Формановская 2002a:186—187)

3.2.3 言语礼节与语境

福尔玛诺夫斯卡娅认为,言语礼节的实现离不开具体的"交际语境"(контекст общения)。在她看来,能够体现言语礼节的毫无争议的基本语境有以下 9 种:(1)称呼——这是俄罗斯人在交际中最常遇到的情况,从中能够根据说话人本身的特征来确定听话人的社会地位与角色,同时还包括交际的正式与非正式程度、是对熟人还是陌生人等;(2)相互认识,或称确立接触语境。其中包含着过渡到能够进行非偶然的、经常性的交际信号;(3)选择以 ты(你)或 вы(您)称呼对方。这两个简单的人称代词隐含着深刻的文化背景意义,统治并制约着交际语言的各个层次,诚如有的俄罗斯学者所说,掌握了 ты 与 вы 的用法也就基本上掌握了俄罗斯人的交际礼节。这种说法不无道理,因为在俄罗斯人交际的过程中,这两个代词时时刻刻都在左右着交际中的诸多因素,如年龄、性别、职务、身份和社会地位、正式场合与非正式场合、称谓、称呼、人与人之间上下左右的相互关系以及这种关系的细微变化、词语的选择、动词的人称和数范畴以及相关此类的形态变化等等,其复杂的交际功能及其所谓"反复无常"的情感变化极不好掌握。如,ты 既表示彼此关系密切,又表示极不礼貌;既表示熟人之间不拘礼节,又表示尊敬和亲切。只有融入俄罗斯文化,才能体会到其中的分寸和尺度。但这并不意味着这两个词的使用没有规律。俄罗斯人从小就接受教诲,懂得其中要领;(4)问候,或称开始语境。其中常常伴随着各种各样的问讯与祝愿,是言语礼节的典型特征之一;(5)告别,或称结束语境。表示接触终止,其间同样包含着诸多表达方式;(6)致歉与感谢。这是保持社会平衡的必要场景,是良好的交际性质与人际关系不致遭受破坏的重要因素;(7)祝贺与祝愿。这同样是维系与保持社会平衡的重要手段;(8)表扬与奉承。旨在振奋情绪、为交际追加动力,以促进交际和非交际目标的实现;(9)安慰与同情。鲜明地体现出设身处地为对方着想、与之协调一致的立场,表明 *Я с вами вместе*(我和您在一起)。(Формановская 1998:261—262)上述9种语境全方位地展现了言语交际中可能出现的各种情景,为成功的交际行为提供了礼节方面的行动指南。

3.2.4 言语礼节与言语定型

"言语定型"(речевые стереотипы)本是心理语言学和语言文化学研究的对象,对此,我们将在有关章节专门讨论"言语交际与民族文化定型"问题,但福尔玛诺夫斯卡娅却把定型与言语礼节联系起来进行研究,这同样引人注目。她认为,言语礼节的礼仪性是以一定的"行为定型"(стереотипы поведения)为前提的,而行为定型就包括言语定型和"心智定型"(ментальные стереотипы)。广义的言语定型指一切有固定指涉意义的语言组合及用法,而表示礼节的很多言语无论在在结构上还是在意义上都可以称为是一种"言语成规"(шаблон речи)。因此,福尔玛诺夫斯卡娅提出,为了让其所有成员都能和谐相处,社会就会制定出一套标准的行为规范,而该行为规范是由范型和成规的概念决定的。包括言语行为在内的个体行为为了不至于混乱,就必须要在社会规定的成文的或不成文的法规构架内实施。为此,她赞同索科夫宁(М. В. Соковнин)的观点,认为社会交际中首先要使那些最简单的、无数次重复的交际标准化。看起来,似乎每一次交际都不具有特定的意义,但所有交际的总和却构成了人类关系最重要的"实在"(ипостась)。这首先是维系人类社会和谐接触的各种礼节关系。它们充满着符号学定型,这些定型在幼儿时受教育过程中就要掌握,并会在交际情境中予以"上演"。(Формановская 2002a:181)在她看来,言语礼节中的许多话语就是言语定型,如 *Сколько стоит...*, *Покажите, пожалуйста...*, *Взвесьте...*, *Заверните...* 等,就是商店购物时的典型言语定型,而 *Вы выходите на следующей? Проходите вперед, там свободно* 等是乘坐交通工具时常见的言语定型。

3.2.5 言语礼节与符号学

上文已经提到,在福尔玛诺夫斯卡娅看来,礼节属于哲学范畴,可以从"符号学"(семиотика)角度予以审视。那么,在言语礼节理论中,礼节与符号究竟是一种怎样的关系呢？福尔玛诺夫斯卡娅认为，言语行为、对话语篇中的礼仪符号之间的搭配组合属于符号句法学的研究范围，但从人在社会和交际中的相互作用和相互关系表现为对现实客体的反映这一角度来看，符号语义学无疑是研究礼节符号及其意义的。如果从说话人的角度看，礼节符号在具体语境中如何为受话人选择合适的礼仪符号则属于符号语用学的研究范围。句法学、语义学、语用学三者互为一体，构成了符号学的总体概念。言语礼节无论以何种形式出现，都不可避免地涉及礼节符号的使用。（Формановская 2002а：179）她认为，礼节从远古时代起就作为调节社会生活的规则而存在。礼节规则包括所有的禁忌和允许，从而构成社会的道德规范，如尊老爱幼、呵护妻子、善待他人、不欺负侍从、勤劳、有良心等。此外，礼节符号还拥有社会等级制度等信息。（Формановская 2002а：180）

3.2.6 语言礼节与社会语言学

"社会语言学"（социолингвистика）研究语言与社会相互作用的一系列问题，其中不可避免地涉及言语礼节和交际者的社会地位问题。社会各界人物一般是按照固定的社会地位的特征来划分的，它包括：年龄（是中老年，是青年，还是小孩），工作性质所决定的社会归属（是工人，是农民，还是知识分子），文化教育素养（是使用规范语言的有知识的人，还是满嘴粗语脏话的无知识的人），居住地点（是城市，还是农村），性别（是男，还是女）等等。例如，老一辈知识分子喜欢用 Будьте добры！（劳驾！），Будьте любезны（劳驾！）之类敬语形式请求对方，而年轻人则喜欢直接使用命令式形式；中老年人对年轻人特有的问候 Приветец！（你好！），Салютик！（你好哇！）不予使用，甚至持反对态度，通常使用 Рад вас приветствовать！（很高兴欢迎您！）之类较为文雅的表达形式。上述表明，语言礼节与人的行为准则、言语定型、语言的功能语体等社会语言学的研究对象有直接的关联。（Формановская 2002а：181－182）

福尔玛诺夫斯卡娅认为，除了上述固定的社会特征外，人们在不同的交际场合还往往充当着各种各样的社会角色，具有变化不定的特点，比如可以具有上下级、父母、客人、主人、同事、朋友、顾客、病人、医生、学生、老师等不同的身份。在正式交际场合和非正式交际场合，对于语言的使用也都有不同的要求。俄罗斯语言学家一再强调这些社会角色是相对的，因人而异，不断变化。比如，一位年轻教师在课堂上是学生的老师，但下了课他有可能成为其他老教师的学生或同事；医生生了病后同样可以成为病人等等。如果交际双方的主要社会特征基本相同，那么言语情景就是对称的；如果年龄不等、社会地位不同（如老人对小孩、上级对下级、教师对学生等），那么言语情景就是非对称的，使用的语言就会各具特点。即便是对称性的交际，也会因交际场合的变化而使用不同的表达方式。比如，两个同事在办公室里闲聊时可以互称小名，但到了庄严的会场则需使用尊称形式。而在非对称性的交际中，往往也会出现交际双方平齐的现象，双方似乎都能接受，相互较为适合。比如，从城里到农村来钓鱼或狩猎的知识分子，可以对农民说一些他们平时所不使用的 *Здорово, хозяин!*（主人好！）之类略嫌粗俗但却表示亲近的话语，拉近与农民的距离，营造一种宽松的交际氛围。（Формановская 1998:243）以上可见，言语礼仪与社会语言学有紧密的关联度，它能够从总体上调节不同类型的交际者之间的相互关系。

3.2.7 言语礼节与修辞学

在言语交际中，交谈双方的相互关系以及他们不同的社会归属、正式的和非正式的交际场合等情况都会影响言语礼节的语用特点及其修辞问题，因此，言语礼节与"修辞学"（стилистика）有着密切的联系。按照福尔玛诺夫斯卡娅的观点，"任何一种功能语体都具有自己的规范和程式化的表达方式，依照既定的方式选择词汇与句法单位并将其融入话语结构"。（Формановская, 1998:246）在非正式交际中，交际双方的对话是在无拘无束的氛围中进行的，口语色彩浓厚，不仅可以省略许多话语成分，而且常常使用一些寒暄语、语气词和感叹词，如 *Как жизнь?*（日子过得怎么样）*Ну, пока!*（再会！）*Всего!*（一切如意！）*Ах, как красиво!*（哎呀，多么漂亮啊！）等。而在正式的交际场合，语句结构要完整，表达要讲求修辞效果，以此表明对遵守礼仪和高度文明礼貌的重视，因此，*Разрешите поблагодарить вас*（请允许感谢您）*Рад вас приветствовать*（很高兴欢迎您）之类套话广为运用。如，对交际对象的称呼就存在是对陌生人还是对熟人两种情况，这样一来，在言语礼节方式和对话结构的选择上都会有所不同。一般情况下，对陌生人宜用小型对话，讲话力求言简意赅，而对熟人则可长可短，不拘形式，用语亦属于不严谨的礼仪公式。再比如，在苏联时代，*товарищ*（同志）一词在称呼中通常表达一定的修辞意义，它与阳性职业名词连用才能构成正式称呼，具有修辞上加强的郑重性质，如 *товарищ преподаватель*（教师同志），*товарищ директор*（厂长同志）等，体现出对对方的尊重。如果上述称呼中缺少了 *товарищ* 一词，则会导致修辞上的贬义，体现出不适宜的亲昵和缺乏教养的粗鲁。随着苏联解体和时间的推移，该词已逐渐被 *господин*（先生）等词所替代，但二者的修辞特点却是共同的。

3.2.8 言语礼节与文化

言语礼节与民族文化密不可分是不言而喻的，对此，维列夏金、科斯托马罗夫曾在其合著的《语言与文化》（*Язык и культура*）一书中作过详尽的论述,认为言语礼节同民族文化、风俗习惯、仪式、具有民族特色的言语行为密切相关,是言语交际文化的中不可分割的成素。但福尔玛诺夫斯卡娅则主要是从跨文化的角度来阐释言语礼节的。她认为,不同民族的言语礼节现象在功能语义和语用上呈现出体现民族特色的多样性,其中存在着明显的差异与脱漏,即不相吻合,主要表现在两个方面:一是与受礼仪功能制约的语言结构有关,尽管文化理念相同,但语言表达形式各异。例如,对对方一个人的尊称形式,俄语中只有 вы(您)一个词,在匈牙利的言语礼节中则有两个不同的词,一个用于日常尊称,另一个用于庄重场合,而在波兰语直接用第三人称代名词 пан / пани 来表达。试比较:*Могла бы пани дать мне на минутку ручку?*(先生能否把钢笔借我用一会儿?)*Вы не можете дать мне на минутку ручку?*(您能否把钢笔借我用一会儿?);二是与受民族心理、文化习俗、生活方式影响的言语行为有关。例如,在见面问候与寒暄时,捷克人喜欢自我抱怨,尽管各方面一切正常,却习惯于把自己的情况说得一团糟,牢骚满腹,据说是为了避免说漏了嘴,以防止恶鬼从中作祟。而保加利亚人和波兰人则恰恰相反,无论自己的情况怎样,都喜欢说得很好,且常常故意拔高,据说是为了防范不义之人,不让他们因听到不好的消息而幸灾乐祸。(Формановская 1998:258)根据福尔玛诺夫斯卡娅的观察,亚洲人的问候言语礼仪别具一格。如,蒙古人的问候语取决于季节和牲畜,春夏秋冬各不相同,因为畜牧业是其民族生存之本,季节的变化直接关系到牲畜的饲养状况。如,秋天的礼节性问候中通常少不了 *Жирный ли скот?*(牲畜肥壮吗?)*Хорошо ли проводите осень?*(您秋天过得可好?)之类话语。而中国人过去相互见面时常使用 *Вы сыты?*(您吃饱了吗?)*Вы уже кушали?*(您吃了吗?)之类问候语,无疑与千百年流传下来的"民以食为天"的观念和以前缺吃少穿的生活状况有关。如此等等,不一而足。与此同时,福尔玛诺夫斯卡娅还提出,必须按照人们不同的文化层次与社会角色对言语礼仪进行归类划分,原因是每一种文化中都存在着几种亚文化,因此将言语礼节的表达形式进行社会修辞分类是符合社会群体结构(老一代——青年;知识分子——文化水平低下者;城里人——农村人等等)的。(Формановская 1998:259)上述观察是福尔玛诺夫斯卡娅多年从事对外俄语教学的经验之谈,它阐明了言语礼节在沟通不同民族文化、不同文化层次的交际以及在外语教学中的重要作用,因此对操俄语者的跨文化交际具有现实的指导意义。

除上之外,言语礼节理论还与"言语行为理论"(теория речевого акта)、"社会性别语言学"(гендерная лингвистика)、"民族学"(этнография)等有着十分密切的联系。如在福尔玛诺夫斯卡娅等学者看来,言语礼节即"以言行事"。俄语中的许多用第一人称形式表示的"言语—行动"(речь-действие)动词,都具有言语行为意义。(Формановская 2002b:111—118)

总之,20 世纪 80 年代以来,福尔玛诺夫斯卡娅等学者对言语礼节理论的形成与发展做出了重要贡献。该理论有比较完整的学理体系,它从最先的对外俄语教学领域的语言教学论,逐步发展成为俄语语用学中的重要组成部分,这在世界同行学界并不多见,无不彰显出当代俄罗斯语言学所特有的具有人类中心论范式性质的学理维度:它突出"说话的人"这一主题,将"交际中的人"的言语礼节这一命题置于符号学、修辞学、社会语言学、语用学、跨文化交际学、民族学等多维视角予以考察和论证,从而赋予该理论以科学性和实践性。我们在福尔玛诺夫斯卡娅 2002 年出版的《交际文化与言语礼节》一书中发现,该书"前言"之后的"第一篇"所论述的内容即"说话的人",这足以证明言语礼节理论所倚重的主旨所在。

参考文献

[1] Акишина А. А.,Формановская Н. И. Русский речевой этикет(второе издание) [M]. М.,Русский язык,1978.

[2] Ахутина Т. В. Порождение речи. Нейролингвистический анализ синтаксиса[M]. М.,Изд-во МГУ,1989.

[3] Бондарко А. В. Принципы функциональной грамматики и вопросы аспектологии [M]. М.,Наука,1983.

[4] Бондарко А. В. Функциональная грамматика [M]. Л.,Наука,1984.

[5] Бондарко А. В. (отв. ред.)Теория функциональной грамматики: Введение. Аспектуальность. Временная локализованность. Таксис[M]. Л.,Наука,1987.

[6] Бондарко А. В. (отв. ред.)Теория функциональной грамматики:Темпоральность. Модальность[M]. Л.,Наука,1990.

[7] Бондарко А. В. (отв. ред.)Теория функциональной грамматики:Персональность. Залоговость[M]. СПб.,Наука,1991.

[8] Бондарко А. В. (отв. ред.)Теория функциональной грамматики:Субъектность. Объектность. Определенность и неопределенность[M]. СПб.,Наука,1992.

[9] Бондарко А. В. (отв. ред.)Теория функциональной грамматики:Локативность. Бытийность. Посессивность. Обусловленность[M]. СПб.,Наука,1996a.

[10] Бондарко А. В. (отв. ред.)Теория функциональной грамматики:Качественность. Количественность[M]. СПб.,Наука,1996b.

[11] Бондарко А. В. (отв. ред.)Проблемы функциональной грамматики:Категорияморфологии и синтаксиса в высказывании[M]. СПб.,Наука,2000.

[12] Бондарко А. В. Основы функциональной грамматики[M]. СПб, Наука, 2001.

[13] Бондарко А. В. (отв. ред.) Проблемы функциональной грамматики: Семантическая инвариантность/вариативность[M]. СПб., Наука, 2002a. [14] Бондарко А. В. Теория значения в системе функциональной грамматики (на материале русского языка)[M]. М., Языки славянской культуры, 2002b.

[15] Бондарко А. В. Принципы функциональной грамматики и вопросы аспектологии [M]. М., УРСС, 2003.

[16] Бондарко А. В. (отв. ред.) Проблемы функциональной грамматики: Полевые структуры[M]. СПб., Наука, 2005.

[17] Бондарко А. В. (отв. ред.) Проблемы функциональной грамматики: Категоризация семантики[M]. СПб., Наука, 2008.

[18] Верещагин Е. М., Костомаров В. Г. В поисках новых путей развития лингвострановедения: концепция рече-поведенческих тактик[M]. М., ИКАР, 1999.

[19] Верещагин Е. М., Костомаров В. Г. Язык и культура [M]. М., ИНДРИК, 2005.

[20] Всеволодова М. В., Владимирский Е. Ю. Способы выражения пространственных отношений в современном русском языке [M]. М., Русский язык, 1982.

[21] Всеволодова М. В. Основания практической функционально—коммуникативной грамматики русского языка[A].//Языковая системность при коммуникативном обучении[C]. М., Русский язык, 1988. с. 26—36.

[22] Всеволодова М. В. Теория функционально-коммуникативного синтаксиса. М., МГУ, 2000.

[23] Зимняя И. А. Речевой механизм в схеме порождения речи[A].//Психологические и психолингвистические проблемы владения и овладения языком[C]. М., Изд-во МГУ, 1969.

[24] Зимняя И. А. Смысловое восприятие речевого сообщения [A].//Смысловое восприятие речевого сообщения (в условиях массовой коммуникации)[C]. М., Наука, 1976.

[25] Зимняя И. А. функциональная психологическая схема формирования и формулирования мысли постредством языка [A].//Исследование речевого мышления в психолингвистике[C]. М., Наука, 1985.

[26] Золотова Г. А. Очерк функционального синтаксиса русского языка[M]. М., Наука, 1973.

[27] Золотова Г. А. Синтаксический словарь. Репертуар элементарных единиц русского синтаксиса[M]. М., Наука, 1988.

[28] Золотова Г. А., Онипенко Н. К., Сидорова М. Ю. Коммуникативная грамматика русского языка [M]. М., Русский язык, 1998.

[29] Костомаров В. Г. Русский речевой этикет[J].//Русский язык за рубежом, 1967, № 1. с. 56—63.

[30] Красных В. В. Основы психолингвистики и теория коммуникации[M]. М., Гнозис, 2001.

[31] Леонтьев А. А. Язык, речь, речевая деятельность[M]. М., Смысл, 1969.

[32] Леонтьев А. А. Понятие текста в современной лингвистике и психолингвистике [A].//Психолингвистическая и лингвистическая природа текста и его особенности восприятия[C]. Киев, Вища Школа, 1979.

[33] Леонтьев А. А. Слово в речевой деятельности: Некоторые проблемы общей теории речевой деятельности[M]. М., УРСС, Издание второе, 2003a.

[34] Леонтьев А. А. Психолингвистические единицы и порождение речевого высказывания[M]М., УРСС, Издание второе, 2003b.

[35] Леонтьев А. А. Основы психолингвистики[M]. М., Смысл, Academa, 4—е издание, 2005.

[36] Милославский И. Г. Краткая практическая грамматика русского языка[M]. М., Русский язык, 1987.

[37] Падучева Е. В. Высказывание и его соотнесённость с действительностью[M]. М., Наука, 1985.

[38] Сорокин Ю. А. Метод установления лакун как один из способов выявления специфики локальных культур [A].//Национально-культурная специфика речевого поведения[C]. М., Наука, 1977.

[39] Сорокин Ю. А. Лакуны как сигналы специфики лингвокультурной общности [A].//Национально-культурная специфика речевого общения народов СССР [C]. М., Наука, 1982.

[40] Сорокин Ю. А., Марковина И. Ю. Проблема понимания 'чужой' культуры и способы устранения лакун в тексте [A].//Русское слово в лингвострановедческом аспекте [C]. Воронеж, Изд-во Воронежского ун-та, 1987.

[41] Сорокин Ю. А., Марковина И. Ю. Культура и её этнопсихолингвистическая ценность[A].//Этнопсихолингвистика[C]. М., Наука, 1988.

[42] Сорокин Ю. А. Лакуны в языке и речи [C]. Благовещенск, Изд-во БГПУ, 2003.

[43] Сорокин Ю. А. Лакуны: ещё один ракурс рассмотрения[A].//Лакуны в языке и речи[C]. Благовещенск, Изд-во БГПУ, 2003.

[44] Формановская Н. И. Русский речевой этикет: лингвистические и методологические аспекты[M]. М., Русский язык, 1982.

[45] Формановская Н. И. Употребление русского речевого этикета[M]. М., Русский язык, 1982.

[46] Формановская Н. И. Коммуникативно-прагматические аспекты единиц общения [M]. М., ИКАР, 1998.

[47] Формановская Н. И. Речевое общение[M]. М., русский язык, 2002a.

[48] Формановская Н. И. Культура общения и речевой этикет[M]. М., ИКАР, 2002b.

［49］姜宏、赵爱国:二元对立视角的俄汉语义范畴对比研究之思考——兼谈空间和时间的二元对立统一关系[J],外语学刊,2009 年第 1 期。

［50］姜宏、赵爱国:功能语法理论与系统功能语言学的生成背景及学理传承[J],外语与外语教学,2014 年第 2 期。

［51］姜宏:俄汉语义范畴的多维研究——空间和时间范畴之比较[M],北京:北京大学出版社,2014 年。

［52］王铭玉、于鑫:俄罗斯功能语法探析言学[J],现代外语,2005 年第 4 期。

［53］王铭玉、于鑫:功能语言学[M],上海:外语教育出版社,2007 年。

［54］许高渝 等:俄罗斯心理语言学和外语教学[M],北京:北京大学出版社,2008 年。

第9章
视语言为人类获取知识之"手段"的人类中心论

将语言视作人类获取知识之"手段"的人类中心论,主要探讨语言在人的认知过程或认知组织中的作用,具体说要回答下列两个问题:人的知识是如何获得的?语言对人的知识的获得起到了怎样的作用?显然,这一方向的语言学理论主要以语言的认知研究为主线,它包括对语言与思维关系的认知阐释,以及对语言在世界的观念化和范畴化过程中的作用、语言在人的认知过程和经验总结中的功能、人的认知能力的获得机制及其相互关系等一系列问题的描写和解释等。因此,这一方向的语言学理论突出的是语言对人的建构作用。

当代俄罗斯在该方向的语言学理论纷繁多样,本书其他章节中所评价的许多理论已经或多或少地涉及语言的认知研究问题,如,语言世界图景理论、语言个性理论、语言意识理论、语言逻辑分析理论、先例理论、定型理论等。它们分别是从语言与世界、语言与操语言的人、语言与逻辑学、语言与社会学等相互关系的视角对语言做出的多维审视,而本章主要从语言的认知视角来评介当代俄罗斯在这一领域所取得的理论成果,如认知语义学说、语言的世界观念化学说、隐喻学说、观念理论等。这些学说和理论都将语言视为人类获取知识的重要手段,不仅在学界颇有影响,且都具有纯语言学的性质,因此有必要将它们一并归入本视阈加以审视和评介。

需要特别指出的是,俄语的认知研究由来已久。尽管俄罗斯学界直到 20 世纪 80 年代才开始接受起源于西方尤其是美国的认知语言学理论,但具有认知性质的语言研究却在时间上远远早于西方国家。在俄罗斯,最早从事语言认知研究的是心理学家和神经生理学家,如生理学家谢切诺夫(И. М. Сеченов,1829—1905)、神经学家别赫捷列夫(В. М. Бехтерев,1857—1927)、生理学家巴甫洛夫(И. П. Павлов,1849—1936)等。正是在神经生理学研究的基础上诞生了"神经语言学"(нейтролингвистика),其代表人物为维果茨基(Л. С. Выготский,1896—

1934)、卢利亚（А. Р. Лурия，1902—1977）。后来，俄罗斯心理语言学（当时叫"言语活动论"）开始系统审视言语（语篇）的生成、感知（理解）等问题，从而使俄罗斯心理语言学从一开始就具有认知的性质。在语言学领域，最早从事语言认知研究的是哈尔科夫语言学派的奠基人波捷布尼亚（А. А. Потебня，1838—1891）。他把语言视作思维的现实，认为语言对人的精神——对人了解新知和发展人对世界的认识等，具有建构作用。喀山语言学派的奠基人博杜恩·德·库尔德内（И. А. Бодуэн де Куртенэ，1845—1929）也推崇语言的认知研究。他曾说，语言思维中可以揭示出全部存在和不存在领域的独特语言知识，可以揭示出世界所有表象的知识，包括物质的知识和个体—心理及社会的知识。（Бодуэн де Куртенэ 1963，312）由此可见，语言认知研究的对象是语言与思维的关系，它涉及语言的功能、语言中的人的作用以及语言对人的作用等一系列语言学家应该做出解答的问题。下面，将就当代俄罗斯在语言认知领域的代表性理论学说做简要评介。

第 1 节　库布里亚科娃的认知语义学说

作为一门独立学科的认知语言学之所以能够在俄罗斯得以兴起和发展，与俄罗斯语言学家库布里亚科娃（Е. С. Кубрякова，1927—2011）所做的贡献不无直接的关系。作为俄罗斯科学院语言学研究所资深研究员，她在理论语言学的许多领域都卓有建树，包括专名学、词法学、构词学、词素学、词类研究、话语分析等。20 世纪 90 年代起，她开始转向人类中论范式的认知语言学研究。1994—2004 年间，她先后出版和发表了下列有影响的著述：《认知主义形成的初级阶段：语言学—心理学—认知科学》（Начальные этапы становления когнитивизма：лингвистика—психология—когнитивная наука）（1994）、《认知学术语简明词典》（Краткий словарь когнитивных терминов）（1996）、《认知视角的词类研究》（Части речи с когнитивной точки зрения）（1997）、《空间语言与语言空间》（Язык пространства и пространство языка）（1997）、《语言意识与语言世界图景》（Языковое сознание и языковая картина мира）（1999）、《论认知语言学和术语"认知"的语义问题》（О когнитивной лингвистике и семантике термина "когнитивный"）（2001）、《论认知科学的目标和认知语言学的现实问题》（Об установках когнитивной науки и актуальных проблемах когнитивной лингвистики）（2004a）、《语言与知识》（Язык и знание)(2004b)等。① 值得一提的是,在其去世后的 2012 年,还出版了她的一部文集——《语言实质探索:认知研究》(В поисках сущности языка:когнитивное исследование)。上述这些著述对认知语言学的学科性质及研究对象、研究目标、研究内容和研究方法等都作出了具有奠基性、开创性的界说和论述,从而"奠定了俄罗斯认知语言学的基础"。(Попова,Стернин 2007:10)尤其值得一提的是,在 1997 年坦波夫召开的纪念库布里亚科娃 70 岁诞辰的圆桌研讨会上,第一次正式打出了俄罗斯"认知语言学派"(когнитивно-лингвистическая школа)的旗号,从而确立了库布里亚科娃为该学派创始人和领导者的地位。

库布里亚科娃对语言的认知研究所涉及的领域较广,但主要成就则集中在对认知语言学的学科定位、界说以及对俄语词类、构词、称名理论研究的认知方法方面,即从认知语言学的基本理论出发来探讨上述这些语言学问题。

1.1 认知语言学的学科定位及界说

库布里亚科娃的认知语义学说是建立在她对认知语言学这门科学的基本认识基础上的,或者说,正是由于她对认知语言学的学科性质有独到的见解和认识,才使其关注语言现象的认知语义研究。

按照库布里亚科娃的界说,认知语言学是研究语言在信息的编码和转化中起作用的语言机制的。(Кубрякова 1996:53)她认为,认知语言学是认知科学的一个流派或方向。"认知科学"是一个"扇状术语"(зонтичный термин),具有跨学科的性质,它由认知心理学、认知语言学、认知哲学理论、语言逻辑分析、人工智力理论和神经生理学理论等组成,甚至形成了认知社会学、认知文艺学等学科。几乎在每一个人文学科中,都可以分出与使用认知方法和认知分析有关的若干专门领域。(Кубрякова 2004a:10—11)由此她提出,认知科学的任务,是对知识表征和信息加工系统进行描写或研究,同时研究人的认知能力如何形成统一的心理机制的一般原则,并确立它们之间的相互联系和相互作用。(Кубрякова 2004a:8—9)而认知语言学作为一门独立的语言学科,是从认知科学中分离出来的,其最终的任务与认知科学的任务完全一致,都是为了获得理智活动的信息。因此,意识研究就构成了认知科学和认知语言学的共同课题。(Кубрякова 2004a:10)不难看出,在库布里亚科娃眼中,认知语言学与其他认知科学的区别主要是所用的"材料"有别——

---

① 但在当代俄罗斯语言学界,最早发表语言认知研究论文的并不是库布里亚科娃,而是格拉西莫夫(В. И. Герасимов)于 1985 年在《当代国外语法学理论》文集中发表的文章《论认知语法的形成》(К становлению когнитивной грамматики),该文主要介绍了美国等西方国家的认知语法理论。

认知语言学是以"语言为材料"来研究意识,而其他认知学科则用自己的"材料"来研究意识。当然,认知语言学研究意识的方法也与其他学科的不尽相同——它采用语言学所固有的方法来研究认知过程,以对人意识中的心智表征类型或知识类型做出语言学的结论。

1.2 词类的认知研究

在俄罗斯学界,库布里亚科娃是最早用认知理论来研究俄语词类的学者。她于1997年出版的《认知视角的词类研究》一书[①],便成为了当代俄罗斯认知语言学研究中最早的经典之一。该著作对俄语词类的研究与传统的词汇—语法结构研究有很大的不同,许多观点和思想甚至是对传统语法的颠覆。主要有:

1.2.1 词类是一种认知—话语结构

库布里亚科娃认为,词类是一种"言语思维现象"(речемыслительный феномен),它体现为一种认知的、心理的和心智的过程,其重要的功能之一是参与对话语的建构和组织,因此,对词类的分析必须考虑到其在话语中的作用,即分析"词的意义是什么""词在言语中的作用"等问题。(Кубрякова 1997:226)据此她提出,对词类的确定应该同时采用话语的(系统内的、语言在言语使用中所体现的)和认知的(外部的)两个视角:前者以词法和句法特征为前提,后者以人的意识中生成的"自然的"或"存在的"范畴为条件。在库布里亚科娃看来,每一种词类的生成都取决于两大因素:需要语言化的现实片断的特点以及所选称名单位的话语作用。也就是说,在划分词类时,首先要对称名单位和交际单位进行区分,只有在上述语言范畴的基础上才能划分出名词、形容词、动词等不同的词类。如,形容词处在名词和动词之间的"中介位置"(промежуточная позиция),其特点是:在稳定性方面等相同于名词,在表状态方面又等同于动词。(Кубрякова 1997:252)一方面把词类置入句子和话语的结构中审视其履行的功能,另一方面又将词类视作某认知结构的具体体现,这就是库布里亚科娃的词类认知—结构观。

1.2.2 词类是内部语汇的向量

库布里亚科娃认为,作为"内部语汇"(внутренний лексикон)的词类[②],同时包含着两种知识:"关于语言的知识"(语言作为符号系统的知识)和"语言知识"(语言所反映的世界知识)。在她看来,内部语汇一方面是由类似于民族语言的词汇系统所决定的,另一方面是由人脑的组织、人的智力以及人的记忆空间决定的。(Кубрякова 2004b:379)也就是

---

① 该著作的主要内容被收录在2004年出版的《语言与知识》(Язык и знание)著作中。
② лексикон一词在一些心理语言学和认知语言学著述中翻译为"词典"。

说,内部语汇是在承认词具有表征和替代人意识中某现实片断的能力基础上建构起来的,因为词可以激发人脑中所有与其有关的知识(包括语言的和语言外的),并最终在人的思维和言语思维活动中使该现实片断得以运作。(Кубрякова 2004b:68)上述论述鲜明地表达了这样的思想:在确定和使用词类时,必须要考虑并区分出某现实的客观特性,以便决定选用何种词类予以表达。

1.3 "人对世界的观念化"思想

早在1994年,库布里亚科娃就在《语篇及语篇的理解》(Текст и его понимпние)等论文中提出了语言意义的"三段式"学说,即"语篇意义"(значение текста)、"语篇涵义"(смысл текста)、"作品涵义"(смысл произведения)。她认为,意义是涵义的一种假设:尽管意义作为推理知识,其客观性难以把握,但却是理解涵义必不可少的。语言意义作为有意义的代码信息结构,是由一系列因素决定的,如对情景的感知程度,对背景的推测和期待,对被描写场景的观察角度的选择,对能够反映该场景的表达方式的选择,对选择动因的理解及其他认知活动,所有这些因素就构成了语言个性在完成"范畴化"(категоризация)和"观念化"(концептуализация)过程中最重要的步骤。在她看来,人对世界的范畴化和观念化正是在上述"三段式"语言意义的基础上形成的,它所构成的语言世界图景具有以下特点:(1)系统性。既然世界图景是对世界的固定看法,且该看法具有系统性,那么语言个性对语篇涵义的选择也应该具有系统性的特点;(2)个性性。在世界图景的反映系统中,语言个性对语篇涵义的观念化是该个性的评定系统,而不同的接受方对涵义的理解则具有接受方个性的特点,各种不同的阐释和意义的差异等由此而生;(3)感知与观念化的认知性质有别。感知属于"一级认知过程"(первичные познавательные процессы),它基于实际体验的知识,因此具有个性化的特点;而观念化是"二级认知过程"(вторичные познавательные процессы),它是在某系统中形成的关于世界和人在世界中的地位的认识和观点的总和,因此具有概括性的特点。(Кубрякова 1994b:18—27)关于上述论题,库布里亚科娃还在其他著述中多有涉及。如,她提出,作为二级认知过程的人对世界的观念化,与语言系统具有直接的关联性,这种关联性又具体体现为以下四种类型:(1)与语言的起源、本质特性、功能和各种特性相关联的认知过程(即把语言理解为符号系统或某生成构造的类型);(2)与语言的内部构造或组织的特点相关联的认知过程(即语言分层或分关系的类型);(3)与各种语言现象分析相关联的认知过程(即分范畴的类型);(4)与认同个别语言相关联的认知过程(即语言类型学的类型)。(Кубрякова 2012:60)也就是说,在库布里亚科娃的语言学说中,对语言进行研究的任何一个方面、层级或领域,都可以将人对世界的观念化作为一条主线来加以研究或分析,它涉及对语言符号体系的认知,对语言内部结构或关系的认知,对语言中各种范畴的认知以及对语言类型的认知等。

第 2 节 布雷金娜的"世界的语言观念化"学说

谈到人对世界的观念化以及人在观念化过程中语言所起的作用等命题,自然离不开由俄罗斯著名语言学家布雷金娜(Т. В. Булыгина,1929—2000)和什梅廖夫(А. Д. Шмелев)提出的有关"世界的语言观念化"(языковая концептуализация мира)学说。① 1997 年,两位学者联合出版专著《世界的语言观念化:以俄语语法材料为例》(Языковая концептуализация мира на материале русской грамматики)②,从认知语法的视角较为系统而全面地描写了俄语语法各层面所呈现的语言世界图景,从而引起学界的广泛关注,被认为是当代俄罗斯认知语法的代表作之一。下面,我们将就该著作所反映的有关"世界的语言观念化"的主要学说思想做简要评介。

2.1 语言表达的认知特性

布雷金娜在自己的著作中是从下几个方面来论述语言表达的认知特性的:

2.1.1 关于语言意义和语法意义的认知问题

她认为,传统的语言学或语法学将语言意义与语法意义相对立,但实际上两者却难以严格区分,否则,语言学中许多重要的意义(特别是那些明显不具备词汇性质、也不具备由直接形式所表达的意义)就会被置于研究之外。有许多研究也得出这样的结论:语法意义和非语法意义之间的区分难以有明确的界限,它们之间的对立具有"渐进的性质"(градуальный характер),因此不可能也没有必要区分出能够明确纳入某一类别的某一特征或某一组特征。(Булыгина 1997:16—18)据此,布雷金娜提出,许多语言学理论中都包含有对语法意义本质属性的认识(隐性的或显性的),如:(1)意义的屈折变化性;(2)意义与句法的关联性;(3)意义的强制性;(4)意义的规范表达方式。上述这些语法意义在

---

① 为便于对相关学说进行评介,该部分的题目中只标出"布雷金娜的世界的语言观念化"的字样。
② 两位作者是母子关系,即此处的什梅廖夫是俄罗斯著名语言学家什梅廖夫(Д. Н. Шмелев)的儿子。他们两人在 20 世纪 90 年代曾合作发表过多篇有影响的论文。(见相关参考文献)

布雷金娜看来都是语言意义研究中不能忽视的。此外,她还认为,除上述显性语法范畴外,还应该关注所谓的"隐性语法范畴"(скрытые грамматические категории)。所谓隐性范畴,是指"不是出现在所有的句子中,而只是出现在某类句子中的特殊现象"。(Булыгина 1997:25)尽管上述显性的语法意义特征依然适用于隐性范畴,但显性范畴与隐性范畴在许多方面却有区别。如,对多义性与语义不确定性的区分,对涵义不同与指称不同但涵义相同的各种变体区分等,它们都与意义的屈折变化性的隐性范畴有关;再如,动词或代词第二人称单数形式所表示的与受话人相关联以及与泛指人称相关联的意义,就构成了隐性范畴中的对立。总之,依照布雷金娜的观点,就句子层面而言,其语法意义成分具有语义一致性,这与词汇学领域提出的语篇语义一致性或语义关联性的概念相等同。(Булыгина 1997:40)

2.1.2 关于句子述谓语义分类的思想

布雷金娜认为,述谓的语义分类是语言学分类中的独特现象。一方面,它应该属于语义分类,因为述谓是特殊的实体意义,其范畴化是对客观现实的概括;另一方面,语义所研究的对象并不是现实的世界,而是世界的观念化。每一种语言都有用多种不同方式来解释同一种情景的手段。因此,述谓的语义分类应该与其所描写的"事态"(положение дел)分类的建构联系在一起,以力求使划分出来的每一个述谓类别都是"语义类别"。由此,建立在语言学意义上的重要事态分类,要求区分出一组核心述谓结构,它在整体上表示某类事态,每个事态由述谓所表示的具体特征或关系加以确定。(Булыгина 1997:59-52)由此可见,布雷金娜对述谓语义的分类依循的是观念化的原则,即以事态为核心所进行的分类,这与传统语法的分类有很大的不同。

2.2 时体的心智述谓语义

长期以来,学界对作为屈折语的俄语的"时体学"(аспектология)研究情有独钟[①],也取得令世界公认的许多成就。如,以邦达尔科(А. В. Бондарко)为代表的"功能语法理论"(теория функциональной грамматики)就是由时体学发展而来的。布雷金娜则从时体学角度来审视俄语动词的心智述谓问题,得出了令人信服的结论。她认为,理论上讲,如果未完成体动词可以用来表示相应的完成体动词所表示的那些事件,那么该未完成体动词就与该完成体动词构成了时体的对偶。如,未完成体动词所表示的多次性、否定和历史现在时等语境是其用法的判断

[①] аспектология一术语在传统语法中多定名为"体学",但在邦达尔科的功能语法中又多定名为"时体学",此处仍采用与功能语法理论中的一致称谓。

语境,体现在该语境中的未完成体和完成体的语义区别就可以称谓"常规语境",也就是说,多次性和描写等意义都属于未完成体的常规意义。但在实际用法中,未完成体并不是只具有上述的常规语义,在多数未完成体动词的用法中还有多种多样的非常规意义。因此,只认识到时体的对偶性,通常还不能得到对这类动词语义的正确认识。(Булыгина 1997:146—147)那么,究竟如何来确定未完成体动词的非常规语义呢?布雷金娜认为,多数情形下可以从时体学情景的特点中区分出这些语义,而不是从词典中所规定时体的对应性中去发掘,因为时体的对应在非常规使用中常常用不同的语义—语法特征来加以描述,与动词时体学特点相关的只是动词与某类从属述谓关系的搭配能力,而时体对偶的动词语义则可以在事实性、蕴含性等方面有所区分。如,在与命令式搭配时,完成体和未完成体的心智述谓的挑衅行为意义就不同,选择完成体还是未完成体整体上除要服从时体形式在命令式中的一般使用规则外,还要关注心智述谓在命令式中所具有的功能特点:只有可控的述谓命令式形式才具有通常的祈使意义,而不可控的述谓命令式只表示希冀意义。因此,心智述谓语义的特点在于:它们在命令式中表达着复杂的语用意义。当言语受话人的心智状态受到说话人的控制时,或说话人通过言语行为使受话人的心智域发生变化时,就具有了类似于施为句的用法。最后,布雷金娜通过对多组动词的心智述谓语义分析后得出这样的结论:整体性意义是完成体动词所固有的,而非整体性意义则是所有动词所具有的。未完成体动词的非整体意义集中表现在事件的多次性意义、历史现在时意义等"特殊表现力"方面。此外,许多对应的未完成体的心智述谓除具有上述"常规意义"外,还具有"心智活动"或"心智状态"意义,它们以不同的方式与其对偶的完成体动词的事件性意义相对应。(Булыгина 1997:149—162)应该说,布雷金娜对动词心智述谓语义的分析,对时体学的认知研究是有现实推动作用的。

2.3 时间的语言观念化

时间的语言观念化自古有之,每一种语言也都有自己的表达事件的独特方式。那么,俄语在对时间的观念化过程中展现给我们的又是怎样的一幅"天真世界图景"(наивная картина мира)呢?对此,布雷金娜从时间定位悖论的视角,用大量实例分析了俄语时间片断的观念化问题。她提出,尽管时间定位可以借助于空间方位标志来描写,但俄语中却存在着两种与空间类比关系相反的定位:一是"后面"和"前面"同时可以表示"过去"和"将来"。如,Самое страшное уже позади(最可怕的事已经过去了);Впереди нас ждут приключения(将来我们还会遇到意想不到的事)。相应地,*вперед* 一词也具有相反的语义,它在口语中即可表示"将来",也可表示"事先"。如,*Вперед будьте осторожнее*(您以后要小心点);*Вперед подумай*,*потом говори*(事先想想,然后再说)。二是"远"和"近"的不同时间距离参照点。在词典中,"远"和"近"的时间意义通常是按照同一类型予以解释的,即"用长的时间间隔分开的"和"用不长的时间间隔分开的"。但这样的理解往往忽视了一个事实,即 *близкий* 与 *далекий* 不同,它只针对"将来"使用,而不针对"过去"。如,只能说 *близкое будущее*(不久的将来),而不能说 *близкое прошлое*(不久的过去),尽管可以说 *недалекое прошлое*(不远的过去)或 *далекое прошлое*(遥远的过去)。类似表示相反语义的时间词还有 *старый*,*молодой*,*прежний*,*бывший* 等。(Булыгина 1997:376—377)上述时间语义相悖的情况,布雷金娜认为主要是由"时间运动的隐喻"和"不同的时间参照点"所致。对于时间隐喻,通常采取两种态度:一是"旧时"态度,认为世界是稳定的、静止的,而时间是按照从"将来"(晚些时候)到"过去"(早些时候)的方向运动。如,俄语中的 *время идет*(时间在运动),*пришло время*(时间来临),*предыдущий день*(昨天),*следующее воскресенье*(下个星期天)等。按照这种观念,所有以前的事情都被认为是"发生在前面的"(предшествующие),而所有应该晚些时候发生的事情都被认为是"沿着足迹走的"(следующие)。正是这一观念成为了许多原始空间运动副词和前置词的时间用法的基础。二是"现时"态度,认为时间是恒定的、静止的,而人是沿着从"过去"到"将来"的方向运动的。如,上述 *впереди* 和 *позади* 两个副词的时间用法就属此类。对于时间参照点,通常与"说话时刻"或"话语所指的时刻"有关,此时俄语中通常会出现表时间的指示成分,如 *сегодня*(今天),*вчера*(昨天),*три дня спустя*(三天后),*до революции*(革命前)等。使用上述时间参照点时,与其相对应的名词一定要具有受交际情境制约的确定性,但泛指情景的用法除外。如,*После драки кулаками не машут*(打斗之后不要再动拳头),此处的"打斗"是泛指,而不是指最后发生的那次具体打斗。如果使用的名词是不严格的标记词,这时,其属性随时间的流逝而发生变化这一事实,可以用不同的方式予以观念化。如,*бывший*,*прежний*,*будущий* 等用于摹状词时,其时间参照点是某个"先前的"(*бывший* 和 *прежний*)或"后续的"(*будущий*)的时刻。总之,自然语言能提供给我们足够多的手段来反映不同的时间隐喻。(Булыгина 1997:378—386)以上不难看出,布雷金娜对俄语时间观念化片断的观察,是分别从"天真世界图景"和"科学世界图景"为出发点的,前者建立在"旧时"态度之上,反映着语言对时间的朴素观念化;后者建立在"现时"基础之上,更多地反映着语言对时间的科学观念化。

2.4 语言世界图景的民族性

语言世界图景具有民族性这一命题是不言而喻的，但布雷金娜在自己的著作并非像洪堡特（В. Гумбольдт，1767—1835）或萨丕尔（Э. Сепир，1884—1939）那样来论述语言世界观或语言相对论的理论问题，而是从词汇角度来审视究竟哪些俄语词汇最能反映出俄罗斯民族的心智或心灵。她认为，下列几类词汇或语汇最具反映俄罗斯心灵的民族性：一是与一般哲学概念特定层面向对应的语汇。它们通常构成"成对"的概念，如 правда（真话、真相）和 истина（真理），долг（义务）和 обязанность（责任），свобода（自由）和 воля（无拘束），добро（善事）和 благо（好事）等；二是俄语世界图景中具有特殊文化标记的词汇。这些词汇的概念在其他语言中也同样存在，但在俄罗斯文化中和意识中却具有特别的意义，如 судьба（命运），душа（心灵），жалость（同情）等①；三是反映独一无二的俄罗斯观念的语汇。这些语汇在其他语言中并无完全对应的概念，为俄罗斯文化所独有，如 тоска（忧郁），удаль（勇猛）等；四是在描述俄罗斯民族心智方面起特殊作用的"小词"，即情态词、语气词、感叹词等。如 авось（或许，可能），а вдруг（突然），небось（恐怕是），видно（显然，看来），以及 -ка，ну 等；五是反映俄罗斯人对世界独特认识的时空副词和前置词，如 миг（眨眼间），мгновение（瞬间），момент（顷刻间），минута（一会儿），以及表示"早晨"的一组同义词 утором，поутру，с утра，под утро，наутро，к утру，утречком，с утречка 等。（Булыгина 1997：487—504）这类时空副词的使用表明了这样一个众所周知的事实：相对于西方人而言，俄罗斯人对待时间的观念更加随心所欲。

总之，尽管布雷金娜并没有刻意地对语言的世界观念化命题做系统的理论阐述，但仅从以上俄语语法的几个侧面就足以见得她对语言观察的独到之处，以及对语言的世界观念化的独特认识。她的研究视角和所反映的学说思想，对我们揭示人类中心论范式语言学理论的特点是有重要意义的。

第 3 节 阿鲁玖诺娃的隐喻学说

在当代俄罗斯语言学界，从语言认知视角研究"隐喻"（метафора）理论的学者很多，因为隐喻"作为人类重要的思维法则和概念性原则，会增

---

① 关于这两类词汇所反映的俄罗斯心智或文化观念的情况，阿鲁玖诺娃（Н. Д. Арутюнова）在其进行的语言逻辑分析中多有涉及，并在其专著《语言与人的世界》（Язык и мир человека）中就有关的几组观念做过专门研究和分析，而布雷金娜的研究大致与其相仿。

进对人的行为、知识和语言的理解"(Арутюнова 1998:372),或者说,"社会和个体对现实的心智阐释模式都建构于隐喻"(Лассан 2010:24)。隐喻研究的语言学价值由此可见一斑。但是,最具系统性和最有影响力的当属俄罗斯科学院通讯院士、当代俄罗斯"语言逻辑分析学派"(Логический анализ языка, ЛАЯз)的领军人物阿鲁玖诺娃(Н. Д. Арутюнова)提出的隐喻学说。早在20世纪70年代后期,她就先后发表了《隐喻的句法功能》(Синтаксические функции метафоры)(1978)、"语言隐喻的功能类型"(Функциональные типы языковой метафоры)(1978)、《语言隐喻:句法与词汇》(Языковая метафора: синтаксис и лексика)(1979)等学术论文,从而在学界最先开启了认知视角的语言隐喻研究。1998年,她的力作《语言与人的世界》(Язык и мир человека)问世,引起学界的广泛关注,其中就用较大篇幅对多年潜心研究的隐喻理论做了较为系统的总结和概括。值得一提的是,2002年,她又为俄罗斯大百科词典撰写"隐喻"词条,标志着其隐喻理论学说在学界具有公认的地位和影响力。

阿鲁玖诺娃的隐喻学说主要集中在两大领域——"语言隐喻"(языковая метафора)和"言语隐喻"(речевая метафора)。前者对句法和词汇层面的隐喻审视,是建立在对句子语义准确性的讨论和对各种偏离规范的类型区分基础上的,因此主要是词汇语义隐喻和句法语义隐喻的研究;后者则走向话语层面的隐喻研究,关注的核心内容由先前的词汇和句法语义转向人的思维、认识、意识、观念化系统及人工智能模式化系统等认知语义。

3.1 隐喻的语义类型和句法功能

阿鲁玖诺娃认为,语言学理论视角的隐喻,可视作一系列"可阐释的异常"(интерпретируемая аномалия)现象,即由有意违背词汇意义组合规律所引起的语义的不正确性。(Арутюнова 1998:346)对此,阿鲁玖诺娃主张不仅要引入语言外的因素对隐喻进行研究,因为词汇意义是一个民族关于世界的概念,因此,要理解隐喻的本质和整个语义过程,就必须结合该民族的生活经验进行阐释。此外,隐喻研究还不能仅仅局限在词汇—语义层面,还应该关注其功能—句法特征。她指出,为了完成首要的语言交际功能,主体和述谓之间形成了词汇的两种基本语义类别——"指同名词"(идентифицирующие имена)(主要是具体名词)和"语义谓词"(семантические предикаты)(形容词、动词、评价名词、性质名词和部分功能名词)。经典谓词的单义性和意义的确定性与指同名词的多特征性(描写性)和语义的不确定性之间形成对立。指同名词形成综合域和模糊域,这有利于对客体类的理解;而谓词形成分析域,以及记录被报道事物所必须的意义划分域和确保交际双方相互理解的意义明确域。指同名词的多特征性变为指称域的紧缩,以确保言语指示的足够准确性;相反,谓词的单义性则会引起对实物世界的应用型拓展。表面上看,似乎充满主观评价意义的谓词能提供比较有利于隐喻形成的材料,但事实并非如此。词汇意义越模糊和越具有描写性,就容易隐喻化。意义在自然语言中的自发生成常常发生在知觉概念内,意义的细微差异是从模糊的语义环境中抽象出来的。据此,她得出结论认为,隐喻首先是一种捕捉具体事物或现象个性的方法。具体词汇的个性化的能力要多于谓词。隐喻使事物个性化,并将事物归入本不属于它的类别;隐喻与谓词的位置由一个坚实环节相联系。诗歌语言的手法之一就是要打破词汇类别与句法功能之间的这种对应:指同词汇转向谓词领域,从而构成经典的、最具隐喻性的隐喻。经典的隐喻就是使"综合"闯入"分析域","认识(形象)"闯入"概念域","想象"闯入"智力域","个别"闯入"整体国度","个性"闯入"类别王国"。隐喻与谓词位置的联系表明,在形象的内核中就已经诞生了概念。隐喻是一切实义词和虚词的语义摇篮。(Арутюнова 1998:347-348)

基于以上认识,阿鲁玖诺娃从以下几个方面对隐喻的语义类别和句法功能进行了全面的审视。

3.1.1 隐喻与换喻

她认为,句法功能不仅和词汇意义的类型,还与某些修辞格尤其是隐喻和换喻之间存在着一定的关联性。例如,名词 шляпа 既可以获得换喻意义"戴帽子的人",也可以获得隐喻意义"笨头笨脑的人"。在阿鲁玖诺娃看来,换喻与隐喻有以下几点区别:(1)换喻总是与指同功能相联系,而隐喻则用于述谓功能。也就是说,换喻不能占据规定用于非指称用法的谓词位置,而这一位置对隐喻却很合适;(2)换喻与隐喻在语义搭配上有区别。处在主体位置上的换喻是通过指出其"局部"来指称"整体"(人或物),这时,通常可以有对应于该局部的说明性定语,如,在 старый тулуп (旧皮袄)的词组中,"旧的"定语只对应于"皮袄",而不对应于"穿皮袄的人"。而谓词和由其派生出来的定语恰恰是对应于"整体的",即对应于换喻的所指——人。如,Старый тулуп засмеялся (穿旧皮袄的人笑了起来);隐喻的情况要复杂得多。如,称名功能对隐喻而言只是第二位的,因此,用于该功能的隐喻与换喻的情景相反。隐喻的定语可以评定隐喻的现实所指事物,而谓语的选择则要遵循"表层的"语义匹配,即与隐喻的假想所指事物相匹配;(3)换喻和隐喻可以用于不同的句法功能。用于称名功能的隐喻和换喻之间形成的语义匹配上的争夺受到不同句法位置的限制。如,换喻 *старая шляпа* 可以对应任何年龄的人,包括年轻人,而隐喻 *Эта старая шляпа* 只是用于老年人。另外,在将事物引入叙事世界时,具有引言功能的存在句中不宜使用换喻和隐喻,因为存在位置不需要比喻辞格;呼语可以实现两大功能——对受体的评述功能(主观评价)和将受体指同于言语接受方,因此,呼语对隐喻和换喻都具有开放性。隐喻在呼语中实现的是主体—评价(述谓)潜能,换喻在呼语中实现的则是指同言语受体的潜能。(Арутюнова 1998:348—353)

3.1.2 隐喻与比喻

关于隐喻与比喻的对立关系,阿鲁玖诺娃主要有以下观点:(1)隐喻接近于形象比喻。如果从比喻中除去比较连接词 *как*(*пободно*,*точно*,*словно*,*будто*,*как будто*),通常认为是构成隐喻的主要手段;(2)比喻与各种意义的谓词搭配自由度高,而名词性隐喻则缺乏句法上的自由度,它既不接受局部化的转换和说明性的转换,也不接受指同性的转换和疏状性的转换;(3)隐喻言简意赅,它规避解释和论证,会简化言语;而比喻则会使言语扩展;(4)比喻表示一个客体与另一个客体的相似,无论该相似是经常性的还是即时的,是真实的还是感觉是的;而隐喻只表示固定的相似,它揭示事物的本质,并最终揭示事物的永久性特征。也就是说,隐喻名词实际上不用于表示偶然的相似;(5)从成素结构看,标准的比喻是"三成素"的(即 A 在特征 C 上与 B 相似);而隐喻是"二成素"的(即 A 是 B)。隐喻拒绝所有的变异:尽管它是形象的,但不能部分地描写;它的语义上是饱满的,但又不是外显的;它具有向心性,但也具有通过语义投射来实现的离心力。(Арутюнова 1998:353—355)

3.1.3 隐喻与变形

隐喻与比喻的对立引申出隐喻与作为另一修辞手段的"变形"(метаморфоза)之间的关系。在这一点上,阿鲁玖诺娃的观点与著名语言学家波捷布尼亚(А. А. Потебня,1835—1891)、维诺格拉多夫(В. В. Виноградов,1894/95—1969)的观点相一致。维诺格拉多夫曾对区分隐喻与变形的必要性有过论述。他说,有人认为隐喻中没有任何有关转变事物意义的色彩。正相反,承认一种事物与另一种截然不同的事物仅仅在词汇上等同的这种双面性,是隐喻固有的属性。因此,应该将动词支配的第五格形式在意义上与隐喻和比喻相区分,第五格是对带有客体的谓词的语义补足,是激活谓词和展示谓词形象背景的手段。(见 Арутюнова 1998:356)据此,阿鲁玖诺娃对隐喻与变形进行了区分:(1)隐喻有能力发展新的语言意义和偶然意义,而变形则不具备这种能力。如,对语义的深入分析,可以区分出隐喻与变形的不同。变形在指示实体的部分融合时,并不会以改变意义的特殊方式积淀在语言中。但变形也具有进入语言语义的出路,它不是由变形与主体、而是由变形与主体行为建立的常规关系潜力所展示的。如,*бежать рысью*(小跑),*идти гуськом*(鱼贯而行)等。但是,一旦建立起这种粘合关系,名词就副词化了,就获得了新的意义。这时,发生的已经不是变形,而是副词性隐喻了;(2)隐喻名词没有事物的对应性,而变形或将其保留,或获得副词性意义。(Арутюнова 1998:356—357)

3.1.4 隐喻与词的词汇类别

关于隐喻与词汇的各种语义类别的关系问题,阿鲁玖诺娃在著作中总结出以下语言隐喻类型:(1)称名隐喻(纯名称转义),它是由一个描写意义来替代另一个意义,从而成为同音异义词的来源;(2)形象隐喻,它由指同(描写)意义转换为谓词意义而生成,用于拓展语言的形象性意义和同义手段;(3)认知隐喻,它是由谓词组合中的意义偏移(转义)生成的,用于多义词的构成;(4)生成隐喻,它作为认知隐喻的最终结果,能够消除词义中各种逻辑序列之间的界限,并促使逻辑多义词的产生。其中,最为稳定的是形象隐喻,最不稳定的是称名隐喻和生成隐喻,较为稳定的是认知隐喻。(Арутюнова 1998:366)

在对上述隐喻的词汇语义类别研究中,阿鲁玖诺娃对以下几个方面做了重点描述和分析:(1)意义的隐喻化不仅可以在一个语义范畴内实现,也可以伴随有意义的转换,即从指同名词类别转换到谓词范畴或相反。首先,在寻找某一类事物名时使用隐喻,该隐喻则不可能超出指同词汇的框架。在这种情形下,隐喻多半是从旧语汇中获取新名称的技术手段。指同隐喻构成称名方式,而非意义色差的手段。隐喻化的过程可以归结为用另一个意义来替代意义解释性的(多特征的)意义;与上述完全不同的是,基于指同(具体)名词的隐喻,能够将该名词转换到已经归属到另一个并被重新命名过的事物或事物类别的谓词位置。隐喻一旦脱离开具有原本用途的指同词汇,通常不会再回归到原指同词汇行列。在这种情形下,隐喻是一种方法,它用来探寻事物的形象、个性化或评价、意义色差的方式,而不是追逐名称的方式。(2)形象隐喻具有多义性,其理解也就有可变性。如,当指同词汇域中的语义原则转换到述谓域时,交际双方都知晓的具体事物名称在他们心中可以引起不同的形象、情感和印象,但这一点不会影响到交际。具体词汇原本就是有形象的。在隐喻时,它实现着从形象到概念的跨越。从隐喻化的名称中只能抽取出与所指事物相一致的一些特征。如,如果将一个人称作狐狸,那么从这个人身上抽取的特征一定不是"他长有尾巴"。该类型的微观语境,不仅提供了意义隐喻的钥匙,同时也在称名隐喻中显现出隐喻的所指。因此可以认为,"隐喻性表述"(метофорические высказывания)不可能得到真值评价。它追求的多半是启发性意义和暗示性,而非真理;形象隐喻也并非总能保持自身鲜明的原始形态。但在它消亡时,通常会给语言留下一个新的意义或意义上的色差。这类隐喻在给词汇的语义结构增添形象意义的同时,也成为同义现象的源泉。(3)特征意义向指同意义的转换,应该认作是反向描写的。这一过程不利于隐喻。如果说有语言隐喻,则通常具有人为的特点。如,以销售为目的的各种人工制品,通常会被赋予一个建构在抽象特征之上的商品广告名称,犹如"醉心"香水,"灵感"巧克力等。在这种情形中,称名不是以所指事物的特征为依据的,而更多是以消费者的特征为基础的。如果说指同名词向述谓词的转换所产生的隐喻能够促进建立精细的同义性、使用域狭窄的词的话,那么特征隐喻则相反,会导致概念的泛化。可见,语言将特色化和概括化都归于隐喻。(4)谓词意义的隐喻过程可以归结为客体获得"另外的"特征,即另一类事物中表现出来的特征、特性和状态;或属于同一类别中的另一个方面或参数。如,述谓隐喻常常可以用于创造"看不见的世界"——人的精神因素的特征性词汇。由感觉提供的物理世界被当做微观世界模式,因此,物理词汇可以用来表示人的心理特质;再如,由于隐喻消除了搭配的限制,从而可以创造出具有概括性、色彩不鲜明、能够与不同类型主体搭配的谓词。可见,隐喻的一个重要结果就是创立"二级谓词域"(область вторичных предикатов),它可以确定物质的一级特征,可以描述人的精神现象,可以服务于事件、事实、行为和状态的名称以及属于思想、思维、判断、观念类的名称。述谓隐喻不仅是多义词的源泉,也是获得隐喻化派生的基础。(Арутюнова 1998:358—365)上述描述和分析所反映的思想和观点,对我们准确理解和把握隐喻与词汇语义类别之间的各种关系不无帮助。

3.2 隐喻与话语

当代语言学更加关注语篇语义的积极发展趋势,也使得隐喻研究快速向话语领域扩展。阿鲁玖诺娃在20世纪90年代就指出,最近几十年来,隐喻研究的重心已经从以诗学隐喻的分析和评价占主导地位的语文学(演讲术、修辞学、文学批评)转向实用性言语领域以及面向思维、认识和意识、观念化系统和人工智能系统的领域。人们开始把隐喻视作解答思维原理之谜以及解答具有民族特色的世界观及世界普遍形象创造过程的关键。而上述转向的结果,便形成了研究人的意识不同方面的认知科学。(Арутюнова 1998:371)可见,话语层面的隐喻研究已经由词汇的结构语义研究转向语篇的认知语义研究。在这一领域,阿鲁玖诺娃具体审视了隐喻与日常言语、科学语篇、艺术话语的关系及特点。

3.2.1 隐喻与日常言语

应该说,日常言语中有许多语体是不适合使用隐喻的,如电报、法律、章程、行政命令、安全规则、规定、说明书、专利、调查表等公文和文书,以及承诺、警告、预告、提议、请求等言语形式。也就是说,通常需要准确、无歧义理解的语篇或话语都与隐喻不相容。然而,上述言语形式也不是与隐喻绝缘。阿鲁玖诺娃认为,以下几种情形就有可能适合使用隐喻:(1)一旦规定和命令等的重心转向情感上的影响作用,那么就会解除对隐喻的禁用。如,日常言语中的最后通牒如果变质为以恐吓为目的的威胁,就可以用隐喻化表达。事实上,无论是律师、作家、政论家、社会活动家,还是社会的任何一位成员,都对向话语接受者施加情感压力的事感兴趣;(2)相似性知觉在决定人的行为的实际思维中起着重要作用,该知觉就不可能不反映在日常言语中,隐喻取之不竭的源泉就在于此;(3)生活实践中形象思维十分重要。人不仅能够认同个性客体(尤其是辨认人),不仅能够在各种感觉器官所感知的范围之间建立起相似性,而且还能够捕捉到具体概念与抽象概念之间、物质与精神之间的共性。如,вода течет(水在流淌),жизнь течет(生活在进行),время течет(时间在流逝),мысли текут(思想在涌动)等。在后一种情形下,与其说是人揭示了相似性,还不如说人创造了相似性。这是因为:人的感觉机理及其与心理的相互作用,能够使其去比较不可类比的东西和用同一尺度去计量不可计量的东西。这一机理的长效作用便在各种话语中生成出隐喻。(Арутюнова 1998:372—374)总之,在阿鲁玖诺娃看来,日常言语不需要隐喻,但同时隐喻又是日常言语所必需的;隐喻作为意识形态是不需要的,但作为技能却是必需的。任何创新和发展都源自创造活动,而隐喻性创造活动奠定了许多语义过程的基础,如同义手段的发展、新义和意义色差的出现、多义词的形成以及术语学系统和情感—表现力词汇的发展等。

3.2.2 隐喻与科学语篇

相对于隐喻与日常言语的关系而言,隐喻与科学语篇的关系显得更加复杂。学界对科学语篇中是否适合使用隐喻这一命题有两种截然不同的态度。一种是理性主义的,认为科学语篇不允许有任何隐喻。其代表人物有英国唯理主义哲学家霍布斯(Т. Гоббс,1855—1679)、洛克(Дж. Локк,1632—1704)等。持这一观点的多为实证主义者、逻辑分析主义者和经验主义者等;另一种是非理性主义的,认为科学语篇中使用隐喻不可避免,因为隐喻不仅是表达思想的唯一方法,也是表达思维本身的唯一方法。其代表人物有德国哲学家尼采(Ф. Ницше,1844—

1900)、卡西尔(Э. Кассирер,1874—1945)①和西班牙哲学家奥尔特加—伊—加赛特(X. Ortera-и-Гасет,1883—1955)②等。持这一观点的主要是主观主义者、人类中心主义者、直觉主义者以及对神话诗学和民族世界图景感兴趣的学者。针对上述两种态度,阿鲁玖诺娃曾做出这样的结论性概括:如果说理性主义将隐喻视作是真理的非准确、非必需的表达形式而将其剔除出科学语篇的话,那么非理性主义则试图赋予隐喻整个认识王国而将真理从该王国中剔除出去。(Арутюнова 1998:377)那么,阿鲁玖诺娃本人究竟持哪一种观点呢? 答案是显而易见的。她认为,尽管隐喻与科学语篇的许多参数都不协调,但它仍可以用于科学。隐喻与实用性言语的情感—表现力功能很匹配,但还有更为重要的另一个来源:隐喻能够为人提供在各种不同事物和不同类别事物之间建立起相似性的能力,这种能力无论在实践思维还是在理论思维中都起着巨大的作用。隐喻是工具,而不是科学探索的结果。(Арутюнова 1998:380)对此观点,她还用多种实例予以论证。如,马克思把社会隐喻为"建筑物"(基础结构、上层建筑);科学语篇中把社会共体的根本改变解释为"变革",社会问题是在"权力走廊"中解决的;生物学语言观将语言类比为"活的""发展中的"有生死的生物体(如"活着的语言""消亡的语言");历史比较语言学家提出语系和语族的隐喻(如"源语"的术语就来自"始祖"的类比);结构主义语言学家把语言作为"结构层级"来研究;生成主义语言学家把语言隐喻为"生成机制",等等。总之,在她看来,科学范式的交替总是伴随着关键隐喻的变更,又会出现新的类比域和相似域。(Арутюнова 1998:379)上述论述足以表明,阿鲁玖诺娃的言语隐喻观更多的是属于非理性主义的或人类中心主义的,当然其中也包含着一定的理性主义成分。

3.2.3 隐喻与艺术话语③

其实,只要对隐喻的语义实质、类型及其构成方法等有比较全面的了解或认识,就不难对隐喻与艺术话语的相互关系做出合乎逻辑的回答。也就是说,在阿鲁玖诺娃看来,如果隐喻在实用性言语中的存在会遇到交际目的和言语类型所带来的某种限制,以及隐喻向科学语篇的进军还可能会引起足够理据反抗的话,那么隐喻在艺术作品中的应用就是既自然又合法的了,这是因为:隐喻与诗学世界观是有机地联系在一起

---

① 应该说,卡西尔与尼采在隐喻问题上的观点不尽相同。卡西尔并没有像尼采那样将所有的思维方式都归于隐喻。他区分出两种不同的心智活动:隐喻性的(神话诗学的)思维和话语—逻辑思维。

② 西班牙哲学家奥尔特加—伊—加赛特是生命哲学和哲学的人本学的代表人物。

③ 此处"艺术话语"的俄文为 художественный дискурс,考虑到 художественный 与 литературный 的区别,并联系到当代俄罗斯符号学大家洛特曼(Ю. М. Лотман,1922—1993)对"艺术文本"(художественный текст)的研究,故定名为"艺术话语"。它既包括文学,还包括电影、绘画、雕塑等艺术。

的,诗歌的定义本身有时就是诉求于隐喻来实现的。关于隐喻与诗学之间有机联系,阿鲁玖诺娃认为主要源自以下因素:首先,诗人不喜欢用一般的眼光来看待世界,也不会用宽泛类别的术语去思维;其次,从对话角度看,诗歌作品通常不是对话"领袖"所认可的初始对白,而是回答、反应、回应,且常常是反驳—回应。如,诗歌的开头用 да(是、是的)和 нет(不、不对、不是)是完全合乎情理的;其三,诗歌常常从"否定"开始并非偶然,因为紧随其后的是"对立";其四,隐喻正是根据诗歌所固有的原则有机建构起来的。隐喻中含有隐性的与日常世界观的对立,即与符合分类性(分类学)谓词和能够揭示事物个性本质的观点相对立。隐喻推翻事物实际进入的那个类别的隶属关系,并将其纳入理性上本不该属于的那个范畴。因此,隐喻是对自然的挑战;其五,隐喻中包含着谎言和真理,也包含着"是"与"不是"。它反映着印象、感觉和知觉的矛盾性。这是隐喻对诗歌具有吸引力的另一动因所在;其六,建立远距离的联系是隐喻的典型特点,而相距很远的事物共存(相似性)也是建构艺术话语的一个重要原则,这也是隐喻与诗歌亲近的原因之一。(Арутюнова 1998:380—383)

依据上述界说,阿鲁玖诺娃总结出隐喻与诗歌话语亲近的如下十大特点:(1)在隐喻中形象与意义相融合;(2)隐喻与常规分类相对立;(3)隐喻使范畴移位;(4)隐喻使"偶然性联系"现实化;(5)隐喻不能归结为字面的喻迁说法;(6)隐喻意义的综合性和模糊性;(7)隐喻允许有不同解释;(8)隐喻没有或非必须有动因;(9)隐喻启发的是想象而非知识;(10)隐喻选择最短路径通向客体本质。(Арутюнова 1998:384)正是隐喻的上述特点,使其与艺术话语(具体说与诗歌话语)在本质上有如此紧密的联系。

总之,阿鲁玖诺娃的上述隐喻学说具有相对的完整性和系统性:语言隐喻属于传统的语言结构语义研究,为我们展示了俄语词汇语义和句法语义隐喻的类型和特点;言语隐喻属于语言认知性质的研究,为我们展示了操俄语的人的言语个性和交际个性的若干特性。上述两个方面分别以"人说的语言"和"语言中的人"为核心,将隐喻的静态研究与动态研究有机地结合在一起,成为人类中心论范式语言学理论中不可或缺的重要方面。

第 4 节 观念理论

在当代俄罗斯人类中心论范式的认知语义研究中,"观念分析"(концептуальный анализ)被认为是最为有效的方法之一,因此,在该方向上几乎所有的流派都不同程度地采用观念分析法来对语言尤其是语篇做出自己的阐释,其参与学者之众、涉及范围之广和研究成果之多,为俄罗斯语言学史上所罕见。某种意义上讲,甚至可以说当代俄罗斯的语言认知或认知义研究就是围绕"观念"(концепт)这一关键词展开的多视角、多层面的研究。我们在本书有关章节中已经评介或将要评介的许多理论,包括阿鲁玖诺娃的"语言逻辑分析"理论、库布里亚科娃的"认知语义"学说、布雷金娜的"世界的语言观念化"学说以及语言世界图景理论、语言意识理论、定型理论、先例理论等,基本上都是围绕观念这一内核而展开的。它们所采取的研究方法完全相同——都是"从意义到形式"的阐释;只是受不同学科研究传统和学理指向的制约,在凸显观念的程度上有所不同而已,如有的是心理语言学(或民族心理语言学)的,有的是语言文化学的,有的认知语言学的,而有的则是逻辑语义学的等。

鉴于上述情况,有必要对俄罗斯语言认知研究中的观念理论做一个较为全面的审视和评介。

4.1 观念的概念内涵及类型

作为语言认知研究尤其是认知语义研究中的关键词,观念这一术语目前在俄罗斯语言学界并没有形成一致的界说,不同学科甚至同一学科的不同学者对其也有不同的理解和表述。但总体看,多数界说可以分为两大类:一是把观念视作"文化结构"(культурная структура)或"文化单位"(единица культуры),因此又称"文化观念"(культурный концепт),这主要是具有文化认知性质的"语言文化学"(лингвокультурология)研究的对象;二是把观念看做"思维结构"(мыслительная структура)或"思维单位"(единица мышления),这主要是具有语言认知性质的"认知语义学"(когнитивная семасеология)研究的对象。但无论是文化认知视角还是语言认知视角,似乎有一点是共同的,那就是都认为观念与"概念"(понятие)、"意义"(значение)、"涵义/意思"(смысл)和"认识/意象"(представление)等既有区别,又有内在的相关性。

4.1.1 作为文化结构的观念

在当代俄罗斯语言学界,将观念作为文化结构或文化单位来研究的著名学者有斯捷潘诺夫(Ю. С. Степанов)、捷利娅(В. Н. Телия)、阿鲁玖诺娃(Н. Д. Арутюнова)、卡拉西克(В. И. Карасик)、斯雷什金(Г. Г. Слышкин)、皮梅诺娃(М. В. Пименова)等。20 世纪 90 年代以来,他们分别出版或发表了大量著述,如:斯捷潘诺夫的《恒量:俄罗斯文化词典》(Константы:Словарь русской культуры)(1997),阿鲁玖诺娃的《语言逻辑分析》(Логический анализ языка)(1990—2012)、《语言与人的世界》

(Язык и мир человека)(1999),卡拉西克的《作为研究单位的语言文化观念》(Лингвокультурный концепт как единица исследования)、《语言域:个性、观念、话语》(Языковой круг: личность, концепты, дискурс)(2004)、《语言文化观念的基本界说》(Базовые характеристики культурных концептов)(2005)、《文化的语言矩阵》(Языковая матрица культуры)(2013),斯雷什金的《从语篇到象征:意识和话语中先例语篇的语言文化观念》(От текста к символу. Лингвокультурные концепты прецедентных текстов в сознании и дискурсе)(2000)、《语言文化观念与源观念》(Лингвокульттурные концепты и метаконцепты)(2004),皮梅诺娃的《心灵与精神:观念化特点》《Душа и дух:особенности концептуализации》等。此外,还出版了多部文集,其中影响较大的是由库布里亚科娃(Е. С. Кубрякова)等担任主编的"纪念斯捷潘诺夫诞辰70周年"专辑《语言与文化(事实与价值)》(Язык и культура:факты и ценности)(2001),扎利兹尼亚克(Анна А. Зализняк)等人合著的两部文集——《俄语世界图景关键思想》(Ключевые идеи русской языковой картины мира)(2005)、《俄语世界图景的恒量与变量》(Константы и переменные русской языковой картины мира)(2013)。

当然,并不是说这一视阈的学者们对观念的界说都完全一致。相反,不同视角的审视可以得出不完全一样的认识。请看下列几则相关界说:"观念包含着抽象的、具体的联想和情感—评价特征以及压缩的概念史的思想。它由词语伴随,并以表象、概念、知识、联想、感受'束'的形式存在于人的心智中(Степанов 1997:41—42);"观念从来都是结构成框架的知识,它反映的不仅是客体的纯本质特征,而且充满在该语言群体中的一切有关本质的知识,是所指事物特性的全部总和,其物质基础和载体是词"(Телия 1996:96—100);"观念是由民族传统和民俗、宗教和意识形态、生活经验和艺术形象、感觉和价值系统等因素的相互作用形成的。观念被赋予自身的地位:逻辑学家和语言学家很难对使用'意义''涵义''表意'等术语达成共识。'意义'在逻辑学中被理解为符号(象征、词)对语言外客体(所指事物、指称事物)的关系,语言学家则将'意义'联想为语言表达的概念内容(观念、概念意义)"(Арутюнова 1982:5—40);"观念是心智构成,它是保存在人记忆中有意义的、能够意识到的经验的典型化片断"(Карасик 2004:59);"观念是人对现实的经验认知结果'退化成'记忆的过程,也是将经验认知结果与先前掌握的宗教、意识形态、艺术中所反映的主流文化价值相关联的过程"(Слышкин 2000:10);"观念是概念、现象内涵形式的本质,它体现在形象、概念和象征中"(Колесов 2004:19—20),等等。

尽管上述界说的视点和表述不尽相同,但也不难从中窥探出具有共性的东西,那就是:该视阈中的观念总体上被视作文化整体的一个部分,即:观念是文化的微观模型,而文化是观念的宏观模型,观念生成于文化,同时又产生文化。或者说,观念是人意识中的"文化凝聚块"(сгуток культуры),文化正是以这种"凝聚块"形式进入人的心智世界的。而作为文化凝聚块的观念,又是通过民族的"语言联想网"(ассоциативно-вербальная сеть)来展现其"观念域"(концептосфера)的,该观念域也就是所谓的"定型域"(стереотипное поле),因为在同一民族的语言意识中观念与定型有着密切的联系。①

基于上述认识,俄罗斯学者将作为文化结构的观念分为下列类型进行研究,并取得丰硕成果。如,斯捷潘诺夫就把以下一些俄语词汇作为文化观念来研究:*мир*(世界)、*огонь и вода*(火与水)、*вечное*(永恒)、*любовь*(爱)、*правда и истина*(真实与真理)、*хлеб*(面包)、*действие*(行动)、*знание*(知识)、*слово*(话语)、*вера*(信仰)、*радость*(高兴)、*наука*(科学)、*число*(数)、*счет*(计数)、*письмо*(书信)、*алфавит*(字母)、*закон*(法规)、*цивилизация*(文明)、*душа*(心灵)、*тоска*(苦闷)、*страх*(恐惧)、*грех*(罪恶)、*грусть*(忧郁)、*печаль*(忧伤)、*дом*(家)、*язык*(语言)等;阿鲁玖诺娃及其"语言逻辑分析"课题组成员对俄语语言进行观念分析,系统阐释了俄语中的下列文化观念:*дом*(家)、*милосердие*(善心)、*свобода*(自由)、*судьба*(命运)、*память*(记忆)、*свое*(自己的)、*чужое*(别人的)、*истина*(真理)、*правда*(真实)、*время*(时间)、*пространство*(空间)、*движение*(运动)、*образ человека*(人的形象)、*этика*(伦理)(Арутюнова 1999,以及见本书"语言逻辑分析"理论的相关内容);卡拉西克从观念理论出发,区分了"参数性观念"(параметрические концепты)和"非参数性观念"(непараметрические концепты),并系统分析了作为人的行为准则的观念化问题,如*благодарность*(感谢)、*насмеша*(嘲笑)、*социальное равенство*(社会平等)、*благополучие*(平安)、*социальное действие*(社会行动)、*ценностные ориентиры*(价值坐标)等(Карасик 2013);扎利兹尼亚克、什梅廖夫(А. Д. Шмелев)等则从俄语世界图景出发,系统审视了*счастье и наслаждение*(幸福与享乐)、*любовь и сочувствие*(爱情与同情)以及*дух*(精神)、*душа*(心灵)、*тело*(肉体)、*терпимость*(容忍)、*плюрализм*(多元化)等文化观念(Зализняк 2005);皮梅诺娃将观念分为"形象"

---

① 当然,观念和定型还是有区别的:定型是受社会文化制约的民族语言意识综合体,在言语交际中以程式化的联想形式体现;而观念需要更高层次的抽象,是一种特殊的"思想"(идея)。在此基础上形成的"民族观念"(национальный концепт),即是通过高度抽象和概括出来的、具有普遍意义又由具体语言形式体现的带有鲜明民族文化烙印的思想。

(образы)——如 *Русь*(罗斯),*Россия*(俄罗斯),*мать*(母亲)等形象,"思想"(идея)——如 *социализм*(社会主义),*коммунизм*(共产主义)等思想,"象征"(символы)——如 *лебедь*(天鹅)的象征,"文化"(культура)等四类。其中,又将文化观念细分为下列几组:(1)文化的普遍范畴,如 *время* (时间),*пространство*(空间),*движение*(运动),*изменение*(变化),*причина*(原因),*следствие*(结果),*количество*(数量),*качество*(质量)等;(2)社会文化范畴,如 *свобода*(自由),*справедливость*(正义),*труд*(劳动),*богатство*(财富),*достаток*(富裕),*собственность*(所有制)等;(3)民族文化范畴,如 *воля*(意志),*долг*(义务),*соборность*(聚和性),*душа*(心灵),*дух*(精神)等;(4)道德范畴,如 *добро*(善),*зло*(恶),*долг*(责任),*истина*(真理),*правда*(真实)等;(5)神学范畴,如 *боги*(神),*ангел-хранитель*(保护天使),*духи*(神灵),*домовой*(家神)等(Пименова 2004:8—10)。总之,文化认知视角的观念研究具有多维性和多层面性。

4.1.2 作为思维结构的观念

该视阈的学者主要是从事认知语言学(确切说是认知语义学)和心理语言学研究的,如库布里亚科娃(Е. С. Кубрякова)、巴布什金(А. П. Бабушкин)、波尔德列夫(Н. А. Болдырев)、波波娃(З. Д. Попова)、斯捷尔宁(И. А. Стернин)、扎列夫斯卡娅(А. А. Залевская)、克拉斯内赫(В. В. Красных)等。出版的著述主要有:巴布什金的《语言成语词汇语义中的观念类型》(Типы концептов в лексико-фразеологической семантике языка)(1996),波尔德列夫的《认知语义学》(Когнитивная семантика)(2001)、《认知语言学的观念空间》(Концептуальные пространства когнитивной лингвистики)(2004),波波娃的《语言学研究中的"观念"概念》(Понятие 'концепт' в лингвистических исследованиях)(1999)、《语言与民族世界图景》(Язык и национальная картина мира)(2002),斯捷尔宁的《认知语言学研究中的认知阐释》(Когнитивная интерпретация в лингвокогнитивных исследованиях)(2004)、《语言的认知语义分析》(Семантико-когнитивный анализ языка)(2006),扎列夫斯卡娅的《观念问题研究的心理语言学视角》(Психолингвистический подход к проблеме концепта)(2001)、《作为个体财富的观念》(Концепт как достояние индивида)(2005),克拉斯内赫的《语言意识构成:框架—结构》(Строение языкового сознания: фрейм-структуры)(2000)、《别人中的自己:神话还是现实》(Свой среди чужих: миф или реальность?)(2003)等。

该视阈中的观念被看成是在具体生活经验基础上总结出来的抽象的科学概念。它与人的思维过程有关,是思维的基本单位或"思维的语言"(языки мышления)。如，库布里亚科娃就提出，"观念是记忆、心智语汇、观念系统、大脑语言以及所有世界图景的操作单位，是'知识的量子'(квант знания)。最为重要的观念都是在语言中表达的。"(Кубрякова 1996:90—92);扎列夫斯卡娅把观念界说为"人的意识中客观存在的、动态性质的知觉—认知激情构成，它与科学描写产物的概念和意义有别"(Залевская 2001:39)，它"是一个多层级的同时结构"，"是个体的财富"(Залевская 2005:234—244);克拉斯内赫认为，观念是"文化事物"(культурный предмет)最为抽象化的思想，该文化事物尽管可以进行可目视的形象联想，但却没有可目视的原型形象。民族观念是最为抽象化的、由语言意识具体表征并得到认知加工和贴有民族文化标签的"事物"思想(Красных 2003:286—272);波波娃、斯捷尔宁对观念所下的定义较为复杂。他们认为，作为心智构成的观念是人的心智代码的基本单位，它具有相对有序的内部结构，是个性和社会认知活动的结果，不仅承载着所反映事物或现象的综合的、百科知识的信息，也承载着社会意识对上述信息所进行的阐释以及社会意识对事物或现象的态度(Попова 2007:34)。依照他们的观点，观念是以个体的知觉形象为基础的，它在人的意识中以普通事物的代码单位进行编码。而知觉形象是具体的，但又可被抽象并转变为思维形象。

应该说，该视阈的观念研究与作为文化结构的观念研究有很大不同。归纳起来，作为思维结构的观念可分为下列类型进行具体的分析：(1)"表象"(представление)，语言中主要靠具体语义词汇单位的客体化所形成的概念，如"颤抖"的感知表象；(2)"图式"(схемы)，一种抽象出来的并用于类似经验的概念结构，如由树干、树叶组成的"树"的图式或"带状的"河流图式等；(3)"框架"(фреймы)，一种多成素的概念，如"体育场"或"集市"的多成素概念及其包含的多种联想；(4)"脚本"(сценарий)，指事件情节发展和片断连续性的知识，如"旅游""旅行"事件的脚本；(5)"原型"(прототип)，用于区分一定范畴中某一成员的概念，以确定其在社会意识中的地位和等级；(6)"命题"(пропозиция)，一种有关逻辑关系的意象，体现在深层语法中的范本；(7)"完形"(гештальт)，一种完整的、不可拆解的思维现实，由知觉和理性成素构成的观念性结构。(见Попова 2007:115—121)上述这些观念类型都属于人的心智图片。如果将这些图片"语言化"(вербализация)，就形成所谓的"文化的语言"(языки культуры)。

4.1.3 两种视阈的学理取向及特点

以上两种视角都属于语言的认知研究，但它们的学理取向及特点却不尽相同。

第一种是文化认知取向,凸显的是语言符号对世界观或民族心智形成所起的作用。具体说,文化认知取向的观念研究又可分为三种:广义、较广义和狭义。(1)广义的观念研究是将词位视为观念的成素,词位的意义就构成民族语言意识的内容,从而形成某民族所谓的"语言世界图景"即"天真世界图景"。观念的总和构成语言的观念阈,民族文化在该观念阈中得到观念化。这是一种强调民族或群体文化作用的认知观,因此,世界在词汇语义中的观念化就成为该视角研究的主要方式,主要的研究手段是采用"观念模型"(концептуальная модель)来区分出观念语义的基本成素,从而揭示出各成素之间的各种固定联系。理论上讲,任何词汇单位都可以进入该观念模型,并在词汇意义中观察到语义表征的手段或形式;(2)较广义的观念研究是将那些具有语言文化特点并以一定方式对某民族文化的携带者做出描述的"语义构成"(семантические образования)归入观念系统。因此,观念的总和所构成的观念阈并不是完整的、结构化的语义空间,而只是其中的一个组成部分;(3)狭义的观念研究只将那些对理解民族心智起到关键作用的语义构成列入观念系统,如具有超验性质的心灵、真理、自由、幸福、爱情观念等,认为它们都具有高度抽象的心智实质,都通向精神价值的"看不见的世界",因此只能通过象征、符号等形象的实体内容来表达抽象的内容。这种观念在构成观念阈时比较容易"被同义化"(синонимизироваться)和在超验涵义与词语所表达的实物世界现象之间建立起语义联想,从而将精神文化与物质文化融合在一起。不难看出,该三种文化认知取向的观念研究,实际上是分别将语言的概念意义、民族文化语义或语用意义和涵义视作观念系统的语义构成。

第二种是语言认知取向,即与语言的认知语义或心理语义研究相关联,凸显的是语言对人的认知所起的作用。具体说,该取向的观念研究又可分为两种:心理认知和语义认知。前者具有俄罗斯传统,是当代俄罗斯心理语言学范式的集中体现。它将观念视作解释人的意识中的心智单位或心理学方法的重要术语,认为观念是反映人的知识和经验的一种信息结构,它不仅是人的心理所反映的记忆、心智语汇、观念系统和大脑语言的操作单位,也是思维运作单位或结构化知识的单位。也就是说,人意识中的观念是从人的直接感觉经验中、从人与事物的直接接触中、从人与其他观念的思维运作中及语言交际中形成的[①],因此,观念的最大特性是具有理念性。后者将观念解释为意识的基本单位或心智构成,是对语言符号可能意义的"暗示"(намек),是有别于词典中所确定的

[①] 此处的"语言交际"是广义的概念,包括接受教育的过程以及独立学习和掌握语言单位意义的过程等。

"群体意义"（коллективный смысл）的"个体意义"（индивидуальный смысл）。它所采用的术语也大多是西方认知语义学的，如范畴化、意象图式、框架、命题等。

应该说，上述两种不同的学理取向并不是相互排斥的，而是互为补充，构成语言认知研究中观念理论的整体：作为文化组成部分的观念，它所记录的社会共体或某群体的知识和经验可以成为个体的财富；而作为个体意识中的心智构成的观念，会通向社会共体或群体的观念阈，并最终通向民族文化。两种取向的区别只是所采取的路径不同：前者由文化走向个体意识，后者由个体意识走向文化。或者说，前者由一般走向个别，后者由个别走向一般。之所以会出现上述情况，其根本原因是由观念结构本身的复杂性所决定的，因此，只有对观念进行多维的和跨学科的审视，才能够最大限度地揭示出观念的本质及其语言学价值。最后需要强调说明的是，在当代俄罗斯的观念理论研究中，第一种取向即文化认知取向占有一定的主导地位，究其原因，这恐怕与俄罗斯语言认知的研究传统有关。也就是说，俄罗斯的语言认知研究与西方最大的不同就在于：其观念理论是在传统的语言结构语义研究基础上发展而来的，即便是心理认知取向的观念研究，也是由"莫斯科心理语言学派"（Московская психолингвистическая школа）的"言语活动论"（теория речевой деятельности）发展而来的。

4.2 观念的结构及特点

观念具有复杂的结构，这几乎是所有从事观念研究的学者们得出的一致结论。但是，由于视阈不同和取向不同，因此学界对观念结构的有关看法也不可能完全相同。如，斯捷潘诺夫在自己的研究中认为，观念由三成素构成：基本的或"积极"的特征；补充的或"消极"特征；印刻在词语形式中的、不易被觉察的词的内部形式。具体说，该三种特征体现着观念的三种本质：日常的、广为熟知的本质，部分操语言者熟知的本质以及历史的、词源性的信息。如，"三月八日"的观念中就可以分别区分出"妇女节"（日常的本质）、"妇女权益保护日"（部分操语言者熟知的本质）和"依据德国社会学家蔡特金（К. Цеткин）的建议设立的节日"（历史的信息）。（Степанов 1997：45）又如，卡拉西克将观念结构分为"形象—知觉成素"（образно-перцептивный компонент）、"概念成素"（понятийный компонент）、"价值构素"（ценностная составляющая）三类。（Карасик 2004：7）其中，概念成素指语言的基本信息成素，而价值构素指语言中包含的评价和行为准则。再如，斯雷什金将观念结构划分为四个不同区域，即属于基本区域的"隐域"（интразона）和"泛域"（экстразона）和属于补充区域的"准隐域"(квазиинтразона)和"准泛域"(квазиэкстразона)。(Слышкин 2004:6—18)在他看来,隐域是反映所指事物自身特征的观念特征。如,熊的观念特征是由熊本身爱吃蜂蜜、内翻足、力气大、短尾巴、森林霸主、可以被驯化等特征反映出来的;进入泛域的是由箴言和转义抽取出来的那些特征。如,用"熊是压路的碾子"(медведь—каток для укладки дороги)来形容"笨重",用"眉毛长得如熊一般"(брови, что медведь лежат)来比喻"眉毛浓密"等;准隐域和准泛域既与由观念名称和其他词语的谐音所引发的形式联想有关,也与委婉语的使用有关。(Слышкин 2004:65—66)除上述外,还可以列举出一些类似的观点。如,尼基京(М. В. Никитин)就将观念中区分为"形象"(образ)、"概念"(понятие)、"认知蕴含义"(когнитивный импликационал)和"语用蕴含义"(прагматический импликационал)等四种成分。(Никитин 2004:65—66)

上述论述,并不表明俄罗斯学界对观念结构问题的认识莫衷一是。事实上,多数学者还是比较倾向于将其分为"形象"(образ)、"信息内容"(информационное содержание)和"阐释场"(интерпретационное поле)等三部分。(见 Попова 2007:106)这是观念的宏观层面的结构。下面,我们就将该三部分结构做简要的评述和分析。

4.2.1 形象

何为形象?观念理论将其视为具有独特情感色彩的观念的内核。波波娃认为,观念中具有形象成素,这是由普遍事物代码自身的神经语言学性质决定的。也就是说,人的"知觉形象"(чувственный/перцептивный образ)在建构普遍事物代码的单位时,会给观念编码。知觉形象既可以在许多词的词典意义中体现,如 красный(美丽的,红色的),кислый(酸的),теплый(温暖的),прямоугольный(直角的,长方形的)等源语言单位就进入许多词的词典释义中,也可以在心理语言学意义——即便是纯认知性质的、非语言化的观念构素的实验过程中反映出来。实验研究表明,操俄语者最为鲜明的直观形象都与天文物体、交通工具、日常生活用品、一年四季、昼夜、植物、仪器、出版物的名称有关,也与对人和动物的身体部位的命名以及亲属的命名有关。(Попова 2007:106)更为有趣的是,知觉形象不但体现在上述表达具体概念的词汇中,也用于表达抽象概念,只是带有更多的主观性。由此,某种意义上讲,观念与"概念"(понятие)的区别之一就是具有更多的主观成素。

观念结构中包含有形象成素的命题,可以用所谓的"原型语义"(прототипная семантика)予以证实。原型是最为准确和鲜明的形象,能够整体上展示观念的类别。人依据原型最重要的特征来从事分类活动和对知识进行范畴化。(Кубрякова 1996:54—56)卡拉西克指出,对于许多人来说，*фрукт*（水果）是苹果的原型，而 *экзамен*（考试）的原型是教师与学生坐在课桌旁的交谈图景。（Карасик 2004：127）另外，俄罗斯心理语言学的大量联想反应实验也表明原型形象的存在。如，俄罗斯伟大诗人→普希金，俄罗斯大河→伏尔加河，家禽→鸡，等等。（见 Караулов1994）上述联想实验还表明，观念结构中的知觉形象可以是个体的，也可以是民族的。但无论哪一种，都是由"知觉认知特征"（перцептивные когнитивные признаки）和"形象特征"（образные признаки）两部分构成的。前者是操语言者依靠感觉器官对现实的反应所形成的知觉形象，后者是操语言者依靠对事物或现象进行隐喻思维（认知隐喻或观念隐喻）所形成的隐喻形象或"认知形象"（когнитивный образ）。知觉形象包括视觉的、触觉的、味觉的、听觉的和嗅觉的形象，而认知形象则可以将抽象观念引向物质世界。如，俄语中 *душа*（心灵）可以隐喻为 *дом*（家园），因此就有 *душу можно запереть на замок*（可以锁住心灵），*в чужую душу можно проникнуть*（可以深入到别人心灵中去）等的说法，就是靠隐喻进入物质世界的。

需要强调的是，尽管观念结构中的上述两种形象构素都可以反映观念化的事物或现象，但它们对观念的阐释力是不同的。就对观念内容的描写而言，认知形象显然更具有阐释力，这是因为：知觉形象在描写观念内容时需要靠进入观念结构的认知特征来解释；此外，认知形象的数量较之知觉形象也更多。因此，作为观念内核的形象研究也会更多地关注认知形象问题，这也是隐喻之所以受到众多俄罗斯学者关注的重要原因之一。

4.2.2 信息内容

信息内容即"观念内容"（содержание концепта），是指观念结构中所包含的最基本的认知特征，这些特征决定着观念化的事物或现象最重要的区别性特点。也就是说，这些特征对事物本身及其使用来说是最为本质的，它们可以对该事物的区别性特点、功能等进行必要的描述。应该说，这种信息认知特征在观念结构中的数量并不多，只有那些能够确定观念本质最为基本的释义性特征才能视作认知特征。许多观念的信息内容与词典对观念关键词的释义内容相近，但进入观念信息内容的，只是那些能够区分观念所指事物的特征，而非偶然的、非必需的或评价性质的特征。

波波娃认为，确定反映人工制品和科学概念的观念的信息内容相对比较容易，但确定反映自然事实或观念化的抽象本质的基本信息就较为困难。许多个别的、评价性的或百科知识性质的特征是不进入观念信息内容的，它们只属于观念的阐释场范围，尽管许多情形下观念的信息内容与阐释内容之间很难有清晰的界限。(Попова 2007:110)如,*квадрат*（方形）一词的信息内容只有 *прямоугольник*（直角形）和 *равные стороны*（等边形），*самолет*（飞机）的信息内容为 *летательный аппарат*（飞行器），*тяжелее воздуха*（比空气中），*с крыльями*（有翅膀），而其他的释义就都属于阐释性的内容了。

4.2.3 阐释场

观念阐释场包括能够对观念的基本信息内容作出某种阐释的认知特征,它源自信息内容或对信息内容作出评价,呈现为某种结论性的知识。阐释场并不是均质的,它可以切分为若干个区域,这些区域都拥有内在的内容统一性,并根据其内容将近似的认知特征联合成一体。波波娃认为,观念阐释场至少有以下区域组成:(1)"评价区域"(оценночная зона)——将表达一般评价(好/坏)、美学评价(美/不美)、情感评价(愉快/不愉快)、智力评价(聪敏/愚蠢)、道德评价(善/恶、合法/不合法、正义/非正义)的认知特征联合成一体;(2)"百科知识区域"(энциклопедическая зона)——将观念特征的描述以及在经验、教育和与观念所指事物相互作用基础上的对观念特征的了解等认知特征联合成一体,如,*вода*（水）的百科知识认知特征就可以有:*в воде можно утонуть*,*вода бывает голубая*,*без воды и ни туды и ни сюды*,*в воде приятно купаться*,*зимой вода холодная*（水里会淹死人,水通常是浅蓝色的,没有水哪儿也去不了,在水里游泳很愉快,冬天的水冷）等;(3)"实用区域"(утилитарная зона)——将表达实惠的、实用的人对观念所指事物、知识态度的认知特征联合成一体,如,关于 *автомобиль*（汽车）的实用认知特征就有:*много хлопот*,*дорого эксплуатировать*,*удобно ездить на дачу*,*зимой не нужен*（麻烦多,费用高,开车去别墅方便,冬天用不着）等;(4)"秩序维系区域"(регулятивная зрна)——将观念所涉及的"什么是应该做的""什么是不应该做的"认知特征联合成一体,如,关于 *русский язык*（俄语），就有 *надо учить*,*надо говорить культурно*（需要学习,要说得规范）等认知特征;(5)"社会文化区域"(социально-культурная зона)——将那些反映观念与民族的日常生活和文化联系的那些认知特征联合成一体,包括传统、习俗、文艺家、文学作品和先例文本等;再以 *русский язык* 为例,与该区域有关的认知特征有:*Пушкин*,*Лермонтов*,*Есенин*,*Ленин*,*частушки*,*песни*（普希金,莱蒙托夫,叶赛宁,列宁,四句头顺口溜,歌曲）等;(6)"格言区域"(паремиологическая зона)，将谚语、俗语和箴言等客体化的认知特征的总和(即民族格言中由观念所反映的所有认识和论点的总和)联合成一体。如,由 *не следует доверять внешнему впечатлению*（不要轻信外在的印象）认识,得出 *внешность обманчива*

(外表具有欺骗性)的格言；再如，由 *любому человеку приятно услышать ласковые слова*(任何人都喜欢听亲切的话)，得出 *доброе слово и кошке приятно*(连猫都爱听好话)的格言。(Попова 2007：110—113)

　　从上述观念结构的论述中，似可窥视出观念结构的如下特点：(1)观念的形象和信息内容展现的是观念的信息框架，它具有相对结构化的性质；而阐释场的功能是将观念贯穿，并将观念结构成素之间的位置填满，其本身少有结构化的观念成素，因此对它的描写就是列举出观念的相关特征。(2)阐释场中所呈现的许多认知特征可能是相互矛盾的，这也是阐释场的特点之一。究其原因，主要是它包含着不同时期、不同人群以及从不同认知角度得出的所谓"结论"。这也是阐释场的阐释内容与观念本身的信息内容有别的重要缘由所在。(3)观念中基本的结构成素——形象、信息内容和阐释场，分布在不同的"观念场段"(полевой участок концепта)中。通常情况下，形象处在观念结构中的"内核"(ядро)场段；内核场段的外围是观念的基本认知特征场段，即观念内容；处在认知特征场段之外、构成观念内容外延的是观念阐释场段，即阐释场。但这并不是说上述场段就是固定不变的，应该说观念的结构成素并不会固化在某一区域中。如，信息内容和阐释场也可以属于内核，也可以属于内核附近的外围或外围的其他区域，判断的标准不是别的，而是认知特征的"鲜明度"(степень яркости)。也就是说，只要观念信息内容或阐释的认知特征的鲜明度高于形象，它们就有可能进入观念的内核场段。(4)格言区域所反映的观念并不是现代的，而多半是历史的。有学者认为，格言区域通常位于观念内容的最外围，原因是该区域所包含的认知特征是在不同历史时期、不同人群和不同条件下做出的。(Попова 2007：114)但问题是，格言区域同时又是某群体或民族对观念内容做出的一种评价和解释，它所反映的大多是经过实践检验并得到广泛认同的观念和思想，它们已经成为民族意识的重要组成部分而保留至今，因此，一定条件下就可能构成某观念的核心内容。(5)在观念理论中，区分观念内容和观念结构具有重要意义。也就是说，观念研究既要描写其内容，也要分析其结构；既要观察其核心，也要审视其外围。人的思维的复杂性，决定着对作为思维单位的观念描写的多视角性。

　　总之，观念的复杂性体现在多个方面，如民族性(相对于"概念"的跨民族性)、多变性(相对于"概念"的相对稳定性)、多层级性或多维性等。这是因为：从决定观念本质的文化和思维的属性看，无不具有上述所有的特点；再从观念本身的结构和特点看，观念中不仅包含着理性成素，也包含着情感成素，因此不仅可以从观念中抽取出抽象成素，也可以从观念中抽取出具体成素。正如斯捷潘诺夫所说，作为心智世界的基础单位，观念不仅会思想，还能表达感受。(Степанов 1997:41)从一定意义上讲，人的思想和感受的复杂性决定着观念的复杂性。

4.3 观念阈

审视观念理论，不涉及观念阈问题是不全面的，因为观念研究之所以能够成为一种理论①，肯定不会只局限在对观念的概念内涵做出界说和对观念结构进行分析的方面，而必然会涉及研究范围和任务等重大问题，这就是观念阈需要解决的问题。或者说，观念研究只有在特定的观念阈范围内才能得以系统地进行，它规定着观念研究的界限和任务目标。

在俄罗斯学界，最早引入观念阈这一术语的是著名文化学家、语文学家利哈乔夫（Д. С. Лихачев, 1906—1999）院士。早在 20 世纪初期，他就在《论俄语的观念阈》（Концептосфера русского языка）一文中对观念阈这一术语做了比较详尽的解释。他认为，观念阈是由操语言者的全部观念潜能构成的，是民族观念的总和；一个民族的观念阈比语言词汇所表征的语义阈要宽广；一个民族的文化（民俗、文学、科学、造型艺术、历史经验、宗教等）越丰富，其观念阈就越丰富（Лихачев 1993:5）。克拉斯内赫在自己的研究中并没有直接使用观念阈这一术语，而是用"认知基体"（когнитивная база, КБ）的术语予以取代。所谓认知基体，即某民族文化共体按照一定方式建构起来的、必备的关于世界知识和认识的总和，它为携带某民族文化心智结构和说某一种语言的所有成员所拥有。（Красных 1998:45）波波娃认为，观念阈是有序的民族观念的总和，是思维的信息基体。（Попова 2007:36）显然，波波娃对观念阈的界说综合了利哈乔夫和克拉斯内赫的观点，并加上"有序的"（упорядоченный）这一重要的限定语，因此显得更为严谨和科学。这是因为：构成观念阈的观念是依据各自的个别特征进入到与其他观念或相似、或有差异、或有不同等级的系统关系中去的，相似、差异和等级本身就是一种有序性的划分。此外，再从观念的形成过程看，它是对客观事物或现象"范畴化"（категоризация）的结果，而范畴化是以对客体的有序化为前提的。

以上不难看出，所谓观念阈，说来并不复杂，就是某民族的"思维阈"（мыслительная сфера）或"知识阈"（сфера знаний）。具体说，观念阈是由观念及其单位（思维图片、图式、概念、脚本、完形等）构成的一种纯思维

---

① 事实上，在俄罗斯学界观念研究已经不单单作为一种理论样式出现了，其研究范围、对象和方法等已经构成比较完整的科学体系，成为了一门独立的学科——"观念学"（концептология），如有"政治观念学"（политичесая концептология）、"文化观念学"（культурная концептология）、"语言观念学"（лингвоконцептология）等。

空间,它在人的心智中既是复杂的外部世界的综合形象,又是对外部世界各种特征进行概括的抽象本质。

如此看来,观念阈的概念本身并不复杂,它在本质上与观念一样,都属于人的心智范畴。然而,要正确理解观念阈的内涵和特点,还必须厘清它与"意识和思维"(сознание и мышление)、"心智体"(менталитет)①、"语义空间"(семантическое пространство)等的关系。

4.3.1 观念阈与意识和思维的关系

在人类中心论范式语言学理论中,贯穿其始终的实质上就是语言与意识、思维的关系问题。对于什么是意识和思维,不同的学科甚至不同的学者都有各自的界说。但从认知心理视角看,意识被视作"由人的活动所生成的一种特殊内部运动,是主体对现实、主体活动及主体本人的反射"。(Леонтьев 1975:13,97)也就是说,意识是人的心理活动的总和,它包含着人的智力、知觉、情感和意志,是对现实无意识的反映。而思维则被视作对现实有意识的反映,它首先与有目的性的逻辑认知以及知觉所感知不到的客体和现象的理性反映有关。克拉斯内赫认为,意识是一种现象,是反映现实的高级形式;思维是有意识地反映现实的过程。(Красных 2003:22)那么,作为民族思维阈或知识阈的观念阈与意识和思维到底是怎样的关系呢?波波娃认为,观念阈作为反映主体所认知的现实的心智单位,既是意识的也是思维的"信息基体"(информационная база)。(Попова 2007:42)联系到该学者对观念结构中的"信息内容"的论述,可以把此处的"信息"理解为"认知特征"。也就是说,观念阈是人的意识或思维中最为本质的、起着区别性作用的认知特征。它在人的认知空间结构中,并不位于"个体认知空间"(ИКП)或"群体认知空间"(ККП),而是位于"认知基体"(КБ)。而认知基体是由世界的知识和认识的总和构成的,它具有超个体和群体的性质。从这个意义上讲,观念阈与"定型"(стереотипы)和"先例现象"(прецедентные феномены)等一样,都是反映在人意识里的关于世界知识的心智图片,它对民族意识的形成起着关键的或决定性的作用。

需要特别指出的是,关于意识问题,俄罗斯学界的认识并不一致。有学者认为,所谓意识,就等同于"语言意识"(языковое сознание)。如,1993 年俄罗斯科学院语言学研究所出版《语言与意识:反常的理性》(Язык и сознание: парадоксальная рациональность)一书,作为责编的塔拉索夫(Е. Ф. Тарасов)就在该书的"导论"中指出,语言意识或意识都是用来描写同一种现象——人的意识的。(Тарасов 1993:7)克拉斯内赫在

---

① 在当代俄罗斯语言学学术语中,ментальность 和 менталтет 的使用频率很高,不少学者将它们视为指同术语。但我们认为它们还是有区别的,故将它们分别定名为"心智"和"心智体"。

相关著作中也认为,意识与个性的言语活动有关,因此心理语言学中所说的意识就等同于语言意识。(Красных 1998:21)但也有不同的观点。如,波波娃就认为,不是所有的意识都具有语言的属性,意识也可以用非言语手段和文艺手段予以体现。在她看来,所谓语言意识,只是保障语言(言语)活动机制的一部分,即言语生成、言语理解以及将意识储存在意识中的那些部分。带有不同意义的语言单位系统储存在人的意识里,具有语言意识的属性,而如果将语言系统视作意识现象来研究,那么研究的就是语言意识。(Попова 2007:45—46)我们认为,意识即语言意识的思想是西方理性主义语言观的集中体现。从语言认知视角看,语言意识只是人的认知意识中有言语活动机制主导的一种成素,因此,意识与语言意识之间不能一概而论。而俄罗斯学界有关于意识与语言意识的不同认识也属正常现象,可以被视为 18 世纪盛行的"欧洲主义"(европеизм)和 19 世纪占主导地位的"斯拉夫主义"(славянофильство)两种思潮在当今学界的延续或反映。

4.3.2 观念阈与心智体的关系

在语言认知研究中,不仅要厘清观念阈与意识和思维的关系,还要区分观念阈与心智体。所谓心智体,被视为是感知和理解现实的一种特殊方式,它是由某个性、社会共体或民族群体典型的意识认知定型所决定的。(Попова,2007:57)它亦被界说为"思维方式,个体和群体总的精神意向"。(ФЭС 1998:263)也就是说,心智体就是某语言文化共体的心理—语言—智力体(психо-лингво-интеллекты),它属于某种受到文化、语言、地理等因素制约的人的意识的深层结构。在波波娃看来,心智体可分为"个性心智体"(менталитет личности)、"群体心智体"(групповой менталитет)和"民族心智体"(национальный менталитет)三种类型。个性心智体受到群体和民族心智体的制约;群体心智体即某社会的、年龄的、职业的和社会性别的人群感知和理解现实的特点;民族心智体即由民族认知定型的总和决定的某民族感知和理解现实的方式。(Попова,2007:58—59)上述界说表明,心智体实际上制约着某个体、群体或民族如何也感知和理解世界,或者说,不同的民族在认知世界时,其心智体会"强迫"某个性去以不同的方式去感知和理解同一个事物或情景。如,俄罗斯人认为做客迟到一点时间是对主人尊敬的表现,而德国人则认为这是失敬的表现;再如,俄罗斯学生把教师在课堂上重复所讲的内容看做是让自己更好掌握所学内容的方式,而芬兰学生则常常会认为这是教师把学生当傻瓜看待。以上可见,观念阈与心智体有着密切的关联度,它们在人的思维过程中相互作用。一方面,作为民族知识阈的观念阈会在一定程度上决定着民族心智体如何去感知和理解现实的方式;构成民族观念阈的心智单位,是构成民族认知定型——有关现实判断的基础。如,俄语观念阈中的"或许"(авось)观念,就决定着解决"意想不到行为"的一系列心智定型;另一方面,民族心智体也会给观念的形成和发展增添活力:已有的心智定型会对观念内容产生影响,迫使其接受记录在观念里的对事物或现象的某种评价。

总之,观念阈和心智体的本质有别,因此对其研究的方法和视角也不同。一方面,民族心智体首先体现在民族的性格、行动和交际行为方面,它受到政治、经济、社会、自然现象以及与其他民族接触的一系列因素的影响,因此,对心智体的研究,主要用民族文化学和民族心理学的方法;而观念阈属于思维范畴,是民族意识和单个个性的信息基体。观念形成的主要源泉是个性的认知活动(包括个性的交际、学习、阅读等的交际活动在内),因此,对它的研究主要采用心理学、文化学和认知语言学的方法。另一方面民族心智体的特点只体现在"语言或天真世界图景"(языковая/наивная картина мира)层面,而不是"观念或认知世界图景"(концептуальная/когнитивная картина мира)层面;而观念阈却是观念或认知世界图景的信息基体,因此,它只体现在观念或认知世界图景层面,但同时又可以在语言世界图景中得到表征。

4.3.3 观念阈与语义空间的关系

所谓语义空间,指由语言符号及其意义总和所表达的内容,因此,俄罗斯学界有许多学者将语义空间指同于语言世界图景。应该说,作为纯思维阈的民族观念阈,其主要内容是靠该民族语言的语义空间来表征的,并由此将语义空间的研究纳入认知语言学的审视对象。可见,语义空间与观念阈有着不可分的密切联系。按照波波娃的观点,这种密切联系主要体现在以下几个方面:(1)认知语义学认为,语言的语义(即语言的语义空间)并不是义素的组合,而是一个复杂的系统。该系统是由大量不同结构的组群交织而成的,它们被纳入某"意义链"(цепочка)和"意义群"(цикл),从而形成观念的核心场和外围场。因此,根据意义在语义空间中的关系,就可以对观念在民族观念阈中的关系作出判断;(2)语言学家在构建不同语言的语义空间时,可以获得人的认知活动些许特点的信息,原因是语义分析可以将观念阈中的知识内容和结构具体化;(3)从观念特征看,作为思维活动单位的观念之间存在着一定的联系。而这些联系都由词素、韵律音位、音段的共性所标记,因此可以通过语义的意义和将观念客体化的单位来进行研究;(4)不同语言的语义空间研究表明,不同民族的观念阈无论在其观念成素方面还是在观念的结构化方面都有差别。语言学家们可以通过转换理论、类型学理论,用外语教学中的双语对比研究来确定这些差异;(5)语言学中有一个公认定律,即不能依据一种语言的构造来研究另一种语言的构造,但观念阈的民族特点则同样可以在语义空间的民族特点中得到反映。这表明,不同民族的相同观念可以按照不同的特征予以分类;(6)无论是语义空间还是观念阈,究其本质属性而言都具有思维的本质。它们之间的区别只在于:语言意义是语义空间的量子,它依附在语言符号中,而观念作为观念阈的成分则与具体的语言符号不相关联。也就是说,观念既可以用许多语言符号或语言符号的总和来表达,也可以在语言系统中没有表征,还可以依靠身势语、表情、音乐、绘画、雕塑、舞蹈等符号系统得到外化。(Попова 2007:61—63)

当然,上述论据只是建立在语言的认知语义研究基础上的,而不适用于对传统的结构语义的解释。因此,有必要特别强调的是,认知语义视角的语义空间研究,描写的并不是语言世界图景本身,而是由语言世界图景转向观念或认知世界图景的研究,即对观念阈的描写。只是从这个意义上讲,观念阈与语义空间有着本质的、密不可分的联系。

总之,观念阈是思维形象阈和普遍实物代码单位阈,它是人们心智中结构化的知识系统或信息基体;而语义空间只是靠语言符号系统的"客体化"(объективация)或"语言化"(вербализация)获得的观念阈的组成部分。

4.4 观念分析方法

认知视角的语言学方法有很多种,但最受俄罗斯学界关注的是"观念分析法"(концептуальный анализ)。法国著名语言学家班维尼斯特(Э. Бенвенист,1902—1976),是观念分析法的倡导者和推动者之一,他撰写的具有广泛影响的《普通语言学》(Общая лингвистика)一书就采用此种方法对语言现象进行分析。他认为,该方法的核心是"语义构拟"(семантическая реконструкция),实质在于语言形式的意义"是由语言的使用和分布以及由此生成的相互联系的类型总和决定的",因此,语义构拟"要建立在特别关注语境的基础上"。(Бенвенист 1974:332)克雷奇科娃(Н. В. Крычкова)认为,要对观念进行共时分析,就必须对词汇—语义系统中的观念做共时的阐释,并用联想实验的结果分析和词的话语功用研究(即观念的词汇表征)予以补充。采取这样的方法就可以发现,操某种语言者是将什么内容导入到某概念中去的,并揭示出操语言者的观念系统中所存在的各种联系(所分析观念与其他观念之间的联系)。(Крычкова 2005:23)以上可见,观念分析法是以观念的语言表征为手段的,对体现为某种观念的词汇语义或语篇语义进行分析,以对词汇或语篇使用过程中的语义差别做出阐释。应该说,观念的语言表征手段多种多样,它可以在语言的各个层面上实现,如词位、成语性搭配、词的自由搭配、句子(句法观念)、语篇等;对语言进行观念分析的目的,是要确立个体或群体语言意识中词汇或语篇深层次的或潜意识的联系(这种联系不是结构的或成分的,而是文化认知和语言认知的,并通过联想获得的),以揭示存在于人脑潜意识中的抽象实质是如何来投射于物质世界(现实)的。通过对语言的观念分析,我们可以了解词汇或语篇在使用中的群体无意识结构,得到词汇或语篇的"隐性形象"(имплицитный образ),从而构拟起该词汇或语篇的"语义完形"(семантический гештальт)。

当代俄罗斯学界所推崇的观念分析方法很多。从分析视阈看,主要可以分为文化认知、语言认知两个流派。该两个流派的形成与对观念的认知取向有直接的关系。也就是说,观念研究中体现出的不同认知取向,决定着其研究方法的不同。

4.4.1 文化认知取向的观念分析

该视阈的观念分析,主要是围绕"关键词"(ключевые слова)进行的,因此,该视阈的观念分析主要采取"关键词分析法"(анализ ключевого слова)。

所谓关键词,有两种涵义:一是指俄罗斯文化中的关键词语,本章节介绍的阿鲁玖诺娃、斯捷潘诺夫、卡拉西克、斯雷什金、扎利兹尼亚克等学者所研究的内容就属此列,如 *душа*(心灵)、*судьба*(命运)、*бог*(上帝)、*жизнь и смерть*(生与死)、*счастье и горе*(幸福与痛苦)等;二是指研究者所确定的、给所研究的观念"命名"的那个词汇单位,即"观念称名词"(номинируюший концепт)。因此,关键词分析法也称为"称名场分析法"(методика наминотивного поля),即确立和描写观念称名词的所有语言手段的方法。

关键词通常挑选那些最常用的称名词语,并可以根据"频率词典"(частотный словарь)加以检验。关键词的语义应该具有相当的概括性,抽象程度中等,修辞色彩中性,不能是评价词语。如果所选的关键词是多义词,就更有进行观念分析的价值,因为多义性可以给研究者提供更为丰富的认知阐释材料。需要指出的是,并不是所有的观念都有关键词的,关键词的功能也可以由固定词组和成语性单位来充当,如 *умение жить*(会生活)、*молодой человек*(年轻人)、*белая ворона*(白鸦)等;甚至还可以用展开型词组来充当,如 *обращающийся с просьбой*(请求者)、*говорить правду*(说真话)等。对某作家或作品的观念分析,也可以根据该作家或作品使用频率最高的词语来确定其关键词。

关键词分析法的具体步骤通常为:(1)确立能够将观念客体化的表征关键词(即按照上文中表述的关键词的确立方法进行)。(2)确立关键词称名场的"内核"(ядро)。内核的确立通常有两种途径:一是通过关键词的同义扩展来实现(可以使用同义词词典和成语词典来确立)。如,*друг*(朋友)这一关键词位,其同义词就有 *приятель*,*товарищ*,*кореш*,*дружбан* 等;二是通过分析给所研究的观念命名的语境来实现,这主要是对文学语篇和政论语篇的观念分析。称名场内核的确立,还可以通过偶然出现的、作者个体的和描写性的称名单位来实现。如,*русский язык*(俄语)观念就可以有以下称名单位:*русский*,*наш язык*,*родной язык*,*великий и могучий*,*моя поддержка и опора*,*радость моя и надежда*,*наш исполин* 等(见 Попова 2007:179)。(3)确立关键词称名场的外围。外围成素可以用不同的方法确立。(4)观念称名词的比喻分析。如果关键词及其同义词在使用过程中有比较固定的比喻词,则可对比喻词进行认知特征的分析,因为比喻词同样可以填充观念的称名场:比喻是对观念所特有的某认知特征的一种称名。如,*силен как бык*——*бык сильный*(壮如牛——牛是强壮的),*глуп как курица*——*курица глупа*(笨如鸡——鸡很笨)等。(5)建构关键词的词汇—成语场。如有研究表明,俄语中 *общение*(交际)这一关键词的词汇—成语场就由 1828 个词位和 314 个成语性单位构成(包括动词、名词和形容词)。场的内核由那些高频率的、用于直义的、概括性强的、修辞色彩中性的表"交际"的词位构成。再从内核中分离出"核心"(центр),进入内核核心的词位频率要比其他单位的频率高得多。如,"交际"词位的内核语言单位,在每百万用词中的频率为 100 至 553 次不等,而内核的核心语言单位的使用频率则达到 900 至 2909 次之多。处在内核"近外围"(ближняя периферия)的是那些使用频率相对较低、没有使用限制和较少依赖于语境的词位,如 *сообщать*(告知),*шутить*(开玩笑),*согласиться*(同意),*доказать*(证明)等。而处在内核"远外围"(дальняя периферия)的是那些使用频率不高以及使用有限制的词位,如 *объясниться*(解释),*выступить*(发言),*высказаться*(讲话)等。处在"最外围"(крайняя периферия)的是那些使用频率低、大多是单义的词位,如 *отступиться*(不再来往),*перевогорить*(反复说,交谈几句)等(Шапанова 1999:52—54)。(6)建构关键词的派生场。研究关键词的派生场,其目的同样是为了揭示观念的认知特征。如,对 *быт* 一词位的派生场进行分析,就可以比较清晰地看出该词位在俄语中的各种派生情况,并由此得出该词在俄罗斯人心智中所具有的属于"日常生活"的些许认知特征。

俄罗斯很多从事观念分析的学者采用的正是上述的关键词分析法。如,卡拉西克就认为,观念分析主要按以下程式分析下述内容:(1)观念称名词的语义;(2)观念称名词的词源;(3)观念称名词的转义、联想义;

(3)观念称名词或词组的语境语义;(4)与观念相关的联想;(5)表达观念的评价标记用法。(Карасик 2004:30—31)

希依加尔(Е. А. Шейгал)和阿尔恰克娃(Е. С. Арчакова)在自己的研究中也提出类似的步骤:(1)对关键词进行语义分析;(2)对关键词的同义词和派生词进行分析;(3)对关键词的搭配能力(固定的和自由搭配的)进行分析;(4)对典型化观念的格言警句进行分析;(5)对关键词做联想实验;(6)对不同类别的语篇进行观念分析。(Шейгал,Арчакова 2002:19—24)

有学者曾通过采用上述关键词分析法或称名场分析法对俄语 *свеча*(蜡烛)的观念进行分析,得出了俄罗斯民间口头创作作品和诗歌中所展现的隐性形象是不同的结论。如:在民间口头创作作品的歌曲中,*свеча* 通常被联想成"少女对恋人的期盼",而 *свеча* 与 *винцо*(葡萄酒)一起,被体现为"共享及相互的爱恋和欢乐",由此,*свеча* 的意义又开始与 *расставанье*(离别)产生联系:"心爱的人走了——蜡烛熄灭了"(*Милый ушёл——свеча погасла*);在民间抒情作品中,*свеча* 还被赋予宗教仪式品的形象,如俄语中家用的 *свеча* 可以用 *зажеть*(点上),*засветить*(点亮),*погасить*(熄灭),*потушить*(吹灭)等词语连用,而教堂的 *свеча* 是"神烛"的意义,因此只能与 *затеплить*(点起),*сокротить*(湮熄)等词语连用;在民间壮士歌的歌词中,*свеча* 的语义得到极大丰富,它既可以比作"人的生命",也可以比作"英雄的逝去"。传统诗歌中的 *свеча* 意义与民间口头创作作品中的不尽相同。如,在19世纪诗人茹科夫斯基(В. А. Жуковский,1783—1852)眼里,*свеча* "在占卜中起着奇特的作用",在结婚仪式上能"传达无比幸福和快乐的心情",而日常用的 *свеча*,则又能产生"祥和""安逸""宁静"等联想;而在其他诗人如普希金、莱蒙托夫的作品里,*свеча* 形象是"孤独""痛苦"的象征,总是出现在浪漫主人公"孤寂和彻夜不眠的情景中"。(Хроленко 2004:136—137)

对于上述分析方法,有必要说明两点:一是并不是所有的关键词分析都要采取如上的每一个步骤,而应该根据分析的目标来确定上述步骤的取舍;二是观念表征手段的变化问题。如在某观念存在的周期内,观念的表征手段可能不会完全相同,且同一个观念在不同文化中的表征手段也会有别。通常情况下,观念的表征手段越多,该观念存在的时间就越长,其价值也就越高。(Карасик,Слышкин 2001:75—80)

如上所说,关键词分析法所得出的结论是语言学原有方法所无法实现的,通过观念关键词对词义的表征,得到的是一种全新和比较充分的包括语言内涵意义和外延意义在内的语义完形。这正是该方法所要达成的既定目标。

4.4.2 语言认知取向的观念分析

该视阈的观念分析与文化认知取向的有所有不同,它主要关注的是对观念的认知语义特征做出阐释,因此,该方法可分为实验论证和理论阐释两个方面,常用的主要有以下三种方法:

1) 联想分析法(методика ассоциативного анализа)。联想分析法属于观念研究的实验论证。该方法与关键词分析法最大的不同在于:它需要在相应的观念"联想场"(ассоциативное поле)内进行,而关键词分析法是在观念称名场内进行的。观念联想场由刺激词(观念的关键表征词位)引起的所有"联想词"或"联想反应词"(ассоциаты)构成。联想实验通常分为两种:"自由联想实验"(свободный ассоциотивный эксперимент)和"定向联想实验"(направленный ассоциативный эксперимент),该两种方法都可以形成相应的联想场。

自由联想实验,是以被实验者用任何词语来回答刺激词为前提的实验;而定向联想实验则以被实验者受到一定限制的回答为条件的实验,如词类限制、结构限制等。联想实验的具体步骤为:

第一步,用某一词语(如关键词或观念称名词)作为刺激词语,在一定范围内由联想被实验者对该刺激词进行联想式的回答。例如,100位被实验者对 совесть(良心)一词语的联想实验表明,该词语的联想场的构成是:честность(11), стыд (6), внутренний контролёр(5), мучения, порядочность, чистая (4), переживание, судья, чистота (3), Бог внутри тебя, вина, гложет, душа, мука, ответственность за поведение, плохо, когда есть угрызения, правда, сердце(2),而只有1次回答的词语就更多,可以说五花八门,难以一一列举。(见 Попова 2007:185)

第二步,将构成联想场的上述联想词作为语言手段,对由刺激词所引发的观念认知特征的客体化情况进行阐释。

应该说,无论是自由联想实验还是定向联想实验都可以区分出使联想词客体化的大量认知特征。但就两种步骤而言,它们的目标指向还是有所不同的。如果实验的目标是为了揭示语言意识和确定词的心理语言学意义,那么采用第一个步骤就可以达到了,即获得由刺激词产生的联想场;而如果实验的目标是为了分析认知结构,则需要在第一个步骤的基础上采取第二个步骤,即进一步分析联想词的认知特征,因为只有这样,才能够既获得结论性的知识,也能获得由联想词揭示的间接性认知特征。

2) 认知阐释法(методика когнитивной интерпретации)。我们知道,认知语义学的研究对象是使观念客体化的语言单位(即语言意识)的意义,其最终目标是依据语言材料来构拟作为思维单位的观念,即将观念

(认知意识)模式化。因此,对认知语义研究来说,其最为重要的是对语言单位语义的描写结果进行阐释,只有这样,才能将语言材料转化为相应的认知程序,进而对观念进行模式化研究。也就是说,对观念称名场的语言学描写进行阐释,是语言认知取向观念分析必不可少的阶段和最为重要的方法。或者说,观念分析如果不经过认知阐释这一阶段,那么构建观念模型就成为不可能。认知阐释法在观念分析中的意义和功用由此可见一斑。

所谓认知阐释,就是在较为抽象的层面上对观念称名的语言单位意义的描写结果进行思考性概括,以揭示和解释由这些语言单位的意义或语义成素所表征的认知特征,其最终目标是使观念的内容模式化。(Попова 2007:200)由此似可得出这样的结论:所有在认知阐释之前所获得的语义描写都还不是对观念内容和结构的描写,而只是对称名单位的意义的一种解释,即对称名单位的个别认知特征进行称名,并用某种语言手段对这些语言单位进行语言化。

通常情况下,认知阐释法可以采取以下具体的"操作方法"(приёмы)来实现对观念的模式化:(1)认知特征的揭示,即对观念称名场各语言单位的语义描写结果进行阐释。(2)义素的认知阐释。如果说第一个步骤是对语言单位意义的完整描写的话,那么通过对意义构成义素的分析就可以获得对意义的词典学或心理语言学的描写,因为每一个意义都是由一组义素所展现的。构成不同观念称名语言单位意义的义素,可以组成观念称名场的语义空间,从而可以反映出观念的认知特征。如,对观念的"同义词列"(синонимический ряд)进行分析,就可以揭示出一系列表征认知特征的语义成素。再如,对 *друг*(朋友)观念的认知义素分析,通过该词与同义词 приятель,товарищ 语义的对比,可以分别从 *Приятелей у нее много, а настоящих друзей всего один—Петя*(她的朋友很多,但真正的朋友只有一个——别佳)和 *друг и товарищ*(朋友和同志)的语句和词的组合中得出两个语义成素——"挑选出来的"和"亲密关系"。这两个成素就可以阐释为 *друг* 观念的认知特征;然后,再对 *друг* 观念称名场语言单位内分离出来的义素按照意义上的相同或相近程度进行概括(即将其归入一种特征),并将其作为 *друг* 观念具有整体性的认知特征进行阐释。如果义素具有鲜明度标志(根据语篇现实化的数量或相应联想词的频率得出),那么,被认知阐释过程概括为整体性认知标志的义素就可以从该特征现实化的数量中得到总频率;接下来是按照鲜明度对认知特征进行由高到低的排列,以便从中区分出观念的内核、近外围、远外围和阐释场等。(3)对格言进行认知阐释。格言需要在其意义的概括形式中(即将所有的近义纳入到一个较为概括的意义中)进行认知阐释,以确定所搜集的格言材料中意义表达的相对频率。其方法是：在分析格言意义的基础上，将相关的认知特征解释为观念的论点形式。如果认知特征不能解释为论点，那么该格言对现代操语言者来说就不具有单义的信息，该格言就应该被排除在进一步阐释之外；而如果该格言有几种阐释，那么就应该进行问卷调查，以便确定哪一种是主导性的阐释。(4)对联想实验结果进行认知阐释。联想实验结果的认知阐释既可以直接通过对心理语言学意义的描写来实现，也可以通过间接的即联想词或联想反应词的认知阐释来实现。在第一种情形下，区分出可以使词的单独意义客体化的联想词；在第二种情形下，联想词可以直接概括为认知特征，而不需要按照单独意义对语义成素进行分类。上述两个步骤有各自不同的目标：如果是要提出词典学和心理语言学的意义和观念，那么就采取第一个步骤；而如果是为了对观念内容进行实验性描写，那么就采取第二个步骤。以第二个步骤为例：联想词被阐释为构成观念内容的某认知特征的语言表征，语义上相近的联想词被概括为具有整体性的认知特征，该特征由词语来做出详细解释。而为了对所解释的认知特征进行命名，通常要选择那些频率最高或修辞色彩上最具中性的词语来完成。在这里，可以对上文"联想分析法"中提到的 совесть 一词的联想实验结果做出如下认知阐释：совесть 的认知特征中，分别包含着 честность（честность, правда, порядочность）, справедливость（справедливость）, неприятные, тяжелые переживания（стыд, мучения, переживание, гложет, мука, вина, плохо, когда есть угрызения）等成素。联想实验结果的认知阐释表明，在观念结构中分离出的认知特征很可能是相互矛盾的，这与观念称名词原有的意义有本质的不同。(5)隐喻的认知阐释。认知隐喻在认知阐释过程中应该被解释为进入观念结构的某内容特征。这些特征是从隐喻内容中抽象出来的，其中绝大部分是来自于作为隐喻基础的比喻。如，огонь острый（火很旺）的认知隐喻可以阐释为"引起疼痛、遭受伤害"（由 огонь колет, пронизывает, распарывает 等语义引发）；而 огонь живой（火焰如生）和 огонь жидкий（火光阑珊）的认知隐喻则可以分别阐释为"活跃"和"经常运动和变化"（由 огонь дышит, вздыхает, задыхается, воспринимается как струя 等语义引发）。应该说，认识隐喻的阐释是比较复杂的，很多情况下远不是一种单义的解题，这是因为：隐喻所依据的可能是被隐喻化客体的几种认知特征，而不是一种。另外，对事物或现象的主观感知也常常作为隐喻化的手段。因此，在许多情形下对隐喻的认知阐释是很困难的。(6)对词位频率做认知阐释。我们知道，观念阈中的某观念可以被现实化，从而成为讨论的对象，即获得交际相关性。观念的交际相关性定律表明，如果观念在观念阈中被现实化,其称名词汇单位的频率会提高;而如果观念的现实化程度降低,那么其将语言手段客体化的频率也会下降。因此,词汇单位频率的认知阐释就可以揭示出民族阈中某一时期现实的和非现实的观念。(7)对称名词位意义内部形式的认知阐释。观念研究中,有时需要对作为观念结构信息来源的词的内部形式进行分析。斯捷潘诺夫于1997年出版的《恒量:俄罗斯文化词典》就是依据词的内部形式来分析观念结构的。(见 Степанов 1997)卡拉西克也认为,观念分析显然也可以利用词的内部形式来作为辅助手段。(Карасик 2004:171)例如,有学者在分析 *быт*(日常生活)这一关键词在俄语意识中的观念时就认为,该观念的内核最初时是具体的概念,即可以被界说为属于某人的"财产"。在古俄语中,*быт* 的观念是由中性名词 *быто* 来表征的,意为"家什""零碎用品";后来,该观念的内核渐渐被新的观念特征所包裹,观念的容量扩大,由原来的单义发展为多义,原有内核中生成了新的具体意义——生活资料、生活用品等。(见 Попова 2007:208)经过若干世纪的发展和演化,现代俄语中的 *быт* 观念有"单调""墨守成规""忙忙碌碌""洗洗涮涮"等成素。正是这些成素决定着俄罗斯人对日常生活的态度。以上可见,观念称名词的词源分析可以提供观念的内容信息,尽管这些词源信息对操语言者的语言意识来说并不总有现实的意义,也不能对观念内容产生多少实质性的影响。(8)对认知分类特征的揭示。观念描写结果的认知阐释的第二阶段是对单独的认知特征进行概括,并以此为基础揭示出用于对某事物或某现象进行观念化的认知分类特征。相近的认知特征被阐释为对观念的单独认知分类特征的表征,它们在语篇实验或分析过程中建立的频率被用来确定观念结构中的鲜明度和现实性。如,*хороший*(好)和 *плохой*(坏)的认知特征,是由"一般评价"(общая оценка)的分类特征概括出来的;*сложный*(复杂)和 *простой*(简单)的认知特征,是由"掌握的难易度"(доступность освоения)的分类特征概括出来的;*красивый*(美)和 *некрасивый*(不美)的认知特征,是由"美学评价"(эстетические оценки)的分类特征概括出来的,等等。总之,所有揭示出的认知特征都可以阐释为对某认知分类特征的客体化和表征,而对认知分类特征的揭示则可以发现观念所指事物观念化的些许特点。

应该说,以上8种操作方法实际上都有各自的专门用途或阐释力,因此,可以结合起来一并使用,从而构成观念分析中较为完整的阐释法。但需要说明的是,并不是对每一种观念的阐释都必须同时在这8个方面"面面俱到",而应该"有的放矢",即按照观念分析的具体目标来确定采取其中的哪几个方面。

3)观念模式化法(методика моделирования концепта)。如果说认

知阐释法是从观念的本质属性视角对观念做出阐释（而非描写）从而实现观念模式化的话，那么观念模式化法则是从观念的结构和系统视角对观念进行描写（而非阐释）从而使观念模式化的。两种方法各有侧重和各有所长，构成观念研究理论体系中缺一不可的两个方面。

从理论上讲，观念模式化包括既相辅相成、又各自独立的三大描写程序。①对观念宏观结构的描写——将观念中揭示出的认知特征分别归入形象、信息内容和阐释场三个方面进行描写，以确立它们在观念结构和系统中的相互关系。也就是说，观念宏观结构的描写程序，主要分析认知特征在观念宏观结构中的分布情况，以直观性地展示观念中什么类型的信息占主导地位，不同类型信息之间有怎样的关系。如，定向联想实验表明，在俄语意识中，*английский язык*（英语）观念的宏观结构比率（按总数为 690 个反应的百分比计算），分别占 20%、35% 和 45%。有学者对上述占比率做了具体分析后得出这样的结论：该观念在形象方面比较单调，占比不高；阐释场的评价区域较为矛盾。实用区域和秩序维系区域彼此紧密关联，被同时观念化为"普遍可以掌握的"和"复杂的"，但又是"必须的"语言；而信息内容由于它（英语）具有全世界的认知特征，所以比较充实，在观念结构中起着重要的作用。（见 Попова 2007：211－212）②观念范畴结构的描写——揭示事物或现象观念化的认知分类的等级，或按照观念所指事物的现实性程度来对观念的认知分类等级进行描写。如，对 *долг*（义务）观念的联想实验以及对该实验结果的认知阐释表明（按 300 个反应的百分比计算），该观念内容的认知特征如下：*обязанность*（89），*деньги*（75），*ответственность*（37），*перед Родиной*（35），*необходимость возраста*（21），*моральная тяжесть*（10），*перед другом*（4），*перед родным*，*перед работой*（3），*из-за карт*（2），以及其他众多的 1 次反应。这些认知特征可以有下列分类特征：*составляющие*（214），*последствия*（17），*сфера проявления*（50），*причина появления*（3），*видовые разновидности*（3），*носитель*（3）等。这样可以看到，该观念的内核认知分类特征是 *составляющие*（构素）特征，占总反应的 73.8%；近外围是 *сфера проявления*（体现范围）特征，占总反应的 17.2%；远外围是 *последствия*（后果）特征，占总反应的 5.9%；最外围的是 *причина появления*（出现原因），*видовые разновидности*（体的变体），*носитель*（观念承载者），各占总反应的 1%。从上述分类特征可以得出这样的结论：*долг* 这一观念在俄语意识中占主导的是理性的、通过区分观念构素的成分，其他成素都位于认知意识中的外围。（见 Попова 2007：213）③观念场组织的描写——揭示和描写构成观念的内核、近外围、远外围、最外围的分类特征，展示观念内容的场结构。这种描写需要依托观念结构中认知特征的鲜明度和现实性来完成。如果不做联想实验,而只依据词典和语篇材料,那么认知特征的鲜明度就要按照观念称名语言单位的使用频率来确定(即依据语篇分析和频率词典的材料),或者按照对认知特征客体化的单位的数量来确定,因为客体化的单位越多,其特征鲜明度就越高,对揭示意识的作用也就越重要。有学者建议,场组织研究最好把传统的语言学分析(语篇的选取)与联想实验方法结合起来进行,因为这样可以得到最佳的描写结果并获得最具说服力的特征鲜明度。(Попова 2007:214—215)观念场组织的模式化,可以展现场结构的"词汇模型"(словесная модель)和"图解模型"(графическая модель):前者用词语来描写观念,展现出观念的内核、外围、层级和音段以及单独的阐释场;后者则将场结构用图表来展示,即用具体的认知特征来建构包括某观念的内核形象构素、信息构素和价值构素(阐释场)等内容在内的图表。

总之,在当代俄罗斯人类中心论范式语言学理论体系中,观念理论相较于其他理论来显得尤为突出和重要。究其原因,主要是由该范式的基本学理所决定的。它以"说话的人"为内核,就势必要把语言与意识、语言与思维的关系摆在首位,而观念作为意识的单位就必然会成为学界广为关注的焦点。应该说,上述观念理论有其值得称道的方面,那就是它并不是西方相关理论的复制或克隆,而是西方理论与俄罗斯语言学传统(尤其是心理学和心理语言学传统)相结合的产物。有关观念内涵、观念阈、观念分析方法(尤其是关键词分析法和联想实验法)的思想,更多的贴有俄罗斯民族文化的标签,因此,它们是当代世界语言学思想和方法论体系中不可多得的宝贵财富。

最后需要强调的是,将语言视作人类知识获取之"手段"的人类中心论语言学理论学说,并不是上述所评介的内容就能涵盖的。应该说,当代俄罗斯享有盛名的语言学家帕杜切娃(Е. В. Патучева)的"词汇语义动态模式"理论和阿普列相(Ю. Д. Апресян)的"语言整合性描写"理论等,也应该包括在此列。本章之所以没有对该两种理论做专门的介绍和评述,只是因为觉得他们的研究属于俄语语义的整合性或动态性研究,这种研究样式主要是从传统的结构语义学发展而来的,其考量的重点并不是本视阈所显现的"文化认知"和"语言认知"取向的性质。但尽管如此,他们的研究成果依然是属于人类中心论范式的,其基本理论学说无疑是以人的思维或观念为主线的,只不过前者将相关要素置入词义的衍生研究,后者则将相关要素与语言的整合性描写和词典学的相关内容研究结合在一起。但无论怎样,他们的理论对人类中心论范式相关理论的发展都有重大和深远的影响。

参考文献

[1] Арутюнова Н. Д. Синтаксические функции метафоры[J]. Известия АН СССР, Серия литературы и языка, 1978a, №3, 251—262.

[2] Арутюнова Н. Д. Функциональные типы языковой метафоры[J]. Известия АН СССР, Серия литературы и языка, 1978b, №4, 333—343.

[3] Арутюнова Н. Д. Языковая метафора (синтаксис и лексика)[A]. //Лингвистика и поэтика[C]. М., Наука, 1979, с. 147—173.

[4] Арутюнова Н. Д. Лингвистические проблемы референции [A]. //Новое в зарубежной лингвистике[C]. М., Радуга. 1982, вып. 13. с. 5—40.

[5] Арутюнова Н. Д. Язык и мир человека[M]. М., Языки славянской культуры, 1998.

[6] Бабушкин А. П. Типы концептов в лексико-фразеологической семантике языка [M]. Воронеж, ВГУ, 1996.

[7] Бенвенист Э. Общая лингвистика[M]. М., Прогресс, 1974.

[8] Бодуэн де Куртенэ И. А. Количественность в языковом мышлении [A]. //Избранные труды по общему языкознанию. Ч. 1. [С]. М., Изд-во АН СССР, 1963, с. 311—324.

[9] Болдырев Н. А. Когнитивная семантика[M]. Тамбов, Изд-во ТГУ, 2001.

[10] Болдырев Н. А. Концептуальные пространства когнитивной лингвистики[J]. // Вопросы когнитивной лингвистики. 2004, №1. с. 18—36.

[11] Булыгина Т. В., Шмелев А. Д. Языковая концептуализация мира на материале русской грамматики[M]. М., Языки русской культуры, 1997.

[12] Герасимов В. И. К становлению «когнитивной грамматики» [A]. //Современные зарубежные грамматические теории[C]. М., ИНИОН АН СССР, 1985, с. 419—442.

[13] Залевская А. А. Психолингвистический подход к проблеме концепта[A]. // Методологические проблемы когнитивной лингвистики[C]. Воронеж, ВГУ, 2001, с. 36—45.

[14] Залевская А. А. Концепт как достояние индивида [A]. //Слова. Текст. Избранные труды[С]. М., 2005, с. 234—244.

[15] Зализняк Анна А., Левонтица И. Б., Шмелев А. Д. Ключевые идеи русской языковой картины мира[C]. М., Языки славянской культуры, 2005.

[16] Зализняк Анна А., Левонтица И. Б., Шмелев А. Д. Константы и переменные русской языкой картины мира[C]. М., Языки славянской культуры, 2012.

[17] Карасик В. И., Слышкин Г. Г. Лингвокультурный концепт как единица исследования[A]. // Методологические проблемы когнитивной лингвистики: Сб. Науч. тр. [C]. Воронеж, ВГУ, 2001, с. 75—80.

[18] Карасик В. И. Языковой круг: личность, концепты, дискурс[M]. М., Гнозис, 2004.

[19] Карасик В. И., Слышкин Г. Г. Базовые характеристики культурных концептов[A].

// Антология концептов. Т. 1. [С]. Волгоград, Парадигма, 2005, с. 13—15.

[20] Карасик В. И. Языковая матрица культуры [M]. М., Гнозис, 2013.

[21] Караулов Ю. Н., Сорокин Ю. А., Тарасов Е. Ф., Уфимцева Н. В., Черкасова Г. А. Русский ассоциативный словарь [Z]. М., Помовский и партнеры, 1994.

[22] Колесов В. В. Язык и ментальность [M]. СПб., Петербургское Востоковедение, 2004.

[23] Красных В. В. Виртуальная реальность или реальная виртуальность [M]. М., Диалог-МГУ, 1998.

[24] Красных В. В. Строение языкового сознания: фрейм-структуры [A]. // Когнитивная семантика. Ч. 1. [С]. Тамбов, Изд-во ТГУ, 2000, с. 53—55.

[25] Красных В. В. 《Свой》 среди 《чужих》: миф или реальность [M]. М., Гнозис, 2003.

[26] Крычкова Н. В. Лингвокультурное варьирование концептов [M]. Саратов, Научная книга, 2005.

[27] Кубрякова Е. С. Начальные этапы становления когнитивизма: лингвистика—психология—когнитивная наука [J]. // Вопросы языкознания, 1994a, №4. с. 34—37.

[28] Кубрякова Е. С. Текст и его понимание [J]. // Русский текст. 1994b, №2. с. 18—27.

[29] Кубрякова Е. С. Краткий словарь когнитивных терминов [Z]. М., МГУ, 1996.

[30] Кубрякова Е. С. Части речи с когнитивной точки зрения [M]. М., Институт языкознания РАН. 1997a.

[31] Кубрякова Е. С. Язык пространства и пространство языка [A]. // Изв. РАН-СЛР, 1997b, №3. с. 22—31.

[32] Кубрякова Е. С. Языковое сознание и языковая картина мира [A]. // Филология и культура. Материалы международной конференции. Ч. 1. [С]. Тамбов, Изд-во ТГУ, 1999, с. 6—13.

[33] Кубрякова Е. С. Янко Т. Е. Язык и культура (факты и ценности) [С]. М., Языки славянской культуры, 2001.

[34] Кубрякова Е. С. Об установках когнитивной науки и актуальных проблемах когнитивной лингвистики [J]. // Вопросы когнитивной лингвистики, 2004a, №1. с. 6—17.

[35] Кубрякова Е. С. Язык и знание. На пути получения знаний о языке: части речи с когнитивной точки зрения. Роль языка в познании мира [С]. М., Языки славянской культуры, 2004b.

[36] Кубрякова Е. С. В поисках сущности языка. Когнитивное исследование [С]. М., Знак, 2012.

[37] Лассан Э. О формах существования концептуальных метафор как индикаторах силы и бессилия общества [J]. // Политическая лингвистика, Екатеринбург, 2010, №1. с. 24—33.

[38] Леонтьев А. Н. Деятельность. Сознание. Личность [M]. М., Политиздат, 1975.

[39] Лихачев Д. С. Концептосфера русского языка [A]. // Изв. РАН-СЛЯ [С] М.,

Наука, 1993, №1. с. 3—9.

[40] Никитин М. В. Развернутые тезисы о концептах[J]. // Вопросы когнитивной лингвистики, 2004, №1. с. 53—64.

[41] Пименова М. В. Душа и дух: особенности концептуализации[M]. Кемерово, Графика, 2004.

[42] Попова З. Д., Стернин И. А. Понятие "концепт" в лингвистических исследованиях [M]. Воронеж, ВГУ, 1999.

[43] Попова З. Д., Стернин И. А. Язык и национальная картина мира [M]. Воронеж, Истоки, 2002.

[44] Попова З. Д., Стернин И. А. Когнитивная лингвистика[M]. М., Восток-Запад, 2007.

[45] Слышкин Г. Г. От текста к символу. Лингвокультурные концепты прецедентных текстов в сознании и дискурсе[M]. М., Akademia, 2000.

[46] Слышкин Г. Г. Лингвокультурные концепты и метаконцепты[M]. Волгоград, Перемена, 2004.

[47] Степанов Ю. С. Константы:Словарь русской культуры[Z]. М., Языки русской культуры, 1997.

[48] Стернин И. А. Когнитивная интерпретация в лингвокогнитивных исследованиях [J]. //Вопросы когнитивной лингвистики. 2004, №1. с. 65—69.

[49] Стернин И. А. Семантико-когнитивный анализ языка[M]. Воронеж, Истоки, 2006.

[50] Тарасов Е. Ф. Введение[A]. //Язык и сознание: парадоксальная рациональность [C]. М. ИЯ РАН, 1993, с. 6—15.

[51] Телия В. Н. Русская фразеология[M]. М., Языки русской культуры, 1996.

[52] ФЭС(Филосовский энциклопедический словарь)[Z]. М., 《ИНФРА-М》, 1998.

[53] Шапанова М. В. Национальная специфика отражения концепта "общение" в лексико-фразеологической системе русского языка[A]. //Язык и национальное сознание. Вып. 2[C]. Воронеж, ЦЧКИ, 1999, с. 52—54.

[54] Шейгал Е. И., Арчакова Е. С. Тезаурусные связи и структура концепта[J]. // Язык, коммуникация и социальная среда, 2002, Вып. 2. с. 19—24.

第10章
视语言为人类意识存在之"形式"的人类中心论

将语言视作人类意识存在的形式,主要审视语言主体意识形成的过程及特点。该视阈的人类中心论,把人既视作语言主体,即"语言中的人"(человек в языке)和"说话的人"(человек говорящий),又把语言看做"人说的语言"(язык в человеке),即通常所说的"语言个性"(языковая личность)。也就是说,语言不仅是人类赖以生存的"寓所",也是人的心智或意识的外化形式。因此,探讨言语的生成和理解机制,审视语言主体意识或语言个性的心理形成过程,就成为该方向人类中心论的主要内容。

从当代俄罗斯语言学的发展进程看,这一视阈的语言学理论主要有言语活动论、语言意识理论、语言个性理论、先例理论和定型理论等,它们从各自不同的视角对人类意识存在之形式的语言进行了全方位的研究,构成了当代人类中心论范式语言学理论中不可或缺的重要方面。本章将按照所述顺序,对这些理论逐一进行评介。

第1节 言语活动论

"言语活动论"(теория речевой деятельности)是由俄罗斯著名心理语言学家小列昂季耶夫(А. А. Леонтьев,1936—2004)于20世纪60年代末期创立的新型心理语言学理论。[①] 它不仅是宣言,向世界心理语言学界宣告独树一帜的"莫斯科心理语言学派"(Московская

---

① 研究表明,俄罗斯心理语言学或莫斯科心理语言学派的确切形成时间为1969年,其标志是小列昂季耶夫于该年出版的《语言、言语、言语活动》(Язык, речь, речевая деятельность)和《心理语言单位与言语语句的生成》(Психолингвистические единицы и пораждение речевого высказывания)两部著作。学界关于俄罗斯心理语言学"形成于20世纪60年代中期"之说,我们认为是不确切的。对此,我们已在《俄罗斯心理语言学的形成标志及发展阶段》一文中进行了专门论证。(见赵爱国 2013:1—7)此外,此处的"小列昂捷耶夫"是相对于其父亲、俄罗斯著名心理学家"老列昂捷耶夫"(А. Н. Леонтьев,1903—1979)而言的,以示区别。

психолингвистическая школа，МПШ)的诞生①；它同时又是标志，预示着俄罗斯心理语言学研究由史前阶段走向"成型"。因此，许久以来"言语活动论"一直享有俄罗斯心理语言学代名词之特殊地位。围绕言语活动论展开的俄罗斯心理语言学研究，在短短 40 年内已经发展成为世界心理语言学界最具活力和影响力的学说之一，受到西方学界的高度关注和一致认可；而由言语活动论基本学理延伸出来的相关学说和思想，也成就了如交际心理语言学、民族心理语言学、文本/篇章心理语言学等具有鲜明俄罗斯特色的心理语言学的新兴分支学科。

1.1 言语活动论的概念内涵

言语活动论与世界其他心理语言学范式之学理形态的区别，首先反映在关于言语活动的独特的概念内涵之中，或者说隐含在该学科既定的对象之中。② 我们认为，其独特性主要体现在以下三个方面：

1.1.1 对言语活动属性的独特阐释

言语活动论的立论基础是言语活动，并对该活动的属性作出符合心理语言学范式的科学阐释。对此，小列昂季耶夫在 1969 年出版的《语言、言语、言语活动》(Язык，речь，речевая деятельность)一书中进行了深刻而独到的阐释。他指出，虽然心理学和语言学都研究言语活动，但前者首先关注的是所有活动的普遍性问题，因此它是关于社会个体的心理生理"活动论"(теория деятельности)；而后者的研究对象是"言语行动系统"(система речевых действий)，因此语言学又可以被界说为研究"一种活动(即言语活动)中的一个方面的学说"。（Леонтьев 2003：25－28，109)这无疑是莫斯科心理语言学派提出的言语活动论所有概念内涵的核心所在，即把心理学当做活动论，而把语言学视作"言语活动的一个方面"。换言之，在小列昂季耶夫看来，言语活动只是作为心理学即活动论的一个组成部分，而语言学研究只涉及该组成部分中的"言语行动系统"这一个方面。小列昂季耶夫正是从这一核心概念出发，进一步对语言符号的特性及言语活动的结构等进行阐释的。

1.1.2 对语言符号特性的独特理解

从上述对言语活动的概念内涵所做的界说中可以清楚看出，言语活

---

① 莫斯科心理语言学派主要是由围绕言语活动论范式展开学术活动的学术群体，由于其骨干成员大多为俄罗斯科学院语言学所(在莫斯科)心理语言学和交际理论研究组以及莫斯科大学的学者，因此列昂季耶夫本人将其称为"莫斯科心理语言学派"。该学派的主要成员除列昂季耶夫本人外，还有阿胡金娜(Т. В. Ахутина)、齐姆尼亚娅(И. А. Зимняя)、弗鲁姆金娜(Р. М. Фрумкина)、沙赫那罗维奇(А. М. Шахнарович)、塔拉索夫(Е. Ф. Тарасов)、索罗金(Ю. А. Сорокин)、德里德泽(Т. Д. Дридзе)等。

② 世界心理语言学范式主要有奥斯古德(Ч. Осгуд)的"反应心理语言学"或称"新行为主义心理语言学"，乔姆斯基—米勒(Н. Хомский-Дж. Миллер)的"语言学的心理语言学"，韦尔切(Дж. Верч)的"认知心理语言学"等，学界也分别将他们称为"第一代""第二代"和"第三代"心理语言学。

动与符号之间有一种天然联系。对于符号,小列昂季耶夫认为现代科学研究有三个相互不同的视角:第一是以胡塞尔(Э. Гуссерль,1859—1938)、莫里斯(Морис Мерло-Понти,1908—1961)为代表的"现象哲学传统"(феноменологическая философская традиция),把世界万物都视作符号;第二是以索绪尔(Ф. Соссюр,1857—1913)为代表的"经验主义符号学"(эмпирическая семиотика),把语言符号视作一种独立的符号系统;第三是以俄罗斯心理学家维果茨基(Л. С. Выгоцкий,1896—1934)、谢德罗维茨基(Г. П. Щедровицкий,1929—1994)等为代表,研究的并不是符号或符号系统本身,而是"符号活动"(знаковая деятельность),即语言符号或语言符号系统"内部的和心理学的方面"(внутренняя и психологическая сторона)。(Леонтьев 2003:43—45)那么,这个"语言符号系统"究竟包括哪些具体的内容呢?对此,小列昂季耶夫认为相对于以胡塞尔、莫里斯为代表的"现象哲学传统"视角而言,"言语活动论"视角的"符号域"(круг знаков)要狭窄得多,它特指如下现实的事物或现象:一是在起源上对人的心理形成有制约作用的,如语言符号、聋哑人的面部表情符号等;二是在人的心理运作过程中起各种辅助作用的,如记忆手段、地图、图纸和图式等;三是基础性的符号或作为基础性符号的对应物,如城市交通符号、旗语代码、莫尔斯电码等。第二、第三种符号是第二性的,它们常常用作第一种符号的替代物,即第二种符号是第一种符号的功能对应物,而第三种符号则是第一种符号的形式对应物。(Леонтьев 2003:45—46)简言之,小列昂季耶夫眼中的"语言符号系统",主要指语言符号及其替代物,因为只有第一种语言符号的"特性"(свойства)才构成心理语言学的研究对象,该特性是:与人的大脑的心理生理构造有某种绝对的无条件联系,并能够使人肌体中某些内隐的生物特性现实化;具有潜在的(常常又是现实的)"多功能符号"(полифункциональные знаки);无论哪种形式"在自上而下的方向上"(в направлении сверху вниз)都不会使代码变形。(Леонтьев 2003:46)我们从上述对符号"特性"的解释中可以清楚地看出,言语活动论视角的符号观与语言学、心理学、生理学、言语和思维病理学、逻辑学、诗学等的都不相同。在言语活动论学说中,符号并不是现实的事物或现象,而是对现实的事物或现象的功能特性进行概括的"符号模式"(знаковая модель)。举例说,如果不同的事物或现象可以用间接方式表现出"同一种程序"(одна и та же операция)的话,那么这些不同的事物或现象就属于同一种"符号模式"。这一点对莫斯科心理语言学派的言语活动论来说特别重要,是其在学理上区别于其他学派(尤其是美国心理语言学派)理论学说的根本所在。

1.1.3 对言语活动结构及其相互关系的独特认识

显然,要对现实的事物或现象的功能进行模式化概括,用传统的结构主义语言学的方法(如索绪尔的语言和言语对立等)是无法得到合理解决的。只有对语言符号的本质属性尤其是语言运作的机理进行重新审视和界说,才能获得理想的答案。为此,小列昂季耶夫依据"彼得堡语言学派"(Петербургская школа в языкознании)的代表人物谢尔巴(Л. В. Щерба,1880—1944)的语言现象"三层面"学说,以及任金(Н. И. Жинкин,1893—1979)关于言语性质和过程的相关理论,提出了言语活动结构由三个范畴构成的重要思想,即:"作为能力的语言"(язык как способность)——语言群体成员掌握、生产、再现和等值感知语言符号的心理学和生理学条件的总和(相对于谢尔巴的"语言材料"),"作为对象的语言"(язык как предмет)——用一定方式整理过的语言活动恒常成分的总和(相对于谢尔巴的"语言系统"),"作为过程的语言"(язык как процесс)——语言群体在一定社会经济和文化条件下为交际或自我交际(思维)而实现的语言能力的过程(相对于谢尔巴的"言语活动")。(Леонтьев 2003:101—103)也就是说,小列昂季耶夫在这里第一次完整地提出了"三位一体"的言语活动论思想,这与索绪尔把自然语言符号区分为"语言"(Langue)、"语言能力"(Faculté du Langage)、"言语活动"(Langage)、"言语"(Parole)有很大不同。索绪尔认为,"语言"和"语言能力"相对立,构成"言语活动",而"言语活动"又与"言语"相对立。小列昂季耶夫则认为言语活动包含了其他所有三个方面。从这个意义上讲,莫斯科心理语言学派的语言观就是上述"三位一体"的言语活动论。

不妨具体来审视一下该三个不同语言层面或语言模式的相互关系。首先,把"作为对象的语言"(语言系统)与"作为过程的语言"(言语)进行对接,历来属于语言学专有的对象,其他学科少有涉及。尽管语言学的不同分支学科可能对"语言"和"言语"有不同的研究视阈,甚至会采用不同的术语系统(如交际学理论就把"语言"和"言语"分别视作"代码"和"信息"等),但它们的对立应该说从来就被视为 20 世纪哲学研究实现语言学转向以来的最大成果之一;其次,将"作为能力的语言"(言语机制)与"作为过程的语言"(言语)相对接,除了心理学外,任何其他科学都不将上述两者结合起来进行研究。因为这种对接在分析言语机制时,并不对与交际过程相关的内容进行描写,也不对言语生成中表达的相关成分进行区分。这显然不是心理语言学所企求的;其三是把"作为对象的语言"(语言系统)与"作为能力的语言"(言语机制)对接起来,这是心理学和语言学联系最紧密的一种对接,因此,这几乎是世界心理语言学各种范式所依据的一般原理,或者说心理语言学正是按照这种对接模式来建构研究对象的。我们从小列昂季耶夫对心理语言学所下的最初定义——"心理语言学是一门把语言系统与语言能力之间的关系作为研究对象的科学"(Леонтьев 1969:106)中,看到了这种对接。但实际上,语言系统与语言能力并不是按照同样的规则建构起来的,正如小列昂季耶夫本人所说,"人的言语机制的建构与语言系统的建构并不完全相同,前者的构造是由心理学与高级神经活动生理学和其他科学一起所获得的特殊形式(尽管到目前为止我们还不能对语言能力的构造进行详尽描述)"。(Леонтьев 2003:102-106)为此,小列昂季耶夫给心理语言学又下了第二个定义:"心理语言学的研究对象是作为整体的言语活动及其在综合模式化中的规律性"。①(Леонтьев 1969:110)

以上论述可以得出这样一个重要结论:莫斯科心理语言学派的任务(或者说首要任务)就是要建构一套与语言模式有别的言语能力模式,以此来论证该学说一贯强调的对心理语言学的学科定位——心理语言学是一门既有别于语言学也有别于心理学的综合性学科。而这个专门用于研究言语能力生成模式的学科便是言语活动论。换句话说,探索言语活动综合的多层级的模式化之规律性,就是言语活动论特有的概念内涵,它与语言学和心理学走的完全是不同的方向。

1.2 言语活动论的方法及方法论原则

方法及方法论不仅是任何一门新兴学科的基本要素,也是该学科得以发展的必备条件。从方法及方法论视角来审视莫斯科心理语言学派的言语活动论,可以帮助我们深刻认识该学科的本质特性。

1.2.1 言语活动论的研究方法

小列昂季耶夫在1969年出版的《语言、言语、言语活动》这部奠基性著作中,只对言语活动论的研究方法稍有涉及,直到1997年出版《心理语言学基础》(Основы психолингвистики)这部教材时才辟出专门章节予以系统阐述。小列昂季耶夫认为,从本质上讲,心理语言学的研究方法比其研究对象来要简单得多,原因是心理语言学本身并没有与语言学格格不入的方法,因为任何一个正确建构起来的模式尤其是语言模式,必须要通过"有组织的实验"(организованный эксперимент)予以后续的论证。(Леонтьев,2003:111)但他同时又认为心理语言学的实验与语言学的有所不同:一是实验方法的具体名称不同,心理语言学通常采用的是

---

① 事实上,小列昂季耶夫对心理语言学的对象曾下过多次定义(1969年两次,1989年和1996年又分别各一次)。这主要是由学科不断发展之需要所决定的。1969年下的两个定义,是针对俄罗斯心理语言学的最初学术范式——言语活动论而下的,后来该学科得到空前的扩张,发展成为真正具有综合性的心理语言学范式,因此列昂季耶夫对定义又做了两次修订。

从心理学那里借用过来的技术方法系统；二是使用的方法在数量上更多，因为对语言模式的建构原则上是不需要经过实验的，几乎都是纯演绎式的，这种演绎方式具有很大的随意性。(Леонтьев 2003:110－111) 这是小列昂季耶夫在《语言、言语、言语活动》一书中所阐述的观点。可见，作为俄罗斯心理语言学最初范式的言语活动论，其研究方法是比较单一的，基本与语言学所采用的方法相同——那就是"实验法"(экспериментальные методы и методики)。正如小列昂季耶夫本人所说，在 1969 年当时的条件下，还"不可能对心理语言学所采取的研究方法进行更加详细的评价"。(Леонтьев 1969:112)该"实验法"具体又分为三种——"间接实验法""直接实验法"和"语言学实验法"等。其中前两种与西方学界采用的方法并无本质的区别，即主要综合使用"观察法""条件反射法""语义刻度法""语义区分法""语义整合法""联想法"等。[①] 而第三种"语言学实验法"则是由谢尔巴于 1931 年创立的，因此是俄罗斯心理语言学所特有的。谢尔巴把语言学实验分为两种——"肯定实验法"(положительный эксперимент)和"否定实验法"(отрицательный эксперимент)。前者是先对某个词语的意义或某种形式或某种构词和构形的规则作出假设，并根据该假设尝试说出一组不同的句子，如果得出肯定的结果，那么就证明公设是正确的；而后者是给出一个错误的语句，让受实验者找出错误并予以改正。(Щерба 2004:24－38)"语言学实验法"用作心理语言学的实验，其验证的不是语言规范模式或功能言语模式，而是语言能力模式或言语活动模式。(Леонтьев 2005:80)

1.2.2 言语活动论的方法论原则

我们知道，从俄罗斯心理语言学的形成机理看，言语活动论所依据的方法论主要是俄罗斯科学传统中特有的心理学、语言学和生理学有关活动的学说或活动论。[②] 正是活动论的基本学理，成就了莫斯科心理语言学派；也正是活动论所蕴涵的方法论原则不同于西方学派，才使言语活动论被喻为心理语言学的新范式，从而受到西方学界的推崇。那么，

[①] 如果说在该两种实验方法中俄罗斯心理语言学研究有什么特色的话，我们认为当属"间接实验法"中的"联想法"。俄罗斯心理学家开展的联想实验取得举世公认的成就，如出版了两卷本的《俄语联想词典》等。该方法的新颖之处在于充当"刺激物"的不仅仅是中性词形（如单数名词第一格、动词不定式等），而是扩展到所有词形。这样，获得的就不仅是词汇的信息，还可以获得心理语言学语法的信息。

[②] 这里所指的心理语言学基础主要指维果茨基创立的"文化历史心理学"(культурно-историческая психология)学派的学理和传统，其核心是"活动论"；语言学基础主要源自本国传统的三大学派——"哈尔科夫语言学派"(Харьковская лингвистическая школа)、"喀山语言学派"(Казанская лингвистическая школа)和"彼得堡语言学派"(Петербургская школа в языкознании)的相关理论和学说，尤其是后者的代表人物谢尔巴的语言现象"三层面"学说；生理学基础主要源自巴甫洛夫(И. П. Павлов, 1849—1936)的高级神经活动生理学(физиология высшей нервной деятельности)，别赫杰列夫(В. М. Бехтерев, 1857—1927)的"反射学"(рефлексология)、伯恩斯坦(И. Я. Бернштейн, 1896—1966)的"运动生理学和能动性生理学"(физиология движения и активности)等（详见赵爱国 2012:415－422）。

言语活动论所遵循的方法论原则与西方(主要是美国)的究竟有哪些不同呢？研究表明,言语活动论所遵循的是普通心理活动论中的"活动解释原则"(деятельностный объяснительный принцип)①,该原则与西方学界奉行的相关方法论原则是相对立的。对此,俄罗斯著名心理语言学家、莫斯科心理语言学派的主要成员之一、《心理语言学问题》杂志主编塔拉索夫在《心理语言学发展趋势》(Тенденции развития психолингвистики)一书中作了精辟概括。它们分别是：(1)与刺激性原则相对立的对象性原则(принцип премедности как оппозиция принципу стимульности)。活动论认为对象具有双重性：作为构成主体活动的独立存在物和作为活动主体的心理形象,因此它具有"主观形式"。心理形象可用作揭示活动的动机；(2)与反应性原则相对立的能动性原则(принцип активности как оппозиция принципу реактивности)。活动论把人的心理过程看做是一种创造性的和有目的的活动,而不是行为主义的消极或被动的反应；(3)与适应性原则相对立的人的对象性活动的非适应性原则(принцип неадаптивной природы предметной деятельности человека как оппозиция принципу адаптивности)。活动论认为,是人创造着自身生存的条件,而不是去寻找自然界中现成的东西。人的动机的对象处在不断变化之中,社会也会给人提出新的对象,因此人为了满足自身的需要而开展活动,这种对象性活动具有非适应的性质。相关心理学实验也证明,人的"能动性"(активность)与"适应性"(адаптивность)并不等同；(4)与直接联想联系原则相对立的间接性原则(принцип опосредствования как оппозиция принципу непосредственных ассоциативных связей)。间接性原则作为活动论的基本原则之一,这是由人的高级心理机能决定的,人是通过语言符号这个中介来进行活动的,人的工具心理形成也是通过上述中介来实现的,这也是人与动物的主要区别之一；(5)与社会化原则相对立的内化—外化原则(принцип интериоризации-экстериоризации как оппозиция принципу социализации)。活动论把人的心理机制的形成视作是内化和外化的结果,首先由社会外部的活动转化为活动的心理学形式,从而形成自我意识,然后产生意识内层。内化绝不是机械地由外部物质的东西向内转化为思想；(6)与"成分"分析原则相对立的"单位"分析原则(принцип анализа по《единицам》как оппозиция принципу анализа по элементам)。这是莫斯科心理语言学派与西方心理语言学范式的最大区别之一。单位分析是把人的言语活动看做是一个宏观结构,它不是把人的活动切分为成分,而是揭示构成活动关系的特征。人的活动由三个基

---

① "活动解释原则"是普通心理学活动论用于对言语进行分析的一种"解释图式"(объяснительная схема),其学理形成于哲学,后首先被洪堡特用于语言学的研究。从本质上看,活动论的目的就是对活动解释原则作出科学的阐释。

本单位构成——"活动、动作和程序"(деятельность, действие и операция)。(Тарасов 1987:103—108)

以上原则,都是活动解释原则的具体体现。它们不仅为言语活动论提供了科学的方法论,也在哲学层面上为言语活动论区别于世界其他心理语言学范式奠定了学理基础。

1.3 言语活动论的学理构成

言语活动论的概念内涵及方法论原则,决定了其学理形态的基本构成。对此,小列昂季耶夫和别梁宁(В. П. Белянин)等学者曾用"公设"(постулаты)这一术语对该学理形态构成作过概括性的总结和阐释。现简要归纳和评介如下:

1) 心理语言学分析的是"单位"(единица)而不是"成分"(элемент),即不是操语言者心理的某语言单位的静态对应物,而是基础言语动作和言语程序。也就是说,言语活动论的分析单位是"心理学程序"(психологическая операция),它是由实现言语生成和言语感知以及掌握语言的单位形成的,而不是由可以划分、描写以及直观表征的成分构成的。这是莫斯科心理语言学派与西方第二代心理语言学说的原则区别所在。

2) 在"活动范式"(деятельностная парадигма)内审视心理语言学单位,其发端的言语事件具有"活动框架"(деятельностные фреймы)即"活动图式"(деятельностная схема)的特点。这个单位即言语活动的"最小细胞"(минимальная клеточка),应该具有活动的如下基本特征:"对象性"(предметность)——指向人的周围现实,或者说在活动中内部心理过程向客观对象世界敞开;"目的性"(целенаправленность)——任何活动行为都是有限的,而任何动作又都有活动主体事先计划好要达成的过渡目标;"理据性"(мотивированность)——任何活动的行为总是有多个理据,即同时受构成统一整体的多个动机所激励;纵向的"等级组织"(иерархическая организация)——包括活动的单位及"准单位"(квазиединицы),如"图式"(схема)、"功能块"(функциональный блок)等;横向的"阶段组织"(фазная организация)等。(Леонтьев 2005:65—66;Белянин 2003:29—30)

3) 用"启发式原则"(эвристический принцип)组织言语活动。言语活动论不应该属于算法论的,而应该是启发式的理论。理由是:与任何一种有目的的活动一样,言语活动的实施要取决于目的、条件、手段等其他条件,即不能一劳永逸或有硬性的规定程序,而只能是启发式的,因为言语活动不仅要对选择言语行为策略的环节作出预测,还要允许言语的生成和感知在不同的阶段中有灵活的运作路径,更要与先前用各种心理语言学模式取得的实验结果相对应等。因此,如果把心理语言学理论视作普通心理学活动论的组成部分,即把言语过程视作言语活动或言语动作,那么它就应该是启发式的。

4) 强调形象层面的活动观或"过程观"(процессуальный подход)。活动论的哲学基础并不是意识与存在的对立,而是"形象"(образ)与"过程"(процесс)的对立,因为心理学的对象是主体对现实的活动,因此就必须围绕形象与活动(过程)的关系来建构心理语言学理论,既首先研究由语言符号间接表达的世界形象与言语活动的关系。

5) 活动方式的选择取决于对现有各种解决办法的筛选,通常要按照"未来模式化"(моделирование будущего)的标准来确定①,因此"随机预测"(вероятностное прогнозирование)具有重要意义。

6) 言语生成的过程是言语感知的基础。也就是说,言语感知过程具有能动的性质。(Леонтьев 2005:67—71)

以上对言语活动论基本学理形态构成的论述,实际上不仅是该学科在科学研究过程中所要遵循的基本原理,更是该学科运作的基本内核。据此,我们不难得出这样的结论:言语活动论遵循的是活动解释原则的方法论,其学理形态构成是建立在普通心理学活动论基础上的,基本分析对象是言语生成、言语感知和掌握语言的过程;分析单位是心理学程序,即不是语言学的,而是心理学的;价值取向是活动本体论,包括对象活动、交际、认知活动言语技能形成活动等具体的活动形式。

总之,言语活动论的基本运作模式是:活动论视人的心理为活动,而言语活动论则把人的言语视作一种活动。这表明实际上存在着两种不同的活动:一是作为研究对象的活动——人的言语,另一个是作为分析图式的活动——人的心理。研究作为人的言语的活动,要依靠作为人的心理的活动概念(图式)来进行,而不需要借助于其他别的概念系统,因为作为人的心理的活动概念本身就是一套自主的抽象系统。如,解释"作为过程的语言",用原有俄罗斯心理学和生理学中有关活动的概念就足以实现,如活动、动作、程序、动机、需求、意象、意义、个性等;而解释"作为对象的语言",一般使用语言学原有的文化、社会、历史过程、"静态、动态、共时、历时"等概念就能完成。上述模式充分证明,莫斯科心理语言学派的言语活动论的方法论是心理学的,它是采用活动论的概念系

---

① 该"未来模式化"的概念即伯恩斯坦提出的"未来模式"(модель будущего)。他认为,运动生理学中的"任意运动"(произвольное движение)的产生和实现,是由若干阶段构成的一个序列,即:对情景的感知和评价阶段、确定能动性会发生何种情景、应该做什么、怎样做等四个阶段,其中后两个阶段构成了解决规定任务的程序。显然,为了求得未来(第二阶段),大脑不仅应该有反映现实的能力,而且还要有建构未来情景模式(所希冀的未来模式)的能力。(Бернштейн 1966:288)

统,来分析主要是由语言符号间接表达出来的言语思维过程。因此可以说,言语活动论之所以在学理上与西方的心理语言学不同,其根本原因就在于其在方法论上的不同,即上述所说的形成了活动解释原则,从而标志着一个崭新学术范式的诞生。这也证明了小列昂季耶夫本人在多部著述中提出的一则界说,即言语活动论是活动论或心理学的一个分支。可见,言语活动论是活动论发展的必然阶段,这是个更加理性的阶段,20世纪哲学研究中的语言学转向就孕育着这个阶段的到来,从而凸显出与语言学紧密关联的人类中心论思想。

第 2 节　语言意识理论

语言与意识或语言与思维的关系问题,不仅是理论语言学研究的永恒主题之一,更是当代俄罗斯人类中心论范式语言学理论所关注的核心内容。从语言哲学发展的历史看,较之于西方而言,俄罗斯学界更加强调语言对意识或思维的影响和构建作用,因此,有关的成果也相对较多。如,比较著名的有波捷布尼亚(А. А. Потебня,1835—1891)的"语言心理"论,福尔图纳托夫(Ф. Ф. Фортунатов,1848—1914)的"言语句"说,维果茨基(Л. С. Выготский,1896—1934)的"内部言语"说,大列昂季耶夫的"世界形象"说,卡拉乌拉夫(Ю. Н. Караулов)的"思维的语言"说等。[①] 而此处所谓的"语言意识"(языковое сознание)理论,主要指近 10 余年来在俄罗斯心理语言学尤其是"民族心理语言学"(этнопсихолингвистика)和"认知语言学"(когнитивная лингвистика)领域内有关语言与意识关系研究的相关学说,它把语言的民族文化特点上升到语言意识的高度加以研究,因此是心理学与语言学交叉的结果。该领域的主要成果收录在俄罗斯语言学所出版的下列文集中:由塔拉索夫(Е. Ф. Тарасов)任主编的《语言与意识:反常的理性》(Язык и сознание: парадоксальная рациональность)(1993),以及由乌费姆采娃(Н. В. Уфимцева)任主编的《语言意识的民族文化特点》(Этнокультурная специфика языкового сознания)(1996)、《语言意识:形成和功用》(Языковое сознание: формирование и функционирование)(1998)、《语言意识和世界形象》(Языковое сознание и образ мира)(2000)等。对该理论研究有突出贡献的学者除上述两位外,还有小列昂季耶夫、克拉斯内赫(В. В. Красных)、扎列夫斯卡娅(А. А. Залевская)等。下面,就对上述学者的主要学说做简要评介。

---

① 关于"思维的语言"的界说,详见本书"语言世界图景理论"章节的有关论述。

2.1 克拉斯内赫的"框架结构"论[①]

在莫斯科心理语言学派中,对语言与意识相互关系有比较系统研究的是莫斯科大学的克拉斯内赫教授。她先后出版了《虚拟的现实还是现实的虚拟?》(Виртуальная реальность или реальная виртуальность?)(1998)、《心理语言学与交际理论原理》(Основы психолингвистики и теории коммуникации)(2001)、《民族心理语言学与语言文化学》(Этнопсихолингвитика и лингвокультурология)(2002)等三部著作,从"语言个性"(языковая личность)和"世界形象"(образ мира)的视角出发,对语言意识的属性与结构、语言意识与认知空间、语言意识与言语交际等一系列问题作了系统审视,并从语言哲学的高度对民族文化特点的形成机理和表现形态进行了阐释和分析。其主要观点有:

1) 意识具有语言的属性。她认为,心理语言学中所说的意识就等同于语言意识,因此,所谓语言与意识的命题是一种逻辑悖论,它们描写的实际上同一种现象——人的意识。但如果在"意识"前冠以"语言"的修饰语,只是为了强调一点,那就是意识与个性的言语生成和理解具有直接的关联性,因为语言学家只有通过研究个性的言语活动才能够去研究"民族心智语言体"(национальный ментально-лингвальный комплекс)和"民族观念阈"(национальная концептосфера)问题。(Красных 1998:21-22)可以看出,她的这一观点与俄罗斯著名心理语言学家维果茨基、老列昂季耶夫(А. Н. Леонтьев, 1903—1979)的相关思想相接近。后者也认为,意识具有语言和言语属性。如,老列昂季耶夫就曾说,有意识就意味着掌握语言,掌握语言就意味着掌握意义;意义是意识的单位,意识具有符号性。(见 Леонтьев 1993:16)

2) 语言意识近似于世界图景。克拉斯内赫认为,意识是现实世界在人脑中的反映,所以它近似于"世界图景"(картина мира)或"世界模式"(модель мира)。而作为世界图景的意识就必然刻有民族文化的烙印。(Красных 1998:22-23)但语言意识与"语言世界图景"(языковая картина мира)并不等同,原因是意识或世界图景具有双重属性——客观的和非客观的:前者不以人的意志为转移,展现为"客观世界图景"(объективная картина мира);后者具有"第二性"性质,展现为"理念世界图景"(идеальная картина мира)即语言世界图景。语言世界图景位于世界图景的深层,因为每一种自然语言反映着世界概念化的一定方式。总之,语言不是映照世界,而是表达世界。(Красных 2001:64-65)也就是

[①] 在俄罗斯,"语言意识"问题主要属于心理语言学的研究范围,而在西方学界则属于"语言知识"(знание о языке)研究,即第三代心理语言学——认知心理语言学中的核心概念和内容之一。

说,在克拉斯内赫看来,语言意识中既包含着现实世界反映在人脑(心理)中的那部分客观世界图景,也包含着由民族语言建构起来的那部分理念世界图景,这两种世界图景都带有民族文化的痕迹。她的这一观点,与莫斯科心理语言学派的奠基人小列昂季耶夫的思想基本一致。后者曾指出,如果把语言理解为交际和信息的统一,理解为一个既有事物形式又有言语形式的意义系统,那么语言意识就近似于俄罗斯现代心理学中的世界形象。但是,不能将世界形象认同于语言世界图景,也不能将其认同于认知世界图景,因为前者是"语言棱镜中的世界"(мир в зеркале языка),后者与世界形象相对立,因为世界形象是人的心理对实物世界的反映,这种反映是以实物意义为中介间接表达出来的,而且还受制于人的有意识的反射。(见 Леонтьев 1993:18)

3) 语言意识具有自身的"框架结构"(фрейм-структуры)。由于语言意识近乎于世界图景,因此其结构具有深层的性质。克拉斯内赫由此认为,语言意识是由处在深层的多层级"观念块"(концептуальные блоки)构成的。正是这些观念块,决定着我们如何看待世界,如何感知和切分现实世界。从心理语言学角度看,"观念块"实为人之思维赖以运作的"信息块"(информационные массивы)。与科学概念中的"信息"所不同的是,它们具有内隐性、不易觉察性、不可知觉性等特征。(Красных 1998:116)从观念块的框架结构看,它们又是由"心智图片"(ментальные картинки)构成的,如"先例"(прецеденты)、"定型"(стереотипы)、"形象"(образы)、"完形"(гештальты)、"图式"(схемы)、"命题"(пропозиции)、"公式"(формулы)等。她本人还对先例和定型现象作了深入的分析研究,并对该两种现象与民族心理、民族认知的关系等作出了颇有见地的阐释。① (见 Красных 1998:54—76)

2.2 扎列夫斯卡娅的"心智语汇"说

作为"特维尔心理语言学派"(Тверская психолингвистическая школа)的奠基人②,扎列夫斯卡娅是俄罗斯心理语言学研究中"心智语汇"(ментальный лексикон)术语的首创者。③ 她及其学派成员从20世纪70年代起就开始研究心智语汇问题,迄今已发表了大量著述,如《人的内

---

① 有关先例和定型理论问题,我们将在本章中做专门的评介,故在此不予赘述。
② 目前学界对"特维尔心理语言学派"的提法仍有争议。不少学者(包括莫斯科心理语言学派的创始人小列昂季耶夫本人在内),都将该学派看做是莫斯科学派的一个分支,认为扎列夫斯卡娅的学说是建构在莫斯科学派"言语活动论"学理基础之上的;但学界多数学者都认为扎列夫斯卡娅及其团队的研究别具一格,已经形成了自己的学派。
③ 关于 ментальный лексикон 这一术语的译法,学界并不一致。国内学者许高渝等将其译为"心理词典"。为避免引起歧义,我们将其译为"心智语汇",指词汇意义在人的心理表征。

部语汇的组织问题》(Проблемы внутреннего лексиона человека)(1977)①、《人的语汇中的词：心理语言学研究》(Слово в лексиконе человека:психолингвистическое исследование)(1990)、《心理语言学导论》(Введение в психолингвистику)(1999)、《语篇及其理解》(Текст и его понимание)(2001)、《心理语言学研究：词与语篇研究文集》(Психолингвистичесие исследования. Слово. Текст: Избранные труды)(2005)等，从"言语组织"(речевая организация)角度对人的心智语汇的结构、功能、特点及其与言语思维过程的关系等一系列问题进行系统审视和阐释。② 其学说主要包含以下思想：

1) 关于言语机制问题。扎列夫斯卡娅在审视了语言学、心理学等学科对"机制"概念的不同阐释后认为，"言语机制"(речевой механизм)首先应该解释成用于实现一定过程并拥有物质基质(大脑)潜能和适合在不同层级上进行研究的"装置"(устройство)，该装置要由专门的单位来运作，其内容丰富并且有序(有组织)，可以在相应的过程中得到最佳使用。(Залевская 1999:51)在扎列夫斯卡娅看来，言语机制就是人的言语组织，它是由各"成素单位"的相互作用形成的，并可以用于不同的目的。这样的界说与谢尔巴提出的关于言语组织的思想并无原则性差异。但她认为，对言语组织应该在下列心理语言学的范围内予以具体的考察：一是要解释人的言语组织与语言能力、语言个性之间的关系；二是要确定人的言语组织的单位特点及其在言语活动中有序使用的基本原理；三是要把言语生成和理解的过程看做是结构与过程、机制与使用特点的相互作用；四是审视知识的类型及运作特点；五是要对言语组织形成过程的掌握语言(包括掌握外语)作具体分析。(Залевкая 1999:51-52)不难看出，扎列夫斯卡娅对言语机制即言语组织的考察已经由谢尔巴的语言结构层面扩展到心理语言学的语言能力层面。她提出，言语组织不仅是一个动态的功能系统，而且是一个"自组织系统"(самоорганизующая система)，因为在该组织中对言语经验加工和整理的过程会与言语产品发生相互作用。由此她得出这样的结论：所谓言语活动，实际是一种"言语思维活动"。(Залевская 2005:34)以上思想正是特维尔心理语言学派所有理论和学说的基本出发点。

那么，如何对言语机制即言语组织进行考察呢？扎列夫斯卡娅提出，除了使用任金提出的"含义替代机制"和小列昂季耶夫提出的区分活

---

① 该文后来被收入扎列夫斯卡娅于2005年出版的文集《心理语言学研究：词与语篇文集》(Психолингвистические исследовния. Слово,Текст：Избранные труды)第31-85页中。

② "言语组织"的概念是彼得堡语言学派的奠基人谢尔巴在其经典著作《论语言现象的三层面和语言学中的实验》中提出来。他认为言语活动是受个体的心理生理的言语组织制约的、具有社会性质的说话和理解的过程，是一种复杂的、综合的活动。

动的"实现机制"和"控制机制"等方法外,应该首先考虑采用"隐喻性"原则,因为作为认知手段的隐喻具有"启发式潜能"。该潜能可以通过三种过程来实现,即:认知过程(在感知中保障能动性)、联想过程(保障对知觉、认知和情感评价经验加工产品间的相互联系)、深层述谓(确定各种联系的事实)。而实现人的言语机制的隐喻性原则可采用三种不同的方法:一是系数法——前提是确认在人的言语机制中存在着相互独立和自主的信息加工系统,每一个系数将各自加工好的信息传递给中央加工系统(即中央处理器),并由该处理器来完成对信息的校对;二是关联法——依据对人脑信息加工过程的研究结果,强调加工在信息相互作用下的共时性,即任何层级的加工都与其他层级相关联,如对信息的理解就包括对信息由下而上或由上而下的整合等。实施该方法的前提是将知识的形式表征为"网状结构"。网状是由各(神经)节点和联系构成的,节点用来表征概念、命题、框架等,在联系图式中起着重要作用,因此该方法广泛运用于对人脑生理学过程的研究;三是融合法——即将上述两种方法交叉使用的方法。(Залевская 1999:60—62)

2) 关于心智语汇的特性问题。扎列夫斯卡娅及其特维尔心理语言学派对心智语汇的研究首先是建立在对词义的全面审视和重新思考基础上的。扎列夫斯卡娅认为,当代学界对词的意义研究已经由"原子态"并经过"分子态"而进入到"共性态",即由传统的单个词的逻辑语义,并经过语言知识和百科知识复杂的相互作用的认定,进入到把词义看做是个性所体验的个体世界图景的手段的阶段。因此,对词义的研究不仅应该关注意义的运作过程和内部结构组织,还要与单个的词和语汇结合起来、与语汇在人的语言/言语机制和认识体系中的地位结合起来予以综合考察。(Залевская 1999:132—134)

基于上述认识,扎列夫斯卡娅着重对心智语汇的特性进行了分析。她认为,心智语汇是人的言语组织中的词汇成素,因此同样具有言语组织的各种特性,即:它不能解释为语言信息的被动储存器,而是一个对言语经验进行加工和整理过程与该过程的产品不断发生相互作用的自组织的动态功能系统。由此她得出这样的结论:既然人的言语组织是一个心理生理现象,对言语经验加工和整理的结果都会储存在人的记忆里,并被用作言语思维活动,那么对语汇的研究就应该是跨学科的和跨语言的,这是因为没有类型学视角对不同语料的对比分析,就不可能区分出语汇组织中普遍的和民族自我的成素。(Залевская 1999:153—154)据此,扎列夫斯卡娅把个体的内部语汇看做是言语思维活动的能动主体的"财富"(достояние),并把语汇研究与心理语言学中的词义理论结合起来,从个体知识的特点和形成机理出发来探讨人的言语机制的功能特点,提出了个体"语汇核"(ядро лексикона)的重要概念。所谓语汇核,是指联想语汇实验中最具联系功能的词汇,它们对区分语汇组织中的普遍性和民族性成素具有决定性的作用。(Залевская 1999:168—170)对于词作为语汇单位所具有的功能机制问题,扎列夫斯卡娅从派生词、多义词、新词语、成语的识别特点等四个方面进行了系统的思考和论证,并得出结论认为:词在人的语汇中的功能机制是在知觉、认知和情感评价经验的加工产品的相互作用下,由不同层级认知的"多段式过程"(многоступенчатые процессы)完成的。因此,世界形象的获得,需要采用不同的策略和支撑成素,并在各种内外因素的作用下依靠对语言知识和百科知识的范畴化来实现。除此之外,为保证心智语汇运作程序的可信度,还应该采用多种实验手段对词汇单位的功能机制特点予以验证(Залевская 1999:199—200)。

以上不难发现,扎列夫斯卡娅对语言意识的研究与克拉斯内赫走的不是同一条路径:她是借助对言语组织特性的基本认识,并从语汇这个成素入手来探索人的言语思维机制及语言意识问题的,以科学解答如下问题:人的心智是如何对世界作出能动反应的;人的语言能力是如何形成的;语言是如何习得和掌握的;心智语汇是如何构建起世界模式和语言个性的,等等。这是心理语言学研究的一种崭新视角,它对揭示语言能力的认知机制无疑具有重要的理论意义和实用价值。

2.3 乌费姆采娃的"语言意识核"说

作为俄罗斯著名心理语言学家,乌费姆采娃曾主编《俄语联想词典》(Русский ассоциативный словарь)和《斯拉夫语联想词典》(Славянский ассоциативный словарь)等有世界影响的大型工具书,并在语言意识、语言意识的个体发育以及民族文化特点等研究领域取得重要成果。其中,她在1996发表的《俄罗斯人:又一种自我认识实验》(Русские: опыт еще одного самопознания)的文章中,从文化定型角度并采用联想实验的方法,提出了"语言意识核"(ядро языкового сознания)的概念。所谓语言意识核,即借用扎列夫斯卡娅的"语汇核"的概念,指"语义网"(семантическая сеть)中那些与其他语言单位联系最多的单位。该概念后被俄罗斯心理语言学界所普遍采用,专门用来对不同民族的语言意识做联想实验对比分析和研究。

乌费姆采娃对俄罗斯人和英国人的语言意识核进行了为期10年(1988—1997)的跟踪联想实验研究。她认为,对民族意识的形成和起作用的既有先天的因素,也有后天在社会化过程中所获得的因素。如果我们认同把文化界说为与某民族系统相关联的意识系统,那么就自然会在该民族的语言形式中来审视其民族意识,因为语言形式可以揭示某民族代表人物所特有的世界形象的特点。(Уфимцева 1996:144-145)为此,她提出,可以通过联想实验来揭示某"文化代表"(носитель культуры)的世界形象的特点,即对现代俄语和英语的"联想语汇"(ассоциативные тезаурусы)材料进行对比分析,以展示两个民族意识中独特的世界形象。

乌费姆采娃联想实验成果表明,根据"语义网"中词语所引起的刺激的数量,俄语和英语的语言意识核心词不尽相同:俄语排在前几位的核心词分别是 человек(人),дом(房子),жизнь(生活),друг(朋友),деньги(金钱)等;而英语排在前几位的核心词则是 me(用作宾格的'我'),man(人),sex(情欲),money(金钱),work(工作)等。另外,两种语言意识中最常用的评价核心词也有别,俄语分别是 нет(不,不是,没有),хорошо(好),плохо(坏),большой(大的),дурак(傻瓜);而英语分别是 good(好),no(没有),yes(是,是的),nothing(没有什么)等。(Уфимцева 1996:147-149)最为重要的是,乌费姆采娃通过分析后发现,尽管几十年期间俄罗斯社会和俄罗斯人的生活发生了巨大变化,但俄罗斯人的基本语言意识核心词却并没有改变。这一发现充分证明,处在深层的语言意识的变化远远滞后于社会和文化的变化,它们作为民族文化定型中的"恒量",决定着该民族的世界形象。

在上述实验的基础上,乌费姆采娃又于1998年发表了《俄罗斯人的民族性格、自我形象和语言意识》(Этнический характер, образ себя и языковое сознание русских)一文,进一步从民族性格与语言的关系角度阐释了俄语语言意识与英语语言意识的差异问题。她认为,语言对民族性格的形成具有关联性,但俄语民族意识并不等同于俄语,因为语言与意识之间的联系比较复杂,且有间接的性质。作为文化现象的语言(确切说是言语)只能以某种间接的方式记录并反映民族共体中现时的价值和评价系统,但在民间口头创作、谚语和俗语等中却能记录对该文化来说永恒的价值……尽管通过联想实验来建构具体文化代表的"语义网"相当复杂,但它却可以揭示某文化代表的世界形象的系统性,进而发现反映其民族性格特点的"文化定型"(культурные стереотипы)。(Уфимцева 1998:164-165)她在对比了俄罗斯人和英国人的语言意识核心词的自由联想实验结果后认为:在俄语语言意识中占首位的"人"(человек),首先是"好人"(хороший человек)和"善良的人"(добрый человек),而英语语言意识中的"人"(man),首先是与"女人"(woman)联系在一起的,其次指"男孩"(boy)、"小孩"(child)、"父亲"(father)等;另外,"朋友"(друг)的概念在俄语语言意识中占有特殊地位,因为俄语语言意识中具有一种独特的"人—朋友中心论"(человекодругоцентричность)。俄罗斯人需要朋友,需要"人—朋友",随时准备接纳朋友作为好友和知己。这一切都源自古代俄罗斯文化的维系机制,因为俄罗斯人在少年时就形成了这一"文化原始意象"(культурный архетип)。联想实验表明,在俄罗斯文化中成长起来的 10 岁前儿童的世界形象中,"朋友"的概念占据着十分重要的位置。"朋友"一词是 встретить(迎接)、встреча(会见)、дорогой(亲爱的)三个"刺激词"(слово-стимул)最常见的"反应词"(слово-реакция),即 встретить——друга、встреча——с другом、дорогой——друг 这样的组合。(Уфимцева 1998:168—169)

以上不难看出,乌费姆采娃的"语言意识核"学说与扎列夫斯卡娅的"语汇核"学说有异曲同工之处。它采用心理语言学所特有的联想实验的方法来证实俄罗斯人世界形象有别于其他民族的特点,无疑为俄语语言意识的研究提供了实证依据,因此具有重要的理论价值和实践意义。她的研究充分证明,在俄语语言意识核中,"人"的概念占据着首要的地位,从而再一次佐证了人类中心论范式是当代俄罗斯语言学研究中的主流范式。

2.4 塔拉索夫的语言意识"新本体"论

作为俄罗斯科学院语言学研究所心理语言学部主任、《心理语言学问题》(Вопросы психолингвистики)杂志主编,塔拉索夫在语言意识和跨文化交际等研究领域有许多著述发表,如《论意识的存在形式》(О формах существования сознания)(1993)、《跨文化交际:语言意识分析的新本体论》(Межкультурное общение—новая онтология анализа языкового сознания)(1996)、《语言意识及其认知地位》(Языковое сознание и его познавательный статус)(2001)等。他擅长从交际(尤其是言语交际)意识结构功用的角度,来界定和审视语言意识问题,因此大多具有基础性、开拓性的性质。其中,语言意识"新本体论"无疑是他的主要学说思想之一。

塔拉索夫认为,意识的本体论可以分为两个范围:一是与意识的起源有关,这是一种形成意识形象的感觉组织以及由该感觉组织表征的现实物体含义和意义的"活动"(деятельность);二是与意识形象的功用有关,这是一种活动及其"内部派生物"(внутренний дериват)——思维,以及感知和交际。(Тарасов 1993:86)可见,在塔拉索夫眼里,传统的语言意识本体论研究是属于理论心理语言学的,即意识的起源和形成机制研究,且该研究是通过外化的语言符号来实现的,因为意识作为科学分析的对象,它必须要用某种语言手段来加以外化和描写,也就是说,意识形象和心理等抽象成分的分析,不能脱离开一定的描写语言来实现。(Тарасов 1993:87)而语言意识的新本体论,即上述的意识形象的功用研究,具体说就是塔拉索夫眼中的"跨文化交际"(межкультурное общение)。

跨文化交际可否成为语言意识研究的新本体论呢?对此,塔拉索夫从以下几个方面进行了论证:

1) 对"跨文化交际"和"语言意识"的概念进行重新界说。他认为,学界尚无定论的所谓跨文化交际,应当理解为不同文化的代表(和操不同语言者)之间的交际。通常情况下,可以借用"民族文化的代表"的隐喻来描写在一定文化中形成的人的"意识特质"(качество сознания)。而在现代认知心理学中,意识特质首先指知识,包括知觉知识(由感觉器官获得的并经过加工的知觉信息)、观念知识(在思维活动过程中形成的不直接依赖于知觉信息的知识)、程序知识(使用知觉和观念信息的描写方法和序列)等。作为意识形象和表象(在语言学中它们通常由词语的概念来描写)的这些知识与词语(语言符号体)联想在一起,通过交际者对言语信息的编码和解码来构建思想。(Тарасов 1996:7)也就是说,现代认知心理学中意识的概念,等同于"世界知识"(знание о мире)。那么,什么是语言意识呢?对此,塔拉索夫不赞成用传统语言学的概念予以界定,即语言意识是对语言及其存在模态的反射,而是推崇老列昂季耶夫的相关界说,也就是"意识心理学"(психология сознания)中的"意识形象"的概念[1],即社会和个性心智所拥有的有关现实世界客体的知觉知识和观念知识的总和。但知觉知识和观念知识并不像语言知识那样外显,而是内隐的,它需要"外化"(овнешнение)才能够被观察到,而作为意识形象存在的"主体间形式"(интерсубъектная форма)的外化,可以是事物、行为和词语。由此,他给语言意识所下的定义是:语言意识是依靠由词、自由和固定词组、句子、语篇和联想场等语言手段形成和外化的意识形象的总和。(Тарасов 1996:9)可见,塔拉索夫眼中的语言意识的概念,并不是传统的由语言符号形成的有关世界知识的总和(即语言世界图景),而是人对现实世界客体的一种认知活动;另外,分析语言意识最有效的方法就是分析其外化形式,而语言符号又是世界形象外化形式中最便捷、最能被人理解的形式之一。

2) 对跨文化交际的认知心理特点进行阐释。塔拉索夫认为,使用具体的民族语言进行交际的特点,不仅存在于按照语言语法规则实现的"言语链"(речевая цепь)的建构特点之中,也存在于反映具体民族文化事

---

[1] 这里所谓的"意识心理学"即西方的认知心理学。

物的意识形象的特点之中。要达成顺利交际,交际者必须具备语言知识和言语交际技能的一致性,以及意识形象中世界知识的一致性。(Тарасов 1997:7)在上述认识的基础上,塔拉索夫进一步对语言知识和世界知识的获得机制和作用进行了分析,并得出结论认为:导致跨文化交际失误的主因并不是语言的差异,因为说(写)听(读)的言语技能的形成相对较为简单,而是交际者民族意识的差异。因此,所谓不同民族文化的代表之间的交际,实际上是不同民族意识的代表之间的交际。(Тарасов 1996:8)在塔拉索夫看来,洛特曼的"文化对话"观(диалог культур)只是一种隐喻,它既可以在交换文化事物和活动时生成,也可以交换与具体词语和语篇联想在一起的意识形象时生成。但无论是哪种形式的交换,所借入的事物和外族文化的活动都必须借助于本民族文化的事物形象和活动加以理解。换言之,任何一种文化对话只有在具体文化的代表的意识里才能现实地进行,该文化的代表也只有在对各种"准一致的本族文化和异族文化形象"(квази-идентичные образы своей и чужой культуры)的反射过程中才能够理解异族文化代表的意识形象。(Тарасов 1996:8—9)

基于以上认识,塔拉索夫对跨文化交际的性质做了进一步界说。在他看来,跨文化交际是一种偏离规范的"病态的交际"(патологичное общение),原因是:跨文化交际中交际者的意识一致性常常会因言语交际的自动化过程而遭到破坏。但是,如果对该性质的交际采用心理学意识形象的概念来替代传统的与词语联想在一起的意义的概念加以研究,就可以取得额外的效果。这是因为:语言学家在研究操语言者言语交际中所使用的知识时,往往会超出其职业活动的界限,甚至会丢弃本职而像外行那样行事,为此,他们必须要和哲学家、逻辑学家和心理学家一起合作进行研究。而对言语内容面的意识形象的分析,得心应手的首先是心理语言学家。(Тарасов 1996:8—9)塔拉索夫的上述观点表明,对实质为跨民族意识的交际进行研究,只有采用认知心理语言学的方法才最为适用,而传统的语言学方法则难以胜任。难怪俄罗斯学界有把21世纪的心理语言学称为"意识心理语言学的世纪"(век психолингвистики сознания)的说法,且1997年召开的第12届全俄心理语言学研讨会的主题也被确定为"世界形象与语言意识",这些都似乎印证着塔拉索夫这一观点的正确性。

3)确定跨文化交际为新本体论的理据。为什么是跨文化交际而不是别的可以成为语言意识研究的新本体论呢?对此,塔拉索夫在对跨文化交际的特点和性质进行了重新的界定和阐释的基础上,又深入考察了世界范围内尤其是西方兴起的跨文化交际研究热潮的具体情况,从而为新本体论学说找到了立论理据。他认为,学界对跨文化交际和语言意识研究的重视并不是空穴来风,而是具有外部的(实用主义的)和内部的(学科的)成因。

外部成因是:在20世纪后半叶的欧洲大陆西部地区形成了若干个"多文化国家"(мультикультурные государства),不同的族群在那里共存并同化。在这样的共存中,经济利益显然高于文化、民族利己主义和不可避免的对抗,于是,为了经济利益而需要寻求最佳的跨文化交际形式。在此大背景下,对跨文化交际进行研究的需求开始高涨。西欧国家尤其是德国和法国开始引进国外不同文化的代表心理过程比较研究的成果,并着手研究如何建立多文化社会的问题,其核心是如何建立起文化对话的机制,而不是一味地让外来文化适应本国和本民族文化。应该说,文化对话不仅仅是局限在一个国家的内部进行的,而是随着欧洲经济一体化进程的推进而扩展到整个西方国家,形成了不同国家、不同民族之间的文化对话,所谓"欧洲意识"(европейское сознание)就是在此背景下应运而生的。值得注意的是,这种主要靠经济向心力拉动而形成的欧洲意识,尽管可以使欧洲大陆的各种不同文化(如古希腊文化、罗马法典和基督教等)走向大同,但同时也破坏了欧洲各国的多样性和文化个性。因此,维护文化自主性和多文化性又成为了许多国家所追求的目标,跨文化交际也再一次成为学界聚焦的对象。(Тарасов 1996:13—15)

内部成因是:从时间节点上看,欧洲社会对跨文化交际问题的高涨兴趣正好与世界心理学界由行为主义转向认知主义的阶段相契合,作为独立学科的信息论、认知心理学和认知语言学等相继在西方问世。心理学家们开始把注意力转向人的心理认知过程研究,用交际行为模式作为"方法论图式"(методологические схемы)来分析交际,并广泛采用计算机技术来研究人的思维过程等,这一切都标志着心理学开始实现"认知转向"(когнитивный поворот)。(Тарасов 1996:16)在此背景下,跨文化交际已经不再属于语言学一家研究的对象,而成为众多"交叉学科"(стыковая дисциплина)的研究对象,如心理语言学、社会语言学、认知心理学、认知语言学等都会涉及该领域的研究,从而极大地提升了对跨文化交际的解释力。由此,塔拉索夫得出结论认为,完全可以把跨文化交际研究视作传统语言学研究的崭新阶段,其标志是:分析的对象变得更加复杂,如跨文化接触的规模、强度和多样性等都有扩大或增加等;研究者所使用的工具也与以前的完全不同,如采用交际视角、神经生理功能方法、计算机隐喻方法以及人的记忆的深层知识和言语加工、感知过程的新知识等。更为重要的是,心理学的这种认知转向,使得跨文化交际研究的"对象域"(предметная область)发生了变化:如何使用知识来达成跨文化交际的相互理解成为了首要目标。(Тарасов 1996:17)也就是说,在塔拉所夫看来,跨文化交际之所以能够成为意识分析的新本体论,其根本原因就在于当代跨文化交际研究是以知识研究为目标取向的,而知识研究就必然会首先涉及人的意识尤其是语言意识问题,也就是文化问题。

可以这样概括来塔拉索夫的新本体论:传统的语言意识本体论是理论心理学视角的,属于心理学研究的语言学时期[①],它注重的是语言意识的生成以及意识对语言的反射研究,依托的语言符号的意义,凸显的是人的意识的作用;而"新本体论"是认知心理学视角的,属于心理学研究的认知学时期,它注重的意识形象机理对跨文化交际尤其对"交际中的人"(человек в общении)的认知心理和行为的影响和作用研究,依托的是交际者心理所共有的"意识形象",凸显的是交际主体——人的作用。因此,新本体论在学理和指向上更加符合人类中心论范式的本质特征,即由语言的客体转向语言的主体。

总之,当代俄罗斯人类中心论范式中的语言意识理论,其核心概念是世界形象。该概念最先是由老列昂季耶夫于20世纪80年代引入到心理学研究之中的,用来对人的"意义系统"(система значений)或概念系统进行描写,以解释人对世界的感知问题。后来,小列昂季耶夫在创建莫斯科心理语言学派的言语活动论时,又将世界形象说发展成为语言意识理论。他认为,世界形象就是语言意识,因为后者是以实物意义和相应的认知图式为中介并得到有意识反射的人的心理对实物世界的反映。(Леонтьев 2005:268)在该理论的发展过程中,上述多位学者都做出了自己的贡献。如,克拉斯内赫将语言意识置于人的认知图式角度予以观察,提出了语言意识近似于世界图景并具有框架结构的思想,从而使语言意识的研究从虚拟走向现实;扎列夫斯卡娅从言语生成机制出发,认为语言意识为人脑中的心智语汇,该语汇不仅具有共性特征,还有自身的内核,它对构建人的世界图景起着决定性作用,从而把语言意识的研究从语言符号的意义层面提升到语汇认知层面;乌费姆采娃则在扎列夫斯卡娅的语汇核思想的基础上,采用联想实验的方法证实了语汇核即语言意识核,从而使语言意识研究从对意识形成的起源机理的理论思辨和认知阐释带入到更具说服力的联想实证研究;塔拉索夫的新本体论则标志着语言意识研究进入到意识功用研究的新阶段,即由注重语言符号意义的语言学阶段进入到认知心理语言学或"意识心理学"的阶段。归根到底,语言意识研究即"语言知识"(знание о языке)研究。

[①] 此处指以米勒(Дж. Миллер)、乔姆斯基(Н. Хомский)为代表的心理语言学范式,学界称其为心理语言学的语言学时期。

第 3 节　语言个性理论

"语言个性"(языковая личность)理论创立于 20 世纪 80 年代,它与语言世界图景理论、语言意识理论一样,是当今俄罗斯人类中心论范式中最具阐释力和影响力的理论之一。

1986 年,俄罗斯著名心理语言学家卡拉乌洛夫在"国际俄罗斯语言与文学教师协会"(МАПРЯЛ)第六次大会上所作的题为《论先例文本在语言个性结构与功能中的作用》(Роль прецедентных текстов в структуре и функционировании языковой личности)学术报告中,首次从心理语言学和跨文化交际角度将"说话的人"界说为"语言个性"。(Караулов 1986:105—126)翌年,他又集多年潜心研究之心得出版了学术专著《俄语与语言个性》(Русский язык и языковая личность),从理论与实践的结合上系统地阐述并论证了语言个性学说的原理、结构和方法论意义,该书被学界称为语言个性理论的奠基之作。之后,他还发表了若干篇论文,对该理论构架、目的、意义等作了进一步的论述和完善。(Караулов 1989;1995;1996)因此,该理论的形成是与卡拉乌洛夫所做的开拓性、奠基性贡献密不可分的。

3.1 语言个性的概念及内涵

在当代俄罗斯语言学研究中,语言个性从科学概念的确立到发展成为比较完整的理论体系,经历了若干年探索的过程。语言个性作为语言学术语,最早是由俄罗斯著名语言学家维诺格拉多夫(В. В. Виноградов,1894/95—1969)提出来的,他在对文学作品进行语言学分析时,最先使用并区分了文学作品中的"作家个性"(личность автора)和"人物个性"(личность персонажей)两种不同形式,并对该两种语言个性的特点进行了深入分析(Виноградов 1946);之后,心理语言学家博金(Г. И. Богин,1929—2001)等又从言语生成和理解角度,建立了所谓的"语言个性模式"(модель языковой личности)。(Богин 1984)但遗憾的是,他们的研究并没有在学界引起应有反响。直到 20 世纪 80 年代初,卡拉乌洛夫对语言个性做了比较系统的论述,才引起学界的普遍关注。

那么,究竟什么是语言个性呢？其理论内涵的实质又是什么呢？

应该说,语言个性的概念是建立在不同学科对"个性"(личность)的界说基础上的。个性作为科学概念,实际上一直是包括哲学、社会学、心理学、经济学、历史学、文化学、文艺学等在内的人文社会学科以及生物学、生理学、遗传学、精神病学等自然科学研究的对象,且每个科学都有其特定内涵。如哲学认为,个性是"生物遗传学素质、社会因素和心理社会内核——'自我'三个基本部分的总和"(斯比尔金 1990:447);心理学把个性解释为"由生物激励、社会和物理环境及条件相互作用下生成的相对固定的动机禀赋"(Караулов 1987:35);社会学则一分为二地诠释个性:一是"作为意识活动关系主体的个体"即广义上的"人"(лицо),二是"社会和心理的面貌"(облик)(Воробьёв 1993:12)等。美国著名语言学家萨丕尔(Э. Сепир,1884—1939)则把个性分为五种类型:哲学个性、生理学个性、心理物理学个性、社会学个性和心理精神病学个性等。(Сепир 1993:582—586)可见,所谓个性,既指人的本质特征,也指人的功能特征:前者反映人的真实本质,揭示个性的"内部行为";后者说明人的社会作用,并以此判定个性的"外部行为"。

语言个性理论视个性为个体社会化(即人的智力和思维发育、成长过程或由婴儿融入社会共体的过程)的产物,是与社会意识或心理密切相关的个体意识或心理。这里所说的意识,是指现实世界在人的大脑中的反映,它具有如下特性:一是它是大脑的高级功能;二是它只属于人类所专有;三是意识要靠言语机制来实现;四是意识会有针对性地反映客观世界,对行为和行为的结果进行调节和评价等。毫无疑问,由个体意识向社会意识的转换,只有在人与人、人与社会和人与自然的交际中才能实现。可见,语言个性理论中的个性,可以理解为语言(话语)中并通过语言(话语)所体现的个性,或者说是建构在语言手段基础上的个性,也可指社会化过程中人所获得的语言能力和交际能力。为此,克拉斯内赫对语言个性下的定义是:"语言个性是言语活动所展现的、拥有一定知识和认识总和的个性"。(Красных 1998:17)卡拉乌洛夫则把语言个性界说为"人的能力和评价的总和,该能力和评价制约着人对言语作品(文本)的创建和理解"。(Караулов 1989:3)简言之,语言个性既指作为语言主体的个体——"语言中的人"或"说话的人""交际的人",也指"人说的语言"或"交际的语言"。因此,有理据认为,语言个性理论研究的实质,是对"大写的人"的研究。该研究与语言世界图景理论研究有"异曲同工"之妙处:语言个性理论是从语言心理角度来阐释语言生成、认知和语言能力、交际能力的,或者说是用心理学的方法来研究语言与文化(狭义的,专指意识、心智)的相互作用和相互影响机制的;而语言世界图景理论则是从语言学的角度来阐释人是怎么认识世界、人的知识是如何获得的,换句话说,它是用语言学的方法来研究人的认知的。

既然语言个性既指"语言中的人",又指"人说的语言",那么,语言个性概念的内涵至少包括以下 3 个方面的内容:

1) 作为"语言中的人"或"说话的人"和"交际的人",即可以指对现实世界进行思维并在言语中反映该世界的主体；也可以指具有社会意识的个体或文本的作者；还可以指积极的或消极的"被调查者"（информант）或操语言的人；当然更可以指群体个性、民族个性等；

2）作为"人说的语言"或"交际的语言"，既可以指语文学家的语言、作家的语言、文学作品中某人物的语言，也可以指社会家庭成员的语言、不同年龄、性别和职业的人的语言，更可以指群体语言、民族语言等；

3）作为研究"人"与"语言"相互关系的一种理论，它包含着语言个性语汇（世界图景）、语言的知识、世界的知识、语言意识、民族心智体、民族心智空间、联想联系、联想场、内部词库、个体词库、心理语言学实验、先例现象等十分广泛的研究科目和内容。

可见，所谓语言个性，实际是一个多维聚合体，其内涵实际包含着"言语个性"（речевая личность）、"交际个性"（коммуникативная личность）的研究，因此可以说该理论是"三位一体"的对语言的使用、语言认知以及操语言的人的立体研究。正如克洛布科娃（Л. П. Клобукова）所说，"任何语言个性都是多层级和多成分的言语个性聚合体"；"为了外语教学之目的，各种语言个性可以按语言知识的水平、掌握言语活动的种类以及言语交际的主题、范围和情景等进行区分"。（Клобукова 1995：322—323）那么到底什么又是言语个性和交际个性呢？克拉斯内赫认为，言语个性是"交际中展现的、选择并实现某交际战略和策略、选择并使用某所有手段的个性"；而交际个性则是"具体交际行为的具体参与者"或"处在现实交际中的人"。（Красных 1998：17），可见，无论是语言个性、言语个性还是交际个性，本质上讲就是思维个性或意识个性。

3.2 语言个性理论的结构及其阐释

既然语言个性的研究对象是"语言中的人"和"人说的语言"，并集中体现在话语生成、认知、交际的能力上，这就决定了不同的语言个性在语言结构的繁简程度、反映现实的深浅程度和交际行为的目的、意向等方面不尽相同，从而为语言学研究揭开语言个性结构之奥妙提供了可能。卡拉乌洛夫正是根据上述认识提出语言个性结构之假说的。他认为，从心理语言学和语言教学论角度看，语言个性分别呈现在掌握语言、理解语言和使用语言过程中呈现的"语义（词汇语义）""认知（语汇）""语用（动机）"三个层级，该三个层级又分别由"语言单位"（языковые единицы）、"语言关系"（языковые отношения）和"语言定型"（языковые стереотипы）等构素组成。具体是：

零层级——"语义层"（семантический уровень），或称"词语语义层"

(вербально-семантический уровень)、"语言结构层"(структурно-языковой уровень),是呈网状的集词汇与语法于一体的个人词汇总量,分别由词(词汇)的单位意义、符号关系意义(聚合、组合、联想等)和词语(词组、句子)意义等成分组成,主要体现在语言的结构系统中;

第一层级——"语言认知层"(лингво-когнитивный уровень),或称"语汇层"(тезаурусный уровень),它由语汇概念、语汇功能(等级关系、语义场)和概念化的语句组成,主要反映个体对世界的认知状况,揭示和确立语言个性的语言世界图景;

第二层级——"语用层"(прагматический уровень),或称"动机层"(мативационный уровень),它由交际活动需要、交际形式及其情景、角色和话语样式等成分组成,主要显现在由个性的交际动机或目的、意向等引起的交际行为中。(Караулов 1987:37—51)

卡拉乌洛夫认为,传统心理学对个性问题的研究,注重的是"人的非认知方面",即人的情感描述和意志,而不是"人的智力和能力"。实际上,人的智力在语言中体现得最为强烈,因此必须通过语言来研究。但是,人的智力特性并不是在语言掌握和使用的各个层级上明显观察得到的,在普通的语言语义层级以及词的意义联系、词组、词汇语义关系层级等不可能揭示出语言的个性。由此,他把语言个性结构中的"语义层级"定名为"零层级",认为类似于 *как пройти*(怎样到某地去), *Где достали*(哪里弄到…), *Работает ли почта*(邮局开门吗)这样的交际,就如同对 *туристский*(旅游的)和 *туристический*(旅游者的)两个词的选择一样,并不属于语言个性的能力范畴。(Караулов 1987:36)当然,卡拉乌洛夫的上述观点值得商榷,因为词汇背景理论告诉我们,语言结构尤其是语义本身就具有鲜明的民族个性,尤其对跨文化言语交际和学习外语的人来说,该层级体现的民族文化个性恰恰是最难把握和掌握的。

不难看出,对语言个性进行综合分析和完整的描述,似有三点基本要求:

1)评价语言个性的词汇——语义及语法结构(可以是详尽的,也可以是有区分的);

2)构建语言个性的语言世界图景或语汇(可以在其文学作品文本或专业测试的基础上进行);

3)揭示语言个性在话语生成、认知和使用过程中的真实情景要素(如生活和情景主流、立场、动机等)。

因此有理由认为,卡拉乌洛夫的语言个性理论,其实质是广义上的心理语言学和语言教学论视角的语言知识(包括文化知识)和语言能力(包括交际能力)的结构理论,是当代语言学由意义研究转向知识研究的一种新的范式。

应该指出的是,语言个性结构的三个层级,就其显示个性的"强度"而言,并不是处在并列的同一平面上的,而是由低到高呈梯形状的。也就是说,层级越高,其体现语言个性的"强度"越大。当然,它们也处在相互依存的关系之中,但这种依存不是直接的,理由很简单:个性语义层极的动能和结构,尽管是构成语言个性世界图景的必要前提,但并不就等于世界图景;同样,单凭语言个性的语汇即世界图景,还无法对其话语的动机即目的、意向等作出结论。这说明,层极之间的相互转换还必须"补充某些信息"(Караулов 1987:43)。这个"信息",就是"词汇背景理论"所研究的对象之一——语言文化知识。

语言个性作为社会一种的客观存在,实际上是民族精神文化和物质文化历史发展的必然产物,也是民族个性、民族性格、民族意识以及民族经验世代传承的结晶。因而有理由认为,语言中历史的、不受时间限制的、相对稳定不变的"共性"成分,是语言个性的本质特征。

语言学发展的历史告诉我们,每一种新学说的产生,都有其相应的哲学理论作为基础。语言个性理论也不例外。卡拉乌洛夫就认为,语言个性作为语言学的研究对象,从本质上讲是迄今为止所有语言学范式——"历史范式""心理学范式""结构—体系范式"和"社会范式"相互作用的结果。他对该四种科学范式与语言个性的相互关系曾作如下解释:

1)语言个性是"民族共体历史发展的产物"(历史范式);

2)语言个性是"社会规律的集结和结果"(社会范式);

3)语言个性作为生物动机所产生的一种禀赋,又"属于心理学范畴"(心理学范式);

4)由于语言个性既是符号的创造者又是符号的使用者,因此也同样具有"结构—系统的本质属性(结构—系统范式)。(Караулов 1987:11—27)

应该说,卡拉乌洛夫的上述分析以及作出的结论具有重要的语言学意义。一方面,它指出语言个性研究应遵循人的"思维和认知规律"以及个性对语言的"进化认识程序";另一方面,它又规定并明确了语言个性研究的性质与范围,那就是:它并不像一些人认为的那样是"文化性质"的研究或"语言中的文化"研究,而是属于"语言学性质"的研究。但卡拉乌洛夫的结论似也有明显的缺陷之处。囿于该理论创立时代的局限性,他并没有把人类中心论范式的核心思想列入语言个性理论研究的范围。这一缺憾直到1998年才有另一位俄罗斯语言学家克拉斯内赫予以弥补。她在当年出版的专著《虚拟的现实还是现实的虚拟》一书中指出:在语言学研究的新阶段,颇有吸引力的不纯粹是作为某个体的人,而是作为个性的人,这在一定程度上是人文学科研究中人类中心论的影响所致。(Красных 1998:12)

需要指出的是,尽管卡拉乌洛夫的语言个性理论存有时代的局限性,但该理论从四种科学范式出发对个性的语言结构、语言知识功能以及话语交际能力各要素所做的综合性阐释,依然具有说服力。这种阐释主要集中在"基体"(база)与"变体"(вариант)(共时与历时)、"超时"(вневременное)与"实时"(временное)(恒项与变项)的辩证关系上。

首先,从基体与变体的关系看。卡拉乌洛夫认为,语言个性的零层级即语言结构部分,是语言个性构建世界图景的基体或称"恒项"(инвариантная часть),它代表着某一社会共体的"共性"(универсалия);第一层级即语言认知部分,是在社会意识共性基础上建立起来的,是语言个性的变体或称"变项"(переменная часть)。由于每一个个体的生物遗传不同,感知世界的方式和程度也就有别,因而社会化过程中所形成的个性也就有差异;第二层级即话语动机部分,是在第一层级基础上产生的,也同样具有变体的性质。因为不同个体进入交际时,其对语境的感悟所表现出的话语能力,以及动机所显示的意义和价值等级等是有区别的。①

其次,从超时与实时的关系看。卡拉乌洛夫从共时与历时参数的悖论角度对这一对关系进行了阐释。他认为,每一个个性在主观上都是把历时参数排除在外的,因为从心理上讲,无论对过去还是将来,就个性的感觉而言都是实时的。也就是说,个性在本质上是作为"不受时间限制的"即超时形式显现出来的。在这里,实时是个性的变项部分即历时,而超时则是个性的恒项部分即共时。语言个性的每一个层级都无不显现出超时与实时或恒项与变项的辩证统一。(Караулов 1987:37—41)

显然,语言个性中的超时部分是在漫长的历史进程中逐渐形成的,因此相对于实时而言,其蕴涵的民族文化信息更浓。

3.3 语言个性理论的研究现状

以上不难看出,语言个性研究具有综合的和跨学科的性质,这是由语言个性理论固有的结构和特性所决定的。研究表明,语言个性的形成既有语言内部结构系统的作用因素,也有语言外部的社会文化制约因素。因此,研究语言个性,既要从微观角度对其内部结构各构成要素进行具体分析,又离不开对其外部因素即宏观角度予以全方位的考察。语言与个性虽是两个不可分的整体,但毕竟还有各自相对独立的方面,因

---

① 从这些论述看,在语言个性的"零层级"中,依然可以体现出鲜明的民族个性,这与卡拉乌洛夫本人先前的观点有矛盾之处。

而微观审视"人说的语言"和宏观考察"语言中的人",应该是语言个性研究采取的正确方法。

应该承认,俄罗斯语言学界对语言个性理论的研究仍处在不断地完善之中。1987年卡拉乌洛夫提出该理论假设时,曾划定出三种基本研究途径:一是心理语言学的,二是普通语言教学论的,三是文艺作品分析的。实际上,该三种途径都没有超出当代心理语言学所涵盖的范围,卡拉乌洛夫本人亦正是依据该三种途径来建构语言个性结构模式的,即:用(认知)心理语言学理论来建构语言个性的个体发育模式;用语言教学论来建构语言个性的能力模式;用文艺批评理论来建构语言个性的方法论模式。

然而,科学的发展却完全超乎该理论奠基人的预想,因为该理论一经提出就吸引了众多学者的目光,语言个性研究开始呈现出多方向态势。如,1989年科学院院士什梅廖夫就编辑出版了《语言与个性》(Язык и личность)一书,为我们比较详实地展现了语言个性研究中认知学、交际学和应用语言学等方向的不同内容。(Шмелев 1989)该论文集共收集上述三个方向上的论文近30篇,研究科目涉及"语言个性类型"——包括"现代农村居民的语言个性""非正式场合工人口语""作家口语"等;"个性和语言集体"——包括"人在社会共体中的言语行为""家庭中的语言""家庭对话和家庭称名";"言语中个体性"——"性格的语音标记""演员语调的特点""个体语体成分的词的使用";"应用语言学视角"——"语言意识和动机理论问题""心理语言学实验中被试验者的语言能力""口语司法鉴定视角的语言个性"等。特别是90年代起,语言个性研究又有新的发展,克拉斯内赫、普洛霍罗夫(Ю. Е. Прохоров)等新生代学者开始关注语言个性理论。前者从跨文化交际学和认知心理语言学视角对语言个性在话语中的表现形式进行了建构和阐释,提出语言个性作为"交际的人"应该包括"言语个性""交际个性"等不同形式的观点,并把语言个性放在"语言意识""世界知识"系统和"先例现象"的关系中予以考察。她认为,从认知心理学看,语言个性的结构也应该与人的认知结构相类似,有"认知基体"(когнитивная база, КБ)、"群体认知空间"(Коллективное когнитивное пространство, ККП)和"个体认知空间"(Индивидуальное когнитивное пространство, ИКП)等三维构成。(Красных 2001:148—151)后者主要从语用学角度来揭示对外俄语教学中的语言个性的生成机制以及语言个性与民族文化定型的关系问题。他认为,从言语交际和外语教学的角度看,语言个性体现为"言语个性";在言语个性的层面上,既反映出语言个性的民族文化特点,又展示着交际本身的民族文化特点;如果把语言教学看做是传授交际的手段,那么就必须从两个方面来对待教学过程的民族文化构素问题：一是外语个性应该掌握具有俄语语言个性民族特点的知识和技能，二是交际中语言个性应该体现出各种技能，即在用俄语交际的各种形式中体现具有民族特点的俄语言语个性的各种实践技能。（Прохоров 1996：59—61）无疑，普洛霍罗夫从交际和外语教学的独特视角审视语言个性问题，对外语教学实践和跨文化交际是有借鉴意义的。他的观点，也从语言实践的角度进一步证实了这样一个道理：掌握语言个性结构中的"认知"和"语用"两个层级的构素对言语个性和交际个性来说具有更大的意义和价值。

总之，语言个性理论所涵盖的范围很广，甚至包括原社会语言学等学科所涉及的内容，如不同团体的语言个性研究、不同职业的语言个性研究、不同性别的语言个性研究等。但就其本质而言，仍然没有超出索绪尔所提出的语言与言语相互关系的范畴，所不同的是，该种关系是通过语言个性这个特殊"棱镜"进行的。尽管如此，它依然具有不可低估的理论价值和方法论意义，因为这个棱镜是语言研究中由传统的意义研究（静态）向现代的知识研究（动态）转变的标志之一，也是当代俄罗斯语言学研究范式力图要探究的核心问题之一。

第 4 节　先例理论

"先例"（прецедент）理论与上文的语言意识理论和语言个性理论密切相关，因此理应放在视语言为人类意识存在之形式中加以审视，以从认知心理、跨文化交际等视角来探讨操俄语的人的语言主体意识的形成机理问题。

4.1 先例和先例现象

俄语中"先例"一词，源自拉丁语 preccedens，意为"以前发生的事""以前说过的话"等，汉语中将其定名为"先例"或"前例"——通常被解释为"已有的事例"或"可以供后人援用或参考的事例"。由该普通名词演变过来的语言学术语"先例性"（прецедентность），基本保留了原样的含义，只是将汉语的解释合二为一，表示"已有的可以供后人援用和参考的事例"。

俄罗斯语言学界最早开始对"先例性"进行系统研究的是著名心理语言学家卡拉乌洛夫。他在 1986 年召开的第 6 届国际俄罗斯语言与文学教师协会（МАПРЯЛ）代表大会上，作了题为"论先例文本对语言个性结构和建构的作用"的学术报告（Роль прецедентных текстов в структуре и функционировании языковой личности）。（Караулов，1986）该报告作为语言个性结构中"语用层级"研究的主要内容,又被列入于次年出版的俄语语言个性理论的奠基之作——《俄语与语言个性》(Русский язык и языковая личность)一书中。(Караулов,1987)卡拉乌洛夫对"先例文本"(прецедентный текст,ПТ)的性质和特征所做的界说是:

    1) 对某语言个性在认知和情感方面有意义的文本;

    2) 具有超个性性质的,即该个性周围的人(包括其前代人和同代人)广为熟知的文本;

    3) 在该语言个性话语中多次重复出现诉求的文本。(Караулов 1987:216)

卡拉乌洛夫在进行上述界说时,还特别强调了先例文本的来源及范围所涉及的三个问题:一是不能认为先例文本仅源自文艺作品,实际上早在文艺作品问世之前就以神话、传说、口头诗歌作品等形式存在于世界或本民族的文化之中;二是当代文本的形式多种多样,如除了文艺作品外,可以成为先例文本的还有圣经文本和口头民间创作,如笑话、童话故事、寓言故事等;三是先例文本又确与文艺作品的体裁有关,如报章小品文以及应用文等就难以归入先例文本的范围,原因是这些文本不是由于存在的短暂性和信息量的不足,就是缺乏认知和情感意义。(Караулов1987:216—217)卡拉乌洛夫的上述界说,可以用"认知和情感意义""超个性""广为熟知""诉求中复现"等要素予以概括,这些要素成为后来研究者们依照的主要参数。

显然,卡拉乌洛夫所说的先例文本,应该是狭义的,仅限定在"社会共体"(социум)或"民族共体"(этнос)层面的概念,而广义的先例文本应该包括:

    1) 全人类先例文本(общечеловеческий ПТ);

    2) 民族先例文本(национальный ПТ);

    3) 社会/民族共体先例文本(социумный/этнический ПТ);

    4) 群体先例文本(групповый ПТ);

    5) 个体先例文本(индивидуальный ПТ)。

文化是民族的,也是全人类的,尤其是文化遗产,更具有跨民族的性质,如不朽的文学作品和经典著作(包括哲学、文化学、语言学、心理学、美学)等就是全人类共有的精神财富。有实验材料也表明,先例名"哥伦布"(Колумб)在俄罗斯的知名度比本国历史上著名的农民起义领袖斯捷潘·拉辛(Стенька Разин)还要高出18%(分别为97%和79%)(Гудков,1998:85);在一个和谐的多民族国家里,语言和文化相互渗透、彼此包容,由此而产生了具有全民族性质的先例文本,如我们常说的"美国文化""俄罗斯文化"等,就属此列,因此这里所说的"民族"具有"民族文化共体"(национально-культурное сообщество)的性质;社会或民族共体先例文本的概念是最为显现的,也是最容易被理解和接受的。但该社会/民族共体已有别于上述"民族文化共体"的概念,它只限定在虽属不同民族但却操同一种语言而组成的社会共体的范围之内,如俄罗斯的很多少数民族同样操俄语,他们和俄罗斯族之间就构成了统一的社会共体,用心理学的术语说就是"心智语言复合体"(ментально-лингвальный комплекс);群体的概念还比较笼统,还应该细分为"大群体"(макрогруппа)和"小群体"(микрогруппа)两类,前者如"年轻人先例文本"(молодёжный ПТ)、"大学生先例文本"(студенческий ПТ)、"作家先例文本"(писательский ПТ)等,后者如"家庭先例文本"(семейный ПТ)、"夫妻先例文本"(супружеский ПТ)等;个体先例文本的形式是存在的,但由于先例是建立在群体以上等级的文化和意识之中的,具有"超个体"的性质,因此不属于此处讨论的范围。此外,卡拉乌洛夫对先例文本所做的某些解释也值得商榷,如一些在时间上虽然相对"短暂"(在新一代人成长起来前已经不再使用),同时也不为该语言个性的前代人"广为熟知"的文本,我们认为同样也具有先例性,如某时期有代表性的广告、笑话、口号等。它们的先例性是建立在具有文化价值文本基础上的"回想文本"(реминисценции),这种回想曾经常被使用在当时的话语中。因此,有学者将广义的先例文本界定为"对一定文化群体有价值的、具有完整性和连贯性特点的任何符号单位"。(Слышкин 2000:28)

在卡拉乌洛夫提出先例文本的概念之后,俄罗斯语言学界尤其是心理语言学界掀起了一股研究文本先例性的热潮,如索罗金(Ю. А. Сорокин)、米哈列娃(И. М. Михалева)、科斯托马罗夫(В. Г. Костомаров)、布尔维科娃(Н. Д. Бурвикова)、叶芙玖金娜(А. А. Евтюгина)、泽姆斯卡娅(Е. А. Земская)、普洛霍罗夫(Ю. Е. Прохоров),以及克拉斯内赫(В. В. Красных)、扎哈连科(И. В. Захаренко)、古德科夫(Д. Б. Гудков)、斯雷什金(Г. Г. Слышкин)、皮库列娃(Ю. Б. Пикулева)等,就先后从不同学科和不同角度对先例性问题进行了全方位、多层面的审视,从而深化了学界对该命题的概念、形式、功能、意义等的认识。如,索罗金、米哈列娃就认为,先例文本既是"语言的某些微观和宏观的脚本结构单位",又是为建立审美/类型形象中的"某些选择特征":前者"在脚本结构中展示认知—情感和价值关系",后者"以对原文本和外来文本进行区分"。(Сорокин,Михалева 1993:113)科斯托马罗夫、布尔维科娃则认为,先例文本可以理解为"借助文化记忆并通过语言棱镜了解人类生活价值的单位"(Костомаров,Бурвикова 1994:76);叶芙玖金娜也指出,先例文本是保存着对先前文本的文化记忆的"最小文化符号,它履行着专门的语用功能"(Евтюгина 1995:7);泽姆斯卡娅撰文认为,"文本可以成为先例,进入文本的以不变或可变体出现的'引文'(цитация)和'准引文'(квазицитация)同样也具有先例性,因为它们广为人熟知,并在各种文本中经常复现"(Земская 1996:157);还有学者认为,先例文本是一种"先例文化符号"(прецедентный культурный знак),它"反映着所指的符号属性","与民族文化背景知识相关联"(Пикулева 2003:23),等等。

上述学者的界说或阐释,无疑使先例文本的概念具有了多义性。这不仅是由术语 текст 本身的多义性引起的,还由于 текст 是多学科研究的对象。那么,如何确定作为先例性的 текст 的含义呢?它究竟是指"话语""篇章""语篇""语句"还是"词语"?是否还包括非语言形式的文本呢?显然,这些问题如果不在理论上廓清,就难以对跨文化交际、外语教学等言语实践活动彰显应有的价值。斯雷什金认为,"任何长度的文本都可以成为先例文本:从谚语或警句名言到叙事文学","先例文本除了语言成分外,还应该包括标语、连环画、电影等图像和影像"。(Слышкин 2000:28—30)克拉斯内赫也同样提出"语言的和非语言的"都可以成为先例性的看法,前者如"各种言语单位",后者如"绘画、雕塑、建筑、音乐"等。(Красных 2002:46)两位学者的表述尽管对先例文本含义的界说已有深化,但仍然太过笼统,不便于言语实践中把握。为此,许多学者对先例文本做了进一步的分类。如,科斯托马罗夫、布尔维科娃在 1994 年发表的文章中就提出了"先例语句"(прецедентные высказывания,ПВ)的概念,认为任何文本中都存在"强位"(сильные позиции)成分,如标题、片段、段落、文本的起始句子以及文本的结束句子等,这些都具有先例语句的性质,因为它们"承载着先例性",是"文本意义的浓缩"。如:Я там был, мед-пиво пил(童话结束句);Скажи-ка, дядя...(诗歌起始句),Что станет говорить княгина Марья Алексевна(喜剧结束句)等。(Костомаров, Бурвикова 1994:74)普洛霍罗夫进一步发展了先例文本的思想,提出了"先例回想文本"(прецедентные тектовые реминисценции,ПТР)的概念。他指出,从言语交际结构看,作为语言认知现象的"社会文化定型"(социально-культурный стереотип,СКС)不应该归入先例文本之列,而应属于"回想文本";这种回想是体现在"某语言文化共体的言语交际结构中的",它可以是"引文"(цитаты)——从片段到独立的词组,也可以是"名言警句"(крылатые слова),还可以是具有某种色彩的"单独词语"(отдельные окрашенные слова)——包括个体的新词语、文学作品中的人物名、作品名、作家名等,更可以是直接或间接情景回想文本。(Прохоров 1996:157)心理联想实验也证明,先例文本在被实验者中只有 0.5% 的回应率,而先例回想文本则达到 1.5%,说明后者在语言个性的意识里比前者具有更强势的地位和作用。可以认为,先例回想文本同样是一种语言单位,但由于它是语言个性意识里复现的文本,因此它不仅与普通的语言单位有区别,也与先例文本的特征不完全相同:先例文本是某群体或社会共体或民族文化共体的成员所"广为熟知的",而先例回想文本则在一定程度上还具有"个体"的性质,因为回想文本是"对先前建立的文本的任何引文",也就是说,这样的引文可能并不取决于该群体、社会共体或民族文化共体的其他成员是否知晓。此外,克拉斯内赫、扎哈连科等学者还在先例文本的基础上,先后提出了"先例名"(прецедентное имя,ПИ)、"先例情景"(прецедентная ситуация,ПС)等新概念。前者指与"广为熟知"的文本或先例情景有关联的、属于先例性的个体名——包括人名、民族名、地名、事物名等,如犹大(Иуда)、伊凡雷帝(Иван Грозный)、犹太人(еврей)、库利科沃原野(Куликово поле)等;后者指与一定文化伴随意义的组合(набор определённых коннотаций)相关联的"标准"或"典型"的情景,如霍登惨剧(Ходынка)、混乱时期(Смутное время)等。成为该情景的可以是先例语句或先例名,以及其他非先例性现象,如苹果、诱惑、驱逐等引起的情景等。(Гудков 1997:106—118;Красных 2002:46—48)

上述学者对先例性结构的分析和阐释,不仅极大地拓展了先例性研究的学术视野和范围,也为发展和完善先例性理论奠定了学理基础。在对先例文本研究中出现的纷繁多样的术语概念进行理论思维并使之系统化的过程中,有一个新的术语受到学界的特别关注,那就是"先例现象"(прецедентный феномен,ПФ)。该术语是以克拉斯内赫、古德科夫、扎哈连科等为代表的一批年轻学者提出来的。他们在 1996—1998 年间多次举行的"文本与交际"讲习班上,不断对已有先例理论进行修正和补充,并从心理语言学的角度提出了较为完整的"先例现象"理论的结构体系:

$$先例现象(ПФ)\begin{cases}先例文本(ПТ)\\先例语句(ПВ)\\先例情景(ПС)\\先例名(ПИ)\end{cases}$$

归纳他们在不同著作和文章中的观点,可以对该体系作如下解释:

1) 先例文本——完整和自足的言语思维活动产品,(多)述谓性单位;复杂的符号,其成分"意义"(значение)之和与其"意思"(смысл)不相对称;为该语言文化共体的每一个成员所熟知;在交际中通过与该文本相关联的语句和象征多次得以复现。如文学作品《叶甫盖尼·奥涅金》

(Евгений Онегин)、《博罗季诺》(Бородино)、《战争与和平》(Война и мир)、歌词《莫斯科郊外的晚上》(Подмосковные вечера)以及政治和政论文本等。

2)先例语句——再现的言语思维活动产品,完整和自足的具有或不具有述谓性的单位(句子或词组),复杂的符号,其成分意义之和与其意思不相对称。属于该语句的有各种性质的引文——包括引文本身(文本片段)、作品名称、一个或若干语句的完整复制以及谚语等。如 Не спится, няня! Кто виноват? Что делать? Тише едешь—дальше будешь 等等。

3)先例情景——由先例语句或先例名引发并具有某种伴随意义的标准和典型情景。如"犹大"作为先例名具有象征意义,由此引发出"标准"的叛变情景以及叛变的其他特征——告密、可耻等。

4)先例名——与先例文本、先例情景的名称有关的个体名,包括人名、地名、事物名、民族名等。如哥伦布(Колумб)、切尔诺贝利核电站(Чернобыль)、茶炊(самовар)等。(Красных 1998:54—76;Гудков 2000:53—56;Захаренко 1997:93—99)。

上述对先例现象结构的构建有以下两个特点:一是并没有包括"群体先例现象"这一层级的内容。作为哲学概念的先例现象,并不是流离或独立于先例文本、先例语句、先例情景和先例名等之外的新事物,而是将它们各自的理论综合化、系统化、理论化的结果,因此先例现象的类型也应该如广义的先例文本一样分为四种类型比较科学;二是在四种形式中,属于纯语言性质的是先例语句和先例名,其他两种则具有"混合的性质",也就是说,先例情景和先例文本既可以是语言的,也可以是非语言的。作为文化符号的非语言先例现象,需要进行实体化或语言化后才能进入"文化的语言"系列,即通过语言手段的某种修饰或象征后,其"感知恒量"(инвариант восприятия)才能被现实化。

4.2 认知心理视角对先例现象的阐释

毋庸置疑,先例现象研究首先是属于认知心理范畴的,因此,俄罗斯学界从认知心理的角度对先例文本、先例语句、先例情景和先例名的心理机制、认知结构等进行了较为全面的审视。

我们知道,人作为社会化的产物,具有反映社会现实的主观能动性。每一个"说话的人"或"语言个性"都无不在自己的大脑(意识)中打上民族文化的烙印,这个烙印就是"关于世界知识和认识的组合"(наборы знаний и представлений о мире)①,它们构成了该民族相应的"文化空间"（культурное пространство）。在这里，"认识"和"世界"都是哲学术语，前者指人的大脑（意识）对客观世界的反映，后者指客观事物或客观现实。那么，客观现实和意识到底是一种怎样的关系呢？哲学认为前者是第一性的，后者是第二性的；心理学把意识解释为"由人类活动产生的特殊内在运动"，是"主体对现实、主体活动以及主体自身的反射"（Леоньтев 1975:13, 97）；意识既是客观现实的反映，也同时进入客观现实。也就是说，意识的"内容"是客观现实的"理念方面"（идеальная сторона）。克拉斯内赫对此曾用"鱼""养鱼缸"和"水"的关系来做形象的比喻：鱼离不开水，但鱼和水并不是同一种物质，如果我们把养鱼缸比作"意识"的话，那么水就是"理念方面"，而鱼则是该理念方面的某种成分。（Красных 2002:35—36）那么，又怎样解释"理念方面"呢？现代心理学把人的意识中理念方面的这些成分称为"心智事例"（ментефакты）。克拉斯内赫认为，心智事例作为人的意识中形成的关于世界知识和认识的理念形象，是一个多层级的结构体系。在第一层级，它可一分为三——知识、观念和认识，即：

心智事例（ментефакты） { 知识（знания）
观念（концепты）
认识（предсдавления）（Красных 2002:36）

  知识是一种信息或内容单位，是以一定方式构成的结构和等级系统；知识的获得主要靠人的记忆（如靠学习获得数理化知识等），而不是智力创造，因此可以说知识已经脱离开人的意识而构成了记忆的一部分；知识不是偶然事例的联合，而是有序信息体系的组合。观念"犹如人的意识里的文化凝聚块，文化是作为凝聚块进入人的心智世界的"。（Степанов 1997:40）也就是说，观念作为思维单位，是人的大脑（意识）里对客观世界的观念表达。认识与知识和观念不同：从本质上讲，如果说知识具有客观性质的话，那么观念和认识都具有主观性的特征；如果说观念是对客观世界表征中形成的思维或心智单位的话，那么认识则是客观世界在人的意识里再现的表象。请看三者的区别：

---

 ① 此处的 представление 一词在心理学中的概念是"表象"，即"经过感知的客观事物在人的大脑（意识）中再现的形象"。但我们认为位于人的心智事例中的 представление 是个综合或广义的概念，既包括心理学的"表象"，也包括普通语义中的"概念""形象"等，甚至还包括一定的伴随意义。因此，它实际上是人对客观现实关系和态度的主观反映，并带有一定的感情色彩，故定名"认识"。

知识	观念	认识
由"信息单位"组成	思维单位,指涉范围广泛	表征为广义的"形象"
具有"个体"和"群体"性质	具有"个体"性质	具有"个体"和"群体"性质
具有"公理性",不需要证实	具有"抽象性",可以推导出"原型"	具有"理论性",需要论证
以"展开的形态"储存	以"完形"和"命题"的形式储存	以"浓缩的形态"储存
需要靠记忆,没有伴随意义,具有"理据性"	有聚合体层面,需要语言化表征	包括评价和伴随意义,具有"直觉性"

如上所说已经能够比较清楚地看出,先例现象无论是作为"对某语言个性在认知和情感方面有意义的文本",还是作为"言语思维活动的产品",它都是通过"认识"而获得的(当然绝不是说先例现象与观念无关,恰恰相反,先例现象作为人的"心智图片"和语言化的"文化的语言",观念同样是其运作的单位)。因此,先例现象与"定型"一样,也凝聚着关于世界的知识和世界的形象。这样,又得出如下结构:

$$\text{心智事例—认识—先例现象(ПФ)} \begin{cases} \text{先例文本(ПТ)} \\ \text{先例语句(ПВ)} \\ \text{先例情景(ПС)} \\ \text{先例名(ПИ)} \end{cases}$$

那么,先例现象在人的认知心理结构中到底处在怎样的地位呢?

我们知道,世界的知识和认识不仅具有个体的性质,也具有群体和社会或民族共体的性质。显然,先例现象就具有上述的性质,既有个体性质的,也有群体性质的——社会共体(социум)和民族(нация)。① 克拉斯内赫等学者从上述三种知识和认识中推导出三种不同的认知空间:

1) 个体认知空间(индивидуальное когнитивное пространство,ИКП)——某语言个性按一定方式建构起来的关于世界知识和认识的总和;

2) 群体认知空间(коллективное когнитивное пространство,

---

① 当代认知心理学把社会共体和民族看做是两个不同的层面:前者是由某一个特征组合起来的群体,如年龄、职业、受教育程度、业余爱好等;后者是由某一组特征组合起来的群体,如语言、文化、历史、宗教等,因此"民族"也叫"民族语言文化共体"(национально-лингво-культурное сообщество)。

ККП)——某社会共体按一定方式建构起来的关于世界知识和认识的总和；

3) 认知基体（когнитивная база，КБ）——某民族文化共体按一定方式建构起来的"必备的"关于世界知识和认识的总和。（Красный 1998:45；Гудков 2000:53—54；Захаренко 1997:92—93）

先例现象作为反映在人意识里关于现实世界的"心智图片"，按照卡拉乌洛夫的说法，它本质上具有该民族文化共体"广为熟知"和"超个性"的性质，因而它对民族意识（包括语言意识）的形成起着重要的作用。如果用它作为"标尺"（эталон），可判断某民族文化共体成员的行为模式及其价值等级等，因此先例现象无疑属于"认知基体"（КБ）的构成要素（认知基体是由世界的知识和认识的总和构成的）。虽然从总体上讲，先例现象同时具有个体和群体的性质，但就认识组合的内核而言，显然具有超个体的性质。但是，这并不是说所有先例现象都以相同的形式储存在人的认知基体中的。有研究表明，属于"语言性质的"先例语句和先例名由于在言语中可以直接并多次地复现，其对现实世界的表征反映着该民族对先例性的认识，从而构建起相应的语言世界图景，因此它们是直接储存在民族文化共体的认知基体里的；而既属语言的又属非语言性质的先例文本和先例情景，由于它们中非语言的部分需要"语言化"后才能够显现其对世界的认识，因而它们是以感知恒量的样式储存在认知基体里的。该感知恒量如果不被语言"激活"，即附加必要的区分标志或限定成分，在跨文化交际中就难以成为"先例性"。比如，由先例名"犹大"引发的先例情景的区分标志就有："得到信任的人的可耻行为""告密行为""因叛变而得到奖赏"等；限定成分有"犹大之吻""为30个银币而叛变耶稣"等。（Гудков 2000:54—56）因此，要使情景成为先例性（交际双方所共知），许多情形下需要对该情景的来龙去脉做出交代——或转述或讲述，而这种"交代"是信息的"浓缩"，通常用 *Я имею в виду...*（我说的是……）*Представьте себе ситуацию*（请想象这样的情景……）等句型，这就是语言化——对先例情景感知恒量的语言化表达。

4.3 跨文化交际视角对先例现象的阐释

跨文化交际视角对先例现象的阐释，首先会涉及文本、语句、情景和名称等是如何在言语生成和理解过程中成为"先例性"的，以及先例现象的来源等；其次，还要还会涉及先例现象在交际尤其是跨文化言语交际中都有哪些功能和意义。

对于第一个问题，不妨首先来考察一下先例文本的"存在"（существование）和"诉求"（обращение）方式。卡拉乌洛夫认为，世界上所有文本的存在和诉求方式都不外乎以下三种：一是"自然方式"（натуральный способ），即文本以"原生形式"为读者或听者所接受，并成为他们感知、反应和理解的直接对象；二是"再生方式"（вторичный способ），即由原生文本转换为其他的艺术形式，如转换成剧本、电影、戏剧、雕塑、绘画等，这样的文本依然是用于直接感知的，或是由原生文本引发的再一次的思考；三是"符号学方式"（семиотический способ），即它对原生文本的诉求是靠"暗示"（намёк）、"参阅"（отсылка）等实现的，因此在交际过程中复现的是整个原生文本或带有某情景、某事件的文本片断（即文本的"浓缩形式"）。这时，整个文本或片断就是一个完整的表义单位。（Караулов 1987:217—218）的确，任何形式的文本都具备前两种存在和诉求方式，而第三种具有符号学属性的方式只有先例文本才具备。对语言学家来说，在以上三种文本的存在和诉求方式中，感兴趣的只是第三种，因为也只有第三种才真正具有语言的本质属性，包括社会属性、心理属性和符号属性等。在跨文化言语交际中，先例文本也正是用该方式进入交际者的话语之中的，并在交际的"智力—情感场"（интеллектуально-эмоциональное поле）显示其现实的意义。

从文化认知视角看，先例现象的形成与文本、语句、情景和名称所具有的"文化伴随意义"有密切的关系。研究表明，伴随意义无不具有鲜明的先例性。所谓伴随意义，通常指隐含在该民族文化共体文化中的、通过联想获得的具有情感和评价性质的意义的总和。理论上讲，语言中任何称名单位都可以具有一定的伴随意义，包括文本、语句和人名、地名、事物名等。在跨文化言语交际中，该伴随意义起着"语用预设"的作用，也即所谓的"先例性"。如古罗马著名将领"布鲁图"（D. J. Brutus）的名字就具有伴随意义，因为该将领曾参与反对恺撒的阴谋活动，因此是"叛徒"的象征词；而在 И ты, Брут！语句中，Брут 就是先例名，能引起对"变节"情景的联想。这种先例性直接与语言单位的伴随意义有关，其实质为"一级伴随意义"（первичная коннотация）。事实上，语言单位所隐含的伴随意义是非常复杂的，也是多样的，其中有许多成分并不具备"广为熟知""超个体性"等先例性的特征。尤其在跨文化言语交际中，伴随意义可能在原有民族文化共体的层面转化为"个体"的性质。如，在俄罗斯小说《克里米亚岛》（Остров Крым）中，主人公的名字叫安德烈·阿尔谢尼耶维奇（Андрей Арсениевич）。由于他的父名在俄语中比较少见，因此在阅读该小说时会引起读者的不同联想：有猜想名字寓意的（作者通常会用主人公的姓名来隐喻什么），也有把他与曾遭到政治迫害的同名俄罗斯著名电影导演安德烈·阿尔谢尼耶维奇·塔尔科夫斯基的命运联系在一起的。作为该小说的作者，他让主人公拥有该人名显然是"别有用意",也就是说是有语用预设的,但并不是每一位读者都能领悟其"先例性",从而引发读者个体性的联想。这样的伴随意义实际上与"一级伴随意义"已有很大不同,它的先例性是靠"先例回想文本"(ПТР)来实现的,这种伴随意义可以称为"二级伴随意义"(вторичная коннотация)。

普洛霍罗夫认为,先例回想文本是交际中常见的现象,因此应该成为跨文化交际研究的对象之一。他提出,先例回想文本的实质是一种"民族文化定型"(национально-культурные стереотипы),它在言语中的使用"与语言个性的语言认知层级有关",也就是说,它所具有的该民族的语言文化属性,在言语交际中是以定型化的形式存在、并在"标准的言语交际情景中"得以体现的。(Прохоров 1996:155—161)显然,先例回想文本是建立在对先例文本的观念诉求基础上的,它在跨文化言语交际中的使用通常要符合以下三个条件:

  1)说者对文本回想的有意识性;
  2)听者熟知原生文本,并能够辨别出是对原生文本的参阅;
  3)说者的语用预设不超出听者的知识和认识范围。

也就是说,话语的发出者要有意识地对先例文本进行诉求,并要对话语接收者是否具备文本回想的知识和能力进行预测。如果违反第一个条件,即说者在言语中使用先前已掌握的文本时是无意识的话,那么该文本就不具备先例性质了,而就变成了语言定型(语言定型是无意识的);而如果违反第二个条件,既听者的言语不能对说者的文本情景作出反应,那么原生文本就失去应有的情感或价值意义而变成普通的语言单位了;如果违反第三个条件,那么先例回想文本就会变成"普通回想文本"(обычные текстовые реминисценции),它所复现的已经不是先例文本,而是伴有说者附加说明的普通文本。这样的附加说明通常会使用解释语,如 *Знаешь*...(你可否知晓……),*Я имею в виду*...(我指的是……)*В сущности, что*...(实质是……)等,也可在言语中使用反诘句,如 *Откуда это*?(哪里知道这些的呢?)等,来解释所引用的典故。

对于第二个问题,先例现象对跨文化言语交际的作用和影响是十分显然的,因为先例性对正确使用和理解话语所隐含的民族文化语义从而达成有效交际具有一般话语所无法替代的功用。归纳起来,先例现象在跨文化言语交际中的功能主要有以下几种:

  1)称名功能(номинативная функция)。它首先和普通语言单位一样,具有称谓和切分现实片段并赋予其概念的功能。如:

  ... *Время было к обеду, и кладовщика уже не смогли бы найти никакие Шерлок-Холмсы*

  (……已到吃午饭的时候了,就是福尔摩斯也找不到仓库管理员了。)

此处的福尔摩斯首先是称名,之后才显示其隐含着的"神探"的伴随意义。

2) 说服功能(убеждаюшая функция)。在言语交际中使用先例现象,目的是要增加自己话语的权威性,并使对方信服自己的言论或观点。尤其是在争论或辩论性话语中,引经据典是常用的手法。如:

——*Я могу никого не бояться, товарищи. Нико-го. Что хочу, то и сделаю... Я сейчас в Кремль позвоню... Позвоню... и кого-нибудь там изругаю по-матерному...*

——*Кремль? ... Позвоните кого-нибудь самого главного. Ну тогда передайте ему от меня, что я Маркса прочёл и мне Маркс не понравился. (Эрдман)*

(——我现在谁也不怕,同志们,谁也不怕,想怎么做就怎么做……我现在就给克里姆林宫打电话,立刻就打,用粗野的话骂那里的人……

——克里姆林宫?你给那里的主人打电话吧,请转告他,就说的我读过马克思的书的,我不喜欢马克思。)

上述话语中使用的"克里姆林宫"和"马克思"分别代表"最高当局"和"最高权威",说者是想利用该先例名来增强话语的权威性,以使对方信服自己的观点。

3) 嬉戏功能(игровая функция)。跨文化言语交际中,正确地表达自己的思想固然重要,但表达思想的方式往往更重要,使用先例现象就是"语言游戏"的一种方式,它在许多情形下可以起到活跃气氛、联络感情、拉近交际心距的功效。如:

——*Ты гений, Витенька.*

——*Я гений—Ломоносов.*

(——维捷卡,你真是天才。

——我是天才,像罗蒙诺索夫)

4) 密语功能(парольная функция)。先例现象具有区分《自己人》和《外人》或《好人》和《坏人》的功能,因为先例性从本质上讲是属于民族文化共体的,无不具有本民族心理的特质。如:

——*Как ты не понимаешь—Он просто страшный! Он похож на Урию Гипа...*

Я притворился, что знаю, кто такой Урия Гип и сказал многозначительно:

——*А-а.*

(——你怎么不明白,他是一个可怕的人!他像乌利娅·基普……

我假装知道乌利娅·基普是何人,便意味深长地说:

——哦,是她啊。)(注:乌利娅·基普是英国作家狄更斯小说中的人物)

需要特别说明的是,跨文化言语交际中先例性对不同社会共体或群体的人,甚至对不同职业、不同年龄和文化程度的人而言,其功用是有差别的。比如,有实验证明,不同年龄段的人对"灰姑娘"(Золушка)形象的先例性认识就有很大不同:8—9岁段是"最可爱、最温柔";13—14岁段是"听天由命";19—20岁段是"受气包";成人段是"有耐力、勤劳"。(Хрусталева 2001:71—77)

跨文化交际视角的先例现象研究,不仅有助于深化对语言材料本身以及语言材料中反映的文化事例的认识,更可以作为独立的方法,对言语交际的各个方面(尤其是对作为先例文本的经典文学作品的分析)作出新的解读和阐释,以在语言、文化、认知心理的结合上得出不同于传统的新结论。

第5节 定型理论

定型(стереотип)作为一种复杂的社会和心理现象,历来是社会和人文各学科关注的对象。作为当代俄罗斯人类中心论范式语言学理论之一,它与"先例"一样,被学界视作"文化的语言"(языки культуры)或"意识存在之形式"(форма существования сознания)而置于文化空间、认知空间以及言语交际的三重语境中予以考察和分析,从而形成了颇具俄罗斯特色的"定型理论"。

5.1 定型的概念及内涵

自美国社会学家利普曼(У. Липпманн)于1922年在《舆论》(Public Opinion)一书中首次使用 stereotype 一词语进行社会学研究以来[①],"定型"的概念便被广泛应用于其他人文学科,并在原有"社会定型"(социальный стереотип)基础上相继形成了多种定型理论,如文化学中的"文化定型"(культурный стереотип)或"民族文化定型"(этно-/национально-культурный стереотип),心理学中的"思维定型"(мыслительный стереотип)"或"心智定型"(ментальный стереотип),交际学中的"交际定型"(стереотип общения)或"行为定型"(стереотип поведения)等。尤其是进入20世纪90年代以来,随着科学研究中人类

---

① Stereotype(стереотип)一词在外语文献中并无异说和异义,只是中文的译names不尽一致。迄今已见到多种名称,如贾玉新的"定势"(1997:107),徐盛桓的"常规关系"(1996),刘宏的"常规范型"(2001),关世杰、文卫平的"定型观念"(1996 180—185;2002),李媛、范捷平的"模式固见"(2007)等,其内涵并无实质性差异。本书仍采用我们先前使用的"定型"的提法(赵爱国 2001)。

中心论范式的兴起,定型又作为"文化的语言"的核心内容之一,与先例、象征、仪式、标尺等一起,成为当今学界着力研究和阐释的对象。

最先作为社会学研究对象之一的定型概念,指某群体成员对另一群体成员简单化的固定的看法。利普曼认为,人所处的环境,无论是自然环境还是社会环境,都太复杂了,以至于不允许他对世界上所有的人,所有的事逐一地亲身进行体验和认识。为了节省时间,人们便用一个简化的认知方法,将具有相同特征的一群人或任何民族、种族塑造成一定的形象。这种定型即人的头脑里有序的、模式化的并由文化确定的世界图像。(Lippmann 1922:16—17)以往学界对社会定型的研究主要体现在以下两个方面:

1) 把社会定型视作"民族的偏见"(этническое предубеждение)加以审视,分析其对异民族、异文化的消极影响及作用机制;

2) 把社会定型看做个体"我"(Я)和群体"我们"(Мы)的形象的体现加以分析,认定社会定型的形成机制是多种认知过程的结果,其中包括"因果配置"(каузальная дистрибуция),即解释自我行为和他人行为的成因。无论从个体还是从群体看,社会定型都具备两种功能:对个体而言是"认知功能"(когнитивная функция)和"价值维护功能"(ценностно-защитная функция),前者表现为"对认知过程的模式化和简洁化",后者则体现为"建立和维持'我'的正面形象";对群体而言是"意识化功能"(идеологизирующая функция)和"认同功能"(идентифицирующая функция),分别反映为"形成和维持群体的思想体系"以及"建立和维持'我们'群体的正面形象"。(Шихирев 1985:109—111)

社会定型通常以人的"思维定型"和"行为定型"的形式表现出来。尽管社会定型是建立在人自身的知觉和情感基础上的,但归根到底是由固定在群体意识中的、人的发展的自然条件所确定的。

思维定型作为认知语言学和民族语言学的一个术语,通常指"心智定型",有些学者又称其为"天真世界图景"(наивная картина мира)。(Силинский 1991:273—275;Апресян 1995:37—67)天真世界图景是相对于"科学世界图景"(научная картина мира)而言的,是指语言中体现的事物与事物或特征之间形成的常规关系。它们都被视作是人在认识世界过程中所建立的模型。科学是人类构建经验世界的方式,而语言则是人们构建经验世界的另一种方式。波兰语言学家巴尔特明斯基(Е. Бартминский)认为,语言定型作为语言世界图景的一部分,"是对语言外世界一定客体的一种或几种判断",即"主观上确定的对事物的表征",这种表征"同时带有描写和评价特征,是在社会形成的认知模式范围内对现实进行解释的结果"。(Бартминский 1995:7)

心理学家是把定型视作一种知觉机理来加以研究的,认为人的知觉作为人认知世界的一种特性,决定着社会交际和跨文化交际的方式。也就是说,思维定型对本民族文化而言是呈现客体或客体层级的某种记录方式,从日常意识或"天真"意识角度看则是反映该文化现实的方式。行为定型也与此相类似。在个性社会化的过程中,行为定型是受社会定型制约的,个性只有在约定的社会定型范围内施行自己的行为。正如索罗金所说:"定型的概念可以界定为交际(行为)和依据一定符号学模式构建行为的某种过程和结果"。(Сорокин 1985:10)。

按照普洛霍罗夫的观点,言语交际行为受到民族文化定型的制约,该定型又有由两部分组成:"内隐民族文化定型"(внутриэтнокультурный стереотип)和"外显民族文化定型"(внешнеэтнокультурный стереотип)(Прохоров 1996:69—75)。前者用雷什科夫的话说,是"能通过现实展现社会一致需求,对社会化个性的意识施加典型化影响,并能培养其相应动机的交际单位"(Рыжков1985:15);后者与交际者的"外国文化"化(инкультурация)有关,可理解为跨文化交际中交际策略的民族特色形象或模式。它基于不同民族在言语行为中表现出的民族文化类型的差异性,既从交际对方理解的角度考虑到自我交际行为的定型,又从自我接受的角度考虑到交际对方的交际行为定型。因此,所谓言语交际行为的民族文化定型,至少表现为两种形式:一是该民族文化共体中的言语行为结构定型;二是该民族在实现言语行为过程中针对规范化的情景所选用的语言单位、语言结构的定型。由于民族文化定型具有"规范化性质",因而可以说它是一定民族言语行为规范化的文化单位。

言语交际行为的民族文化定型对跨文化交际(行为)具有重要的影响。它要求交际双方都必须具备"施行自我行为"和"理解、接受他人行为"的知识和文化储备(Прохоров 1996:100—101)。由于交际双方具备的这种知识和文化储备总不是均等的,因此只有交际行为及其文化单位表现出对异民族文化的"适应"(адаптация),才能确保交际目的达成。

5.2 文化空间的定型理论研究

定型理论研究最初是由社会学领域提出的,后逐渐扩展到其他人文学科。应该说,大多数定型研究是在特定文化空间语境的范围内进行的。"文化空间"(культурное пространство)亦称"民族文化空间"(этническое/ национальное культурное пространство),通常指"人的意识中的文化存在形式",或"由民族文化决定的情感信息场"。(Красных 2002:206)对此定义,目前俄罗斯学界并无大的异议,普遍认同"文化空间包含着民族文化共体成员现有的和潜在可能有的关于文化现象的全部认识"的界说。(Гудков, Красных 1998:124)也就是说,文化空间被视作某民族所有个体和群体认知空间的总和。

总的来看,迄今为止俄罗斯学界对文化空间语境中的定型理论研究,大致可分为"社会定型"和"文化定型"两大类别。

5.2.1 社会定型

利普曼将社会定型定义为"人脑中有序的、模式化的并由文化决定的世界图像"。后来,该概念被众多从事心理学和交际学研究的学者所借用,分别指对某群体或民族"带有类型化倾向的认识"及其形象的"过度概括"。(文卫平 2002:12)因此,社会定型理论及其研究实际上形成了与心理学和交际学相对应的两个分支:一是思维定型,二是行为定型。思维定型又称"心智定型""意识定型"等,被分别阐释为"人的心智图片""对事物或情景固定的民族文化认识"(Маслова 2001:110);"某种固定的、最低限度的恒量""受民族文化特点制约的有关事物或情景的认识"(Красных 1998:127);是客观事物反映在人的头脑中"超稳定"和"超固化"的东西(Прохоров 1996:75)等。思维定型一方面与客观现实有关,另一方面与人说的语言有关,因此又有学者将其视作"天真世界图景"(Силинский 1991:273),"是语言中体现的事物与事物或特征之间的一种固定的或恒常的关系"(Апресян 1995:37)。该关系可以通过心理语言学的方法加以揭示。对此,俄罗斯语言学研究所和俄语研究所于 1996 年联合出版了《俄语联想词典》(Русский ассоциативный словарь),对现代俄语中通过固定联想而获得的具有思维定型性质的语言形式进行描述和阐释。行为定型又称"交际定型"(коммуникативный стереотип)、"言语交际定型"(стереотип речевой коммуникации)等,分别被界说为"以某种方式对社会群体、民族及民族文化具体的实际需要进行言语固化的符号"(Красных 2002:177),或"通过对社会认可的需要进行表征,从而能够对个体意识施加类型化影响的民族交际单位"(Рыжков 1985:15),其实质无非是受民族文化制约的行为模式或行为策略和战略。研究表明,现实交际中的行为定型至少有以下两种表现形式:一是该民族文化共体中的行为结构(非言语行为)定型;二是该民族在实现言语行为过程中针对规范化的情景所选用的语言单位或语言结构(言语行为)定型。(赵爱国 2001:56)

以上不难看出,社会定型实际上是在特定文化空间中形成的人的思维方式和行为方式。它的形成受到本民族语言与文化的双重制约,而一旦形成之后又会对人的思想和行为产生积极或消极的双重影响。正因为如此,社会定型才成为当今语言学、社会学、心理学、认知学、交际学等研究的热点之一。

5.2.2 文化定型

文化定型又称"民族定型"（национальный стереотип）或"民族文化定型"（национально-культурный стереотип），被定义为"对形成某民族典型特点的概括性认识"（Маслова 2001：108），即某群体或民族对本群体或民族以及对他群体或民族共同认可的价值和行为的概括性表达，或图式化和简单化的认识。所以，文化定型按所涉指的对象又可分为"自定型"（автостереотип）和"他定型"（гетеростереотип）两种形式。前者是对本群体或民族的固有认识，后者是对他群体或民族的典型特征或性格的总体印象和简单化的形象概括。如现实生活中，中国人习惯用"北极熊""山姆大叔""矮东洋"来分别概括俄罗斯人、美国人和日本人的总体形象，这些都是文化定型中的他定型形式；而自定型常见的有"中国人勤劳"、"南方人精明""北方人豪爽"以及"东方巨龙""龙的传人"等。

需要特别指出的是，文化定型作为对某群体或某民族所进行的形象概括和总体描写，通常具有一定的局限性。事实上，人们从现实体验或经验中所获得的有关世界的知识或认识，也应该归入文化定型的范围之内。这是因为，正如上文已经提到的，文化空间语境的定型其实是一种"情感信息场"的图式化理论，它包含着物质与精神两个方面。也就是说，排除人对事物（包括人与物）的情感因素，是无法完整理解和系统揭示文化定型的内在本质及外显形态的。正如沙普金娜所说，"定型中总是包含着情感评价"，这种评价"可以帮助获得客体定型的概念"。（Шапкина 1995：84）因此，当我们说对事物的形象概括是一种文化定型时，这个形象可以是个体的形象、群体的形象或民族的形象，也可以是动物的形象或植物的形象等。例如，现代俄语中就有大量有关人或民族及动、植物形象的定型比喻：*любезный \ изысканный как француз*（好客/十分讲究的法国人），*пунтуальный как немец*（非常守时的德国人），*чопорный как англичанин*（过分拘礼的英国人）；*трудолюбив как муравей \ пчела*（像蚂蚁/蜜蜂那样勤劳），*хитер как лиса*（像狐狸般狡猾），*труслив как заяц*（像兔子般胆小）；*строен как тополь*（像杨树一样挺拔），*красен как вишня*（像樱桃一样红），*кругл как арбу*（像西瓜一样圆）等。甚至许多抽象事物的形象同样也有定型的比喻，如：*характер как кисель*（羹一样〈黏糊〉的性格），*усталость как собака*（累得像狗），*чувство как рыба в воде*（像鱼在水里的感觉）等。据此，文化定型可以界说为"对某社会群体或民族以及社会事物和现象的概括性、形象化的认识"。

文化空间语境中社会定型和文化定型的成因是多方面的，既有社会文化环境因素，也不排除个体或群体的认知因素。社会文化环境因素通常是显性的,而认知因素则是隐性的。

社会文化环境包括两个方面:一是社会文化,如社会形态、社会习俗、民族传统、民族心理等;二是外部环境,如人文环境、地理环境等。定型作为人对世界"图式化""简单化"的认识,首先是社会化的产物,是社会化过程中个体、群体或民族的价值观念、行为规范等受社会文化环境方方面面的影响所致。有句话概括得好:"定型从来就是民族的"(Маслова 2001:101);其次是受外部环境的影响,其中包括广播、电视、电影、网络等传媒以及书刊、报章、文学作品等文化产品。有材料证明,文化定型"最直接的来源是那些流行的有关民族性格的国际笑话"。(Тер-Минасова 2000:139)例如,俄语中常见的国际笑话通常是这样来定型外国人形象的:

  Англичане пунктуальны, немногословны, прагматичны, сдержанны, любят сигареты, виски, конный спорт(英国人守时,少语,实用主义,拘谨,喜欢抽烟、喝威士忌酒、马术运动);

  Немцы практичны, дисциплинированны, организованны, помешаны в порядке(德国人实在,守纪律,有团队精神,神经癫狂);

  Французы — легкомысленные гуляки, эпикурейцы, думающие только о женщинах, вине и гастрономических удовольствиях(法国人游手好闲,享乐主义,只喜好女人、喝酒和美食);

  Американцы богатые, щедрые, самоуверенные, знамениты хорошими дорогими машинами(美国人有钱,慷慨,自信,以拥有名贵的汽车著称);

  Русские—бесшабашные рубахи-парни, неприхотливые, драчуны, любят водку и драки(俄罗斯人胆大冒失,好斗,喜欢喝伏特加酒和打架斗殴)。(Тер-Минасова 2000:139)

有趣的是,曾有这样一个国际笑话在俄罗斯广为流传:不同国家的人在一起喝啤酒,发现啤酒里有一只苍蝇:德国人扔掉苍蝇后继续喝啤酒;法国人拣出苍蝇,吹口气把苍蝇的翅膀吹平展,不再喝啤酒了;俄罗斯人没有发现苍蝇,把啤酒喝掉;美国人叫来服务员,大吵一场,并要求换一杯啤酒。

国际笑话揭示的是一个民族对另一个民族的总体形象或面貌的认识,这就是文化定型。这种定型是把"双刃剑":一方面,它有助于跨文化交际中对对象国人的民族性格和爱好迅速"定位",以减少由文化带来的障碍和麻烦;另一方面,它作为一种文化上的思维定势,又在许多情形下影响着交际人的言行,妨碍着彼此的交流和沟通。总体上看,多数学者认为,就跨文化交际行为而言该两个方面还是利大于弊。

除了用国际笑话对异国民族进行文化定型外，俄罗斯人还会用笑话的形式对本国的少数民族进行某种秉性的定型描写。比较常见的是对格鲁吉亚人、楚科奇人、犹太人、乌克兰人民族性格及习性的描写。如一则笑话说：一个格鲁吉亚人和亚美尼亚人吃完饭走出餐厅。亚美尼亚人给存衣室的女服务员50卢布，说 *Сдачи не надо!*（不用找零钱了!）；格鲁吉亚人给了100卢布，说 *Пальто не надо!*（大衣不用给我了!）。显然，比起亚美尼亚的"礼貌兼豪爽"，格鲁吉亚人除"豪爽"外，也不无"鲁莽"和"冒失"。

个体或群体的认知因素主要基于文化的习得机制。毫无疑问，定型作为"心智图片"，是民族文化在人的心理所形成的一种意象，或者说是人在社会化过程中获得的一种认识世界的方式。正是由于认知的结果才导致了人的思维或行为的某种定型。

还需要指出的是，现实生活中，社会定型和文化定型往往交织在一起，人的许多定型观念和行为是很难清楚地归入某一类的。例如，在时间观念上，不同民族的定型就有比较大的区别：日本人和中、北欧人的时间观念较强，无论上下班还是公交车运输都较守时，一般不超过2—3分钟；而俄罗斯人、意大利人的时间观念则比较宽泛些，通常迟到10—15分钟也被认为是"守时的"；最没有时间概念的可能是西班牙人，推迟1个小时是常见的现象。西班牙人常爱说的一个词是"manna"，意为"明天"或"明天的明天"。(Красных 2002:198) 可见，时间观念上的定型整体上是受本民族文化的使然，因而难以界说为属于哪一种具体的定型。

另外，在文化空间语境的定型理论中，还有一种被称为"准定型"或"类定型"(квазистереотип)的现象，专指那些"与异文化大致吻合"但"又有原则性细微差别"的定型。(Маслова 2001:101) 如我们常见到不同的民族对"排队"这一现象有不同的行为定型：俄罗斯人通常会问：*Кто последний?*（哪位是最后一个?）或 *Вы последний?*（您是最后一个吗?），而许多欧洲国家民族的定型则是先到专门的窗口排号，然后拿着排号的字条在一旁等候，其情景类似于我国许多银行排队的做法。应该说，这种"准定型"现象在跨文化交际中随处可见，也同样很难分清是属于哪种类别的定型，它们也是社会定型和文化定型交织、混合的产物。

5.3 认知空间的定型理论研究

对定型理论来说，文化空间语境的研究主要揭示定型与文化即人的外部环境空间的关系，属于定型理论研究的"表层"；而认知空间语境的研究后则用来阐释定型与认知即人的内部心理空间的关系，属于定型理论研究的"深层"。它们之间既有联系，又有区别。

首先让我们来看看什么是认知空间,它与文化空间到底是怎样的一种关系。

众所周知,空间范畴的划分有"科学"和"人文"的两种。前者是物理的、几何的或哲学的概念,后者是人类中心论概念,或者说是以人对世界的心理感知所形成的空间概念。显然,认知空间属于后一种。

以人类为中心的空间范畴,通常又可分为"人的外部空间"(внешнее пространство человека)和"人的内部空间"(внутренее пространство человека)两大类。认知空间作为人类特有的智力活动,就其本质属性而言是属于人的内部空间的。但认知空间又是人对外部世界的"感知、情感、范畴化以及推理等组成的"(文旭 2002:90),因而它又不能脱离开外部空间而孤立存在。可见,所谓认知空间,是指人能动地反映外部空间诸因素而形成的心理或心智空间。也就是说,认知空间并不是被动或消极地、镜像般地投射客观现实所形成的空间,而是人的身心与客观现实互动的产物。这里有必要理清两个不同的概念:一是认知空间虽涉及的是人的心理或心智空间,但并不等同于文化空间语境中所说的思维定型或心智定型。尽管从词源学角度看,стерео 源自 пространственный(空间)一词,但按照语言学的解释,它们分属两个不同的范畴:空间是人对世界形态的划分,是"定型"得以生成的"媒介"或者叫"场";而定型则是人对世界的认识形态。二是文化空间语境的定型研究也涉及人的认知因素,但与认知空间所审视的却不尽相同:前者用以揭示定型的文化成因,后者则是对定型生成的认知过程以及定性的语言表达方式作出语言学的阐释。

以上界说,比较清晰地展示了认知空间与文化空间的不同及相互关系:认知空间的特质是心理或心智的,形态是内隐的;文化空间的特质是物质与精神的总和,形态是外显与内隐的结合。因此可以说,认知空间只是广义的文化空间的组成部分。

上文已经谈到,定型在本质上是一种思维方式和行为方式,其实,这句话还应该加上一点才更加完整:定型不仅是一种思维方式和行为方式,而且还是一种认知方式和表达方式。这是因为:从定型生成的机理看,其本身就履行着一系列的认知和表达功能,如"对世界任何的需要进行表征","对世界进行言语固化"从而获得"图式化"和"简单化"的认识等,都与人的认知和语言表达有关。因此,完全可以肯定地说,定型既是人对世界的认知过程,也是人对世界的认知结果。

影响人的认知的因素很多,既有生理的、心理的,也有经验的、理念的。其中人的身心体验是认知的基础。但从认知能力的角度看,认知与语言的作用则密不可分。当代认知语言学理论认为,语言作为人的思维和知识的载体,是认知系统不可或缺的组成部分,某种意义上讲,语言本身就是一种心理或认知现象。由此,可以得出这样的结论:所谓认知空间语境的定型研究,实际上是围绕人的思维能力或言语生成、认知、交际能力而展开的研究,它的主要对象应该是"语言定型"(языковой стереотип)。

研究语言定型,首先要揭示并阐释语言与定型以及定型与认知空间的相互关系。

5.3.1 语言与定型

语言定型也叫"言语成规"(шаблон речи),在新格赖斯含义理论中又称"常规关系"或"常规范型",是在群体意识和社会共识基础上形成的一种合乎逻辑的语言单位。波兰学者巴尔特明斯基曾狭义地将语言定型解释为"对语言外世界某客体进行的、具有主观认识性质的判断或一些判断"。(Бартминский 1995:7)但此处所说的语言定型是广义的概念,泛指一切有固定指涉意义的语言组合及用法,如 новый русский(俄罗斯新贵)、крепкое здоровье(健壮的身体)、чёрный чай(红茶)等等。当然,研究语言与定型的关系,其着眼点并不是这些语言的组合及用法,而是基于语言对定型生成所起的作用机理。

语言与定型的关系是当代俄罗斯人类中心论范式语言学理论研究的热点之一,尤其是语言世界图景理论研究或多或少地会涉及这一问题。我们知道,语言世界图景是通过人的文化或观念世界所折射的现实世界,或者叫"语言的世界观念化"(Шмелев 2002:12),但并不能由此得出语言定型就等同于语言世界图景的结论。如果这样来理解语言定型,也未免太过简单了。事实上,认知空间语境中的定型即语言定型,只属于语言世界图景理论体系中"观念"生成层级的内容,也就是说,语言定型与语言世界图景是部分与整体的关系。而且,语言定型还不是观念世界图景的全部,而只是其"片断"(фрагменты),因为定型作为某种"心智图片"(心智图片还包括"形象""完形""图式""命题""脚本"等),并不是单靠语言建构起来的,观念世界图景的形成也不是语言定型单方面的作用所致,因为参与对世界范畴化的还有人的其他思维活动。

依照克拉斯内赫的观点,每一个语言单位中都蕴涵有一种定型或"定型形象"(стереотипный образ)。定型可以和"言语联想网"(ассоциативно-вербальная сеть)一样,构成表征某民族文化共体"观念域"(концептосфера)的"定型场"(стереотипное поле),与该定型场相连的不是别的东西,而是"观念"。(Красных 2002:181)那么,什么是观念呢?当代认知语言学理论告诉我们,观念实际上是人对世界进行范畴化过程中通过个体和群体体验(感知、认知)而获得的"意向图式"(образ-схема)。由于观念的形成离不开语言,因此当语言符号与认知参与下形成的观念结构相一致(而不是与客观现实世界相对应)时,就形成了"意义"(значение)。定型的生成机理也与语言意义的生成机理一样,同样也是人的大脑中生成的关于世界形象和世界知识的"观念系统"。有研究表明,该观念系统是多层级的,并形成不同的"观念块"(концептуальные блоки)。正是这些观念块,"决定着我们如何看待世界,如何感知和切分世界"。(Красных 1998:116)而如果将这些观念块"语言化"(вербализация)或"实体化"(субстанция),便成为言语生成与理解过程中的"文化化的语言符号单位"(окультуренные единицы языковых знаков),即"文化的语言"(языки культуры),这就是语言定型。从这个意义上讲,语言定型即是观念定型。但这绝不能认为定型与观念之间可以划等号,因为从认知语言学角度看,并不是所有观念都可以形成语言定型的。观念与定型之间的区别可见如下简表:

	观念	定型
1	涉指范围比较宽泛,包含一切语言成分	涉指范围比较狭窄,只是某种而不是全部"心智图片"语言化的结果
2	比较抽象,可以推导出原型	比较具体
3	有聚合体层面	有功能作用,能在交际中呈现
4	作为定型、命题、完形等储存	作为框架结构储存

5.3.2 定型与认知空间

如果说上述语言与定型的关系主要是对定型的生成机理作出语言学解释的话,那么定型与认知空间的关系主要考察的是定型结构在认知空间结构中所处的层级。

先来看看定型的结构问题。如上文所述,定型的结构可划定为社会定型、文化定型、语言定型等三种类型。应该说,目前学界对定型的划分还不尽一致,这主要是由研究方向不同或视角不同引起的。如西方从事社会学、跨文化交际学等研究的学者,多倾向于"社会定型"和"文化定型"的二分法,而俄罗斯学者对此却有不同的看法。如,乌费姆采娃就将定型分为"民族定型"和"文化定型"两种。她认为,该两种定型的内涵具有不同的性质:前者是行为和群体无意识事实,是本民族成员靠"自省"(саморефлексия)所感受不到的,因此是不可习得的;后者则是行为和个体无意识事实,是能够被本民族成员的"自省"所感受到的,因而是可以习得的(Уфимцева 1995:55—62);克拉斯内赫则认为定型应分为"认识定型"(стереотипы-представления)和"行为定型"两种,因为它们对人的心智分别履行着"述谓功能"(предиктивная функция)和"指示功能"(прескриптивная функция),以决定"人对某情景的期待"以及"人应该实现的行为";而认识定型又是由"情景定型"(стереотипы-ситуации)和"形象定型"(стереотипы-образы)构成的(Красных 2002:198—199),等等。

综合上述两位学者对定型的分类,定型的结构体系大致可用以下略图表示:

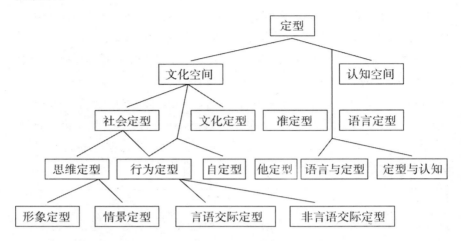

接下来再来审视一下定型结构与认知空间结构的关系。

我们已经知道,认知空间是贴有民族标签即承载着民族固化知识和认识的心理空间或心智空间。那么认知空间是靠什么建构起来的呢? 俄罗斯心理语言学理论认为,认知空间"内核"的形成来源于相应的"认知结构"(когнитивные структуры,КС)。认知结构"是人的大脑(意识)中信息编码和信息储存的形式","是按一定方式组织和建构起来的认知空间段"。(Красных 2001:136;1998:47)该"形式"或"空间段"即是"思维的语言"或"心智图片"。正是由于人具备这种思维的语言或心智图片,才使自己有可能获得各种能力。换句话说,认知结构是生成人的能力的基础和源泉。尽管当代科学还缺乏足够的手段和方法来解开认知结构之谜,但依照心理学理论,它至少大致有两种结构类型——"现象学认知结构"(феноменологические КС)和"语言学认知结构"(лингвистические КС),理由是:认知结构不仅包含着关于世界的一切信息(知识和认识),同样也包含着语言本身以及关于语言的各种知识。认知结构是内隐的,如果要使该内隐结构"外化"(овнешнение),唯一的方法和途径就是设法将认知结构客体"激活",即将其投射到语言中,使其"语言化"或"实体化",而激活的"中介"要靠语言学认知结构来完成。

克拉斯内赫等学者在审视"先例理论"时曾提出认知空间的"三维结构"(个体认知空间、群体认知空间、认知基体)假说。那么,定型究竟属于认知空间结构中的哪个层面呢? 从上述所做的阐释及界说中已不难找到答案:从根本上讲,定型作为群体或民族的某种"心智图片",或关于世界知识和认识的"民族决定的""最低限度的"恒量,只能属于"认知基体"(когнитивная база),因为认知基体不仅是个体认知空间和群体认知空间的"内核"(ядро),也同样是认知空间的核心。当然,对社会定型的某些方面还要做些具体分析。由于现实生活中社会定型容易受到个体认知和群体认识的影响,如年龄、性别、职业、文化程度不同等因素,人的思维定型和行为定型也就不可能全都一致,所以,社会定型有的属于个体认知空间,而有的则属于群体认知空间。

5.4 言语交际与民族文化定型

"言语交际"(речевая коммуникация)作为一种行为,是人类最常见的交际方法,它受到一系列相互关联因素的制约,并要共同遵守一定的原则和方法方能进行。在各种制约因素中等值理解与表达,或对等的编码与解码是达成交际目的的首要条件。这不仅与交际者的发音、语法和词汇知识及技能有关,且受约于相应的民族心理、民族传统和民族文化规约,而后者即是"民族文化定型"所要研究的主要内容。

上文已经提到,所谓"民族文化定型"即"文化定型",它可分为"自定型"和"他定型"两种类型:前者是某群体对自身的定型观念,后者是某群体对他群体的定型观念。但从言语交际尤其是跨文化交际角度来审视民族文化定型,俄罗斯学界则有更加详细的分类。如:

阿鲁久诺夫(С. А. Арутюнов)从语言与文化相互关系角度将跨文化言语交际分为四种类型:

1) 双文化/双语(бикультуризм/билингвизм);
2) 双文化/单语(бикультуризм/монолингвизм);
3) 单文化/双语(монокультуризм/билингвизм);
4) 单文化/单语(монокультуризм/монолингвизм)。(Арутюнов 1978:3—14)

尼科拉耶娃(Т. М. Николаева)从交际双方的相互关系角度将自定型/他定型(свой/чужой)细分为另外四种类型:

1) 单语自定型(своё для своих);
2) 单语他定型(чужое для своих);
3) 双语自定型(своё для чужих);
4) 双语他定型(чужое для чужих)。(Николаева 1995:84)

普洛霍罗夫从对外俄语教学——即教授与学习一种新语言、新文化的角度来审视定型问题,提出了旨在揭示学与教相互关系的四种定型(前项指"所学语言/文化",后项指"母语/文化"):

1) 单文化/双语——单文化/双语;

2）双文化/双语——单文化/双语；
3）单文化/双语——双文化/双语；
4）双文化/双语——双文化/双语。（Прохоров 1996：105）

第一种类型是"双语自定型—双语自定型"（своё для чужих—своё для чужих）间的交际。交际双方都懂得对方的语言，但他们之间的交际都是单文化的，即没有摆脱各自民族文化的定型。此类交际亦可称为"跨文化干扰型"（тип межкультурной интерференции），它无法感知和掌握对方新的语言/文化，因此也就难以达成交际目的。

第二种类型是"双语自定/他定型—双语自定型"（своё/чужое для чужих—своё для чужих）间的交际。交际双方都懂得对方的语言，其中学习者能在民族文化自定型基础上而兼顾对方的民族文化定型，而教授者则只使用自己的民族文化定型。从学习的角度看，他们的行为可称作"跨文化趋同型"（тип межкультурной конвергенции），交际中能感悟到交际双方言语行为的民族文化差异，因而能利用所学语言/文化来趋同于对方。

第三种类型是"双语自定型—双语自定/他定型"（своё для чужих—своё/чужое для чужих）间的交际。双方都懂得对方的语言，学习者在交际中只使用自己的民族文化定型，而教授者则能同时兼顾教学对象的民族文化定型的某些特点。从学习的角度看，此类交际行为又可称为"跨文化趋异型"（тип межкультурной дивергенции）。学习者对所学语言中的民族文化内涵及特点缺乏悟力，因此容易使交际产生偏误或偏异。

第四种类型是"双语自定/他定型—双语自定/他定型"（своё./чужое для чужих—своё/чужое для чужих）间的交际。交际双方都懂得对方的语言，言语行为都能按照需要或运用自己的民族文化定型，或运用对方的民族文化定型，因此又可称为"跨文化融合型"（тип межкультурной конгруэнции），即能在两种定型中之间作出选择或取舍，以调节各自的言语行为，达成交际目的。

毋庸否认，普洛霍罗夫从对外俄语教学角度提出的民族文化定型的类别具有一定的借鉴意义。如果我们把教学的实质界定为师生二主体间的"交际"，那么教学过程本身就是师生之间的一种交际行为。在这种交际行为中，师生之间交际目的的达成必须符合上述第四种类型，即跨文化融合，反之则容易造成误解或曲解。然而，普洛霍罗夫的观点也只是"一厢情愿"。从俄罗斯对外俄语教学界的现状看，他所设定教学双方都懂得双方的语言/文化这一点是不切合实际的。事实上，从事对外俄语教学的教师有相当的部分甚至绝大多数不懂得所教对象国的语言/文化，因此，第二种类型恐怕才是俄罗斯对外俄语教学中最为典型或常见的。

总之，俄罗斯学者对定型理论的研究，不仅揭示了操俄语者语言世界图景、语言个性以及语言意识的若干特点，更为我们展示了语言与文化、语言与意识以及语言与行为研究的新视角、新方法，因此具有重要的语言学价值。

参考文献

[1] Апресян Ю. Д. Образ человека по данным языка: попытка системного описания [J]. //Вопросы языкознания, 1995, №1. с. 37—67.

[2] Арутюнов С. А. Билингвизм-бикультуризм[J]. //Советская этнография, 1978, №2. с. 2—18.

[3] Бартминский Е. Этноцентризм стереотипа: Результаты исследования немецких (Бохум) и польских (Люблин) студентов в 1993—1994 годах[A]. // Речевые и ментальные стереотипы в синхронии и диахронии. Тез. конф. [C]М., Наука, 1995, с. 7—9.

[4] Белянин В. П. Психолингвистика[M]. М., Флинта, 2003.

[5] Бернштейн Н. А. Очерки по физиологии движений и физиологии активности [M]. М., Медицина, 1966.

[6] Богин Г. И. Модель языковой личности в её отношении к разновидностям текстов[M]. Л., Наука, 1984.

[7] Верещагин Е. М., Костомаров В. Г. В поисках новых путей развития лингвострановедения в преподавании русского языка как иностранного[M]. М., Русский язык, 1999.

[8] Виноградов В. В. Из истории слова личность в русском языке середины XIX в. [A]. //Доклады и сообщения филол. Факультета. Вып. 1[C]. М., Изв. АН СССР, 1946.

[9] Воробьёв В. В. Лигвокультурологические принципы презентации учебного материала с проблемы концентризма[M]. М., ИРЯ, 1993.

[10] Гудков Д. Б., Красных В. В. Русское культурное пространство и межкультурная коммуникация[A]. //Научные доклады филологического факультета МГУ[C]. М., МГУ, 1998, №2. с. 124—133.

[11] Гудков Д. Б., Красных В. В., Захаренко И. В., Багаева Д. В. Некоторые особенности функционирования прецедентных высказываний[J]. //Вестник Московского университета. Сер. 9. Филология, 1997, №4. с. 106—118.

[12] Гудков Д. Б. Межкультурная коммуникация: проблемы обучения[M]. М., МГУ, 2000.

[13] Залевская А. А. Проблемы организации внутреннего лексикона человека: Учеб.

пособие[M]. Калинин, КГУ, 1977.

［14］Залевская А. А. Психолингвистические проблемы семантики слова: Учеб. пособие[M]. Калинин, КГУ, 1982.

［15］Залевская А. А. Слово в лексиконе человека: психолингвистическое исследование [M]. Воронеж, Изд-во Воронеж. гос. ун-та, 1990.

［16］Залевская А. А. Введение в психолингвистику［M］. М., Российск. гос. гуманит. ун-т, 1999.

［17］Залевская А. А. Текст и его понимание[M].Тверь, ТверГУ, 2001.

［18］Залевская А. А. Психолингвистичесие исследования. Слово. Текст: Избранные труды［M］. М., Гнозис, 2005.

［19］Захаренко И. В. Прецедентные высказывания и их функционирование в тексте ［A］. //Лингвокогнитивные проблемы межкультурной коммуникации［C］. М., Филология, 1997.

［20］Караулов Ю. Н. Роль прецедентных текстов в структуре и функционировании языковой личности［A］. // VI Международный конгресс МАПРЯЛ. Доклады советской делегации[C]. М., Русский язык, 1986, с. 105—126.

［21］Караулов Ю. Н. Русский язык и языковая личность[M]. М., Наука, 1987.

［22］Караулов Ю. Н. Русская языковая личность и задачи её изучения[A]. //Язык и личность[C]. М., Наука, 1989, с. 34—41.

［23］Караулов Ю. Н. Что же такое "языковая личность?"［A］.//Этничесское и языковое самосознание[C].. М., ТОО ФИАНфонд, 1995, с. 63—65.

［24］Караулов Ю. Н. Типы коммуникативного поведения носителя языка в ситуации лингвистического эксперимента［A］. //Этнокультурная специфика языкового сознания[C]. М., ИЯ РАН, 1996, с. 67—97.

［25］Клобукова Л. П. Феномен языковой личности в свете лингводидактики[A].//В сб.: 《Международная юбилейная сессия, посвящённая 100—летию со дня рождения академика Виктора Владимировича Виноградова. Тезисы докладов》 ［C］. М., МГУ, 1995, с. 321—323.

［26］Костомаров В. Г., Бурвикова Н. Д. Как тексты становятся прецедентными ［J］.// Русский язык за рубежом, 1994, №1. с. 73—76.

［27］Костомаров В.Г., Бурвикова Н. Д. Лигоэпистема как категория лингвокультурного поиска［A］.//Лингводидактический поиск на рубеже веков［C］. М., Информационно-учебный центр Гос. ИПЯ им. А.С. Пушкина, 2000, с. 88—96.

［28］Красных В. В. Виртуальная реальность или реальная виртуальность?［M］. М., Диалог-МГУ, 1998.

［29］Красных В. В. Основы психолингвистики и теории коммуникации[M]. М., Гнозис, 2001.

［30］Красных В. В. Этнопсихолингвистика и лингвокультурология［M］. М., Гнозис, 2002.

［31］Леонтьев А. А. Язык, речь, речевая деятельность[M]. М., Смысл, 1969.

[32] Леонтьев А. А. Психолингвистические единицы и порождение речевого высказывания[M]. М.，Наука，1969.

[33] Леонтьев А. А. Языковое сознание и образ мира[A].// Язык и сознание: парадоксальная рациональность[C]. М.，ИЯ РАН，1993，с. 16－21.

[34] Леонтьев А. А. Слово в речевой деятельности: Некоторые проблемы общей теории речевой деятельности[M]. М.，УРСС，Издание второе，2003.

[35] Леонтьев А. А. Основы психолингвистики[M]. М.，Смысл，Academia，4-е издание，2005.

[36] Леонтьев А. Н. Деятельность. Сознание. Личность[M]. М.，Политиздат，1975.

[37] Маслова В. А. Лингвокультурология[M]. М.，Academia，2001.

[38] Николаева Т. М. Качели свободы /не свободы: трагедия или спасение[A].// Речевые и ментальные стереотипы в синхронии и диахронии. Тезисы конференции[C]. . М.，Институт славяноведения и балканистики РАН，1995，с. 100－106.

[39] Прохоров Ю. Е. Национальные социокультурные стереотипы речевого общения и их роль в обучении русскому языку иностранцев [M]. М.，Педагогика-Пресс，1996.

[40] Рыжков В. А. Регулятивная функция стереотипов[A].//Знаковые проблемы письменной коммуникации. Межвузовский сборник научных трудов [C]. Куйбышев，Пединститут，1985，с. 15－21.

[41] Сепир Э. Избранные труды по языкознанию и культурологии[M]. Пер. с англ. / Общ. Ред и вступ. Ст. А. Е. Кибрика. М.，Издательская группа 《Прогресс》,《Универс》,1993.

[42] Слышкин Г. Г. От текста к символу: лингвокультурные концепты прецедентных текстов в сознинии и дискурсе[M]. М.，Academia ,2000.

[43] Силинский С. В. Национальные стереотипы мышления и речевая коммуникация [A]. //Психолингвистика и межкультурное взаимодействие[C]. М.，Изд-во ИЯ АН СССР，1991，с. 273－275.

[44] Сорокин Ю. А. Отечественные исследования по массовой коммуникации[A].// В сб.: Знаковые проблемы письменной коммуникации [C]. Куйбышев，Пединститут，1985.

[45] Сорокин Ю. А. , Михалева И. М. Прецедентный текст как способ фиксации языкового сознания[А].//Язык и сознание: парадоксальная рациональность [C]. М.，ИЯ РАН，1993，с. 98－117.

[46] Степанов Ю. С. Константы. Словарь русской культуры. Опыт исследования[Z]. М.，Языки русской культуры，1997.

[47] Тарасов Е. Ф. Тенденции развития психолингвистики[M]. М.，Наука，1987.

[48] Тарасов Е. Ф. О формах существования сознания [А].//Язык и сознание: парадоксальная рациональность[C]. М.，ИЯ РАН，1993，с. 86－97.

[49] Тарасов Е. Ф. Межкультурное общение——новая онтология анализа языкового

сознания[A]. // Этнокультурная специфика языкового сознания[C]. М., ИЯ РАН, 1996. с. 7—12.

[50] Тарасов Е. Ф. Языковое сознание и его познавательный статус[A]. //Проблемы психолингвистики: теория и эксперимент[C]. М., ИЯ РАН, 2001, с. 301—311.

[51] Тер-Минасова С. Г. Язык и межкультурная коммуникация[M]. М., Слово, 2001.

[52] Уфимцева Н. В. Этнические и культурные стереотипы: кросскультурное исследование[A]. // Изв. АН. Сер. лит. и яз. Т. 54[C]. М., 1995, №3. с. 55—62.

[53] Уфимцева Н. В. Русские: опыт еще одного самопознания[A]. // Этнокультурная специфика языкового сознания[C]. М., ИЯ РАН, 1996, с. 144—162.

[54] Уфимцева Н. В. Этнический характер, образ себя и языковое сознание русских[A]. //Языковое сознание: формирование и функционирование[C]. М., ИЯ РАН, 1998, с. 135—175.

[55] Уфимцева Н. В. Языковое сознание и образ мира[M]. М., ИЯ РАН, 2000.

[56] Хрусталева О. А. Сколько людей—сколько мнений: О проблемах функционирования прецедентного текста в сознании людей разных возрастных групп[A]. //Человек. Язык. Культура[C]. Курск, Курский государственный педагогический университет, 2001.

[57] Шапкина О. О. О языковых стереотипов в межнациональном общении[A]. // Россия и Запад: диалогкультур. Материалы 2—й международной конференции 28—30 ноября 1995 г. [C]. М., МГУ. 1996, с. 84—89.

[58] Шихирев П. Н. Современная социальная психология в Западной Европе: проблемы методологии и теории[M]. М., Наука, 1985.

[59] Шмелев А. Д. Русская языковая модель мира[M]. М., Языки славянской культуры, 2002.

[60] Шмелев Д. Н. Язык и личность[M]. М., Наука, 1989.

[61] Щерба Л. В. О Трояком аспекте языковых явлений и об эксперименте в языкознании[A]. //Языковая система и речевая деятельность[C]. М., УРСС, Издание второе, 2004.

[62] Lippmann, W. Pablic Opinion[M]. NY, Harcourt, Brace, 1922.

[63] 文卫平: 跨文化交际中的定型观念[J], 外语教学, 2002 年第 3 期。

[64] 赵爱国: 言语交际中的民族文化定型[J], 中国俄语教学, 2001 年第 4 期。